유도선을 논하다

중국철학총서 7

유도선을 논하다

지은이 彭富春
옮긴이 조용숙
펴낸이 오정혜
펴낸곳 예문서원

편집 유미희
인쇄 및 제책 주) 상지사 P&B

초판 1쇄 2023년 7월 25일

출판등록 1993년 1월 7일(제2023-000015호)
주소 서울시 동대문구 왕산로 239, 101동 935호(청량리동)
전화 925-5914 ㅣ 팩스 929-2285
전자우편 yemoonsw@empas.com

 ISBN 978-89-7646-483-5 93150
YEMOONSEOWON 101-935, 239 Wangsan-ro, Dongdaemun-Gu, Seoul, KOREA 02489
 Tel) 02-925-5914 ㅣ Fax) 02-929-2285

값 26,000원

중국철학총서 7

유도선을 논하다

彭富春 지음 ㅣ 조용숙 옮김

예문서원

서문_ 유가, 도가, 선종(禪) 철학의 핵심을 논하다

1. 중국의 지혜

중국 고전 철학을 되돌아보자는 목소리가 현시대에 이르면서 점차 높아지고 있다.

국제화된 세계에서 우리는 왜 중국의 독특한 철학사상에 대하여 논의하려는 것인가? 이는 동서양이 어우러져 형성된 세계라는 판도에서 중국은 없어서는 안 될 존재이기 때문이고, 중국철학과 서양철학 간의 교류만이 새로운 세계화된 질서를 형성할 수 있기 때문이다. 현대화시대에 다시 고대 중국 이론을 언급하는 것은 지금의 어떤 중요한 연구일지라도 모두 역사의 근원으로 돌아가 그곳에서 창조성적인 계시를 얻어야 하기 때문이다. 이것이 바로 우리가 중국 고전 철학을 다시 탐구해 보아야 하는 근본적인 이유이다.

주지하시다시피, 중국 고전 철학은 유구하고도 풍부한 역사를 갖고 있다. 중국 고전 철학의 발단이라 일컫는 선진先秦시대에 이미 백가쟁명, 백화제방의 성세를 이루었었다. 제자백가사상의 대표로 꼽히는 유가儒家, 도가道家 외에도 묵가墨家, 법가法家, 명가名家, 음양가陰陽家 등이 있다. 선진시대를 시작으로 동한, 서한 때에는 중국 고전 철학이 점차 성숙되어 자리를 잡게 되는데, 이에 한인, 한자, 한문화 등이 생기게 된다. 그러다 "백가를 폐출하고 유학만 숭상하라"는 상황도 일어났고, 그 후 당조 때에 이르러서는 유가, 도가, 선종의 삼족정립 국면이 형성되었다. 송명시기에는 유가, 도가, 선종이 대립 속에서 서로 영향을 주고 융합도 되면서 새로운 철학사상이 형성되기도 하였다. 이러한 과정을 거치면서 유학은 더욱 풍부해지고 새로운 발전을 가져오게 되었는데, 송명시기에 나타난 신유학이 바로 그것이다. 유학뿐만 아니라 도가, 선종 역시 발전을 가져왔다. 그중에는 전통을 타파하고 형성된 새로운 사상사조도 있었다.

이러한 역사적 맥락에서 볼 때 중국철학의 주축을 이루는 것은 어느 것인가? 이에 대한 대답은 여러 가지인데, 어떤 사람들은 유가라 하고, 어떤 사람들은 도가라 하며, 어떤 사람들은 유가와 도가가 서로 보완된 것이라고 한다. 사실 중국의 철학사상은 수없이 많은 것도 아니거니와 어느 하나에 제한된 것도 아닌 유가, 도가, 선종 세 사상을 가리킨다. 따라서 유가나 도가 어느 하나를 숭상하는 것도 아니고 유가와 도가가 서로 보완된 것도 아니다. 유가, 도가, 선종 세 사상이 중국철학의 주축과 핵심을 이룬다.

물론 유가, 도가, 선종 각자의 철학 구조 역시 극히 방대하고 복잡하다. 철학사상은 일반적으로 도와 술 두 가지로 나누어 볼 수 있다. 도道는 대도, 도리, 도설로서 존재의 진리에 대한 것이며 인간이 사회적으로 존재하면서 규정된 지식이다. 술術은 방법, 수단, 기술이다. 대도에 귀속되어 있으면서 대도의 실현을 위해 복무하는 것이다. 이에 유가, 도가, 선종 역시 도와 술의 두 차원으로 나누어 볼 수 있겠다. 예를 들어 유가의 도에는 인仁, 의義, 예禮, 지智, 신信이 포함되고, 술이라 할 수 있는 육예에는 예禮(예용), 악樂(음악), 사射(궁술), 어御(마술), 서書(서도), 수數(수학)가 있다. 도가는 주로 도와 덕을 논한다. 하지만 도교는 술법을 발전시켰는데 더러운 기를 토하고 신선한 기를 마시는 토납술吐納術, 양생술인 도인술導引術, 재앙을 물리치기 위한 부적술符籙術, 연단에 의하여 심신을 수양하는 단도丹道가 그것이다. 선종과 불교의 계戒, 정定, 혜慧 역시 도와 술을 포함하고 있는데, 일종의 특별한 반야지혜인 혜학은 도요, 일종의 선정 기술에 속하는 정학은 술이다.

하지만 우리가 유가, 도가, 선종을 논할 때는 그 술에 대한 것이 아니라 주로 도에 대한 학설을 말하는 것이다. 다시 말하면 인간 존재에 대한 진리를 어떻게 논하는가에 주목한다는 것이다. 대체로 유가의 도는 사회의 도에 속한다. 사람들이 집과 국가 사이에서 어떻게 생존하는지에 대한 학설이다. 도가는 자연의 도에 속한다. 사람들이 하늘과 땅 사이에서 어떻게 생존하는지에 대한 학설이다. 선종은 마음의 도에 속한다. 사람들이 어떻게 마음으로부터 출발하여 하늘과 땅, 집과 국가 사이에서 생존하는지에 대한 학설이다. 수천 년에 걸친 세월 동안 바로 이 유가, 도가, 선종의 철학사상이 중국 사람들에게 세상을 열어 주었고 사람들로 하여금 이 속에서 사고하고 말하고 존재하게끔 하였다.

남다른 지혜 형태로서의 유가, 도가, 선종은 철학도 아니고 그렇다고 종교도 아니다. 중국의 철학사상은 이성적인 과학지식에 기초한 것이 아니기 때문에 일반 서양에서 말하는 철학과 다르다. 중국의 철학사상은 근거를 설명하는 사상의 체계적인 표현이다. 또한 중국의 철학사상은 종교도 아니다. 궁극적인 존재의 근거가 되는 하느님이나 신들을 신앙으로 삼지 않았기 때문이다. 하지만 중국의 철학사상은 서양의 철학과 종교가 갖고 있는 특징을 겸비하고 있다. 외재적인 지식 체계는 없지만 내재적인 지식 구성 때문에 철학적이고, 최상의 존재인 신은 없으나 최상 존재인 하늘이 있기 때문에 종교적이라고 할 수 있다.

유가, 도가, 선종 사상의 핵심은 공자의 『논어』, 노자의 『도덕경』, 혜능의 『단경』에 집약되어 있다. 이 세 권의 경서가 유가, 도가, 선종 철학사상의 시작이다. 『논어』는 유가의 시작, 『도덕경』은 도가의 시작, 『단경』은 선종의 시작이다.

2. 공자의 『논어』: 인애

중국철학사상의 주축을 이루는 것 중 하나인 유가는 오랜 발전 변화 과정을 거치면서 형성되었다. 유가학파의 창시자는 공자이고 그 계승자로 맹자孟子, 순자荀子가 있는데 이들은 함께 초기의 유가학파를 형성하였다. 핵심 사상은 인애에 관한 학설이다. 하지만 조금씩 다르게 맹자는 성선론을 주장하면서 내성의 심성론을 확립하였고, 순자는 성악설을 주장하면서 외왕의 예악론을 확립하였다. 한나라 때 유가학파의 대표적 인물인 동중서董仲舒는 유가와 음양가를 결합하였고, 송명 시기의 유가학파들은 도가학설을 유입하는 한편 불교의 이론도 받아들였는데 이는 유가의 기본 철학사상을 위하여 각종 본체론本體論의 근거를 확립해 주었다.

장재張載의 기본체氣本體, 정주리학程朱理學의 리본체理本體, 왕육심학王陸心學의 심본체心本體 등이 그것이다. 20세기의 신유학은 사실상 송명시기의 유학을 말하는 것으로, 그들은 초심을 유지하면서 민주와 과학을 중심으로 새로운 것을 개척하고자 노력하였다.

유교철학의 핵심은 공자의 『논어』다.

『논어』는 어록체語錄體다. 공자와 그 제자들의 언행록이다. 비록 한마디 한마디의 간단한 말에 불과하지만 그 중심 내용은 대도를 벗어나지 않는다. 그의 모든 말은 도의 현실화, 일상화의 전개와 표현이다. 공자의 도道는 천도와 인도를 포함한다. 천도란 곧 천명, 하늘이 내리는 무언의 명령과 규제다. 인도는 곧 예악전통, 사회의 법률과 도덕, 신앙에 대한 규범이다. 하늘 아래 사는 사람으로서 도를 배우고 도를 알고 도를 행하면서 도가 있는 사람이 되어야 할 것을 강조한다.

공자의 도는 인애지도仁愛之道로 구체화된다. 어질고 자애로움이 곧 사랑이라 인과 애가 나란히 놓일 수 있는 것이다. 사랑한다는 것은 기여하는 것이고 공헌하는 것이며 심지어 희생하는 것이다. 공자의 인애는 다음과 같은 세 가지 면을 포함한다. 첫째, 혈육에 대한 사랑. 혈연관계로 이어진 가족을 가리키는데, 태어나면서부터 위계질서가 정해진 관계다. 혈육에 대한 사랑이란 부모를 사랑하고 형제를 사랑하는 것, 소위 말하는 효제라는 것이다. 여기서 특히 부모에 대한 효도를 기본이라 생각하고 있다. 자녀로서 부모에 대한 사랑인 효는 본인 생명의 기원에 대한 감사와 보답으로 이해할 수도 있다. 그러므로 효도는 응당 해야 하는 것으로 인정된다. 둘째, 타인에 대한 사랑. 여기서는 주로 군신 간의 사랑, 친구 사이의 사랑을 말한다. 그들은 부모 형제 외의 사람들이며 혈연관계가 없다. 군신은 왕권체제에서 형성된 권력 위주의 등급 관계이고 친구는 뜻이 맞는 사람들이다. 비록 혈육은 아니나 혈육 못지않은 존재라 할 수 있다. 군신 관계는 부자 같고 친구는 형제와도 같은 것이다. 셋째, 천지만물에 대한 사랑. 천지만물은 사람이 아니라 사물이다. 산과 물, 식물과 동물을 포함한 하늘과 땅 사이의 모든 존재를 말한다. 공자는 어진 사람은 산을 즐기고 지혜로운 사람은 물을 즐긴다고 하였는데, 여기에서도 천지와 산수에 대한 사람들의 애정이 보인다.

인애의 덕을 가진 자를 군자君子라 할 수 있다. 여기에서 공자는 군자라 함은 세 가지 덕을 갖춰야 한다고 하였는데, 사랑, 지혜, 용맹이 그것이다. 다시 말하면 군자는 인애의 덕을 갖춤과 동시에 지혜와 용맹이 있어야 한다는 것이다. 공자는 이렇게 말하였다. "어진 자는 걱정스러움이 없고 지혜로운 자는 의혹이 없으며 용감한 자는 두려움이 없다."

『논어』는 군자에 대한 책이며 사람들에게 군자가 되는 법을 알려 준다.

3. 노자의 『도덕경』: 자연

유가와 마찬가지로 도가 역시 중국철학사상의 주축을 이루는 것 중의 하나이다. 도가의 창시자는 노자이며, 그 계승자로 열자列子, 장자莊子가 있는데 이들은 함께 초기의 도가학파를 형성하였다. 노자가 도 자체의 비밀을 언설하는 데 중심을 뒀다면, 열자는 주로 절대적인 무無를 주장하였고, 장자는 중점을 사람들이 도를 깨달을 수 있는 경험을 서술하는 데 두었다. 위진魏晉시기의 현학은 일종의 새로운 도가사상의 체현이다. 도가의 허무와 자연을 중심으로 하면서 유가의 사회정치 이론을 곁들였다. 그 후로 도가는 독립적인 형태로 발전되지는 않았지만, 도교가 종교의 형태로 도가의 이론을 널리 선양하였다. 20세기, 중국에서 도가는 별로 새로운 혁신이 없었지만 해외에서는 큰 반향을 일으켰다. 노장의 도가학설이 서양 철학가 부버(Buber)와 하이데거(Heidegger)의 주목을 받았다.

도가의 핵심은 노자의 『도덕경』이다.

『도덕경』은 시가체로 되어 있다. 주로 도道와 덕德에 대하여 언급하였는데, 도는 스스로 근거와 근원을 확립하였고, 덕은 도 자체의 실현으로 나타났다. 『도덕경』은 주로 도와 인간 사이의 관계에 대하여 설명하였다. 도에서 천지가 생기고 이어 만물과 인간이 생긴다고 하였다. 그리고 다른 한편으로 사람이 대도를 본받는다고 하였는데 이는 인간들이 대도에 따라 사고하고 언설하고 생존한다는 뜻이다.

노자가 말한 도는 자연의 도다. 자연이라 하여 결코 광물이나 식물, 동물 등으로 형성된 자연계 전체를 칭하는 것이 아니다. 자연적으로 생겨나는 것 즉 존재의 본성을 말하는 것이다. 노자는, 인간은 땅을 본받고 땅은 하늘을 본받으며 하늘은 도를 본받고 도는 자연을 본받는다고 하였다. 여기서 말하는 도가 자연을 본받는다는 것 역시 자연계의 자연이 아니라 도 자체의 본성을 말하는 것이다. 이런 의미에서 인간은 스스로의 본성을 본받고 땅 역시 자체의 본성, 하늘도 자체의 본성을 따른다는 것이다. 다시 말하면 천, 지, 인 모두 스스로의 본성을 따르고 자신의 본성 그대로를 본받는다는 것이다.

도를 깨달은 사람은 성인聖人이다. 성인 역시 사람이긴 하지만 평범한 사람이 아니고 특별한 사람이다. 그는 도와 민중 사이에 존재하는 사람이다. 성인은 도를 듣고 도를 보며 도를 경험하고 도에 대하여 언설하며 또한 도를 행하면서 이러한 깨달음을 일반 민중들에게 전파한다. 그들 역시 대도의 길을 걷게 하고자 함이다.

『도덕경』은 성인에 관한 책이며 사람들에게 성자로 되는 길을 가르쳐 준다.

4. 혜능 『단경』: 심성

유가, 도가와 달리 선종은 당唐나라 때에서야 중국철학사상의 주축 중 하나로 되었다. 비록 인도에서 시작된 불교지만 그 번성은 중국에서 이루어졌다. 한나라와 위나라 때는 다만 인도에서 불교가 전해져 왔을 뿐이다. 당조 때에서야 중국 대승불교가 창립되면서 발전을 가져왔다. 이때 나타난 것이 유식종唯識宗의 유심론唯心論, 천태종天台宗의 원융설圓融說, 화엄종華嚴宗의 일체즉일사상이다. 그러나 진정 혁신적인 것은 선종인데, 중국 불교 역사상의 새로운 길을 열었다고 할 수 있겠다. 육조六祖 혜능慧能은 명심견성의 수련 방법을 창립한 선종의 진정한 창시자다. 그 뒤를 이어 생긴 오가칠종五家七宗들은 단지 이 수련법을 구체화하거나 다양하게 한 것뿐이다. 선종은 명청시기에 주목을 받지 못하고 번성을 가져오지 못하였지만, 현대에 와서 새로운 활기를 찾았다. 태허대사太虛大師의 인생불교는 현학이나 미신에 치우쳤던 기존의 불교를 인생에 도움을 주는 불교로 바꾸었다. 이에 중국에서뿐만 아니라 해외에서도 선종이 인정을 받아 널리 전파되었다. 스즈키(鈴木大拙)는 당송시기의 선종을 구미로 전파시켰고, 하이데거는 선종에서 서양의 철학사상과 완전히 다른 동방철학의 미를 발견하였다.

선종의 핵심은 혜능의 『단경』이다.

『단경』은 어록체語錄體다. 혜능의 가르침과 제자들을 인도하는 과정에서의 언행을 기록한 것이다. 혜능 철학의 주제 역시 도다. 부처로 되는 올바른 도로 향하는 길을 말한다. 일반적으로 말하는 불교의 세 가지 가르침에는 계학戒學, 정학定學, 혜학慧學이 있는데, 대승불교는 이것을 육도六度로 확장시켰으니 보시布施, 지계持戒, 인욕忍辱, 정진精進, 선정禪定, 반야般若 등이 포함된다. 혜능의 선종은 불교의 정통을 계승받았다. 하지만 혜능이 말하는 선禪은 선정이 아니라 혜학이나 반야에 더욱 가까운 것이다. 독특한 지혜로서의 반야지혜의 근본은 다양한 인과 연의 조합에 의해 생기는 만물과 같다는 연기성공緣起性空과 또한 실체로 존재하지 않아야만 다시 생겨난다는 성공연기性空緣起에 있다. 공이라고 하여 아무것도 없는 것이 아니라 삼법인三法印(제행무상, 제법무아, 정정적열반)과 일법인一法印(실상무상, 실상무불상, 실상무상무불상)을 가리키는 것이다. 이는 특수한 형태의 도인 것으로 유가의 인애의 도와도 다르고 도가의 자연의 도와도 구별된다.

혜능이 주장하는 선종의 도는 사실 마음의 도에 속한다. 그 핵심은 즉심즉불인데 뜻인즉 부처라는 것이 곧 마음이요, 마음이 곧 부처라는 것이다. 혜능이 널리 선양하고자 하는 반야지혜를 한마디로 표현하자면 심색여일心色如一, 공유불이空有不二다. 그럼 심색여일이란 무엇인가? 마음과 존재는 동일한 것이라는 것이다. 불교 경전에 따르면, 마음에 있으면 갖가지 일이 생기고 마음에 없으면 이러한 일도 없어진다는 것이다. 그럼 공유불이란 무엇인가? 마음이나 존재를 막론하고 그들은 있으면서도 없다고 할 수 있다. 불경에서 언급한 것처럼 색즉시공, 공즉시색인 것이다. 현실의 물질적 존재는 인연에 따라 만들어진 것으로 불변하는 존재는 없다는 것이다.

깨달음을 얻은 자는 부처가 된 사람이다. 선종에서 말하는 부처님은 석가모니나 다른 어떤 부처나 보살이 아닌 깨달음을 얻은 자다. 혜능은 본디 보리菩提의 자성은 청정한 것으로 이러한 본심을 깨달으면 부처가 된다고 하였다. 사람들의 마음이 깨달음을 얻으면 제법의 실상이 심색여일이고 공유불이라는 것을 깨달아 부처로 된다는 것이다. 혜능의 마음의 도는 마음을 맑게 하여 본성을 본다는 명심견성을 중시한다. 다시 말하면 본심과 본성의 깨달음을 중시한다는 것이다. 관건적인 것은 사람들의 미혹에서 깨달음으로의 전변이다. 이러한 전변은 실제로 순간의 마음가짐에서 일어난다. 이것을 혜능은 무념법문無念法門이라 하였다. 여기에 무념無念, 무상無相, 무주無住의 삼무가 포함된다. 무념은 사악한 마음이 없는 것이고, 무상은 한 가지 실체에 집착하지 않는 것이며, 무주는 무언가를 행함에 있어서 한 가지에 그치지 않는다는 것이다.

『단경』은 부처에 관한 책이다. 사람들에게 순간의 깨달음을 얻어 부처로 되는 법을 알려 준다.

5. 유가, 도가, 선종 전체에 대하여

상술한 바와 같이, 유가는 주로 사회적인 지혜를 논하고 도가는 천지에 관한 지혜를 논하며 선종은 주로 마음의 지혜를 논한다. 이렇게 유가, 도가, 선종은 중국 역사상 정신세계의 총체를 이루고 있다. 왜 더 많지도 적지도 않고 더 많거나 적을 필요도 없이 다만 이 세 가지인가? 이는 중국 역사상 정신세계의 구성은 그에 상응하는 현실세계의 구조를 보여 주고 있다는 데 있다.

중국 사람들은 남다른 세계를 갖고 있다. 소위 말하는 천, 지, 인 구조의 세계다.

인간은 하늘과 땅 사이에 있는 존재다. 이는 기정사실이다. 그럼 어느 누가 천지를 창조했으며 천지의 시작은 또 어디인가? 사실은 누가 천지를 창조한 것도 아니고 천지의 시작 역시 다른 무엇이 있는 것도 아니라고 하였다. 하늘과 땅 자체가 그러하듯이 그것은 자연스럽게 생겨난 것이라는 것이다. 천지는 이미 존재하고 또한 그렇게 존재하는 것이다. 사람들은 흔히 하늘이 위에 있고 땅은 아래에 있다고 한다. 하지만 사실은 하늘이 땅을 에워싼 것이고, 땅은 하늘 속을 채운 존재라고 할 수 있는 것이다. 천지가 일체라지만 구별 또한 없지 않다. 땅 위에는 산천, 동물, 식물 그리고 사람이 살고 있고, 하늘에는 일월성진, 따사로운 햇빛과 비 등이 존재한다. 이렇게 천지는 그러한 존재들에게 공간을 제공하였을 뿐만 아니라 본인 스스로의 운행으로 시간을 형성하여 낮과 밤의 교체, 사계절의 순환이 가능하게 하였다.

인간이 비록 하늘과 땅 사이에 살고 있지만 가장 직접적으로 연관되는 세상은 하늘과 땅이 아니라 본인 스스로 구축해 놓은 사회라는 세상이다. 살아 있다는 것은 세상 속에 산다는 것 즉 자신의 세계에서 생존한다는 것이다. 우선, 사람은 집에서 살고 있다. 부모가 낳아 주어 자식으로 태어났고 내가 다시 부모로 되어 자식을 낳게 된다. 이러한 것이 끝이 없이 순환된다. 가정을 이루면 부부가 있게 되고 부모 자식이 있게 되며 형제도 있게 된다. 다음으로, 사람은 국가라는 집단 속에 살고 있다. 국가는 수많은 개개의 집들로 구성되어 있다. 이러한 수많은 집들은 독립적이지만 또한 오직 국가의 안정적인 환경 속에서야만 오래갈 수 있다. 집을 벗어나 국가에서 보면 사람과 사람 사이에는 부모 형제와 다르게 새로운 관계인 군신이나 친구가 형성된다.

사람은 하늘과 땅 사이에 존재하고 집과 국가 속에서 살고 있을 뿐만 아니라 또한 자신의 마음세계에서도 살고 있다. 하늘과 땅은 마음이란 것이 없고 오직 인간만이 마음이 있다. 그러므로 천, 지, 인을 제외한 다른 곳에서는 외로운 마음 같은 것이 존재하지 않는다. 하느님이나 신령들 역시 마찬가지이다. 마음이란 것은 인간의 특성으로서 존재에 대하여 사고하고 또한 그것을 언어로 표현해 낸다. 이로써 인간과 하늘, 땅을 밝게 비추어 주기도 한다. 이에 사람들은 자신이 누구인지 알게 되고 또한 세계가 어떤 것인지도 알게 된다. 마음은 천, 지, 인간의 통로를 만들어 주어 인간이 하늘, 땅과 만날 수 있게 해 준다. 마음은 존재 자체를 반영하고 보여 줄 뿐만 아니라 존재 자체를 인도하거나 창조하기도 한다.

마음은 결코 피동적인 것이 아니라 능동적인 것이다. 인간의 마음은 천, 지, 인을 만들어 낼 수 있다. 이런 의미에서 마음이란 것은 천, 지, 인과 이어져 있는 동시에 천, 지, 인과는 다른 독립적인 본성을 갖고 있다. 이러한 본성이 바로 마음의 오묘함이라 할 수 있겠다.

이상 분석을 통하여 우리는 중국의 천, 지, 인 구조를 세 개 단계로 나누어 볼 수 있다. 우선, 하늘과 땅이다. 여기서 말하는 천지는 하늘과 땅 사이에 존재하는 광물질, 식물과 동물, 인간들로 이루어진 자연계 전체를 말한다. 다음은 사회다. 이는 집과 여러 집들의 집단으로 이루어진 나라에 의해 형성된 국가다. 인간들의 출생, 결혼, 생육, 노동, 휴식, 죽음 등이 이루어지는 곳이다. 마지막은 마음이다. 이는 인간이 갖고 있는 가장 위대한 특징이다. 천, 지, 인의 존재와 이어져 있으면서 또한 천, 지, 인을 초월한 특유의 본성을 갖고 있다.

유가, 도가와 선종의 철학사상은 마침 천, 지, 인 구조 중의 세 단계에 정확히 대응된다. 그중 도가는 천지와 대응되고 유가는 사회와 대응되며 선종은 마음과 대응된다. 이것이 바로 유가, 도가, 선종이 중국 역사의 정신세계 삼대 주축을 이룰 수 있는 근본 원인이 되겠다. 이는 또한 일반적인 건축기술 원리에도 부합된다. 어떠한 건축물이든 그 건축 구조는 꼭 필요한 여러 요소로 구성되어 있다. 이러한 요소는 많지도 적지도 않게 꼭 맞아야 하지 더 많아도 되거나 적어도 되는 그러한 것이 아니다. 이처럼 중국철학사상의 전체 역시 유가나 도가, 선종 중 어느 하나 만으로 대체할 수 있는 것이 아니다. 유가만 있으면 사회만 있는 것으로 천지와 마음이 결여되어 있을 것이고, 도가만 있으면 천지만 있어 사회와 마음이 결여될 것이다. 마찬가지로 선종만 있으면 마음만 있어 천지와 사회가 결여되는 것이다. 중국 역사의 정신세계에는 유가, 도가, 선종 어느 하나라도 없어서는 안 되고 다른 그 외의 어떤 것을 추가해서도 안 된다. 이는 천지, 사회, 마음이 어우러져 이미 닫힌 공간이 형성되었기 때문에 이 전체와 어울리지 않는 어떤 다른 것도 넣을 수가 없다. 예를 들면 이러한 천, 지, 인의 세계는 천, 지, 인, 신이 있는 것과는 다른 것이다. 천, 지, 인에는 하느님이나 여러 신들의 존재 자체가 없어 그들의 도래를 영접할 수 없는 것과 같은 것이다. 기독교가 수백 년의 세월 동안 중국에서 열심히 전도를 하였으나 성령이 시종 중국의 정신세상에 들어오지 못한 것과 같다.

6. 욕망, 기술, 대도 간의 게임

세상 속에서 사는 인간으로서 사람은 어떻게 존재하는 것인가? 이는 또한 우리들이 한 걸음 더 나아가 그 구체적인 존재 활동에 대하여 살펴볼 필요가 있게 한다.

인간의 욕망은 천성적이다. 욕망은 인간의 가장 본능적이고 직접적인 활동으로 생명을 위한 원시적인 충동이다. 식욕과 성욕은 사람에게 있어서 큰 욕심이다. 음식은 식욕에 속하는 것으로 인간 생존에 대한 수요를 만족시켜 주고 남녀는 성욕에 속하는 것으로 종족번식에 대한 수요를 만족시켜 준다. 이러한 기본적인 생명에 관한 욕망을 넘어 인간은 또한 재산과 같은 물질적 욕망, 명예와 권리 같은 심리적 욕망이 생기게 된다.

인간에게 어떠한 욕망이 생긴다는 것은 자신에게 그것이 부족하다는 것을 의미한다. 다시 말하면 욕망은 욕망자 자신에게서 만족을 느낄 수 없다. 만족을 느꼈다면 그것은 단지 허황된 위안일 뿐이다. 욕망은 욕망자를 제외한 어떤 것이어야 하며 그것을 얻는 것으로 실현된다. 그 어떤 것이라는 것은 남자일 수도 있고 여자가 될 수도 있으며 다른 사물일 수도 있다. 욕망이 실현되는 과정에 기술 활동에 속하는 도구나 수단을 사용하게 된다. 인간은 기술을 사용하여 사물이나 사람을 변화시키고 그것을 자신이 원하는 것으로 만든다.

하지만 이러한 욕망과 기술을 아무런 제한 없이 마음대로 사용하는 것이 허용된다면 인간세상은 시시각각 갈등이 생기게 될 것이고 전쟁이 일어날 것이며 나아가 죽음과 훼멸에까지 이어질 것이다. 이러한 것을 막기 위하여 대도 즉 지혜가 필요한 것이다. 이른바 지혜라는 것은 인간 존재의 규제로서 존재해야 할 것들, 존재하지 말아야 할 것들을 규정해 준다. 진리와 거짓, 시와 비, 삶과 죽음 등을 구별해 주는 것 역시 마찬가지다. 지혜는 인간 욕망의 경계를 정해 줄 수 있다. 어떤 욕망이 실현 가능한 것이고 어떤 욕망이 불가한 것인가를 알려 준다. 동시에 또한 기술에 있어서도 경계를 정해 준다. 어떤 기술은 사용할 수 있고 어떤 기술은 사용할 수 없는 것인지를 알려 준다. 따라서 인간 욕망과 기술의 발전은 지혜의 발전을 촉진하기도 한다. 낡은 옛 지혜가 없어지면 새로운 지혜가 탄생하며 순환된다. 이것이 바로 현실세계에서 나타나는 욕망, 기술과 대도 간의 게임이다.

중국 사람은 천, 지, 인으로 구축된 세상 속에 살면서 욕망, 기술 및 대도 간의 게임에 참여한다. 이러한 게임 속에서 중국은 나름대로의 규정을 한다.

공자는 탐욕에 대하여서는 반대하였지만 이성적인 욕망은 권장하였다. 동시에 인구 번식과 풍요로운 생활을 목적으로 한 기본적인 욕망을 만족시키는 데 기술을 사용하는 것도 지지하였다. 공자는 고전 예악의 도를 계승하여 이것을 인애의 도, 더 구체화시킨 표현으로 충효의 도를 만들었다.

노자 역시 탐욕을 반대하면서 합리적인 욕망을 권장했다. 분에 넘치는 욕망은 사람들의 심신을 해칠 수 있기 때문에 사람들은 과욕寡欲을 지켜야 한다고 하였다. 그리고 노자는 기술을 반대하였다. 기술로 만들어진 물건은 더욱 사람들의 욕망을 자극한다고 여기기 때문이다. 이에 응당 자기의 본분을 지키고 소박해야 함을 강조하였다. 그가 주장하는 대도는 인위적인 도가 아니라 자연의 도다. 스스로 생겨 하늘과 땅 사이에 나타나는 그러한 것이다. 성인은 이러한 도를 깨닫고 이어 다른 사람들 역시 이러한 깨달음을 얻을 수 있게 인도한다.

물론 혜능 역시 탐욕을 반대하였다. 불교의 계율을 이어받아 탐, 진, 치 삼독을 버려야 한다고 주장하였다. 그리고 기술 면에서 혜능이 주목한 것은 물질 생산의 기술이 아니라 인간의 마음을 깨우는 기술이다. 마음을 깨우는 기술로 혜능은 전통적인 선정 방법과 다르게 새로이 무념법문을 만들었다. 혜능은 마음의 도를 주장하였는데 인간이 깨달은 본성이 곧 부처라는 것이다. 사람들이 미혹에서 깨달음을 얻는 순간, 마음을 밝게 하여 본성을 보는데, 그 본성을 보아 부처가 된다는 것이다.

욕망에 있어서 공자, 노자와 혜능은 모두 탐욕을 반대하였다. 하지만 욕망 경계의 정도에 있어서는 조금 다르다. 공자는 인간의 기본 욕망을 인정하였고, 노자는 인간의 기본 욕망에 있어서도 과욕을 제안하였으며, 혜능은 불교에서 정한 계율을 엄격하게 지켰다.

기술에 있어서 공자, 노자와 혜능은 각자 거의 다른 태도다. 공자는 기술을 인정하였고 노자는 기술을 반대하였다. 혜능은 기술에 대한 설명 자체가 달랐다. 혜능이 언급한 기술은 어떠한 사물에 대한 기술이 아니라 마음에 대한 기술이다.

대도에 있어서 공자, 노자와 혜능 역시 각자의 주장이 있었다. 공자는 사회의 도, 노자는 천지의 도, 혜능은 마음의 도다. 바로 이 때문에 그들의 출발점도 모두 다른데, 공자는 집과 국가에서 출발하여 천지와 마음을 논하였고, 노자는 천지에서 출발하여 국가와 마음을 논하였으며, 혜능은 마음에서 출발하여 국가와 천지를 논하였다. 각자의 착안점이 다르기 때문에 그들 지혜의 표현 형태 또한 다르게 나타난다. 공자는 위인爲仁의 지혜로 해야 될 것과 하지 말아야 할 것을 알아야 함을 주장하였다. 노자는 허무의 지혜로 인간을 부정함으로써 천에 이를 것을 주장하였다. 혜능은 공성의 지혜로 무념을 통해 본성을 깨달을 것을 주장하였다.

공자, 노자와 혜능의 철학사상 중에서 욕망과 기술 그리고 대도는 일종의 게임 활동으로 이어져 있다. 이러한 게임 중에서 언제나 대도가 규정자로 나타나며 욕망과 기술은 시종 피규정자이다. 이런 의미에서 보면 이러한 게임은 욕망, 기술, 대도 삼자가 공동으로 주도하는 것이 아닌 단지 대도를 기반으로 한 일방적인 게임이라고 할 수 있겠다.

7. 중국 지혜의 경계

유가, 도가, 선종의 지혜는 모두 스스로의 경계가 있다. 경계라는 것은 특별한 선이다. 사물의 끝에 있는 선일 뿐만 아니라 최대로 가능한 선이기도 하다. 이러한 선은 사물의 시작점이기도 하면서 종점이기도 하다. 바로 이러한 경계가 다른 것이 아닌 사물이 그 사물 자체임을 결정해 준다. 우리는 중국 지혜의 경계를 정하고자 노력을 가하면서 그것이 무엇을 말하였는지 동시에 무엇을 말하지 않았는지 알아볼 것이다.

중국 지혜의 경계는 기본적으로 천, 지, 인으로 형성된 세계에서 정해지는 것이다.

공자철학사상의 핵심은 집과 국가이다. 집은 부모, 자녀, 형제로 이루어진 혈연관계를 유대로 묶여진 삶의 공동체이다. 역사적으로 보면 이는 삶의 공동체일 뿐만 아니라 생산 공동체이기도 하다. 혈연관계에 의하여 자연스럽게 위계질서가 정해진 그들은 결코 평등한 관계가 아니다. 부권이 최고이며 절대적인 권위성을 갖는다. 반드시 아들은 아버지를 따라야 하고 동생은 형을 따라야 한다. 이것이 바로 공자가 말하는 효제다. 공자가 주장하는 인을 행함에 있어서의 기본으로 되는 효제사상의 그 근본적인 특징은 순종과 복종이다.

국가는 수많은 가정의 집합체이면서 크게 보아 하나의 대가정이라 할 수 있다. 국가에서 가장 주요한 관계는 군신 간의 관계다. 왕과 신하는 혈연관계는 아니지만 정치권력에 따른 등급관계로서 사실상 부자 관계와 비슷하다. 군주는 아버지와 같고 신하와 백성은 아들과 같은 셈이다. 이러한 관계에서 왕권이 최고이며 절대적인 권위성을 갖는다. 신하와 백성은 왕에게 절대적으로 복종해야 한다. 아들이 아버지에게 효도를 하듯이 신하와 백성은 왕에게 충성을 해야 한다. 충성 역시 공자가 주장하는 인에 속하는 덕성의 하나인데 충성 역시 순종과 복종을 의미한다.

이러한 집과 국가의 구도에서 개개인 모두 혹은 부자 관계, 혹은 군신 관계에 해당된다. 소수를 제외하고는 인간들 대부분이 아들이나 신하, 백성이 될 수밖에 없다. 이러한 사람들은 아버지나 왕에 의해 규정되는 것이지 스스로 본인을 규정할 수 없게 된다. 독립적인 개체가 아닌 자는 스스로 자신의 사상이나 언설이나 행위를 지배할 수가 없기 때문에 자유로운 개체라 할 수 없다.

노자철학의 핵심은 천지다. 사람이 일단 세상에 태어나기만 하면 동시에 천지에 온 것이나 다름없다. 하늘과 땅은 사람이 생존하는 데 꼭 필요한 곳이며, 이곳에 있을 수밖에 없고, 하늘과 땅을 벗어나 인간은 살아갈 수가 없다. 하늘과 땅 사이는 사람이 생존하는 세상일 뿐만 아니라 도의 직접적인 표현 형태이기도 하다. 비록 세상의 기본이 도라고 하지만, 사실 그 자체는 가리어져 있는 상태다. 오직 천지를 통해서야만이 도는 자체를 표현할 수 있고 차폐에서 벗어날 수가 있다. 때문에 도는 하늘과 땅을 인간의 직접적인 규정자로 삼았다.

노자는 사람들에게 인위적인 유위를 버려 천지의 무위에 이르게끔 맞추어 줄 것을 요구하였다. 무릇 인위적인 유위有爲에 의한 것이라면 반드시 생각하지 말고 말하지 말며 존재하지도 말아야 하는 것이다. 반대로 무릇 천지의 무위에 의한 것이라면 생각하고 말할 수도 있으며 존재하는 것이다. 이는 사람의 인위적인 유위를 철저하게 없애 버리면서 천지의 무위만이 대도임을 보여 준 것이다.

사실 인간은 하늘과 땅 사이에 존재하지만 인간과 하늘은 결코 같을 수 없는 것이다. 인간과 천지는 동일성을 띠면서 차이성도 있는바, 둘 사이의 동일성만 알고 차이성을 모른다면 인간은 가리어진 하늘 때문에 인간 자체를 보지 못하는 미혹에 빠지게 될 것이다. 인간을 광물질이나 식물, 심지어 동물과도 동일시해서는 안 된다는 것은 더 말할 나위 없다. 인간은 특수하게 마음과 언어 그리고 생존방식을 가진 특별한 존재다. 물론 하늘과 땅 사이에서 계시를 얻곤 하지만 다른 천지만물들과 똑같이 존재할 수 없다. 인간은 천지의 도를 따르면서 또한 자신만의 길을 개척해야 할 것이다.

혜능철학의 핵심은 심성인데, 그가 말하는 심성은 자심自心과 자성自性으로 바로 인간 자체가 지니고 있는 심과 성으로 귀결된다. 인간이 만약 마음을 맑게 하여 자기의 본성을 발견한다면 인간은 순간의 깨달음을 통해 부처가 된다고 하였다. 따라서 심성 역시 규정되는 것이다. 혜능은 심색여일을 주장하면서도 실제적으로는 존재보다 마음을 중요시하였다. 마찬가지로 공유불이를 말하면서 실제로는 유보다 무를 더 강조하였다.

더욱이 혜능은 심색여일과 공유불이를 인간 현실세계에서 논하지 않았다.

하늘, 땅과 국가로부터 멀리 떨어진 심성은 오로지 외로운 마음일 뿐이다. 그리고 동시에 마음은 오로지 자신만을 관조하기에 현실을 새롭게 창조하거나 개변시키는 강력한 힘은 부족하다. 이렇게 선종이 단지 마음만 선의 경지에 이르렀을 때는 마치 환각제마냥 단지 현실도피를 위한 자기 마취나 위로에 지나지 않을 뿐이다.

중국의 천, 지, 인의 세계구도의 경계는 욕망, 기술, 대도의 경계에도 영향을 준다.

중국에서의 대도의 주축은 유가, 도가, 선종의 대도이다.

공자의 도는 천도(천명)와 인도(예악)로 나뉘지만 인도가 더 중요한 자리에 있는 바, 그 창조적 가치는 바로 예악이라는 전통에 인애의 의미를 부여한 것이다. 따라서 공자의 도의 핵심은 인애의 도다. 이러한 도는 국가 속에서 실현할 수 있는 것으로 효孝와 충忠이 그 구체적 형태다. 공자철학사상은 이론적으로는 아버지와 왕을 따르는 것보다 도를 따라야 한다고 규정하였지만, 실제 이는 불가능한 것이다. 아버지와 왕이 실은 도의 화신이기 때문이다. 이에 공자의 사회적 도는 인간 개인의 생존을 제약한다고 할 수 있다.

노자의 도는 비록 허무한 것이긴 하나 존재하는 것이기도 하다. "도가 '일'을 낳고 '일'이 '이'를 낳고 '이'가 '삼'을 낳고 '삼'이 만물을 낳는다." 사람에게 있어서 자연의 대도는 천지의 대도로 나타난다. 그런 이유로 대도로서의 자연이 실제로는 천지로 바뀌었다. 사람이 자연을 좇아 행하면 곧 천지를 좇아 행하는 것이 된다. 그러나 천지는 사람 자체의 생성을 방해하였다.

혜능의 도는 마음의 도다. 그는 마음 자체의 왕국을 세우고자 하였을 뿐 사람이 현실세계로 통하는 통로를 개척하지는 않았다.

중국의 대도 자체의 경계는 욕망의 경계도 정해 놓았다. 공자에게 있어서 욕망은 봉건국가의 예에 부합되어야 하였고, 노자에게 있어서 욕망은 천지의 도를 넘어서는 안 되는 것이었으며, 혜능에게 있어서 욕망은 심성의 계율에 복종해야 하는 것이었다. 이는 사람들로 하여금 생명 자체의 본성에서 기원하여 강한 욕망과 충동을 생성할 수 없게 하였다.

중국의 대도 자체의 경계는 또 기술의 범위를 정해 주었다. 기술은 사람의 사물에 대한 개조와 창조다. 공자의 중심은 봉건국가에 있었고 그가 고려한 것은 어떻게 인을 행할 것인가였지 어떻게 사물을 창조할 것인지가 아니다. 노자의 기초는 천지에 있어 사람은 오직 천지에 순응해야 하며 천지에 위배되어서는 안 된다. 혜능의 핵심은 심성으로 그는 다만 마음을 정화시키는 법문만 있을 뿐이고 만물을 개조하는 기술은 없었다. 이는 세계로 하여금 기술의 혁신적인 변화가 불가능하게 하였다.

이로부터 알 수 있는바, 중국 현실의 천, 지, 인 세계의 전반에서는 극단적인 생명 욕망의 충동도 존재하지 않을 뿐만 아니라 극단적인 기술 수단의 혁신도 존재하지 않는다. 이는 욕망과 기술이 대도의 속박에서 벗어나 대도의 생성과 발전을 이룩하는 것을 막은 셈이다. 중국 역사에서 대도는 시대의 중단이 결핍하여 획기적인 영향을 일으킬 수가 없게 하였다. 이 때문에 중국은 줄곧 전현대에 머물 수밖에 없었고 현대에 진입하지를 못하였다.

8. 새로운 중국적 지혜

중국의 전통적인 지혜인 유가, 도가, 선종 사상은 긴 세월 동안 전승되어 왔다. 그러나 근대에 이르러 전례 없는 위기에 직면하게 된다. 천도가 쇠망하고 공자는 죽었으며 노자와 혜능도 그 모습을 숨기고 사라졌다.

사람들은 중국 전통 지혜의 위기 상황을 극복하고자 시선을 중국 밖의 세상으로 돌렸다. 즉 먼 서양을 따라 배우는 것이다. 서양에서 배울 점은 두 가지다. 하나는 근현대의 민주와 과학이고, 다른 하나는 마르크스의 역사유물론이다. 민주사상은 중국 전통사상의 군권과 부권 등을 반대하는 데 그 의도가 있고 사람이 스스로를 좌우하고 개인의 자유를 실현할 것을 강조한다. 과학사상은 중국 전통사상의 무지 몽매와 미신사상을 극복하고자 하는 데 그 목적을 두고 있다. 과학사상은 사람과 세계의 진리를 인지하고 사물의 발전법칙을 따를 것을 주장한다. 역사유물론은 사회 존재가 사회의식을 규정한다고 여긴다. 그런 이유로 모든 것은 현실 생활에서 출발해야 할 것이다. 또한 철학자는 세상의 현상을 해석해야 할 뿐만 아니라 세상을 변화시킬 것도 요구된다. 이러한 사상들이 중국 역사를 전현대에서 현대로 이끌어 주었다.

이러한 상황에서 중국 전통적인 유가, 도가, 선종은 어떤 역할을 하였는가? 물론 중국 전통 지혜 전반을 부정하거나 전부 긍정하는 것 모두가 매우 극단적인 것으로 전통 지혜의 실제 상황에 부합되지 않는다. 이것은 중국 전통 지혜가 살아 있는 부분도 있고 이미 죽은 부분도 있는 사실에 기인한다. 그러므로 사상의 진정한 임무는 이 두 부분을 분별하는 데 있다. 또한 살아 있는 것은 살아 있도록 죽은 것은 사라지도록 해야 할 것이다.

이러한 요구에 맞춰 시대가 원하는 것은 낡은 중국의 지혜가 아니라 새로운 중국적인 지혜이다. 이는 전통으로 회귀할 것을 원하면서도 한편으로는 전통에서 벗어날 것을 원한다. 중국 전통 지혜가 우리 현시대에 주는 가장 큰 계시는 그 천, 지, 인으로 이루어진 세상에서 사람이 자신의 존재의 도를 어떻게 사색하는가이다.

새로운 중국적인 지혜의 가장 관건적인 부분은 어느 정도 당면한 현실에 기반을 두는가 하는 것이다. 우리가 살고 있는 시대는 글로벌한 시대이며 첨단기술의 시대이기도 하다. 이러한 시대에 허무주의, 기술주의와 향락주의가 유행하고 있다. 새로운 중국 지혜는 반드시 이러한 문제들을 극복하기 위한 자신만의 사상적 방안을 내놓아야 할 것이다.

물론 새로운 중국 지혜에 서양과의 대화를 빼놓으면 안 된다. 서양 역사는 고대 그리스, 중세, 근대, 현대와 후현대를 모두 포괄한 총체이다. 소위 중국과 서양사상의 대화라고 하는 것은 곧 중국과 서양의 사상의 경계를 넘어 중국사상과 서양의 사상이 만나고 부딪치고 논쟁을 하는 일련의 과정을 거쳐 새로운 언어를 생성시키는 것이다. 이는 새로운 중국 지혜가 중국적 특징을 가지고 있을 뿐만 아니라 세계적인 의미도 동시에 지니게 한다.

이러한 새로운 중국적 지혜는 오랜 역사를 지닌 유, 도, 선 사상이 현시대에 새롭게 태어난 생명일 것이다.

우선, 하늘과 인간의 관계로부터 본다면 그것은 하늘과 인간이 공생할 것을 주장하였다. 이는 천인합일과 달리 인간과 하늘이 아무런 차별이 없는 상태에 있는 것이 아니다. 뿐만 아니라 이는 또 천인상분과도 달라 사람과 하늘이 대립하지도 않는다. 이는 하늘이 인간을 이기는 것도 찬성하지 않고 인간이 하늘을 이기는 것도 지지하지 않는다. 하늘과 사람은 공생하여야 한다는 것이다. 하늘은 스스로 생성된 것이며 사람 역시 스스로 생성된 것이다. 동시에 하늘과 인간은 서로 생성되게 한다. 하늘의 생성은 사람의 생성을 추진했고 사람의 생성도 하늘의 생성을 이루어 주었다. 이렇게 하늘과 사람은 공생하며 끊임없이 생장하고 번성한다.

다음, 인아 관계에서 보면 타인과 내가 함께 존재한다. 타인과 나는 지금 봉건군주의 나라에 살고 있는 것이 아니라 국가에 살고 있고 신하와 백성이 아니라 공민이다. 공민은 곧 자유로운 개체이며 자신의 권리와 의무를 갖는다. 개개의 개체는 모두 유일하고도 대체불가하며 중복불가한 존재이다. 이러하기에 나와 타인은 자유로운 관계가 형성될 수 있었다. 나는 타인의 주인이 아니요, 타인 또한 나의 노예가 아니다. 그 반대도 마찬가지다. 나와 타인은 세계라는 공동체에서의 파트너다. 나의 존재가 타인을 존재하게 하였고 타인의 존재가 나의 존재를 있게 하였다. 이렇게 타인과 내가 함께 세상의 존재와 발전을 추진한다.

그다음, 심물 관계의 각도에서 보면 심물일체를 주장한다. 심은 사람의 마음이요, 물은 몸 속의 사물도 포함하는데 곧 사람 자신의 신체이다. 또한 몸 외의 사물도 포함하고 있는데 그것은 자연사회와 정신적인 존재물이다. 사람의 존재 활동은 마음이 개입하지 않은 절대적인 물질 활동이 아니며 물질이 없는 절대적인 마음 활동도 아니며 마음과 물질 양자의 상호 활동이다. 이러한 활동들은 한편으로는 마음이 성장하면서 물질의 창조도 촉진시키고 다른 한편으로는 물질 자체가 생명을 부여받을 뿐만 아니라 마음의 승화까지 촉진시킨다. 심물일체에서 사람은 세계 속의 사람이 되고 세계는 또한 사람의 세계가 된다.

새로운 중국 지혜는 새로운 대도로서 새로운 욕망과 기술, 대도 간의 게임에

참여하게 될 것이다. 그것은 인간 욕망의 실현을 이끌어 줄 것이고 인간의 생명나무
가 항상 푸르도록 유지해 줄 것이다. 또한 사람들이 기술을 어떻게 사용할지 가르쳐
주어 만물로 하여금 완벽에 더욱 가까워지게 할 것이다. 동시에 새로운 대도는
욕망과 기술의 추진을 받아들여 끊임없이 자신을 변화시키면서 부단히 생성되고
더더욱 새롭게 될 것이다.

역자 서문_ 문화와 정신, 그리고 철학

현재 중국에서는 "문화"라는 단어가 화두로 떠오르고 있으며, 전통문화를 계승하고 문화적 자신감을 높이는 것이 차세대 교육의 새로운 지향점뿐만 아니라, 중국을 전 세계에 알리고 국제사회와 원활하게 소통하는 하나의 창구로도 기대되고 있다. 집단과 사회가 존재하는 한 문화는 존재하며 그 사회집단의 행동양식과 생활양식뿐만 아니라 가치관이나 사회사상을 잘 보여 준다. 한 민족의 특유한 문화와 심리가 축적되어 민족정신이 되고 그것은 전통철학으로 자리매김하게 된다. 중국을 알려면 중국인의 생활 속에 깊이 뿌리 내리고 있어 중국인의 정체성을 가장 잘 나타내는 정신문화와 그것의 핵심이자 영혼이 되는 전통 철학에 대한 이해가 필수다.

중국의 전통 철학은 유가, 도가, 선종에서 그 근원을 찾을 수 있다. 이 책은 유, 도, 선 철학의 핵심을 논했을 뿐만 아니라 그 경계에 대해 논했으며, 중국의 전통사상을 현대적으로 재구성하는 방안도 제시하였다.

유가, 도가, 선종 사상의 핵심은 공자의 『논어』, 노자의 『도덕경』, 혜능의 『단경』에 집약되어 있으며, 이 세 권의 경서가 유가, 도가, 선종 철학사상의 시작이다. 유가는 주로 사회적인 지혜를 논하고, 도가는 천지에 관한 지혜를 논하며, 선종은 주로 마음의 지혜를 논한다. 유가, 도가, 선종이 어우러져 이루어진 사상체계에 의해 중국 특유의 정신세계, 즉 "천, 지, 인" 구조의 세계관이 형성된다. 공자철학 사상의 핵심은 인애의 도다. 이러한 도는 집과 국가의 구도 속에서 실현할 수 있는 것으로 효孝와 충忠이 그 구체적 형태다. 효제사상은 공자가 주장하는 인을 행함에 있어서의 기본이며, 가장 근본적인 특징은 순종과 복종이다. 다시 말해 모든 개개인은 아버지나 왕에 의해 규정되는 것이지 스스로 본인을 규정할 수 없게 된다. 때문에 공자의 사회적 도는 인간 개인의 생존을 제약할 수밖에 없다. 노자철학의 핵심은 천지다. 노자는 하늘과 땅을 인간의 직접적인 규정자로 삼으면서 인위적인 유위를 버려 천지의 무위에 이를 것을 주장했다. 이는 인간과 천지의 동일성만 강조한 것으로 인간 자체의 존재의 특수성을 부인한 셈이다. 혜능철학의 핵심은 심성이다. 혜능은 마음의 도를 강조하면서 마음을 맑게 하여 자기의 본성을 발견하고 깨달음을 얻을 것을 주장했다. 그는 마음 자체의 왕국을 세우고자 하였을 뿐 사람이 현실세계로 통하는 통로를 개척하지는 않았다.

중국의 대도 자체의 경계는 욕망의 경계도 정해 놓았을 뿐만 아니라 기술의 범위도 정해 주었다. 그로 인해 사람들은 생명 자체의 본성에서 기원한 욕망과 충동을 가질 수 없게 되었고, 세상은 기술의 혁신을 통한 변화가 불가능해졌다. 이는 유가, 도가, 선종 사상이 중국의 전통적인 지혜로 간주되면서 긴 세월 동안 전승되어 왔음에도 불구하고 현대에 이르러 전례 없는 위기에 직면하게 된 원인이기도 하다. 천도가 쇠망하고 공자가 죽었으며 노자와 혜능도 그 모습을 감추었다. 사람들은 중국 전통 지혜의 위기 상황을 극복하고자 시선을 밖을 돌리기 시작했고, 민주와 과학사상, 역사유물론을 받아들이면서 중국은 전현대에서 현대사회로 진입하게 되었다.

그렇다면 중국 전통 철학의 현대적 역할은 무엇일까? 전통 철학에는 분명히 "살아 있는 것"과 "죽은 것"이 모두 존재한다. 이를 잘 분별하여 "살아 있는 것"은 살아 있도록, "죽은 것"은 사라지도록 해야 하는 것, 이것이 곧 철학과 사상이 감당해야 할 몫이다. 중국의 전통 철학이 현시대에 주는 가장 큰 시사점은 천, 지, 인으로 이루어진 세상에서 인간이 자기의 존재에 대해 어떤 사색을 해 왔는가 하는 것이고, 시대가 원하는 것은 중국의 낡은 지혜가 아니라 새로운 중국적인 지혜인 것이다. 그 속에는 서양과의 대화도 포함되며, 중국적 특징뿐만 아니라 세계적인 의미도 지닐 수 있어야 한다.

유, 도, 선 전통사상이 현시대에 새로이 태어나기 위한 대안으로 저자는 하늘과 인간의 공생, 인(타인)과 아(자신)의 공존, 심물의 일체를 주장했다.

디지털, 스마트에 이어 인공지능시대가 도래하고, 서양의 논리적 사유에 익숙해진 현대에도 전통 철학은 여전히 중국인의 생각과 삶에 큰 영향을 주고 있다. 이 책에서 저자는 중국의 가장 중요한 정신문화유산인 철학사상에 대해 단편적이고 일면적인 고찰을 뛰어넘어 체계적으로 깊이 있게 분석하고 그 가치를 되새겨 보았을 뿐만 아니라, 중국의 현대철학, 정신문명이 나아가야 할 방향에 대해서도 제시해 주었다. 역자는 이 책이 한국 사람들에게 중국의 정신문화를 이해하고, 중국이 나아가고자 하는 현대 문명의 본질이 무엇인지를 알아보는 새로운 창구가 되어 주고, 더 나아가서 자국 문화에 대한 이해를 높이는 데도 도움이 되기를 기대해 본다.

마지막으로 이번 프로젝트 신청을 위해 작가를 소개시켜 주시고 물심양면으로 큰 도움을 주셨던 은사 김명숙 교수님과 이번 번역에 많은 도움을 주신 김명선 선생님, 그리고 이 책의 출판을 위해 많은 인내심을 보여 주며 지원을 아끼지 않은 출판사 편집자 여러분께 깊은 감사의 마음을 전한다.

2023년 6월 6일 천진에서

차례

상편

『논어』를 논하다

제1장 도

    도道는 중국 전통철학의 기본 사상이며 공자사상의 핵심이라 할 수 있다. 하지만 공자는 도 자체에 대한 언급보다는 현실 생활에 더 많은 관심을 보이면서 인애仁愛사상을 주장했다는 것이 일반적인 견해이다. "선생님이 가르치는 문장은 귀로 들어 배울 수 있지만 인성과 하늘의 도리는 귀로 들어 배울 수 없습니다."[1] 사람들은 문헌에 기록된 공자의 주장에 대해서는 익숙하지만 인성人性과 천도天道에 관한 공자의 사상에 대해서는 잘 알지 못한다. 이는 결코 공자가 인성과 천도에 대한 언급을 하지 않았음을 의미하는 것이 아니다. 인성과 천도는 중국사상의 가장 핵심적인 문제이다. 때문에 공자는 이에 관한 이론을 펴냄에 있어서 신중을 기할 수밖에 없었을 것이며 누구에게 어떻게 말할 것인가를 심사숙고해야만 했을 것이다. 공자는 개인의 적성과 수준에 맞는 맞춤형 교육 즉 인재시교因材施教를 실행했다. 이는 그가 다수가 아닌 소수의 제자들에게만 자신의 일부 주장을 전수했을 가능성을 말해 주며, 그것이 곧 사람들이 공자가 일부 주장을 감추었거나 비밀리에 전했다고 보는 이유다. 공자가 감추었거나 비밀리에 전한 그 내용이 바로 인성과 천도에 대한 학설일 가능성이 크다. 물론 공자 본인과 주변 사람들은 모두 이에 대해 부정했다. 사실 『논어』를 살펴보면 공자가 도에 대해 적지 않게 언급했음을 알 수 있다. 그럼에도 불구하고 사람들은 이를 인정하려고 하지 않는다. 설사 공자가 도에 대해 언급했다고 하더라도 노자나 장자처럼 도 자체에 대한 전문적인

---

1) 夫子之文章, 可得而聞也. 夫子之言性與天道, 不可得而聞也.(5.13)
   본 책자의 이하 부분에서 『논어』 원문을 인용하는 경우, 篇 번호만을 기재하도록 한다.

사고와 논술은 없다고 보기 때문이다. 물론 이러한 주장도 일리가 있다. 하지만 공자의 평소 언행에 비추어 볼 때 공자의 '도'에 대한 사상은 일상적이면서도 특별한 의미를 지녔고 함축된 말 속에 심오한 뜻을 담고 있음을 알 수 있다.

공자는 하학이상달下學而上達(아래를 배워 위에 달함)을 체도體道의 가장 유력한 수단으로 삼았다. 하학은 형이하形而下이고 상달은 형이상形而上이다. 공자는 하학下學의 세계에서 만사와 만물의 지식을 배워 상달上達함으로써 유일무이의 '도' 그 자체에 이르고자 했다. 공자는 한편으로는 형이하학적인 문제를 형이상학적인 문제로 끌어올렸으며 다른 한편으로 형이상적인 문제를 형이하적인 문제로 전환시켰다. 이는 공자의 사상을 이해하는 데 있어 핵심이 된다. 하학이 없으면 상달의 기초를 잃게 되며, 동시에 상달이 없으면 하학의 목적을 잃게 된다. 때문에 하학과 상달 중 그 어느 한쪽으로도 치우쳐서는 안 된다. 지나치게 공자의 하학을 강조하다 보면 공자를 단지 박학博學자로 이해하게 될 것이고, 지나치게 공자의 상달을 강조하다 보면 공자를 현학玄學자로 이해하는 데 그치게 된다. 하지만 공자는 하학형이하下學形而下와 상달형이상上達形而上의 완벽한 결합체다. 인간세상을 통해 도를 깨닫고 그 도에 따라 인간세상을 살아갔던 것이다.

도道는 공자사상의 가장 핵심적인 문제로 천명天命, 예악禮樂, 위인爲仁, 위정爲政 등 이론의 기초가 된다.

1. 도의 의미

도道는 중국에서 광범위하게 사용되는 말이다. 본래의 뜻은 사람이 다닐 수 있게 만들어 놓은 길, 즉 통행을 위한 장소를 의미한다. 그것이 사람과 사물이 존재하는 원칙과 방법 및 그러한 것을 깨닫기 위한 이론과 학설로 바뀌었다.

공자사상 중에서 '도'는 독특한 의미를 가지는바, 크게 다섯 가지로 종합할 수 있다.

첫째, 도로道路. 땅 위에 놓인 길을 의미한다. 길을 가다 주워들은 유언비어의 뜻을 가진 사자성어 "도청도설道聽塗說"의 도는 사람들이 걸어 다닐 수 있게 만들어진 그 길을 의미한다.

둘째, 천도天道. 하늘에 열린 길 또는 대자연 속에 펼쳐진 일종의 자연현상으로서의 길을 의미한다. 이는 하늘과 운명으로 표현할 수 있는바, 인간에게 있어서 천도는 곧 천명天命인 것이다.

셋째, 인도人道. 사람들의 행로를 의미한다. 땅 위에 놓인 도로가 아닌 세상의 길을 말하는 것이다.

인도 즉 인간의 길은 아주 많다. 세상에는 다양한 길이 펼쳐져 있고 사람들은 서로 다른 길을 걷고 있다. 하지만 오로지 천도에 어긋나지 않는 인도만이 정도正道이다. 이 정도는 역사 속에서 찾아볼 수 있다. 선왕先王의 도道, 문무文武의 도道가 바로 그것이다. 선왕의 도는 중국 고대의 하상주夏商周 3대 선왕들이 걸었던 길을 의미한다. 문무의 '도' 역시 선왕의 길에 속하지만, 주로 상조 말기 주문왕周文王과 주무왕周武王이 걸었던 길을 일컫는다.

중국 역사에서 선왕이 행한 도道의 핵심은 예악禮樂문화, 즉 여기서 말하는 '도'는 예악의 도道로 이해할 수 있다.

공자는 인仁으로 예禮를 해석했다. 즉 도가 곧 예이며 인인 것이다. 따라서 공자의 인도人道는 예악의 도이며 인애仁愛의 도인 것이다.

인도人道는 한 나라를 다스리는 과정에서 가장 잘 드러난다. 이를 천하를 다스리는 법 즉 천하지도天下之道라 한다. 천하의 도는 천도에 부합될 수도 있고 그렇지 않을 수도 있다. 공자는 천하의 도를 유도有道와 무도無道로 구분하여 천도에 부합되는 것은 유도이며 도의 실현이지만 천도에 부합되지 않는 것은 무도이며 도의 실현이 아니라고 했다. 유도는 무욕無慾이며 무도는 유욕有慾이다. 즉 유도와 무도는 도道와 욕慾의 차이로 구별된다. 구체적으로 유도와 무도는 행하는 예악이 다름으로 인하여 구별된다. "천하가 유도하면 천자가 예법과 악률을 정하고 정벌征伐의 명령을 내리지만 천하가 무도하면 제후가 이를 명한다. 제후가 정령政令을 집행하여 나라가 망하기까지 10대를 초월한 경우가 드물며, 대부大夫가 정령을 집행하여 5대를 이어간 적이 없었고, 또 그 신하가 정령을 집행하여 3대를 넘긴 적이 없다. 천하가 유도할 때 나라의 정권이 대부의 손에 들어가지 아니하며, 서민들이 정치를 논하지 아니한다.”[2] 여기서 유도와 무도는 누가 천하의 규칙을 정하는가에 달려 있다. 천자가 규칙을 정하면 천하는 유도하고, 제후가 규칙을 정하면 천하는 무도하다. 왜일까? 천자는 하늘의 자식으로 하늘을 대신하여 정의正義를 행하는 사람이기 때문이다. 제후는 천자의 지배를 받는 존재다. 천자가 천하를 통치함은 예악에 부합되는 것이며 도에 맞는 일이다. 제후가 천하를 통치함은 예악에서 벗어나고 도에 어긋나는 일이다. 유도는 정의롭고 밝은 존재인 반면 무도는 사악하고 어두운 존재다.

국가가 나아가는 길에 유도와 무도가 있는 것처럼 사람이 나아가는 길 역시 유도와 무도가 있다. 서로 다른 사람은 각자 다른 길을 걷게 되는바 유도한 자는 도를 따르고 무도한 자는 욕慾을 따른다. 이를 직도直道와 왕도枉道라 부른다. 직도는 준도이행遵道而行 즉 도를 따라 가는 것이고 왕도는 배도이치背道而馳 즉 도를 거슬러 반대의 방향으로 나아가는 것이다. 가는 길이 다르니 사람의 유형 또한 다르다. 공자는 다양한 사람을 군자와 소인小人으로 구분했다. 군자는 도를 닦지만 소인은 욕欲을 채운다. 군자와 소인은 각자 다른 길을 걷는다. 공자가 “도부동불상위모道不同不相爲謀”[3], 즉 가는 길을 달리하는 사람과는 서로 의논하지 말라고 했는바 그것은 각자 다른 길을 가고 있는 그들 사이에서 공통점을 찾는 것이 어려운 일이기 때문이다.

넷째, 도리道理. 이는 사상, 학설, 주장 등을 의미한다. 천도와 인도는 은폐된

---

2) 天下有道, 則禮樂征伐自天子出. 天下無道, 則禮樂征伐自諸侯出. 自諸侯出, 蓋十世希不失矣. 自大夫出, 五世希不失矣. 陪臣執國命, 三世希不失矣. 天下有道, 則政不在大夫. 天下有道, 則庶人不議.(16.2)
3) 道不同不相爲謀.(15.40)

것이 아니라 밖으로 드러난 것이라고 할 수 있다. 다만 양자 모두 사고와 언어 표현을 통해 드러나게 된다. 도리는 일종의 언어형식으로 본질적으로 볼 때 천도와 인도에 대한 사고이자 그에 대한 표현이다. 물론 사람에 따라 각기 다른 생각과 견해를 가지게 되며 서로 다른 도리를 말한다. 공자 또한 자기만의 도를 가지고 있다. 공자는 "나의 도는 하나로 관철되어 있다"[4]라고 했다. 이는 공자가 자기만의 도를 가질 뿐만 아니라 그것은 유일무이한 것으로 공자의 사상 전체를 관철시키고 있음을 말한다. 사람들은 그러한 공자의 고유한 도를 충서忠恕의 '도'라 일컫는다.

다섯째, 연설演說. 자신을 이야기하는 것을 뜻하는 부자자도夫子自道의 도가 바로 그것인데, 언어로 표현하는 사람들의 행위를 말한다.

천도, 인도와 도리는 비록 그 의미는 서로 다르지만 모두 도 자체에 의해 규정된다. 도는 사실 사물 자체에 의해 자연발생적으로 만들어진 도로道路 즉 존재의 실상과 진리이다. 그리고 천도, 인도와 도리는 그러한 도의 서로 다른 차원이다. 즉 천도는 하늘에 있고 인도는 인간세상에 있으며 도리는 언어 속에 있다. 이들 셋은 서로 일맥상통한다.

2. 중용은 곧 도다

도 자체의 본질은 무엇인가? 공자는 도 자체의 본질을 중용中庸으로 보았다. 따라서 공자의 도는 중용의 도다.

일반적으로 중용은 사람들의 오해를 받고 있다. 사람들은 대체로 중용을 옳고 그름의 판단이 없는 절충의 태도로 오해하거나 일상적이고 보편적인 것으로 인식한다. 다시 말해 일상생활에서 중용은 적극적인 의미보다는 소극적인 의미로 더 많이 사용된다. 때문에 중용을 포기해야 시비를 가릴 수 있고, 중용을 넘어서야

---

4) 吾道一以貫之.(4.15)

뛰어나고 훌륭한 사람이 될 수 있다고 생각한다.

일상생활에서와 다르게 유가사상은 중中 혹은 중용에 대해 특별한 의미를 부여했다. 초기의 유가사상은 중간 혹은 중용의 방법론을 매우 중요시했으며 이를 편견에서 벗어나 어느 한쪽으로도 치우치지 않고 정확하게 사물 자체를 파악하는 공정한 방법으로 인식했다. 하지만 공자는 중용을 덕德으로 봤다. "중용의 덕은 지극할진데 사람들은 그것을 소홀히 한 지 너무 오래되었구나."5) 이처럼 공자는 중용을 평범한 덕이 아닌 극상의 덕 즉 최고의 덕으로 보고 있다. 하지만 덕은 도의 실현, 특히 인간에 의한 도의 실현이다. 때문에 지덕至德은 곧 지도至道라 할 수 있다. 한편으로 도의 본질인 중용은 천도와 인도를 구현하며 인간이 존재하는 방법으로서의 중용은 사람들의 생활, 사상과 언어를 지배한다. 하지만 중용은 스스로를 감추거나 다른 것에 가려지기 때문에 백성들이 중용의 덕을 갖추는 일은 극히 드물며 오로지 도를 닦은 사람들만이 중용의 덕을 갖추게 된다.

그렇다면 중용의 본질은 무엇인가? 중中은 보통 중앙, 중심, 중간 등을 가리키는 데 이는 변두리에 대비되는 핵심을 가리킨다. 이처럼 만약 사물을 핵심과 변두리로 구분한다면 이원론에 빠지기 십상이다. 하지만 중용에서의 중의 의미는 이와 다른 바, 정중正中 또는 중정中正을 나타낸다. 즉 사물의 밖이 아닌 사물 그 자체임을 가리키는 말이다. 한 사물이 자체의 본질 그대로 존재할 때 그것이 바로 중이다. 사람들이 사물의 존재 자체를 그대로 파악할 때 그 또한 중으로 볼 수 있는데 이를 구체적으로 표현하자면 적중切中이 된다. 다음은 용庸의 의미에 대해 알아보자. 일반적으로 용을 보편적이거나 심지어 저속한 것과 연관 짓기 쉽지만 이는 결코 용의 본뜻이 아니다. 용의 진정한 의미는 일상적이고 보편적인 것이다. 그렇기 때문에 평범한 것과 속된 것으로 의미 전환이 가능했던 것이다. 용의 보편성은 하늘과 땅 사이의 모든 사물을 포함하는 공간적 의미를 가질 뿐만 아니라 영구를 추구하는 시간적 의미도 가진다. 따라서 용은 보편성과 영원성의 결합이다. 이러한

---

5) 中庸之爲德也, 其至矣乎! 民鮮久矣.(6.29)

보편성과 영원성은 그 어떤 사물의 특성이 아닌 중의 본질인 것이다. 그렇다면 중과 용은 서로를 결정하는 셈이다. 중은 용 속의 중이고 용은 중 안의 용이다. 이러한 이해를 바탕으로 중·용은 그것이 각각의 별개로 존재하거나 합일체로 존재하거나를 막론하고 모두 사물 자체의 보편성과 영원성을 가리키는 도道임을 알 수 있다.

중용을 사물의 정중성正中性, 보편성, 영원성으로 이해하는 것 그 자체가 바로 사물의 본체本體이다. 본체는 사물 자체가 존재하는 근거로 특정 사물이 그 사물로 될 수 있는 가능성을 열어 준다. 하늘이 하늘일 수 있고 사람이 사람일 수 있게 한다. 천도는 중용이며 인도 역시 중용이다. 이런 의미에서 중용은 하늘과 인간이 존재하는 진상眞相과 진리이다. 따라서 중용의 도란 "중용이 곧 도이고 도가 바로 중용"임을 말하는 것이다.

중용은 최고의 덕으로 사람들은 반드시 중용의 도를 따라야 한다. 공자는 중용의 도를 자신이 지켜야 할 행위의 준칙으로 삼았다. 그는 시종일관 중용을 지켰고 도에 따라 행동했다. "군자는 세상에서 좋아하거나 싫어하는 것이 없이 오직 옳은 것을 따를 뿐이다."[6] 군자가 만사만물을 대함에 있어 정해진 대로 무조건 따르거나 반대하지 아니함은 그에게 욕망을 앞세워 만들어 놓은 정해진 입장과 견해가 없기 때문이다. 군자는 옳고 그른 것에 대한 판단을 포기하는 것이 아니라 큰 도를 따르고 정의를 실천할 뿐이다.

공자는 중용의 도로 타인을 판단했다. "중행을 실천하는 자를 얻어 함께하지 못한다면, 과격하거나 고집스런 자와 함께하게 될지어다. 과격한 자는 진취적이고, 고집스런 자는 함부로 행하지 않는 바가 있느니라."[7] 여기서 중행中行은 중도를 따름을 말한다. 과격한 사람은 넘치는 면이 있고 고집스런 사람은 모자란 면이 있다. 이 두 부류의 사람은 모두 중용의 도에 어긋난다. "지나침은 미치지 못함과

---

6) 君子之於天下也, 無適也, 無莫也, 義之與比.(4.10)
7) 不得中行而與之, 必也狂狷乎! 狂者進取, 狷者有所不爲也.(13.21)

같다"8)고 했다. 중도에 이르지 못하거나 중도를 넘어서는 것 모두 중용의 도가 아니다. 이 양자는 피차일반으로 우열을 논하기 어렵다. 때문에 공자는 중용으로 중용을 따르지 않는 자들을 가르치고자 했던 것이다. 공자는 "구는 소극적이기 때문에 앞으로 나아가도록 격려했고 유는 두 몫 이상의 역할을 하기 때문에 뒤로 물러나 겸손하도록 가르쳤다"9)고 했다. 공자의 격려와 가르침은 모두 제자들로 하여금 어긋남을 바로잡아 중용에 이르게 하기 위함이었다.

공자는 또한 중용의 도로 사물을 평가하였다. "『시경』에 나오는 삼백 편의 시를 한마디로 결론짓는다면, 그것은 바로 '생각에 삿됨이 없다'고 하는 것이다."10) 『시경』에 추호의 삿됨이 없다는 것은 곧 순수하다는 것이며, 사람들의 마음가짐이 중정中正한 것을 가리킨다. "관저는 즐거워하되 방종하지 않고, 슬퍼하되 상심하지 않는다."11) 즐거움 그 자체는 치우침이 없이 올바른 것이나 방종함은 즐거움이 지나쳐서 정도를 잃은 것으로 올바르지 못한 것이다. 슬픔 역시 그 자체로는 올바른 것이나 슬픔이 지나쳐서 마음을 상하게 함은 올바르지 못한 것이다. "관저"는 올바른 것을 유지하고 지나침을 피한 것이다.

중용의 도는 또 특유의 논리체계를 발전시켰는데 한 사물이 이것일 수도 있고 이것이 아닐 수도 있다는 것이다. 즉 사물은 그 자체일 수도 있고 아닐 수도 있는데 긍정적인 환경 속에서 사물은 자체의 속성을 유지하지만 부정적인 환경 속에서 사물은 자체의 속성에 어긋나는 것들을 제외시킨다는 것이다.

---

8) 過猶不及.(1.16)
9) 求也退, 故進之, 由也兼人, 故退之.(11.22)
10) 『詩』三百, 一言以蔽之, 曰'思無邪'.(2.2)
11) 關雎, 樂而不淫, 哀而不傷.(3.20)

3. 도와 욕

 '도'를 논하면서 공자는 그 대립 면인 '욕欲'에 대해서도 언급했다.

 욕망은 인간 생존의 원초적 본능이다. 사람은 태어나면서 욕망이 생기고 죽으면서 욕망이 사라진다. 사람들은 바로 욕망의 충동과 만족의 과정을 거치면서 생존해 나간다. 그중 가장 중요하면서 많은 비중을 차지하는 것이 식욕과 성욕 즉 식색食色이다. 사람들은 그러한 욕망을 이루기 위해 도구를 만들어 내고 대도大道의 가르침에 따르기로 한다. 때문에 도에 대한 사람들의 추구는 우선 욕망을 앞세운 것이라 할 수 있다. 이에 공자는 "나는 여색을 좋아하듯 덕을 숭상하는 사람을 보지 못했다"12)고 했는데, 이는 인간의 보편적인 삶의 태도를 담아낸 말로 현실성을 가진다. 덕을 숭상함은 도를 따르는 것이요, 여색을 좋아함은 욕망을 따르는 것이다. 일반 사람들은 욕망에 구애되어 덕보다 색을 중요시하기 마련이다. 오직 성인군자와 같은 소수의 특별한 사람들만이 대도를 따르며, 색보다는 덕을 더욱 중요시한다.

 하지만 공자가 진정 비판하고자 한 욕망은 사람들이 추구하는 보편적인 욕망이 아니라 정도를 벗어난 욕망 즉 탐욕이다. 사람들의 욕망에는 자연적 경계와 사회적 경계가 있다. 경계 속에서 욕망은 정상적이나 경계를 벗어난 욕망은 비정상적이다. 탐욕은 경계를 벗어난 욕망이다. 탐욕은 비단 욕망의 경계를 벗어났을 뿐만 아니라 욕망에서 욕망을 낳아 무한한 욕망으로 거듭나게 한다.

 사람이라면 욕망이 있기 마련이고 사람마다 각자의 욕망이 있다. 하지만 이런 욕망은 단지 인생의 일부분일 뿐 전부가 되어서는 안 된다. 또한 인간은 욕망의 지배를 받을 것이 아니라 욕망을 지배할 수 있어야 한다. 욕망으로 가득 찬 삶은 욕망에 의해 좌지우지되기 마련이다. 그리고 인간의 욕망은 갖고자 하는 물건의 제약을 받는다. 때문에 욕망의 지배를 받는다는 것은 곧 욕심내는 물건의 지배를 받는 것이다. 자기 자신이 아닌 외적인 것에 의지하다 보면 인간은 결국 자신의

---

12) 吾未見好德如好色者也.(9.18)

주인이 아닌 물건의 노예가 되기 십상이다. 이는 강하지 못함이고 연약한 사람들의 소행이라고 할 수 있다. 공자는 "신정 또한 욕심이 많으니, 어찌 강해질 수 있겠는가"[13]라고 했다. 뜻인즉, 욕심이 없으면 강해지나 욕심이 생기면 약해진다는 것이다.

탐욕은 한 사람의 인격을 왜곡시킬 뿐만 아니라 사람들 간의 분쟁을 일으키기도 한다. 공자는 "이익을 염두에 두고 행동하면 많은 원한을 불러오게 된다"[14]고 했다. 이익이란 원하는 물건을 취함으로써 생기는 욕망 자체의 이득을 말한다. 욕망을 앞세운 사람들은 자신이 원하는 물건을 갖기 위해 필연코 다른 사람들과 쟁탈전을 벌일 수밖에 없는데, 그 결과 가진 자와 그렇지 못한 자는 원한을 쌓게 된다. 원망으로 가득 찬 세상은 절대 평화로울 수 없는바 어지럽고 혼란스러운 세상이 될 것이다.

만약 세상 모든 사람들이 대도大道가 아닌 욕망을 따른다면 그것은 유도有道가 아닌 무도無道의 천하, 즉 도가 없는 세상으로 되고 만다. 공자는 욕망 때문에 세상이 도를 잃어가는 것을 반대하였다. 세상이 무도하면 괴怪, 력力, 난亂, 신神 같은 것들이 생겨난다. "공자께서는 괴, 력, 난, 신을 입에 담지 않으셨다."[15] 괴는 괴이한 것으로 일상적인 것과 대비되고, 력은 강력한 것으로 덕과 대비되며, 난은 반란으로 안정과 대비되고, 신은 귀신으로 인간과 대비된다. 공자가 입에 담지 않았다는 것은 그러한 것들을 언급하지도 논하지도 않았다는 뜻이다. 그뿐만 아니라 괴, 력, 난, 신에 대해 생각하지도 않았고, 그것들의 존재조차도 용납하지 않았다는 것이다. 적어도 세상의 기본 존재로 취급하지 않았던 것이다. 또한 이득에 대한 공자의 언급 역시 보기 드문 일이다. "공자께서 '이'를 '명'이나 '인'과 함께 언급하는 일은 드물었다."[16] 여기서 이득에 대해 별로 언급하지 않을 뿐만 아니라 이득 자체를 부정하는 공자의 태도를 엿볼 수 있다. 공자는 운명命運과 인애仁愛에

---

13) 棖也欲, 焉得剛.(5.11)
14) 放於利而行, 多怨.(4.12)
15) 子不語, 怪, 力, 亂, 神.(7.21)
16) 子罕言利, 與命與仁.(9.1)

대해서는 논할 뿐만 아니라 극구 찬성했다. 이득은 곧 욕망을 의미하고 명命과 인仁은 대도를 의미하기 때문이다.

공자의 관점에서 보면 군자와 소인은 대도를 따르느냐 욕망을 따르느냐에 의해 구별되는 것이다. "군자는 대의에 밝고 소인은 이욕에 밝다."[17] 여기서 의義는 도의道義를 말하고 이利는 이욕利欲 즉 사리사욕을 말한다. 즉 군자는 대도를 추구하고 소인은 사리사욕을 탐닉한다는 것이다.

"덕이 닦아지지 아니하고, 학문이 탐구되지 아니하며, 의를 듣고도 실천에 옮기지 못하고, 선하지 않은 것이 고쳐지지 않는 것이 바로 내가 걱정하는 바이다."[18] 이처럼 공자는 사람들이 욕망을 추구하느라 도를 중시하지 아니함을 걱정하면서 "무위도식하는 선비는 선비라 일컬을 수 없다"[19]고 했다. 진정한 선비는 마땅히 욕망을 걷어 내고 대도를 따라야 한다는 것이다. 다시 말해 인간은 욕망에 젖어 도를 저버릴 것이 아니라 욕망을 버리고 도를 구해야 하며, 대도의 실현을 위해서는 개인의 생존욕구를 포기할 수 있어야 한다고 주장했던 것이다.

4. 도와 기예

사람들은 욕망을 실현하기 위해 도구를 사용한다. 이것이 바로 넓은 의미에서의 기술과 기예다. 동시에 대도를 실현하는 데도 도구를 이용한다. 이런 이유로 기예는 욕망과 연관되어 욕구를 충족시켜 주는 한편, 대도와 연관되어 대도의 실현을 추진한다. 다시 말하자면 도구가 없는 욕망은 공허한 것이고 기술이 없는 대도 역시 허황된 것이다.

하지만 공자와 그 제자들이 말하는 기技나 예藝는 결코 일반적인 기예가 아닌

---

17) 君子喩於義, 小人喩於利.(4.16)
18) 德之不修, 學之不講, 聞義不能徙, 不善不能改, 是吾憂也.(7.3)
19) 士而懷居, 不足以爲士矣.(14.2)

육예六藝를 가리킨다. 즉 예禮, 악樂, 사射, 어御, 서書, 수數를 일컫는 것으로 각각 예법, 음악, 궁술, 마술, 서예, 운명과 도리를 말하는 것이다. 각자 모두 특유의 내용과 상응한 훈련방법을 가지고 있다.

공자는 사람들에게 "예에 노닐 것"20)을 요구했다. 기예의 세계에서 자유자재로 노닌다는 것은 기예에 아주 숙달되어 인간과 기예가 혼연일체를 이루었음을 의미한다. 이러한 자유로움은 사람들의 몸과 마음을 즐겁게 한다. 사람들은 기예를 통해 욕망을 실현할 뿐만 아니라 대도에 이른다. "장인은 공방에서 있으면서 자기 일을 완수하고, 군자는 열심히 학문을 닦으면서 도를 깨우친다."21) 뜻인즉 장인들은 자신의 욕망을 실현해 줄 기구를 만들어 내고 군자는 대도를 실현할 수 있는 기예를 학습한다는 것이다. 군자가 많은 것을 배워야 하는데 그중 육예가 주 종목이다. 육예를 익힘으로써 군자는 결국 대도에 이르게 된다.

"선생님께서 말씀하시기를 '나는 관직에 등용되지 않았기 때문에 여러 가지 기예를 익히게 되었다'라고 하셨다."22) 이로부터 공자 또한 생계를 위해 몇 가지 기예를 익힌 적이 있음을 알 수 있다. 그럼에도 공자가 시종일관 추구한 것은 기예가 아니라 도였다. 다음 말에서 알 수 있겠다. "비록 작은 도라고 할지라도 반드시 볼만한 것이 있다. 그러나 큰일을 하는 데 방해가 될까 두려워 군자는 그것에 힘쓰지 않는 것이다."23) 오로지 기예를 익히는 데 열중한다면 장인이 될 수는 있겠지만 군자가 도를 닦는 데는 오히려 방해가 될 수 있다. 때문에 인간은 기예를 넘어서는 대도의 실현을 염두에 두어야 한다는 것이다.

---

20) 遊於藝.(7.6)
21) 百工居肆以成其事, 君子學以致其道.(19.7)
22) 子云. 吾不試, 故藝.(9.7)
23) 雖小道, 必有可觀者焉; 致遠恐泥, 是以君子不爲也.(19.4)

5. 사람과 도

도는 인간의 존재에 경계를 만들어 놓았다. 존재 가능한 것과 존재 불가한 것을 구별해 주었다. 도는 또 욕망의 경계와 함께 도구의 경계도 만들어 놓았다. 이것을 척도로 사람들은 올바른 길을 걷게 되는 것이다.

공자는 인생에 끼치는 도의 중요성을 강조하면서 사람은 "도에 뜻을 두고, 덕에 근거하며, 인에 의지하고, 예에 노닐어야 한다"[24]고 하였다. 도道, 덕德, 인仁, 예藝는 인생의 기본 요소다. 도는 대도 즉 천지인의 기본이 되는 도리로 사람들이 마땅히 지향해야 할 삶의 방향이다. 덕은 덕성 즉 도에 대한 인간의 실천으로 사람들은 덕을 삶의 근거로 삼아야 한다. 인은 인애이고 인륜이며 가장 온전한 덕성으로 사람들은 인에 의지해야 한다. 예는 기예로 육예를 포함한다. 예는 도에 이르는 수단으로 사람들은 반드시 예의 세계에서 자유자재로 노닐 수 있어야 한다. 하지만 도는 덕이나 인 또는 예보다 우선시될 뿐만 아니라 덕과 인과 예 삼자를 모두 아우르는 역할을 하기 때문에 공자는 "아침에 도를 깨우치면 저녁에 죽어도 여한이 없다"[25]라고 말하기도 했다. 도만 터득하면 죽어도 한이 없다고 했으니 도가 인생에 끼치는 궁극적인 의미를 가늠해 볼 수 있겠다.

도가 세상의 근본적인 이치인 만큼 사람들은 마땅히 적극적으로 도를 추구해야 할 것이다. "사람이 도를 넓힐 수 있는 것이지 도가 사람을 크게 하는 것은 아니다."[26] 도는 비록 사람들에게서 머지않은 곳에 존재하지만 결코 기성품이 아니며, 또 스스로 사람들에게 다가오지 않는다. 도는 오로지 사람들의 사고와 행위를 통해 드러나며 규범으로 자리 잡는다. 사람들이 도를 널리 발전시킬 때 도 역시 사람을 발전하게 한다. 다시 말해 사람들이 도에 대해 생각하고 도를 실현하고자 할 때, 도는 비로소 사람들을 인도하여 진정한 인간이 될 수 있게 해 준다는 것이다.

---

24) 志於道, 據於德, 依於仁, 遊於藝.(7.6)
25) 朝聞道, 夕死可矣.(4.8)
26) 人能弘道, 非道弘人.(15.29)

도를 배우려면 욕망을 버려야 한다. 이는 도와 욕이 서로 대립되기 때문이다. "선비가 도에 뜻을 두고 있으면서 거친 옷과 변변치 못한 음식을 부끄럽게 여긴다면 더불어 의논하기에 족하지 않다."[27] 뜻인즉 선비가 추구해야 하는 것은 욕이 아닌 도라는 것이다. 욕망으로 가득 차 물질적 향수만 바라는 사람은 도를 가까이할 수 없으며 진정한 선비가 될 수도 없다.

도를 구하려면 욕망을 버려야 할 뿐만 아니라 욕망을 실현하기 위한 기예와 수단까지 포기해야 한다. "군자는 도를 도모하지 먹을 것을 도모하지 않는다. 농사를 지어도 그중에 굶주림이 있는 법이요, 학문을 하여도 그 속에 먹을 녹이 있는 것이다. 그래서 군자는 도가 행해지지 못할까 근심할 뿐 가난할까 근심하지 않는 것이다."[28] 도를 행하지 않고 먹을거리만 원하는 사람은 도와 먹을거리를 모두 얻지 못하는 수가 있다. 반면 먹는 것에 관심을 두지 않고 도를 구하는 일에만 몰두하면 도리어 도와 먹거리 모두를 얻을 것이다. 그것은 도가 비록 음식은 아니지만 음식을 가져다줄 수 있기 때문이다. 반대로 음식은 그렇지 못하다. 도의 가르침을 벗어나면 사람들이 생계를 도모하는 행위 또한 그 의미를 잃게 된다. 이런 의미에서 볼 때 인간에게 대도는 욕망과 기예보다 더욱 중요한 것이다.

공자는 선왕 대우大禹가 욕심을 버리고 대도를 세운 사적을 찬양하면서 말하기를 "우임금은 내가 흠잡을 수 없도다. 음식은 박하게 먹으면서 귀신을 섬기는 제사에는 효성을 극진히 하며, 의복은 검소하게 입으면서 제사에 착용하는 불과 면류관은 아름다움을 극진히 하며, 거처하는 궁실은 나직하게 지어 살면서 치수 사업에는 힘을 다하였으니, 우임금은 내가 흠잡을 수 없도다"[29]라고 하였다. 대우는 자신의 욕망과 향락을 뒤로 하고 오직 제사와 백성들에게 힘을 바쳤는데 이는 하늘과 사람의 뜻에 따른 것이다.

---

27) 士志於道, 而恥惡衣惡食者, 未足與議也.(4.9)

28) 君子謀道不謀食, 耕也, 餒在其中矣. 學也, 祿在其中矣. 君子憂道不憂貧.(15.32)

29) 禹, 吾無間然矣. 菲飮食而致孝乎鬼神, 惡衣服而致美乎黻冕, 卑宮室而盡力乎溝洫. 禹, 吾無間然矣.(8.21)

공자는 대도를 갖춘 본보기로 욕망이 없는 제자 안회顔回를 꼽았다. "어질구나, 안회여! 한 그릇의 대나무밥과 한 표주박의 물로 누추한 골목에 사는 고난을 사람들은 견뎌내지 못하는데, 안회는 그 즐거움을 바꾸지 아니하니 어질구나, 안회여."[30] 안회는 가난함으로 근심하지 않았으며 도와 함께함을 도리어 즐거워하였다. 그는 사람들이 걱정한다 하여 덩달아 걱정하지 않았으며 오로지 자신의 즐거움을 즐길 줄 알았다.

공자는 욕망을 버리고 도를 세우는 사람들을 인정해 주었을 뿐만 아니라 본인 역시 욕망을 거두고 도를 구하는 일에 확고했다. "부가 만약 추구해 마땅한 것이라면 채찍을 잡는 천한 일이라도 내가 또한 하겠다마는, 만약 구해서 아니 되는 것이라면 나는 내가 좋아하는 바를 따를 것이다."[31] 공자는 욕망을 도에 부합하여 실현이 가능한 것과 도에 어긋나서 실현할 수 없는 것 두 가지로 구분하였다. 공자가 선택한 것은 욕망이 아닌 도였다. "거친 밥에 물을 마시고 팔베개하고 누워도 즐거움이 또한 그 속에 있나니, 의롭지 않게 얻은 부와 명예는 나에게 뜬구름과 같음이다."[32] 공자는 또한 도와 욕망이 가져다주는 쾌락과 불쾌를 따로 보았다. 하나는 욕망이 없고 도가 있는 보람찬 즐거움이고 다른 하나는 도가 없고 욕망만 있는 헛된 즐거움이라는 것이다.

비록 도가 편안한 자세로 삶을 따르는 기본이라 하지만, 도가 세워진 세상인지 그렇지 않은 세상인지에 따라 사람들은 다른 처세의 태도를 취해야 한다. "독실한 믿음으로 배우기를 좋아하고, 죽기를 다하여 도를 행한다. 위태로운 나라에는 들어가지 않으며, 혼란한 나라에는 머무르지 말라. 천하에 도가 있으면 드러내고, 도가 없으면 몸을 숨긴다. 나라에 도가 있는데도 가난하고 천박하면 부끄러운 일이며, 나라에 도가 없는데도 부유하고 귀한 것은 부끄러운 일이다."[33] 세상에

---

30) 賢哉, 回也! 一簞食, 一瓢飮, 在陋巷, 人不堪其憂, 回也不改其樂. 賢哉, 回也!(6.11)
31) 富而可求也, 雖執鞭之士, 吾亦爲之. 如不可求, 從吾所好!(7.12)
32) 飯疏食飮水, 曲肱而枕之, 樂亦在其中矣. 不義而富且貴, 於我如浮雲.(7.16)
33) 篤信好學, 守死善道. 危邦不人, 亂邦不居, 天下有道則見, 無道則隱. 邦有道, 貧且賤焉, 恥也. 邦無道, 富且貴焉, 恥也.(8.13)

도가 세워졌는지의 여부를 감안하여 사람들은 세상에 모습을 드러낼 것인지 은둔할 것인지를 선택한다. 이는 사람과 도의 통일이라고 볼 수 있다. 천하가 유도하다는 것은 도 자체의 출현을 말하는 것으로, 사람들 역시 세상 밖으로 나와 부귀를 누려야 한다. 세상이 무도하면 도 자체가 은폐된 것이므로 사람들 역시 숨어야 하며 가난을 겪어야 한다. 어떠하든 그것은 모두 사람들의 서로 다른 언행으로 구체화된다. "나라에 도가 있을 적에는 소신껏 말하고 소신껏 행동해야 하지만, 나라에 도가 없을 때에는 행동은 소신껏 하되 말은 공손하게 해야 한다"[34]라는 말에서 알 수 있다. 세상이 어떠하든 사람들은 항상 바르게 행동해야 한다. 하지만 언어는 행동과 달라서 구별하여 말할 줄 알아야 한다. 세상에 도가 있을 때는 정직하게 말하고 무도할 때는 자신을 낮추어 겸손하게 말해야 한다.

　　이와 같은 도로 욕망을 제어한다는 공자의 사상은 인과 덕으로 정치를 한다는 왕도사상의 근본이 된다.

---

34) 邦有道, 危言危行. 邦無道, 危行言孫 (14.3)

제2장 천명

천도天道 즉 하늘의 뜻에 대한 공자의 사상은 천명의 관념에 집중되어 있다. 천도는 곧 천명이다.

공자는 인격적인 존재로서의 하늘을 반대하였다. 공자 이전에 사람들은 제帝와 천天을 믿고 따랐다. 제는 곧 상제와 천제다. 그들은 이름도, 형체도 없었으나 천지간의 최고의 지배자였고 세상과 사람들의 운명을 좌지우지하였다. 제와 달리 천 즉 하늘은 대자연의 모습을 갖고 있다. 그런데 사람들이 그것을 인격화하고 신비함을 부여하면서 하늘은 최고의 인격적 존재인 신(人格神)이 되었다. 공자도 하늘에 대하여 언급한 적이 있다. 하지만 공자가 말하는 천은 신적인 존재가 아닌 다른 의미의 하늘이었다.

공자는 인격성을 갖춘 하늘에 대해 그 의미를 약화시켰을 뿐만 아니라 세상에 나도는 귀신관념도 반대하였다. 공자가 주목한 것은 사람의 일상생활에서의 문제이지 현실을 벗어난 기이하고 신비한 현상들이 아니다. 혹여 신비한 현상들이 존재한다고 하여도 일상적인 생활현상과 비교하면 그 중요도가 떨어진다. 신비한 현상이라고 하는 것은 이미 그것이 사람의 힘으로 해결할 수 있는 범위를 벗어났다는 말이다. 때문에 신비한 현상에 대한 관심은 다만 허황된 호기심에 그칠 뿐이다. 이것을 인식했기 때문에 공자는 사람과 귀신鬼神의 세계를 구분하여 대할 것을 주장했다. "사람이 지켜야 할 도의에 힘쓰고 귀신을 공경하되 멀리하면 지혜롭다 할 수 있다."[1] 귀신은 사람 외의 특별한 존재이다. 그중, 귀鬼는 죽지 않는 망자이고

---

1) 務民之義, 敬鬼神而遠之, 可謂知矣.(6.22)

[淸] 黃愼, 「蘇武牧羊圖」

신神은 죽지 않는 생자이다. 모두 사람들과 관련된 존재들이지만 그들은 자신을 감추고 본모습을 드러내지 않는다. 사람들이 귀신을 멀리했다는 것은 사람들이 자신들이 살아가는 현실세계로 돌아와 일상생활에 관심을 두었다는 의미로 매우 지혜로운 처사라 할 수 있다.

따라서 공자사상의 주제는 귀신이 아닌 사람, 죽음이 아닌 생존의 문제라고 할 수 있겠다. 공자는 "사람을 잘 섬기지 못한다면 어떻게 귀신을 섬기겠는가. 생을 모르고 어떻게 사를 알겠는가"[2]라고 하였다. 그렇다고 해서 사람만 섬기고 귀신을 받들지 말라는 뜻이 아니고 우선 사람을 위해야 귀신도 위할 수 있다는 말이다. 이는 사람이 결국은 귀신으로 끝나야 하는 것이기 때문이기도 하다. 사람을 섬기는 도가 있어야 귀신을 섬기는 도도 생겨날 수가 있기 때문이다. 같은 맥락으로 생만 알고 사를 이해하지 말라는 것이 아니라 생을 잘 알아야 사도 알 수 있다는 것이다. 이 역시 생이 사로 종결된다는 사상에서 온 것이다. 생의 도를 먼저 알아야 사의 도를 알 수 있다. 이런 이유로 현실 생활에서 사람은 귀신보다 우선이고 생이 사보다 우선이다. 먼저 사람과 생의 문제를 해결해야 귀신과 사의 문제도 해결할 수가 있다. 그런데 사람들은 살아 있는 한, 인간과 생존의 문제를 완전히 해결할 수가 없다. 이는 사실상 귀신과 죽음이 현실 생활에서의 중요성을 부정한 것이다. 그러니 사람과 그들의 현실에서의 생활이 가장 기본적인 문제가 될 수밖에 없다. 사실 공자는 오직 하나의 세상, 즉 사람이 사는 세상만을 인정했던 것이다. 공자는 세상이 이승과 저승으로 구별된다는 것 자체를 믿지 않았던 것이다. 공자에게 있어서 사람에 대비되는 귀신의 세계나, 생의 끝난 뒤의 죽음의 세계 같은 것은

---

2) 未能事人, 焉能事鬼? 未知生, 焉知死?(11.12)

없는 것이다.

　이런 사상을 가졌기에 공자는 귀신에게 기도하는 일을 중요시하지 않았다. "왕손가王孫賈가 일찍이 공자에게 묻기를 '아랫목의 신에게 아첨하기보다는 차라리 부엌의 신에게 아첨하라는 말이 있으니, 무슨 뜻입니까?'라고 하자, 공자가 이르기를 '그렇지 않다. 하늘의 죄를 얻으면 빌 곳이 없다'라고 하였다."3) 하늘과 땅 사이에 신과 사람이 있는데 그중 하늘이 가장 높아 신과 사람을 지배한다. 신은 가장 높은 것이 아니라 천지 사이의 특별한 존재일 뿐이다. 비록 신이 사람과 연관을 맺고 있기는 하지만 궁극적으로 사람은 하늘의 뜻에 따르고 있다. 때문에 사람은 일반적인 신이나 심지어 최고의 신에게조차 기도를 할 필요도 없다. 공자가 병에 걸렸을 때, 자로가 귀신에게 기도를 드릴 것을 청했으나 공자는 시종일관 귀신에 대한 기도가 병 치료에 아무런 도움이 되지 않는다고 주장했다.

　공자는 천제도, 귀신도 아닌 오직 하늘만이 세상의 지배자라 믿었다. 그렇다면 하늘이 의미하는 것은 대체 무엇일까?

　공자가 말하는 하늘은 여러 가지 의미를 갖고 있는데 크게 두 가지로 볼 수 있다. 즉 자연적인 하늘과 인격적 존재인 하늘이다.

　자연적인 하늘은 천지의 존재와 그 운행을 말하는 것이다. "하늘이 무슨 말을 하던가? 사계절이 변화하고 만물이 생장하나니, 하늘이 무슨 말을 하던가?"4) 여기에서 말한 바와 같이 하늘은 아무런 의지도 말도 없이 시공간의 변화와 만사만물의 생성에 순응할 뿐이다. 사실상, 하늘이 곧 사계절이고 만물이며 자연계 그 자체이다. 사람은 하늘과 다르나 천지 사이에서 생존한다.

　만약 하늘이 바로 천지만물이라면 하늘의 본성은 무엇일까? 하늘 천天의 본성은 바로 생生이다. '천생'은 도도히 흐르는 강물처럼 끊임없이 생장하고 번식하는 것이다. "흘러가는 것이 이와 같구나. 밤이고 낮이고 멈추는 법이 없도다."5) 흐르는

---

3) 與其媚於奧, 寧媚於竈, 何謂也? 子曰, 不然, 獲罪於天, 無所禱也. (3.13)
4) 天何言哉? 四時行焉, 百物生焉, 天何言哉?(17.19)
5) 逝者如斯夫, 不舍晝夜. (9.17)

물과 같은 빠른 '사라짐'은 과거뿐이 아니라 과거, 현재, 미래를 포함한 전반에 걸치는 것으로 도리어 끊임없는 '생겨남'이 될 수도 있다. 천지개벽이 일어나고 달이 지고 해가 뜨며 사계절이 교체되는 것처럼 끊임없이 반복하고 영원히 순환한다.

인격적 존재의 하늘은 어느 정도 인격을 갖추고 있다. 사람과 비슷한 지성, 감정, 의지 등이 있으면서 또한 그것을 초월한다.

하늘은 지성이 있다. 예를 들면 "나를 알아주는 분은 아마도 하느님뿐일 것이다"[6]에서처럼 하늘은 의식이 있어 사람을 이해할 수 있다는 것이다.

하늘은 감정이 있다. 예를 들면 공자가 이르기를 "하늘이 나를 버리리라. 하늘이 나를 버리리라!"[7]라고 했는데 하늘이 사랑과 원한을 갖고 있다는 뜻이기도 하겠다.

하늘은 의지가 있다. "하늘이 나를 망치는구나. 하늘이 나를 망치는구나!"[8] 하늘은 능동적 행위의 능력을 갖고 있다는 것을 뜻하는 말이다.

하늘은 인류문화의 근거다. "하늘이 장차 이 문화를 없애려 하신다면 후사자가 이 문화에 참여할 수 없겠지만 하늘이 이 문화를 없애려 하지 않으시니 광 지역의 사람들이 나를 어찌하리오."[9] 여기서 알 수 있듯이 하늘이 문화를 없앨 수도 있고 보존할 수도 있다.

하늘은 인간도덕의 기초이다. "하늘이 나에게 이런 덕을 내려 주었도다."[10] 하늘이 도덕성을 부여하였거나 또는 공자가 천성적으로 도덕성을 가지고 태어났다는 말이다. "진실로 하늘로부터 타고나신 성인인 듯하고, 또 능함도 많으시니라."[11] 여기서는 공자를 하늘이 만든 성인이라 했다.

하늘은 제왕에게 명을 내린다. "하늘의 역수가 너의 몸에 있으니 진실로 그

---

6) 知我者其天乎.(14.35)
7) 天厭之! 天厭之!(6.28)
8) 天喪予! 天喪予!(11.9)
9) 天之將喪斯文也, 後死者不得與於斯文也. 天之未喪斯文也, 匡人其如予何.(9.5)
10) 天生德於予.(7.23)
11) 固天縱之將聖, 又多能也.(9.6)

중을 잡으라"[12]에서는 하늘이 천하의 중임을 제왕에게 위탁한 것으로 나온다.

하늘은 제왕의 법칙이다. "오직 하늘만이 비길 데 없이 크거늘, 오직 요임금만이 이 덕을 본받았나니!"[13]에서는 하늘이 본보기를 세워 놓았고 제왕은 그를 모방한다고 했다.

하늘은 어찌하여 인간의 지성과 감정 그리고 의지를 갖추고 또 사람들을 지배할 수 있었을까? 그것은 하늘과 사람 사이에 존재하는 일종의 신비한 관계에서 비롯되었다. 다시 말하자면 사람과 하늘은 서로에게 속해 있으면서 또 서로 영향을 준다. 사람이 하늘 속에 있으니 하늘에 순종해야 할 것이고, 하늘이 사람 속에 있으니 또한 사람의 모든 것을 꿰뚫고 있을 것이다. 이런 의미에서 볼 때 하늘은 곳곳에 무시로 존재하면서 사람을 지배한다.

사람을 지배하는 하늘이 바로 명이다. 이런 연유로 공자의 천명설이 있게 된다.

명이란 무엇인가? 명은 명령이다. 즉 지배하는 것이고 배정하는 것이며 규제하는 것이다. 공자에게 있어서 명은 사람의 명령이 아닌 하늘의 명령이다. 즉 천명이다.

천명은 대자연의 명으로 세상만물의 생성과 인간의 삶을 지배한다. "도가 장차 행해지는 것도 운명이고, 도가 장차 폐해지는 것도 운명이니라."[14] 뜻인즉 어떤 도리나 주장의 실현 여부는 주장하는 자와 반대하는 자의 개인적 의지나 그것을 받아들이는 대중들의 의사에 의해 결정되는 것이 아니라 천명이 어떠한가에 달렸다는 것이다. 천명은 세상만사를 지배하지만 그것은 인격적 존재인 신으로서의 작용이 아닌 자연의 운행에서 비롯되는 것이다.

천명은 사람의 생과 사를 좌지우지하면서 생명을 한정지어 놓았다. 인간에게 있어 천명은 거역할 수 없는 막강한 힘으로 인간의 "사생은 명에 달려 있고, 부귀는 하늘에 달려 있다."[15] 즉 사람의 생과 사, 부와 귀 등은 모두 개인의 의지로 되는

---

12) 天之曆數在爾躬, 允執其中.(20.1)
13) 唯天爲大. 唯堯則之!(8.19)
14) 道之將行也與, 命也. 道之將廢也與, 命也.(14.36)

것이 아니라 천명의 규제를 받는다는 것이다. 백우伯牛가 중병을 앓자 병문안을 간 공자는 "그를 잃겠구나, 운명인가보다. 이 사람이 이런 질병에 걸리다니, 이 사람이 이런 질병에 걸리다니!"16)라며 한탄하였다. 절대로 불치병 같은 것에 걸릴 리가 없다고 생각했던 제자가 그러한 질병의 고통을 받게 된 것이다. 공자는 병에 걸리거나 건강을 회복하는 것 역시도 사람의 의지로 되는 것이 아니라 천명이 정하는 것이라고 말하고 있다.

천명은 필연적 속성을 가진다. 자연의 명령으로서의 천명은 정의적이고 영원한 것이다. 또한 그것은 악이 아닌 선한 것으로 인류의 모든 가치 있는 것들의 기본이 되고 인류가 추구하는 생활의 목표가 된다.

천명은 또한 우연성도 지닌다. 시명時命이란 특정된 역사 시기에 나타나는 천명의 일종이며, 구체적인 표현으로 시세時勢 또는 시운時運이라고도 한다. 세상은 도가 있을 때도 있고 그렇지 않을 때도 있다. 그런데 시명은 필연적인 것이 아니라 우연적이고 영원하지가 않고 일시적인 것이다. 따라서 시명은 공정할 때가 있고 그렇지 못할 때가 있으며, 선할 때가 있고 악할 때가 있게 된다. 일반적으로 전자보다 는 후자로 나타나는 경우가 더 많다. 천명이 긍정적이고 적극적인 반면에 시명은 부정적이고 소극적이다. 공자 역시 시운이 안 좋은 경우가 많았다고 한다. 예를 들면 대도가 통하지 않는 것이 그것이다. 그러나 궁극적으로 볼 때 그러한 시운마저 도 결국 천명에 따른 것이었다.

천명과 시명이 함께 작용하여 인간의 운명이 된다. 때문에 인간은 천명과 시명이 구축한 길 위를 걸어가고 있는 것이라 해도 과언이 아니다.

천명에 필연성과 우연성이 있으니 밝을 때도 어두울 때도 있는 것은 자명한 일이다. 그 밝은 면은 직접 보이는 것이고 인지할 수 있는 것이지만 어두운 면은 숨겨진 것이고 알 수 없는 것이다. 때문에 운명에는 광명과 암흑이 동시에 존재하게

---

15) 死生有命, 富貴在天 (12.5)
16) 亡之, 命矣夫! 斯人也而有斯疾也! 斯人也而有斯疾也!(6.10)

된다. 광명 속에 어둠이 도사리고 있고, 암흑 속에 한 가닥의 빛이 있어 운명의 신비로움이 만들어진다.

공자는 사람들에게 "천명을 두려워하라"[17]고 강조한다. 이는 사람들로 하여금 천명의 존재를 인정하게 하려는 것이다. 천명은 인간이 존재하기 전부터 존재했을 뿐만 아니라 인간을 초월한다. 때문에 인간은 천명을 가볍게 보거나 맞서고자 해서는 안 되며 천명을 공경하고 두려워할 뿐만 아니라 천명에 순종해야 한다.

공자는 운명에 대해 공경과 동시에 정확한 인식을 가져야 한다고 주장한다. "명을 알지 못하면 군자라 할 수 없다."[18] 거꾸로 해석하면 군자는 운명을 아는 사람인 것이다. 따라서 군자에 대비되는 소인은 운명을 모르는 사람이라 할 수 있다. 사람들이 자기의 운명을 인지하고 있을 때, 운명은 더는 어두운 것이 아닌 밝은 것이고 외적으로 표출되는 것이 아닌 내적 존재로 된다. 이런 이유로 천명을 공경하고 두려워할 줄 알 뿐만 아니라 인지할 줄 아는 사람만이 인간다운 인간이 되는 것이다.

더욱 중요한 것은 천명을 좇아 마음의 안정을 취할 줄 아는 것이다. 천명이 정한 경계를 뛰어넘으려 하지 말고 이를 받아들이고 따라야만 비로소 자신의 운명을 정확히 알 수 있으며, 인간이 이루고자 하는 '도'와 운명의 '도'가 합쳐져서 하나가 될 수 있다.

---

17) 畏天命. (16,8)
18) 不知命, 無以爲君子也. (20,3)

제3장 예악

공자가 말한 천도天道가 천명天命이라면 인도人道는 예악禮樂이다.

공자 이전에도 사람들은 이미 예악으로 사람들의 생활을 규범화하였다. 사람은 태어나서부터 죽을 때까지 수많은 통과의례가 있다. 예를 들면 관례冠禮, 혼례婚禮, 상례喪禮, 제례祭禮 등이다. 동시에 일상생활에도 여러 가지 예의범절이 존재한다. 예는 다름을 가려내고, 악은 조화를 이룬다[1]고 했다. 예를 통해 사람과 사람 사이의 차이점을 보아 낼 수 있을 뿐만 아니라 그러한 사람들을 여러 등급으로 나눔으로써 천·지·인(혹은 천지·군신·부자)의 선후순서와 그 직위의 높낮이를 정하고 사회의 질서를 확립한다. 혹은 고저의 질서를 확립하였다. 예와 달리 악은 천·지·인이 조화롭게 어우러져 상생하도록 하며 대악大樂과 천·지는 같이 화합한다. 그러나 예와 다르다고 해서 악이 예를 떠나 독립적으로 존재하는 것이 아니다. 넓은 의미에서 볼 때 악은 예법에 속해 있으며 예법의 규제를 받는다. 때문에 악이 예법에 어긋나서는 안 되며 예법의 규정을 따라야 한다. 때문에 예와 악을 구분하여 말하거나 또는 예악을 통칭하여 예라고 말해도 모두 무방하다.

그럼 예禮란 도대체 무엇인가? 이는 세상을 살아가는 가장 기본적인 룰이라고 할 수 있겠다. 예는 인간의 존재와 사상 그리고 언어까지 지배하는데 구체적으로 법률, 도덕, 신념, 생활습관 등으로 표현된다. 예는 매우 다양하고 복잡한데 일반적으로 예법과 예의로 나뉜다. 도의 관점에서 볼 때 예는 예법이자 천지, 군신, 부자간의

---

1) 역자 주: 『荀子』 「樂論」(20.10)에 "악은 조화를 이루게 하고 예는 다름을 가려낸다"(樂合同, 禮別異)라는 말이 있다.

[淸] 任頤, 「雪中送炭圖」

위계질서를 정하는 규칙이다. 기능적 측면에서 볼 때 예는 곧 예의禮儀로 예기禮器2)나 예절과 같은 구체적인 생활방식이다. 예는 규범으로 정해진 것도 있고 그렇지 않은 것도 있다.

사람이 지켜야 할 도리로서의 예는 인간 존재에 경계를 만들어 주었다. 즉 존재할 수 있는 것과 존재할 수 없는 것을 구분해 놓았다. 구체적으로 인간의 욕망과 그것을 실현하는 방법에 대해 경계를 정해 놓은 것이다. 그것을 구분하는 척도가 바로 예절이다. 사람에 대한 존중을 나타내는 예로 존경과 양보가 있고 사람을 판단하는 기준이 되는 예로 예법이 있다.

예는 인간이 지켜야 할 도리인 만큼 천도에 부합하는 것이다. 그러나 그것은 자연적으로 형성된 것이 아니라 사람들이 만들어 낸 것이다. 중국 역사의 시작인 하夏, 상商, 주周 삼대에 걸친 선왕들은 예법을 만들어 질서를 바로 세웠다. 이 때문에 예악의 도는 곧 선왕의 도이기도 하다. "예의 쓰임은 조화로움을 귀중하게 여긴다. 선왕이 세상을 다스린 원칙은 이것을 훌륭하다고 여겨서 작은 일이나 큰일이나 모두 조화를 이루게 한 것이다."3) 선왕은 예악의 도로 천·지·인을 구분했을 뿐만 아니라 천·지·인이 화합하는 평화로운 세상을 만들었던 것이다. 이는 새로운 인류문명의 길을 열어 주었다.

그러나 예는 고정불변의 것이 아니라 시대와 더불어 변화하고 발전한다. 예가 만들어지고 보완되고 완성될 때까지는 수많은 노력과 긴 과정을 거쳤다. 그리고 그 과정은 후손들에게 덕이 되기도 화가 되기도 했다. "은나라는 하나라의 예를

---

2) 역자 주: 제사·접대 따위의 의식에 쓰이는 그릇.
3) 禮之用, 和爲貴. 先王之道, 斯爲美. 小大由之.(1.12)

인습하였으니, 손익을 알 수 있도다. 주나라는 은나라의 예를 인습하였으니, 손익을 알 수 있도다. 훗날 주나라의 것을 인습한다면 오랜 시간이 지나도 알 수 있을 지어다."4) 여기서 손은 폐지한 것을 말하고 익은 추가한 것을 말한다. 주나라는 예의 집대성자라 할 수 있다. "주나라는 하와 은을 귀감으로 삼았나니, 찬란하여라 그 문화여, 나는 주나라를 따르겠노라."5) '선왕의 도' 중 '문무의 도'는 최고로 받들리고 있다. '문무의 도'에서 가장 중요한 인물이 바로 주공周公인데 그는 주나라의 예악제도를 최종적으로 완성한 사람으로, 공자의 인정과 추앙을 받는 성인이 되었다.

공자는 지극히 혼란스러운 세상과 예악이 파괴된 시대를 살았다. 그것은 도가 사라진 무도無道한 시대였다. 세상이 혼란스럽다는 것은 하늘의 도가 무너짐이요 예악이 파괴되었다는 것은 사람의 도가 통하지 않는 다는 뜻이다. 예법이 천자, 제후, 대부 등 각자 지위에 따른 권리와 의무를 규정해 주었지만 제후와 대부들이 예법을 무시했고 천자 또한 그것을 막을 힘이 없었다. 계씨季氏는 천자 혼자만 즐기는 가무를 만들었는데 공자가 이를 비판하여 이르기를 "팔일무를 뜰에서 추게 하니 이것을 참을진대 어느 것인들 못 참으랴?"6)라고 했다. 태산에 제를 지내는 일은 원래 천자한테만 허락된 것인데 계씨가 제를 지내려 하자 공자는 또 이를 비판하여 "오호라! 일찍이 태산의 신령이 임방만도 못하다 하던가?"7)라고 했다. 그 외에도 유사한 실례가 아주 많다.

세상이 그러니 공자의 사명은 예법을 회복하여 예가 다시 세상의 규범으로 되게 하는 것이었다. 나라뿐만 아니라 개개인까지도 모두 예법을 지킬 것을 호소하면서 "예가 아니면 보지 말고, 예가 아니면 듣지 말고, 예가 아니면 말하지 말고, 예가 아니면 행동하지 말라"8)고 했다. 예가 사람들의 일상생활의 경계가 되어야

---

4) 殷因於夏禮, 所損益, 可知也. 周因於殷禮, 所損益, 可知也. 其或繼周者, 雖百世, 可知也.(2.23)
5) 周監於二代, 鬱鬱乎文哉! 吾從周.(3.14)
6) 八佾舞於庭, 是可忍也, 孰不可忍也?(3.1)
7) 嗚呼! 曾謂泰山不如林放乎?(3.6)
8) 非禮勿視, 非禮勿聽, 非禮勿言, 非禮勿動.(12.1)

함을 강조한 것이다. 예에 부합하는 삶은 허락된 것으로 입에 담을 수 있으며 생각해 볼 만하고 존재해도 되는 것이지만 예에 어긋난 삶은 허락되지 않은 것으로 말하지도 사고하지도 존재하지도 말아야 하는 것이다. 공자는 예법의 다시 세움으로써 질서 있고 아름다운 세상이 만들어지기를 바랐다.

물론 공자는 전통 예법의 단순한 복원을 주장한 것이 아니라 시대에 알맞은 창의적인 예법으로의 전환을 꿈꾸었던 것이다.

공자는 예든 예악이든 모두 기물器物로만 표현되는 것이 아니라고 보았다 "예를 논하고 거론하는 것이 옥과 비단에 대한 이야기이겠느냐! 음악을 논하고 거론하는 일이 종과 북에 대한 이야기이겠느냐!"9) 예기 역시 예의 일부분이긴 하지만 예의 핵심은 예법에 사용되는 물건이 아니라 예법을 지키는 사람에 있다. 사람의 예 역시 예절이나 예의에만 있는 것이 아니라 예법에 맞는 마음속에서 우러나오는 모든 것을 포함한다. "예는 사치보다는 차라리 검소함이 낫고, 상은 형식보다는 차라리 슬퍼함이 낫다."10) 내적인 마음가짐과 외적인 형식 사이에 통합을 이루려면 우선 그 사람이 현실적으로 존재하느냐에 있다. 바로 그 사람의 예법에 맞는 생활방식인 것이다.

예가 사람이 존재하는 원칙이라면 인성의 형성에도 중요한 역할을 할 것이다. 인애와 지성이 아무리 사람의 주요한 덕성이라 할지라도 마땅히 예의 규범을 따라야 한다. "지혜가 넘치더라도 덕이 없다면 얻어도 반드시 잃을 것이다 비록 지혜가 넘치고 덕이 있어도 공손하지 못하고 예로써 움직이지 않으면 선한 것이 아니다."11) 말인즉 덕이 예의 규제를 받을 뿐만 아니라 공손함과 신중함, 용맹함, 강직함과 같은 기타 미덕 역시 그렇다는 것이다. 공자가 말하기를 "공손하되 예가 없으면 수고롭고, 삼가되 예가 없으면 두렵고, 용맹하되 예가 없으면 질서를 어지럽히고, 강직하되 예가 없으면 야박하다"12)라고 했다. 사람들이 아무리 많은 미덕을

---

9) 禮云禮云, 玉帛云乎哉? 樂云樂云, 鍾鼓云乎哉!(17.11)
10) 禮, 與其奢也, 寧儉. 喪, 與其易也, 寧戚.(3.4)
11) 知及之, 仁不能守之, 雖得之, 必失之. 知及之, 仁能守之, 不莊以涖之, 動之不以禮, 未善也.(15.33)

갖고 있더라도 만약 예의 구속이 없다면 극단화되어 자칫 악행으로 변할 수가 있다. 예를 갖추어야만 사람들의 미덕을 진정한 미덕으로 남게 하고, 사람들의 성품이 건전하게 발전되도록 한다.

공자는 예로써 사람을 세우고자 했다. "예를 알지 못하면 설 수 없다."[13] 천·지·인 간의 규범이 되는 예를 알고 지켜야 사람이 우뚝 설 수 있다는 것이다. "군자가 널리 글을 배우고 예로 단속한다면 도를 벗어나지 않을 것이다."[14] 즉 사람들이 예로써 자기의 언행을 단속한다면 올바른 길로 나아갈 수 있다는 것이다.

공자는 또 예로써 나라를 세울 것을 주장했다. "겸양을 원칙으로 나라를 다스린다면 무슨 어려움이 있겠는가? 겸양을 원칙으로 나라를 다스리지 못한다면 어찌 예를 지키겠는가."[15] 예로써 나라를 다스린다는 것은 폭력과 형벌이 아닌 천·지·인의 올바른 위계질서에 따라 나라를 다스리는 것을 말한다.

---

12) 恭而無禮則勞, 愼而無禮則葸, 勇而無禮則亂, 直而無禮則絞.(8.2)
13) 不知禮, 無以立也.(20.3)
14) 君子博學於文, 約之以禮, 亦可以弗畔矣夫!(6.27)
15) 能以禮讓爲國乎? 何有? 不能以禮讓爲國, 如禮何?(4.13)

제4장 학습

천도가 있고 인륜이 있으니 사람은 오직 배워야만 하늘의 뜻을 알고 사람의 도리를 알 수 있다.

공자는 학습學習 즉 배움의 중요성을 강조했다. 깨달음은 배움을 통해야만 얻어지기 때문이다. "태어나면서부터 스스로 아는 자가 으뜸이요, 배워서 알게 된 자가 다음이요, 깨닫지 못한 것을 괴롭게 여겨 배우는 자가 또한 그다음이다. 깨닫지 못했는데도 배우지 않는 자는 모든 백성 가운데 가장 하류이다."[1] 공자는 비록 깨달음을 갖고 태어나는 경우도 인정하지만, 주로는 배움을 통해 깨달음을 얻을 것을 강조했다. 공자는 자신 역시 태어나면서부터 알았던 것이 아니라 배움을 통해 깨닫게 된 것이라고 주장했다.

사람에게 가장 중요한 두 가지는 미덕과 지혜라 할 수 있다. 사람은 누구나 일반 군자의 미덕을 가진다. 그러나 만약 배우지 않는다면 그러한 미덕은 점차 사라지게 된다.

어진 것을 좋아하되 배우기를 좋아하지 않으면, 그 폐단은 어리석게 되는 것이다. 지혜로움을 좋아하되 배우기를 좋아하지 않으면, 그 폐단은 분수를 모르게 되는 것이다. 신의를 좋아하되 배우기를 좋아하지 않으면, 그 폐단은 남을 해치게 되는 것이다. 정직함을 좋아하되 배우기를 좋아하지 않으면, 그 폐단은 매몰차게 되는 것이다. 용맹함을 좋아하되 배우기를 좋아하지 않으면, 그 폐단은 질서를 어지럽히게 되는 것이다. 강직함을 좋아하되 배우기를 좋아하지 않으면, 그 폐단은 오만방자

---

1) 生而知之者上也, 學而知之者次也. 困而學之, 又其次也. 困而不學, 民斯爲下矣.(16.9)

하게 되는 것이다.[2]

어질고 지혜로우며 신의를 지킨다거나 정직하고 용감하며 강직한 것과 같은 미덕을 추구함에 있어서 배움을 통한 교화 과정을 거치지 않으면 미덕이 악행으로 변모될 수 있다는 것이다. 배움을 통해 그러한 미덕의 진정한 의미를 깨달아야만 미덕은 이루어질 수 있다. 때문에 좋은 성품을 갖추기 위해서는 배움이 무엇보다 중요한 것이다.

그렇다면 학습이란 무엇일가? 학습은 바로 깨달음이다. 모르는 사람이 아는 사람의 것을 모방하여 알게 되는 과정이다.

이러한 학습 과정은 가르침과 배움 둘로 나누어 볼 수 있겠다. 스승과 제자의 가장 뚜렷한 구별은 바로 전자는 이미 알고 있는 사람이고 후자는 아직 모르거나 배우는 중에 있는 사람이라는 것이다. 스승은 자신이 이미 알고 있는 지식을 아직 모르거나 알아 가는 과정에 있는 제자에게 전수한다. 물론 스승은 가르치는 자이자 동시에 가르침을 받는 자이기도 하다. 아는 자 역시 더 많은 것을 알기 위해 배워야 하기 때문이다. 이로써 교육의 핵심은 곧 학습에 있다고 할 수 있겠다.

공자는 누구에게나 차별 없이 가르칠 것을 주장했다. 그래서 배움을 얻고자 하는 모든 사람들에게 가르침을 주었다. 왜냐하면 알고자 함은 인간의 본성이기 때문이다.

공자는 동시에 가르침에 있어서 개인의 차이를 고려해 그에 맞는 방법을 택할 것을 주장했다.

군자의 도에 어느 것을 먼저라 하여 전수하며, 어느 것을 뒤라 하여 게을리하겠는가? 초목에 비유하자면 구별하여 분류하는 것과 같은 것이거늘 군자의 도를 어찌 왜곡할 수 있단 말인가? 시종일관함은 성인군자만이 할 수 있는 것이로다.[3]

---

2) 好仁不好學, 其蔽也愚. 好知不好學, 其蔽也蕩. 好信不好學, 其蔽也賊. 好直不好學, 其蔽也絞. 好勇不好學, 其蔽也亂. 好剛不好學, 其蔽也狂.(17.8)

배움에는 공통성이 있지만 개성도 있다. 때문에 제자에 따라 그의 수준에 맞는 내용을 전수할 뿐만 아니라 그 방법과 절차 또한 달리하여야 한다는 것이다.

공자는 유도식 교육을 중요시했다. "스승님께서는 차근차근 이끌어 주시어 학문으로 지식을 넓혀 주시며 예의로 단속해 주시니 공부를 그만두고 싶어도 그만둘 수가 없다."[4] 이는 공자의 제자가 한 말이다. 공자는 또 계발식 교육을 강조했는데 "알려 하지 않으면 깨우쳐 주지 않고, 애태우지 않으면 가르쳐 주지 않으며, 한 모서리를 들어주었는데도 세 모서리를 반증하지 못하면 다시 일러주지 않는다"[5]고 했다. 유도식 교육이든 계발식 교육이든 모두 제자들이 스스로 깨우치도록 한 것인데, 이는 배움의 적극성과 창조성을 강조한 것이라고 하겠다.

만약 사제 관계에서 가르침과 배움이 인아人我의 관계라고 한다면 학습과 사고思考는 자기 소행의 양면 관계라 할 수 있다. 일반적으로 학습하여 배운다는 것은 새로운 사물에 대해 공부함으로써 모르던 것을 알게 되는 과정이다. 사고는 낡은 사물에 대한 반성으로 불명확한 것을 분명하게 만드는 과정이다. 배움은 사고의 전제와 기초이고 사고는 배움에 대한 가공이고 승화이다. "배우기만 하고 생각지 않으면 얻는 것이 없고, 생각만 하고 배우지 않으면 위태롭다."[6] 배움이 없는 사고는 빈껍데기에 불과하며 아무런 의미가 없다. 배워야만 자신의 저력을 끊임없이 끌어낼 수 있다. "내가 일찍이 종일토록 먹지 않고 밤새도록 자지 않고서 사색을 해 보았지만 아무런 이로움도 얻을 수 없었고, 배우는 것만 못했다."[7] 공자는 본인의 경험으로 침식을 잊으면서 고달프게 사고하는 것이 배움을 통해 얻은 지식의 수확보다 못하다는 것을 보여 주었다.

사고에는 일반적인 사고 외에 또 특별한 것이 있는데 그것이 바로 반성이다.

---

3) 君子之道, 孰先傳焉, 孰後倦焉? 譬諸草木, 區以別矣. 君子之道, 焉可誣也? 有始有卒者, 其唯聖人乎!(19.12)

4) 夫子循循然善誘之, 博我以文, 約我以禮, 欲罷不能.(9.11)

5) 不憤不啓, 不悱不發. 擧一隅不以三隅反, 則不復也.(7.8)

6) 學而不思則罔, 思而不學則殆.(2.15)

7) 吾嘗終日不食, 終夜不寢, 以思, 無益, 不如學也.(15.31)

韋編三絶(塑像), 北京孔廟

반성은 내적인 것으로 자신의 잘못이나 허물을 돌이켜 보고 생각함으로써 깨닫고자 하는 것이다. 공자의 제자인 증자曾子는 "나는 하루에 세 번 자기 자신을 반성한다. 남을 위하여 일을 도모함에 있어 충성을 다하였는가? 친구와 더불어 사귐에 있어 신의를 지켰는가? 스승께서 전수하신 가르침을 복습했는가?"[8]라고 말하였다. 하루에 세 번 반성한다는 것은 결코 한 번에 이루어지는 것이 아니라 여러 번 반복적으로 반성한다는 뜻이다. 이는 매일 반복하고 지속적으로 견지해야만 완성할 수 있는 공부이다. 물론 사람들은 내심內心 즉 마음속으로 반성을 한다. 여기서 말하는 심心은 마음 그 자체를 일컫는 것으로 진실하고 순수하고 투명한 것이다. 사람들은 그러한 마음가짐으로 자신이 한 일에 대해 되돌아보고 생각하는 것이다. 다시 말하면 사람은 자신의 행동과 생각 그리고 언어에 대한 재고를 통해 옳고 그름을 판단할 줄 알아야 한다는 것이다. 증자는 충심, 신의, 복습이라는 삶에서 가장 중요한 세 가지에 대해 언급했다. 충성은 자신과 타인에 대한 성실 여부를 말하는 것이고, 신의는 친구간의 믿음을 말하며, 복습은 스승의 가르침에 대한 학습이다.

공자의 배움에 내포된 의미는 매우 다양하여 서책의 지식을 포함할 뿐만 아니라 일상생활에서의 지혜도 포함된다. 공자는 그중에서 주로 네 가지를 선택하여 가르쳤는바 "문文·행行·충忠·신信"[9] 즉 문헌, 행동, 충실, 믿음이 바로 그것이다. 여기에는 지식의 습득을 목적으로 한 지육智育이 있을 뿐 아니라, 덕성을 기르기 위한 덕육德育이 있고, 내적 품성뿐만 아니라 외적 행위에 대한 가르침도 있다.

공자는 일반적인 사물에 대한 공부보다도 도에 대한 공부를 더 강조했고 전문적인 기술에 대한 습득보다는 인성교육을 중요시했다. 즉 도를 세우고 덕을 갖춘

---

8) 吾日三省吾身. 爲人謀而不忠乎? 與朋友交而不信乎? 傳不習乎?(1.4)

9) 7.25.

인재를 육성하는 것이 공자의 핵심적인 교육이념이었던 것이다. 공자가 말한 "배우고 또 때때로 익힌다"(學而時習之)란 말에서 배울 '학'의 의미는 도에 대한 학습을 가리킨다. 때문에 배움의 근본적인 목적은 도를 세워 자신의 덕성을 닦기 위한 것이지 남이 알아주기를 바라는 것이 아니다. "옛날의 학자들은 자신을 위한 공부를 하였는데, 지금의 학자들은 남을 위한 공부만 한다."[10] 자신을 위한 배움은 사람이 지켜야 할 도의道義를 배우고자 함이고 남을 위한 배움은 이욕利欲에서 비롯된 것이라 할 수 있겠다.

도를 공부한다 해서 어떤 신비한 사상이나 심오한 이론을 추구하는 것이 아니라 도에 부합하는 일상의 행위규범을 터득하는 것이다. 공자가 이르기를 "먹는 것에 배부름을 구하지 않고, 거처에 편안함을 구하지 않으며, 일에는 민첩하고 말은 삼가서 하며, 도가 있는 자를 찾아가 잘잘못을 바로잡는 군자는 배우기를 좋아한다고 이를 것이다"[11]라고 했다. 뜻인즉 사람들은 의식주행, 언어 및 행동의 경계를 잘 지킴으로써 탐욕을 버리며 대도를 따르는 법을 배워야 한다는 것이다.

학습은 개인 생활뿐만 아니라 각종 사회관계에 관한 내용도 포함한다. 인간관계의 주체는 군신, 부자, 부부 등이 될 수 있는데 학습을 통해 이런 관계에 대한 올바른 처사를 배울 수 있다.

> 어진 이를 어질게 여기되 색을 좋아하는 마음과 바꿔하며, 부모를 섬기되 능히 그 힘을 다하며, 인군을 섬기되 능히 그 몸을 바치며, 붕우와 더불어 사귀되 말함에 성실함이 있으면 비록 배우지 않았다고 할지라도 나는 반드시 그를 배웠다고 이르겠다.[12]

이는 사람들이 부자, 군신, 붕우 간의 예의와 규범을 지키고 인애의 마음을

---

10) 古之學者爲己, 今之學者爲人.(14.24)
11) 君子食無求飽, 居無求安, 敏於事而愼於言, 就有道而正焉, 可謂好學也已.(1.14)
12) 賢賢易色, 事父母, 能竭其力, 事君, 能致其身, 與朋友交, 言而有信, 雖曰未學, 吾必謂之學矣.(1.7)

가지는 법을 배울 것을 강조한 것이다.

이런 의미에서 볼 때 공자가 주장한 도의 학습이란 인도人道 즉 사람의 도리를 배우는 것이며 예와 인을 공부하는 것이다. 우선 사람의 도를 배우고 다음 하늘의 도를 배움으로써 천명을 알고 따르게 되는 것이다.

도에 대한 학습 외에 공자는 기예의 습득에 대해서도 주장했다. 공자가 주장한 육예는 여섯 가지 전문 기예로 이해할 수 있다. 공자는 문예文藝의 학습이 인성교육에 유리할 뿐만 아니라 특별한 의미가 있다고 말한다. "실천을 하고 나서 여력이 있으면 문에 대한 공부를 해야 한다."13) 즉 효도, 충성, 인애 등에 대한 실천 다음으로 문文 즉 글공부를 할 것을 주장했는데 여기서 말하는 문는 문장이고, 문학이며 예술이다. 문은 학습에 있어서 가장 중요한 것은 아니지만 필수적인 것이다. 시가와 음악은 문의 발전에 중요한 역할을 했다. 이에 공자는 사람의 수양은 "시에서 흥기하고 예로 서며 악으로 완성한다"14)라고 했다. 즉 시가로 시작하여 예가 그 중간 또는 주가 되며, 음악으로 마무리를 한다는 것이다.

공자는 시가 다양한 효용이 있다고 말한다. "감흥을 불러일으킬 수 있고, 사물을 잘 볼 수 있으며, 사람들과 잘 어울릴 수 있고, 사리에 어긋나지 않게 원망할 수 있다. 가까이는 어버이를 섬기고, 멀리는 임금을 섬기며, 새와 짐승과 풀과 나무의 이름에 대해서도 많이 알게 된다."15) 이처럼 시는 자연과 사회를 알게 하는 인식적 가치가 있는가 하면, 사회의 질서와 도덕성을 강화시켜 주는 윤리적 가치, 사람들의 감정과 정서를 육성하고 풍부하게 하는 미적가치가 있다. 무엇보다 중요한 것은 사람들이 시가에 대한 공부를 통해 언어 표현 능력을 향상시킬 수 있다는 것이다.

공자가 말하는 시가는 유가경전 중의 하나인 '『시경詩經』'이다. 공자는 시경의 가장 기본적인 특징이 거짓됨이 없이 순수하고 올바른 감정을 표현한 것이라고

---

13) 行有餘力, 則以學文.(1.6)
14) 興於詩, 立於禮, 成於樂.(8.8)
15) 詩, 可以興, 可以觀, 可以群, 可以怨. 邇之事父, 遠之事君. 多識於鳥, 獸, 草, 木之名.(17.9)

주장한다. 즉 시경은 사람의 천성에 따른 것이라는 것이다. 따라서 사람들은 시경을 배움으로써 수양을 쌓고 옳고 바른 삶을 살게 될 것이라 보았다.

공자는 음악의 특별한 의미에 대해서도 강조하였다. 음악의 조화로운 운율은 사람들에게 즐거움을 가져다주며 이런 즐거운 감정은 사람들의 몸과 마음뿐만 아니라 세상을 조화롭게 한다는 것이다. 그러면서 좋은 음악은 완전무결해야 한다고 주장했다. "공자는 순임금의 음악에 대해서는 소리의 아름다움이 지극할 뿐만 아니라 그 내용의 선함도 지극하다고 하셨고, 주무왕의 음악에 대해서는 소리의 아름다움은 지극하지만 그 내용의 선함은 지극하지 못하다고 하셨다."16) 이처럼 공자는 음악의 내용뿐만 아니라 형식에 대해서도 엄격했음을 말해 준다. 공자는 또한 음악과 그에 대한 연출에는 여러 단계가 있다고 보았다. "음악은 배워 둘 만한 것이다. 처음 시작할 때에는 여러 소리가 합하여지고, 이어서 소리가 풀려나오면서 조화를 이루며 음이 분명해지면서 끊임이 없이 이어져 한 곡이 완성되는 것이다."17) 여기서 음악이 완성되는 과정은 곧 사물의 시작, 중간, 결말이 이어져 전체를 이루는 과정과 흡사하다.

공자는 배움의 목적을 실천에 두었는바 "『시경』의 시 삼백 편을 암송하여 그에게 정치를 하도록 하였으나 처리하지 못하였고, 사방에 사신이 되었으나 단독으로 응대하지 못하였으니, 비록 외운 것이 많기는 하지만 무슨 소용이 있겠는가?"18) 라며 배운 지식은 마땅히 행동으로 옮길 것을 주장했다. 즉 배움과 실천, 이론과 실제를 서로 결합할 것을 강조했던 것이다. 그러나 자하子夏의 "벼슬을 하면서 여가가 있으면 학문을 하고 학문을 하다가 여가가 있으면 벼슬을 한다"19)는 편협한 공리주의功利主義 태도에 대해서는 비판했다. 학습은 욕과 기능이 아닌 도를 배우는 것이지, 벼슬을 하기 위한 것이 아니라는 것이다.

---

16) 子謂韶, 盡美矣, 又盡善也. 謂武, 盡美矣, 未盡善也.(3.25)
17) 樂其可知也. 始作, 翕如也. 從之, 純如也, 皦如也, 繹如也, 以成.(3.23)
18) 誦詩三百, 授之以政, 不達. 使於四方, 不能專對. 雖多, 亦奚以爲?(13.5)
19) 仕而優則學, 學而優則仕.(19.13)

제5장 지

지知의 가장 기본적인 의미는 '알다'로 사람과 세상의 진리를 아는 것이다. 사람은 자신과 남에 관한 진리를 알아야만 세상을 살아갈 수 있다. 이는 인간이 먼저 한 사물에 대한 인식을 가져야만 그 사물에 관련된 일을 할 수 있음을 의미하기도 한다. "아무것도 모르면서 근거 없이 만들어 내는 자가 있으나 나는 그렇게 아니한다."[1] 공자는 근거 없이 일을 시작하는 것을 반대하면서 우선 알고 나서 다시 행동할 것을 주장했다. 하지만 사람은 처음부터 알고 태어난 것이 아니라 배움을 통해 알아 간다. 문헌 공부를 통해 지식을 쌓을 수도 있지만 그보다 더 중요한 것은 일상생활 속에서 배우는 것이다. 다시 말해 많이 보고 많이 듣는 것을 통해 지도知道 즉 세상의 도리를 알아 간다는 것이다. "많이 들어서 그 좋은 것을 선택하여 따르고, 많이 보아서 기억해 두는 것이 본래부터 아는 것의 다음이 된다."[2] 많이 보고 듣는 것은 인간이 세상으로 나아가는 통로가 되는 것으로 세상에 벌어진 일을 감지하고 분석함으로써 진정한 지식을 쌓는 길이기도 하다.

그렇다면 도를 알아 가는 과정은 어떠한가? 안다는 것은 무지하던 데로부터 유식하게 변하는 것이다.

공자는 "내가 아는 것이 있겠는가? 아는 것이 없다. 비천한 사람이 나에게 물으면, 텅 빈 마음뿐이다. 나는 그에게 문제의 앞뒤 본말을 끝까지 물어 최선을 다해 알려줄 뿐이다"[3]라고 하였다. 이는 공자 개인이 도를 알아 가는 경험이기도

---

1) 蓋有不知而作之者, 我無是也.(7.28)
2) 多聞, 擇其善者而從之, 多見而識之, 知之次也.(7.28)
3) 吾有知乎哉? 無知也. 有鄙夫問於我, 空空如也. 我叩其兩端而竭焉.

하지만, 지도知道의 보편성을 말해 주기도 한다. 도를 알아 가는 과정을 아래와 같이 구분해 볼 수 있다.

첫 번째 단계는 무지다. 무지는 가치적인 판단이 아닌 사실 그대로를 말하는 것으로 그 어떤 소극적인 의미도 가지지 않는다. 공자는 자신의 무지를 인정하면서 결코 태어나면서부터 알았던 것이 아니라고 했다. "아는 것을 안다고 하고 모르는 것을 모른다고 하는 것, 이것이 바로 아는 것이다."[4] 자신이 아는지 또는 모르는지를 스스로가 알고 있음으로 인해 아는 것과 모르는 것의 경계가 만들어지는데, 그것이 곧 아는 것이다. 물론 무지한 사람일지라도 묻는 과정에서 알게 되기도 한다.

두 번째 단계는 공空이다. 이는 추궁의 시작점이라고 할 수 있다. 사람들은 사물에 대해 사전 인식이 전혀 없을 뿐만 아니라 있다 하더라도 그것은 제외되어야 한다. 왜냐하면 선입견은 사람들이 사물의 진상을 인식하는 데 방해되기 때문이다. 공자는 인간이 끊어야 할 편견의 네 가지로 "무의毋意, 무필毋必, 무고毋固, 무아毋我"[5] 를 들고 있다. 즉 억측하지 않고 장담하지 않으며 고집하지 않고 자기만이 옳다고 하지 않는 것이다. 네 가지가 서로 다르면서도 연관성이 있는 것으로 결국 무아에 그 초점이 맞추어진다고 할 수 있겠다. 무아毋我는 무아無我와 같은 뜻으로 사리사욕을 버리고 대도에 부합되는 것이다. 마음을 깨끗이 비운 사람만이 온전히 사실 그 자체를 위해 연유를 따져볼 것이다.

세 번째 단계는 양단兩端을 따지는 것이다. 이는 추궁의 과정이라고 할 수 있다. 양단이란 사물의 앞뒤, 사건의 본말과 같은 양쪽의 극단을 말하는 것으로 사물이 존재하는 이중 경계를 이룬다. 이러한 경계로 인해 한 사물이 다른 사물과 구별되고 그 사물 자체로서의 의미를 지닌다. 때문에 양단을 따지는 것은 사물과 사물을 구별해 냄으로써 사물 자체의 본질에 대해 알아보는 것이다.

네 번째 단계는 최선을 다하는 것이다. 이는 끝까지 추궁하는 것이라고 할

---

4) 知之爲知之, 不知爲不知, 是知也. (2.17)

5) 9.4.

수 있다. 즉 사물의 본질을 찾아내어 진상을 드러내게 하는 것이다. 그 과정에서 무지한 사람도 유식해지고 사물의 진상을 알게 된다.

지知를 논함에 있어 공자는 세 가지 유형이 있다고 했다. 첫 번째가 무지無知로 어리석음을 말한다. 두 번째는 거짓으로 아는 것이다. 겉으로는 아는 것처럼 보이지만 사실 사물의 본질에 대해 모르고 있는 것으로 지혜로운 어리석음이라고 할 수 있다. 세 번째는 진정으로 아는 것인데, 곧 지혜이다. 한 사물이 무엇인지 또는 무엇이 아닌지에 대해 정확하게 알고 있는 것을 말한다.

공자는 지혜와 어리석음은 절대적으로 다르다고 했다. "가장 지혜로운 자와 가장 어리석은 자만이 변하지 않는다."[6] 여기서 가장 지혜로운 자란 태어나면서부터 아는 사람을 말하는 것이고 가장 어리석은 자란 모르면서도 배우지 않는 사람을 일컫는다. 모르지만 즐겨 배우는 사람은 처음에는 어리석지만 점차 지혜롭게 변한다.

그러나 현실 생활에서 지혜와 어리석음의 경계는 뚜렷하지 않다. 어떤 사람은 지혜로운 듯하지만 어리석고 어떤 사람은 어리석게 보이지만 사실은 매우 지혜롭다. "장문중이 큰 거북이를 길러 방을 만들어 주었는데[7], 지붕의 받침에는 산을 새기고 들보의 작은 기둥에는 물풀무늬의 마름을 그렸으니[8] 어찌 그를 지혜롭다 하겠느냐?"[9] 장문중은 보기에 지혜로운 것 같으나 사실 우둔한 셈이다. 동물에게 사람과 같은 또는 그보다 더 뛰어난 지혜가 있을 리가 없다. 때문에 사람이 동물을 숭배한다는 것은 어리석인 일이다. 이에 비해 어리석어 보이는 안회야 말로 진정 지혜로운 사람이다. "내가 안회와 종일토록 이야기를 나누었으나 조금도 어긋남이 없어 마치 어리석은 사람 같았다. 그러나 물러난 후에 그가 그의 언행을 살펴보니, 잘 실천하고 있었다. 안회는 어리석지 않다."[10] 안회는 자기만의 견해가 없는

---

6) 唯上知與下愚不移.(17.3)
7) 역자 주: 당시 왕실에서 거북의 껍데기를 이용하여 점을 쳤는데, '蔡나라 지역에서 나는 큰 거북은 영험하기로 유명하여 '蔡라 불렸는데, 왕실에서는 이 거북들을 각 방을 만들어 보관했다.
8) 역자 주: 당시 역대 왕들의 위패를 모신 사당을 장식할 때 산과 물풀무늬를 새겨 넣었다.
9) 臧文仲居蔡, 山節藻梲, 何如其知也?(5.18)

듯 보이지만 사실은 자주적인 사고를 할 줄 아는 사람이었다. 그 외에 지혜로우면서도 어리석은 사람이 있다. "영무자는 나라에 도가 있으면 지혜로웠고 나라에 도가 없으면 어리석었다. 그 지혜로움은 따라갈 수 있지만 그의 어리석음은 따라갈 수 없다."[11] 영무자는 세상의 변화에 따라 드러내거나 감추었던 것이다.

공자는 지혜로운 사람은 미혹을 분명히 가려낼 줄 안다고 했다. 미혹이란 사람들이 진실을 가리고 있는 거짓에 속고 있는 것을 말한다. 일부 현상은 좋은 것처럼 보이지만 사실 나쁜 것이고, 반대로 일부 현상은 나쁜 것처럼 보이지만 사실은 좋은 것이다. 사람들은 지혜롭게 사물의 본질을 파악하고 진위를 가려내어 정확한 선택을 해야 한다.

미혹을 가려내기 위해서는 악에 대한 사랑을 버려야 한다. "사랑하면 잘 살기를 바라고, 미워하면 죽기를 바라거늘, 살기를 바라면서 동시에 죽기를 바라는 일이 미혹이다."[12] 한 사람을 사랑하고 미워하는 정은 그 사람의 죽고 사는 일과는 무관한 것으로 전자가 후자를 결정할 수는 없는 것이다. 뿐만 아니라 사랑하면서도 미워하는 것 자체가 모순인 것이다.

사람은 또한 자신의 분노를 억제할 줄 알아야 한다. "하루아침의 분노로 스스로를 잃고 그 화가 부모에게까지 미치게 하니 미혹이 아니겠는가?"[13] 인간에게 분노는 가장 치명적인 정서라고 할 수 있다. 그것은 다른 사람뿐만 아니라 자기 자신까지 파멸로 몰아갈 수 있다. 때문에 우리는 분노를 불러일으켜서도 분노의 감정에 사로잡혀서도 안 된다.

은폐된 거짓과 악설을 가려내고 그것이 미칠 악영향에 대해 간파할 줄 아는 사람만이 멀리 내다볼 수 있다. "암암리에 서서히 퍼지는 참소와 살을 파고드는 모함에 흔들리지 않는다면 똑똑하다고 할 만하다. 암암리에 서서히 퍼지는 참소와

---

10) 吾與回言終日, 不違, 如愚. 退而省其私, 亦足以發, 回也不愚.(2.9)
11) 寧武子, 邦有道, 則知. 邦無道, 則愚. 其知可及也, 其愚不可及也.(5.21)
12) 愛之欲其生, 惡之欲其死. 旣欲其生, 又欲其死, 是惑也.(12.10)
13) 一朝之忿, 忘其身, 以及其親, 非惑與?(12.21)

살을 파고드는 모함에 흔들리지 않는다면, 멀리 바라보는 안목이 있다고 할 만하다."[14] 거짓과 악담은 사물의 본질을 가릴 뿐만 아니라 원한을 불러일으킬 수가 있다. 그러한 거짓과 악담의 영향을 배제할 수 있을 때 사물의 본질을 정확히 파악하고 먼 앞을 내다볼 수 있다. 즉 미혹에서 벗어나 지혜를 얻게 되는 것이다.

유교 경전 『禮記』, 『易經』, 『尙書』

지혜로운 사람은 천지天地 간에 존재하는 신과 인간을 구별할 줄 안다. 귀신을 귀신이 있을 자리에, 인간을 인간이 있을 자리에 있게 한다. 지혜로운 사람은 또 군자와 소인배를 가릴 줄 안다. 또한 지혜로운 사람은 자기 자신을 잘 안다. 자신이 무엇을 했고 무엇을 해야 할 것인지 분명하게 알고 있다.

---

14) 浸潤之譖, 膚受之愬, 不行焉, 可謂明也已矣. 浸潤之譖, 膚受之愬, 不行焉, 可謂遠也已矣.(12,6)

제6장 언과 행

언言은 언설言說 즉 사람들이 하는 말을 일컫는데 본질적으로 도道의 규제를 받는다. 때문에 언설은 결국 도를 말하는 것이라고도 할 수 있다.

공자는 불언不言과 무언無言에 대해 언급한 적이 있다. "식사를 할 때는 말을 하지 아니하고 잠자리에 들어서는 소리를 내지 아니한다"[1], 즉 밥을 먹거나 잠을 잘 때는 오로지 그것에만 집중해야 한다고 강조했다. 또 "나는 말을 하지 않으려고 한다"[2]면서 '천불언설天不言說' 즉 하늘은 말을 하지 않고 있음을 시사했다. 사실 공자는 신중하게 말할 것, 즉 함부로 말할 것이 아니라 사물의 도에 맞는 진실하고 믿을 수 있는 말만 할 것을 주장했다. 그것이 곧 공자의 언어관言語觀이다.

모든 언어 중에서 "성인의 말씀"[3]은 지고지상至高至上의 지위에 있다. '성인의 말씀'은 천지天地를 대신해서 가르침을 세우는 입언立言인바 하늘과 땅 사이에 있는 도에 귀를 기울이고 그것을 사람들에게 전하는 것이다. 때문에 '성인의 말씀'은 사람들을 밝은 길로 인도한다. 이 또한 군자가 '성인의 말씀'을 공경하고 두려워해야 하는 이유이기도 하다.

사람들은 '성인의 말씀'을 경청해야 할 뿐만 일상의 언어도 배워야 한다. 공자는 『시경詩經』이 가장 순수한 언어표현으로 사람들에게 말하는 방법을 가르쳤다고 보았다.

말을 한다는 것은 일종의 언어적 행위다. 사람들은 말로 사물을 표현한다.

---

1) 食不語, 寢不言.(10.10)
2) 予欲無言.(17.19)
3) 聖人之言.(16.8)

[宋] 馬和之, 「唐風」(첫 번째)

이는 사물의 이름이 그 사물의 실제와 부합될 것을 필요로 한다. "이름이 바르지 못하면 말이 이치에 어긋나고, 말이 이치에 어긋나면 일이 이루어지지 못하며, 일이 이루어지지 않으면 예악이 일어나지 못하고, 예악이 일어나지 못하면 형벌이 적절해지지 못하며, 형벌이 적절하지 않으면 백성들이 어찌 처신할 줄을 모르게 된다. 그런즉, 군자가 이름을 세우면 반드시 말이 서야 하고, 말이 서면 반드시 행해져야 한다. 따라서 군자는 말을 함에 있어 조금도 소홀히 하는 바가 없다."4) 여기서 이름은 사물의 명칭을 말한다. 이름은 있어도 되고 없어도 되는 것이 아닐 뿐더러 제멋대로 지어서도 안 되는 것이다. 이름은 사물에 대한 규정으로 모든 사물은 그 이름이 규정한 사물이다. 때문에 이름을 짓는다는 것은 한 사물의 명칭이 그 사물에 부합되도록 규정하는 것이다. 사람들은 그 규정에 따라 생각하고 말하고 행동한다. 정명正名이란 사물의 이름을 바로잡는 것으로 부적합한 사물의 이름을 적절하게 고치는 것을 말한다. 사람들은 사물의 이름에 따라 말을 하고 또 사물의 이름에 근거하여 사물을 실현한다.

그렇다면 말을 어떻게 해야 할 것인가? 공자는 사람의 말은 이치에 부합되어야 한다고 했다. 또한 "말은 그 뜻이 상대에게 전달되는 것으로 족하다"5), 즉 말은 듣기 좋으라고 하는 것이 아니라 사물의 본질을 진실하게 표현하기 위함이라고 했다. 하지만 현실 속에는 사물의 진정한 의미와 전혀 무관한 말들도 존재한다. 공자는 "종일 무리지어 어울리지만 의로움은 언급하지 않고 얄팍한 지혜나 쓰기 좋아하니 곤란하구나!"6)라며 한탄했다. 그러한 말 속에는 감언이설이 있는가 하면

---

4) 名不正, 則言不順, 言不順, 則事不成. 事不成, 則禮樂不興. 禮樂不興, 則刑罰不中. 刑罰不中, 則民無所措手足. 因此君子名之必可言, 言之必可行. 君子於他其言, 無所苟而已矣.(13.3)
5) 辭達而已矣.(15.41)

유언비어와 거짓말도 있다.

사람이 말을 한다는 것은 독백도 있지만 타인에게 들려주기 위함도 있다. 즉 대부분의 말은 대화의 형식을 취한다는 것이다. 또한 타인에게 건네는 말이기 때문에 상대에 따라 다르게 말하는 법을 배워야 한다. "더불어 이야기할 만한 사람임에도 그 사람과 터놓고 말을 하지 않는 것은 사람을 잃는 것이고, 더불어 이야기할 만한 사람이 아님에도 그 사람과 헛된 말을 하는 것은 말을 잃는 것이다. 지혜로운 사람은 사람을 잃지 않을 뿐더러 말도 잃지 않는다."[7] 여기서 공자는 함께 대화를 나눌 만한 사람인지 그렇지 못한 사람인지를 구별하는 것을 중요시했던 것이다. 또한 공자는 대화 상대에 따라 말의 내용도 달라야 한다고 했다. "중간 이상 수준의 사람에게는 심오한 이치를 말할 수 있으나, 그 이하의 사람에게는 그렇게 할 수 없다."[8] 이처럼 말을 할 때는 듣는 상대를 가릴 줄 알아야 할 뿐만 아니라 말을 하는 환경에 대해서도 잘 파악해야 한다. "군자를 모실 때 세 가지 허물이 있으니, 말을 안 해야 할 때 말을 하는 것은 성급한 짓이고, 말을 해야 할 때 말하지 않는 것은 숨기는 것이며, 안색을 살피지 않고 말하는 것은 분별이 없는 것이다."[9] 언어적 환경을 고려하지 않고 내뱉은 말은 정확하다고 할 수 없다. 언어 환경이란 말을 할 때의 구체적인 시간이 될 수도 있고 또 화자가 처한 시대나 사회적인 환경을 말하는 것이기도 한다. 세상에 도道가 세워졌는지의 여부에 따라 말의 방식이 달라져야 한다. 도가 세워진 사회라면 숨기지 않고 솔직하게 말해야 하는 반면, 그렇지 못한 사회 환경 속에서는 겸손하게 말하는 법을 배워야 한다.

대화에는 말을 하는 것과 말을 듣는 것이 포함된다. 경청은 상대를 이해하는 동시에 자신을 이해하는 과정이기도 하다. 그러나 상대가 한 말에 대해서는 듣고

---

6) 群居終日, 言不及義, 好行小慧, 難矣哉!(15.17)
7) 可與言而不與之言一, 失人. 不可與言而與之言, 失言. 知者不失人, 亦不失言.(15.8)
8) 中人以上, 可以語上也. 中人以下, 不可以語上也.(6.21)
9) 侍於君子, 有三愆, 言未及之而言, 謂之躁, 言及之而不言, 謂之隱, 未見顔色而言, 謂之瞽.(16.6)

분별할 줄 알아야 한다. "올바른 말을 어찌 따르지 않을 수가 있겠는가? 그 말에 따라 잘못을 고치는 것이 중요하다. 자상히 타이르는 말을 어찌 좋아하지 않을 수가 있겠는가? 말의 참뜻을 찾아 행하는 것이 중요하다. 기뻐하면서도 말의 참뜻을 찾아 행하지 아니하고, 따르면서도 자기 잘못을 고치지 아니 한다면, 나도 그런 자를 어찌하는 수가 없구나."10) 이처럼 듣는다는 것은 상대의 말을 경청할 뿐만 아니라 그 말을 따르고 또 행동으로 옮기는 것을 말한다.

말은 인간이 행하는 활동 중 하나로 인간의 존재를 나타낸다. 우선 말에서 한 사람의 도덕성을 엿볼 수 있다. "덕德이 있는 사람은 반드시 말을 하지만, 말을 하는 사람이 반드시 덕이 있는 것은 아니다."11) 그리고 말은 지혜를 나타내기도 하는데 "군자는 말 한마디로 지혜로워지고, 말 한마디로 지혜롭지 못하게 되니, 말은 조심하지 않을 수 없느니라"12)라고 공자는 말했다. 또한 "한마디 말로 나라를 일으킬 수 있고, 한마디의 말로 나라를 잃게 할 수도 있다"13)고 할 만큼 말은 나라의 흥망성쇠에도 영향을 미친다. 공자는 이 말에 대해 융통성 있게 받아들일 것을 주장하면서도 일부 인정하는 태도를 보였다. 이를 통해 우리는 말의 중요성을 가늠할 수가 있다.

사람의 언어는 사물의 의미와 통일될 뿐만 아니라 사람의 행동과도 통일되는 것이다. 물론 언행이 일치할 때도 있고 그렇지 않을 때도 있다. "전에 나는 사람을 대함에 그의 말을 듣고 행실을 믿었는데, 이제는 사람을 대함에 그의 말을 듣고 또 그의 행실까지 지켜본다."14) 공자는 언행의 불일치를 반대했을 뿐만 아니라 말과 행동이 일치하지 못한 것은 수치스러운 것이라고 했는바 "옛사람들이 말을 앞세우지 않는 것은 행동이 그 말에 미치지 못하는 것을 부끄러워했기 때문"15)이고,

---

10) 法語之言, 能無從乎? 改之爲貴. 巽與之言, 能無說乎? 繹之爲貴. 說而不繹, 從而不改, 吾未如之何也已矣. (9.24)

11) 有德者必有言, 有言者不必有德. (14.4)

12) 君子一言以爲知, 一言以爲不知, 言不可不愼也. (19.25)

13) 一言可以興邦, 一言可以喪邦. (13.5)

14) 始吾於人也, 聽其言而信其行. 今吾於人也, 聽其言而觀其行. (5.10)

"군자는 행동보다 말이 앞서는 것을 부끄러워한다"16)라고 했다. 언행의 불일치란 행동이 말을 넘어서거나 말이 행동을 앞서는 것을 말하는데 후자의 경우가 더 보편적이다. 과장된 말은 그 실현이 어렵기 마련이다. "말하는 것을 부끄러워하지 않는다면 그 말을 실천하기 어렵다."17) 공자는 언행일치를 위해서는 소언다행少言多行 즉 말을 아끼고 실천을 많이 해야 한다고 주장했다. "군자는 말에서는 어눌하고 행동에서는 민첩하고자 한다."18) 여기서 어눌함이란 신중하게 말하는 것을 이르는 바 이는 말을 함에 있어서의 가장 적절한 태도라고 할 수 있다. 왜냐하면 신중하게 말을 해야만 언행의 일치를 실현할 수 있고 신의를 지킬 수 있기 때문이다. 이처럼 말과 행동이 일치해야 할 뿐만 아니라 그러한 언행은 모두 도道를 따라야 한다. 때문에 인간은 삼가서 말하고 신중하게 행동할 뿐만 아니라 도를 말하고 도를 행해야 한다. 절대 도에 어긋난 말이나 행동을 해서는 안 된다.

그렇다면 과연 언행이 한 사람이 세상을 살아가는 데 무리가 있을지의 여부를 결정짓는다고 할 수 있을까? "말이 진실되고 믿음직하며 행동이 도탑고 공손하다면, 비록 야만의 땅일지라도 통할 것이다. 그러나 말에 진실과 믿음이 없고 행동에 도타움과 공손함이 없다면, 비록 자기가 태어난 고향일지라도 통하지 않을 것이다."19) 이처럼 공자는 성실한 인품을 매우 중요시했는데 그러한 성실함은 주로 믿음직한 말에 의해 이루어지는 것이다. 믿음직한 말이란 진실을 담은 말로 우선 현실에 부합되는 것이어야 하고, 다음으로 행동으로 실천 가능한 것이어야 한다. 때문에 그러한 성실함은 말로 표현되어야 할 뿐만 아니라 행동으로 보여 주어야 하는 것이다. 또한 인간은 다른 사람과의 약속을 반드시 지켜야 하는데 이를 성실하게 실행한 사람은 타인의 신임을 얻을 수 있기에 자신이 하고자 하는 것들을 막힘없이 이루어 낼 것이다.

---

15) 古者言之不出, 恥躬之不逮也.(4.22)
16) 君子恥其言之過其行.(14.27)
17) 其言之不怍, 則爲之也難.(14.20)
18) 君子欲訥於言而敏於行.(4.24)
19) 言忠信, 行篤敬, 雖蠻貊之邦, 行矣. 言不忠信, 行不篤敬, 雖州裏, 行乎哉?(15.6)

제7장 **위인**

위인爲仁은 인간이 어짊을 행하는 것이고 대도人道를 실천하는 것이다.

공자는 하늘의 도리인 천명과 인간의 도리인 예악이 외적인 측면에서 인간과 인간세상을 위해 삶의 토대를 마련해 주었다면 인은 내적인 측면에서 인간 자체의 존재 기반을 마련해 주었다고 주장했다.

공자가 주장했던 인학仁學은 예악禮樂에 대한 새로운 혁신이다. 예악이 사람이 갖추어야 할 옛날 도리였다면 인애仁愛는 인간이 지켜야 할 새로운 도리라고 할 수 있다. 공자는 무릇 기능적 의미에서든 일종의 도리로서든, 예는 사물을 이용하는 문제가 아니라 사람의 행동에 대한 것이라고 말했다. 예는 예기禮器와 다를 뿐만 아니라 예악과도 다르다. 예는 예법을 행하는 사람에게 달린 것이고 악은 음악을 연주하는 사람에게 달렸다. 하지만 예악은 오로지 어질고 자애로운 사람에게만 통한다. "사람이 어질지 않은데 예는 알아서 무엇 하며, 사람이 어질지 않은데 악은 알아서 무엇 하겠는가?"[1] 그런 의미에서 예도 중요하지만 그보다 더 중요한 것은 인이라고 할 수 있겠다. 인이 없는 예는 공허하고 의미가 없다. 인이 있을 때 예는 생명력을 가지고 현실적인 힘을 얻게 된다. 공자는 어짊으로 예의를 지켰다고 하는 이유가 바로 그것이다.

---

1) 人而不仁, 如禮何? 人而不仁, 如樂何?(3.3)

1. 인은 '무엇'이 아니다

인은 공자사상의 핵심 내용이긴 하지만 공자는 인에 대해 명백하고 일관성 있는 정의를 내리지는 않았다. 다만 일정한 언어적 환경 속에서 구체적인 사례를 설명하기 위해 인을 언급했을 따름이었다. 때문에 공자가 언급한 인은 상황에 따라 모두 일정한 차이를 보였다. 그러한 것들을 종합해 보면 우리는 공자의 인을 '무엇이 아니다'와 '무엇이다'로 개괄할 수 있다.

공자가 인간의 본성이라고 여겼던 인은 예악의 도리에 어긋난 것이 아니며 덕성에 대한 부정도 아니다. "공교로운 언변과 그럴 듯한 모습에는 어짊이 적다."[2] 환심을 사기 위해 듣기 좋은 말을 하고 보기 좋은 얼굴빛을 하고 있으면 언뜻 보기에 아름다울 수 있으나 실은 일종의 위선으로 결코 아름답지 못하다. 그것은 일종의 감추어진 악으로 그 사악함은 드러난 악을 초월한다. 그 속에는 어진 성품의 '인'이 적게 들어 있다기보다는 아예 어진 것이 아니라고 해야 마땅하다.

공자는 인은 사람들이 일상 속에서 부정하거나 또는 긍정하는 인품이나 덕성과는 다르다고 했다.

공자는 인을 충성스럽거나 청렴한 것과 구별지었다. "영윤인 자문이 세 번 벼슬하여 영윤이 되었으나 기뻐하는 기색이 없었고, 세 번 그 자리에서 물러났으나 성내는 기색이 없었다. 옛날 영윤의 정사를 반드시 새로 부임된 영윤에게 알려 주었으니 어떻습니까?"[3]라고 묻자 공자는 이를 충성스러우나 인하지는 아니하다라고 말한다. 또 "최자가 제나라 임금을 시해하자 진문자는 가지고 있던 말 열 수레를 버리고 그 나라를 떠나 다른 나라에 이르러 말하기를 '우리나라의 대부 최자와 같구나'라며 그곳을 떠났다. 또 다른 나라에 이르러서 말하기를 '우리나라의 대부 최자와 같구나'라고 말하고 다시 떠났다고 하는데 어떻습니까?"[4]라고 묻자

---

2) 巧言令色, 鮮矣仁.(1.3)
3) 令尹子文三仕爲令尹, 無喜色. 三已之, 無慍色. 舊令尹之政, 必以告新令尹. 何如?(5.19)
4) 崔子弑齊君, 陳文子有馬十乘, 棄而違. 至於他邦, 則曰, 猶吾大夫崔子也. 違之. 之一邦, 則又曰,

공자는 이 또한 청렴하나 인한 것은 아니라고 답했다. 충성이란 한 사람이 다른 사람 또는 사물에 대해 충실함을 보이는 것으로 이때 사람과 사람, 사람과 사물 사이에는 모종의 진실한 관계가 형성되고 존재함을 의미한다. 때문에 이런 충성은 개인이 국가에 대한 충성스러움을 말한다. 청렴이란 외적인 오염에서 벗어나 인간 자체의 순결함을 지키는 것을 의미한다. 여기서 청렴함은 세속에 물들지 않고 자신의 순결의 지키는 것을 말한다. 하지만 그러한 충성심과 청렴함은 공적인 견지에서 출발한 것일 수도 있고 사심에서 우러난 것일 수도 있다. 그중 사심에서 생겨난 충성심과 청렴함은 인과 그 어떤 연관성도 없는 것이다.

공자는 개인에게 있어 인과 갸륵한 품행은 다르다고 강조했다. 예를 들어 극克, 벌伐, 원怨, 욕欲 네 가지 악덕을 버리는 것은 "가히 어려운 일이나 그것이 어진 것인지 나로서는 모르겠다"[5]고 했다. 남을 이기려 하거나 자신의 재능을 뽐내려 하지 않고, 원망하거나 탐하지 않는다는 것은 사욕을 버린 것일 뿐 결코 대도人道를 실현한 것은 아니다.

공자는 또 인은 그 어떤 특별한 정치적 재능과도 다르다고 했다. "맹무백이 묻기를 '자로는 어진 사람입니까?' 하니 공자가 대답하기를 '모르겠소' 하자, 거듭 물으니 공자가 답하기를 '유는 전차 천승[6]을 동원할 수 있는 제후국의 군정을 맡을 수는 있겠지만 그가 어진 사람인지는 모르겠소' 하였다. 그러면 '염구는 어떻습니까?' 하자 공자가 답하기를 '염구는 고을 천호와 전차 백승을 보유한 나라의 집사를 맡을 수는 있겠지만 그가 어진 사람인지는 모르겠소' 하였다. '또 적은 어떻습니까?' 하자 공자가 답하되 '적은 예복을 입고 조정에 나가서 외교를 맡을 수는 있겠지만 그가 어진 사람인지는 모르겠소' 하였다.[7] 나라를 다스림에 있어

猶吾大夫崔子也, 違之, 何如?(5.19)
5) 可以爲難矣, 仁則吾不知也.(14.1)
6) 역자 주: 乘은 고대 전쟁할 때 쓰였던 戰車 즉 말 네 마리가 끄는 수레의 수량을 세는 수사로 '千乘之國은 많은 전차를 가진 중등 크기의 제후국을 뜻함.
7) 孟武伯問, 子路仁乎? 子曰, 不知也. 又問, 子曰, 由也, 千乘之國, 可使治其賦也, 不知其仁也. 求也何如? 子曰, 求也, 千室之邑, 百乘之家, 可使爲之宰也, 不知其仁也. 赤也何如? 子曰, 赤也,

공자의 세 제자 모두 나름의 재능을 가지고 있었지만 그들이 꼭 어진 덕을 갖추었다고 할 수는 없다는 것이다.

2. 인이란 무엇인가

인이 무엇이 아닌지를 지적함과 동시에 공자는 인이 무엇인지에 대해서도 언급했다. 하지만 '인이 무엇인지'를 설명함에 있어 '인을 어떻게'로 바꾸어 표현했다. 다시 말해 공자는 어떻게 행동하는 것이 어진 것인지에 대해 말하고자 했던바 '인'의 문제가 '어진 행위'의 문제로 바뀐 것이다. 행위로서의 '인'은 모종의 관계 속에서 이루어질 수밖에 없다. 그런 '인'에 대한 규정은 '인'과 '예', '인'과 '덕', '인'과 '자신', '인'과 '타인' 등의 관계 속에 나타난다.

첫 번째, 인과 예. '인'과 '예'의 관계에서 공자는 사심을 극복하고 예로 돌아가는 극기복례克己復禮를 주장했던바 "인이란 사심을 극복하고 예로 돌아가는 것이다. 사심을 극복하고 예로 돌아가면 온 천하 사람들이 너를 어진 사람이라 칭찬할 것이다. 인의 실천은 스스로가 하는 것인즉 어찌 남에게 의지하겠는가"[8]라고 했으며 또 "예에 어긋나는 것은 보지 말 것이며, 예에 어긋나는 것은 듣지 말 것이며, 예에 어긋나는 것은 말하지 말 것이며, 예에 어긋나는 것은 행하지 말 것이다"[9]라고 경고했다.

두 번째, 인과 덕. '인'과 '덕'의 관계에서 공자는 '인'이 곧 인간의 덕목을 말하는 것으로 어진 것은 인간이 갖추어야 할 덕목의 일부인 동시에 가장 온전한 덕목이라고 주장했다.

우선 '인'은 공손하고 신중하며 충성스러운 것으로 공자는 "평소에 공손히

束帶立於朝, 可使與賓客言也, 不知其仁也.(5.8)
8) 克己復禮爲仁. 一日克己復禮, 天下歸仁焉. 爲仁由己, 而由人乎哉?(12.1)
9) 非禮勿視, 非禮勿聽, 非禮勿言, 非禮勿動.(12.1)

예를 갖추고, 일을 삼가서 신중히 처리하며, 사람을 성실하게 대해야 한다. 이는 비록 오랑캐 땅에 가더라도 버려서는 아니된다"[10]라고 했다.

다음으로 인은 의지가 굳고 용기가 있으며 꾸밈이 없고 말수가 적은 것을 말하는 것으로 "강직하고 의연하며 소박하고 어눌한 것이 인에 가깝다"[11]라고 했다.

또한 인은 공손하고 너그러우며 미덥고 민첩하며 베푸는 것이다. 공자는 "세상에서 다섯 가지를 행할 수 있으면 인자다"[12]라고 할 수 있는데 그것이 바로 "공, 관, 신, 민, 혜다. 공손하면 다른 사람이 업신여기지 아니하고, 너그러우면 많은 사람들의 마음을 얻게 되고, 믿음이 있으면 사람들이 일을 맡기고, 민첩하면 공을 세울 수 있고, 은혜를 베풀면 사람들을 다스릴 수 있다"[13]라고 말했다.

세 번째, 인과 자신. '인'과 자신의 관계에서 공자는 '인'을 인간의 특별한 언행이라고 말한다.

인자는 말을 신중히 한다. "어진 사람은 말하기를 머뭇거린다"[14]면서 "실천하기가 어려우니 그것을 말하는 것이 어찌 머뭇거려지지 않겠는가?"[15]라고 했다.

인자는 공적公的으로 어려운 일을 먼저하고, 자신의 이익利益에 관련된 사적私的인 일은 나중에 한다. "어진 사람은 어려운 일을 먼저 하고 얻기를 뒤로 하니, 그것이 바로 어진 것이다."[16]

인자는 널리 배우고 묻기를 절실히 한다. 자하[17]는 "배우기를 널리 하고 그 뜻을 견고하게 새기며, 묻기를 절실히 하고 생각을 가까이 하면, 어짊이 그 속에

---

10) 居處恭, 執事敬, 與人忠, 雖之夷狄, 不可棄也.(13.19)
11) 剛, 毅, 木, 訥近仁.(13.27)
12) 能行五者於天下, 爲仁矣.(17.6)
13) 恭寬信敏惠. 恭則不侮, 寬則得眾, 信則人任焉, 敏則有功, 惠則足以使人.(17.6)
14) 仁者, 其言也訒.(12.3)
15) 爲之難, 言之得無訒乎?
16) 仁者先難而後獲, 可謂仁矣.(6.22)
17) 역자 주: 중국 춘추시대의 유학자(B.C.507~B.C.420?)로 공자의 가장 뛰어난 열 명의 제자 중 한 사람이다.

[宋] 馬和之, 「唐風」(두 번째)

있을 것이다"[18]라고 말했다.

네 번째, 인과 타인. 인과 타인의 관계에서 공자는 인의 실천은 타인과의 교제 속에서 이루어진다고 말한다.

우선 공자는 인을 "사람을 사랑하는 것"[19]이라고 했다.

다음 인은 다른 사람을 도와서 공을 세우고 출세하게 하는 것으로 "인자는 자신이 서고자 하면 남도 세우고, 자신이 이르고자 하면 남도 이르게 한다. 자신의 마음으로 미루어 남을 헤아린다면, 그것이 인을 실천하는 방법이라 할 수 있겠다"[20]라고 공자는 말했다.

마지막으로 인은 자신을 대하는 마음으로 남을 대하는 것이다. 때문에 공자는 "문을 나서면 귀한 손님을 대하듯이 하고, 사람을 부릴 때는 큰 제사를 모시듯이 해라. 내가 원하는 것이 아니면 남에게 베풀지 말라. 그리하면 나라에서 원망이 없고, 집안에서도 원망이 없을 것이다"[21]라고 했다.

이상은 공자가 '인'에 대해 언급했던 내용들이다. 이러한 주장들은 다음과 같이 해석해 볼 수 있다.

첫 번째, 인과 예. 공자가 주장했던 극기복례에서 극기克己란 자기의 욕심을 누르는 것이고 복례復禮는 사람이 지켜야 할 도리인 예의범절을 회복하여 따르는 것을 말한다. 그러므로 극기복례는 욕심을 자제하고 도를 행할 데 대한 가장 쉽고 명료한 진술이라고 하겠다.

두 번째, 인과 덕. 공자는 인을 사람이 지켜야 할 덕목이라고 했는데 이 또한 욕심을 버리고 대도를 실천하는 것과 다름이 없다.

---

18) 博學而篤志, 切問而近思, 仁在其中矣.(19.6)
19) 愛人.(12.22)
20) 夫仁者, 己欲立而立人, 己欲達而達人, 能近取譬, 可謂仁之方也已.(6.30)
21) 出門如見大賓, 使民如承大祭. 己所不欲, 勿施於人, 在邦無怨, 在家無怨.(12.2)

세 번째, 인과 자신. 인간의 특별한 언행으로서의 인은 사실 인간이 도리를 행하고자 함이다. 학문은 그러한 기예를 익혀 대도를 행하는 데 쓰기 위한 것이다.

네 번째, 인과 타인. 인이 사람을 사랑하는 것이라면 그러한 사랑은 어떻게 이루어지는 것일까? 가장 중요한 것은 자신의 욕심을 버리고 대도를 실천하는 것이다.

'인'에 대한 공자의 언급을 통해 우리는 다음과 같은 결론을 얻을 수 있다. '인'은 사실상 인간의 욕망과 기예와 대도에 관한 것으로, 그 본질은 욕망을 버리고 대도를 실천하는 것이다. 때문에 그 핵심 내용은 욕망을 버리고 기예를 익히며 도를 따르는 것 이 세 가지로 개괄할 수 있다.

공자는 "부유함과 귀함은 사람이 원하는 것이지만 올바른 방법으로 얻은 것이 아니라면 그것을 누리지 아니한다. 가난함과 비천함은 사람들이 싫어하는 것이나 올바른 방법으로 벗어남이 아니라면 그것을 버리지 아니한다. 군자가 어짊을 떠나 어찌 군자라는 이름을 이룰 수 있겠는가?"22)라고 하였다. 어질게 산다는 것은 곧 도를 따르는 것이다. 그러한 도의 기준에 따라 사람들은 노에 부합되는 욕망과 그렇지 않은 욕망을 구분하고 도에 맞는 욕망을 실천한다. 또한 도에 부합되는 방법과 그렇지 않은 방법을 구분하여 부합되는 방법을 택한다. 욕망, 방법, 대도의 실천 속에서 인은 끊임없이 자신과 타인을 생성하는 과정으로 변한다.

생성 과정으로서의 인은 사람의 마음과 말과 행동을 아우른다. 하지만 사람들은 인이 사람에 대한 사랑이고, 그러한 사랑은 일종의 감정이라고 생각한다. 그런 이유로 인은 오로지 마음의 덕목이고 사랑의 이치라고 말한다. 이는 인에 대한 심성론心性論적인 해석이다. 그러나 만약 인이 일종의 사랑하는 감정이라면 그것은 허망하고 실현 불가한 인이라고 할 수밖에 없다. 진정한 인은 사람들의 마음속에 있을 뿐만 아니라 사람들의 모든 행동과 언어 속에 존재한다. 인은 현실세계를

---

22) 富與貴, 是人之所欲也. 不以其道得之, 不處也. 貧與賤, 是人之所惡也. 不以其道得之, 不去也. 君子去仁, 惡乎成名?(4.5)

살아가는 사람들을 포함한 이 세상 모든 것의 존재의 방식이다. 때문에 인은 심성론보다는 존재론에 더 가깝다고 할 수 있다.

인은 인간의 존재이기 때문에 공자는 사람들이 인이 있는 곳에서 살 것을 주장했던 것이다. "인 속에 아름다움이 있다. 인이 있는 곳에 거처를 하지 않으니 어찌 지혜롭다 하겠는가?"[23] 거주는 세상을 살아가는 데 있어 가장 기본적인 존재방식이다. 인이 있는 곳에 거주한다는 것은 인간이 본성대로 살아가는 것이고 진정한 인간의 정원 속에서 살아가는 것이다. 그리고 인은 선한 것이기에 그러한 거주 역시 선한 것이고, 미와 선은 하나된 것(美善合一)이기에 그러한 거주는 아름다운 것이며, 인 속에 거처함은 진리를 따르는 것이기에 그러한 거주는 지혜로운 것이다. 이런 의미에서 볼 때 인은 진선미眞善美의 합일合一이라고 할 수 있다.

인이 인간 존재의 본성이라면 인과 인간은 늘 함께일 수밖에 없다. 마치 대도大道가 언제나 인간과 함께이듯이 말이다. "군자는 밥 한 끼를 먹을 때도 어짊을 어김이 없고, 급한 때라도 반드시 어짊에 의하고, 넘어지더라도 반드시 어짊에 의해야 한다."[24] 도는 높고 먼 곳에 있으면서도 언제 어디서든 사람들의 삶에 그 영향을 미치고 있다. 다시 말해 사람들이 하는 모든 일에는 다 나름의 도가 있는 것이다. 그런 이유로 인간은 도를 따라야 하는 것이다. 사람에게 있어 가장 기본이 되는 도가 바로 인이다. 때문에 사람은 언제 어디서든 반드시 인을 따라야 하며, 어진 사람만이 성인군자가 될 수 있다.

인은 인간 존재의 본질인 만큼 우리에게서 멀리 있는 것이 아니라 가까이 존재한다. "인이 멀리 있겠는가? 내가 어질고자 하면 곧 인에 이를 것이다."[25] 인은 사람이 정한 것인 만큼 모든 사람들이 실현 가능한 것이다. "나는 아직까지 어진 것을 좋아하는 사람도 어질지 못한 것을 미워하는 사람도 보지 못하였다. 어진 것을 좋아하는 사람은 더할 나위가 없다. 어질지 못한 것을 미워하는 사람은

---

23) 裏仁爲美. 擇不處仁, 焉得知?(4.1)
24) 君子無終食之間違仁, 造次必於是, 顚沛必於是.(4.5)
25) 仁遠乎哉? 我欲仁, 斯仁至矣.(7.30)

인을 행함에 있어 어질지 못한 것이 스스로에게 미치지 않게 한다. 하루라도 그 힘을 인을 위해 써 보았는가? 난 아직도 그 힘이 모자라서 행하지 않는 자를 보지 못했다. 대개 그런 사람이 있겠거늘 나는 보지 못했다."[26] 공자는 긍정과 부정의 방법으로 각각 인에 대해 해석했다. 긍정적인 측면에서 볼 때 인은 세상에서 가장 고상한 것으로 그것을 좋아하고 실천해야 한다는 것이다. 부정적인 측면에서 자신을 둘러보고 어질지 못한 모든 것을 버려야 한다고 강조한다. 어진 것을 좋아하거나 어질지 못한 것을 미워하는 것 모두가 어진 것이라 하겠다. 이는 어질게 사는 것이 매우 어려운 일이기는 하지만 자신의 의지와 노력으로 충분히 실현 가능함을 말해 준다.

인간의 존재 본질로서의 인은 사람들이 살아가는 궁극적 의미이기도 한다. "높은 뜻을 지닌 선비와 어진 마음을 가진 자는 삶을 구하여 '인'을 저버리지 않으며, 목숨을 바쳐 '인'을 이룬다."[27] 인간의 목숨과 육체는 소중하다. 목숨을 잃으면 모든 것을 잃기 때문이다. 하지만 어진 것을 추구하는 삶이야말로 진정한 의미가 있는 것으로, 그렇지 않은 삶은 무의미한 것이라 할 수 있겠다. 가장 이상적인 삶의 모양은 목숨과 어진 것이 하나로 합쳐지는 것인데 인을 따르는 삶을 살고 삶에 어울리는 인을 추구하는 것이다. 하지만 현실 속에서 삶과 '인'은 모순으로 나타나기가 십상인데 살기 위해 '인'을 저버리거나 '인'을 따르기 위해 삶을 마감하는 경우가 종종 있다. 그러한 양자택일의 경우에 공자는 목숨을 바쳐 인을 실현할 것을 주장했다.

---

26) 我未見好仁者, 惡不仁者. 好仁者, 無以尙之. 惡不仁者, 其爲仁矣, 不使不仁者加乎其身. 有能一日用其力於仁矣乎? 我未見力不足者. 蓋有之矣, 我未之見也.(4.6)
27) 志士仁人, 無求生以害仁, 有殺身以成仁.(15.9)

3. 인은 덕목이다

인은 욕심을 버리고 도를 실현하는 것으로 이해할 수 있다. 다시 말해서 인은 인간에 의한 도의 실현인 것이다. 도를 따르는 것이 곧 덕을 이루는 것이다. 즉 덕목 역시 인간에 의해 이루어진 도다. 그러므로 '인'은 사람들이 지켜야 할 가장 중요하고 큰 덕목이다.

(1) 덕과 부덕

공자는 부덕함을 가장 먼저 비판했던바 향원郷原28)을 부덕하다고 비판했다. 그들은 시비와 선악을 가리지 않고 도를 따르지 않는다. 공자는 또 유언비어를 부덕한 것이라고 했다. 그것은 근거가 없고 무책임한 소문일 뿐이다. 또한 감언이설 역시 부덕함이라 했다. 그러한 말은 거짓이고 위선이다. 이와 같은 부덕한 사람과 부덕한 말은 진정한 선善이 아니라 악惡이다.

하지만 부덕하지도 악하지도 아니하고 덕목이 있거나 선한 것도 아니지만 비범한 능력과 힘을 가진 것들이 있다. 공자는 사람들에게 덕목이 있는 자와 힘이 있는 자를 구별해야 하며 힘이 아닌 덕목을 추구할 것을 권했다. "예는 활을 잘 쏘고 오는 땅에서도 배를 움직일 수 있었지만 모두 제 목숨대로 살지 못했습니다. 우왕과 후직은 몸소 농사를 짓고 살았지만 천하를 가졌습니다."29) 이처럼 힘보다는 덕목이 우선이다. 사람을 대할 시 그러해야 할 뿐만 아니라 짐승을 대함에 있어서도 마찬가지다. "천리마가 훌륭하다고 하는 것은 그 힘을 일컫는 것이 아니라 그 덕을 일컫는 것이다."30) 이는 동물한테도 그러한 특성이 있기 때문이다.

---

28) 역자 주: 옛날 지방행정구역인 향리에서 처세에 능해 지위가 비교적 높고 선량한 척하는 위선자들이다.
29) 羿善射, 奡盪舟, 俱不得其死然. 禹, 稷躬稼而有天下.(14.5)
30) 驥不稱其力, 稱其德也.(14.33)

그러나 공자는 "덕을 아는 자가 드물다"[31]며 안타까워했다. 사람들이 덕을 알지 못함은 두 가지 이유에서다. 하나는 덕은 형체가 없어 사람들이 알아보지 못함이고, 다른 하나는 사람들이 사욕에 사로잡혀 덕을 알지 못함이다. 그럼에도 공자는 "덕이 있으면 따르는 자가 있으므로 외롭지 아니하다"[32]며 낙관적인 태도를 보였다. 덕이 있는 사람이 결코 외롭지 않은 이유는 그들은 천지인과 함께하기에 도를 따르고자 하는 많은 사람들이 주위에 모여들기 때문이다.

공자는 지극한 덕(至德)을 최고의 덕목으로 보았다. 중용中庸의 도는 그러한 최고의 덕목 중 하나다. 공자는 지극한 덕은 여러 가지 모습을 하고 있는데 겸손과 양보가 바로 그중 하나라고 했다. "주문왕은 천하의 삼분의 이를 가지고 있으면서도 은나라를 섬겼으니, 주나라의 덕은 지극한 덕이라 말할 수 있을 것이다."[33] "태백은 지극한 덕이 있다고 할 수 있겠다. 세 번이나 천하를 양보했으나 백성들이 모르기에 칭찬할 수가 없구나."[34]

(2) 완전무결한 덕목

공자가 말하는 인은 많은 덕목 중 하나이면서도 완전무결한 덕목이다.

공자에 앞서 사람들이 이미 인에 대해 언급했고 인을 찬미했었다. 하지만 그들은 인을 인간이 가져야 할 많은 덕목 중 하나로만 생각했다. 공자는 이를 이어받아 인은 사람들이 지켜야 할 많은 덕목 중 하나일 뿐만 아니라 그러한 덕목들을 모두 아우르는 완전무결한 덕목이라는 독창적인 견해를 내놓았다. 이른바 인은 모든 덕목의 기초가 되며 기타 덕목을 규정한다는 것이다. 오로지 인을 따를 때 기타 덕목들은 진정한 아름다운 덕목이 될 수 있다.

---

31) 知德者鮮矣.(15.4)
32) 德不孤, 必有隣.(4.25)
33) 三分天下有其二, 以服事殷. 周之德, 其可謂至德也已矣.(8.20)
34) 泰伯, 其可謂至德也已矣. 三以天下讓, 民無得而稱焉.(8.1)

인은 인 자체뿐만 아니라 지智에 대해서도 규정짓는다. "어진 사람은 인으로 안주하고 지혜로운 사람은 인으로 이롭게 한다."[35] 어진 사람들은 어진 마음가짐으로 자신의 삶에 안주하고자 하는바 그 자체가 곧 어질게 사는 것이다. 지혜로운 사람들은 인을 알고 추구하고자 한다. 공자는 사람을 사랑하는 것은 어진 것이고, 사람을 아는 것은 지혜로운 것이라고 한다. 하지만 이 둘은 다르지 않아 사람을 사랑하는 것이 곧 사람을 아는 것이고, 사람을 아는 것이 곧 사람을 사랑하는 것이라고 했다. "곧은 것을 들어서 굽은 것에 두면, 굽은 것을 곧게 할 수 있다."[36] 정직한 사람을 발탁하여 그렇지 못한 사람들보다 높은 자리에 있게 하고, 좋은 사람과 그렇지 못한 사람을 구별하는 것은 사람을 아는 것이고 지혜로운 것이다. 정직하지 못한 사람을 정직하게 만들고 나쁜 사람이 좋은 사람으로 되게 하는 것은 사람을 사랑하는 것이고 인애仁愛이다. 이때 인과 지는 합일이 되는 것이다.

인은 지혜뿐만 아니라 용기에 대해서도 규정지었다. "어진 자는 필히 용기가 있으나 용기가 있다 하여 꼭 어진 것은 아니다."[37] 어진 사람은 용기가 있기 마련이다. 대도를 따르기 위해서는 용감하게 나설 수밖에 없음이다. 그러나 용감한 사람이 꼭 어질어야 할 필요는 없다. 용감한 사람이 두려움을 모르는 이유는 도의를 위한 것일 수도, 단지 혈기가 왕성한 탓일 수도 있기 때문이다. 오로지 도의를 위해 용기를 내는 자만이 진정 용감한 사람이다.

이처럼 지혜와 용기 모두 인의 또 다른 모습이라고 하겠다.

(3) 지·인·용의 삼달덕

인은 완전무결하고 지혜와 용기를 규정짓고 있지만 인仁과 지智와 용勇은 서로 구별되기도 한다. 세 가지 모두 공자가 추앙하고 찬미했던 덕으로 세상 사람들로

---

35) 仁者安仁, 知者利仁.(4.2)
36) 擧直錯諸枉, 能使枉者直.(12.22)
37) 仁者必有勇, 勇者不必有仁.(14.4)

부터 삼달덕三達德으로 불린다.

공자는 삼달덕에 대해 다음과 같이 말한다. "지혜로운 자는 미혹되지 아니하고 어진 자는 근심하지 아니하며 용맹한 자는 두려워하지 아니한다."[38]

우선 지혜로운 자는 미혹되지 않는다. 지혜로운 사람은 진실을 알고 있기 때문에 가짜를 가려 거기에 미혹되는 일이 없다.

다음, 어진 자는 근심하지 않는다. 어진 사람은 세상만물을 사랑하기 때문에 자기 자신의 안위 따위는 걱정하지 않는다.

그리고 용맹한 자는 두려워하지 않는다. 용맹한 사람은 그 기세가 하늘을 찌르기 때문에 어려움이나 고통 따위는 아랑곳하지 않는다.

(4) 기타 덕목

공자는 삼달덕인 인, 지, 용 외에 사람이 지켜야 할 또 다른 미덕에 대해서도 언급하고 있는데 주요한 것을 골라 산략하게 알아보기로 한다.

하나, 의로울 의義. 이는 공정하고 합리적이며 반드시 해야 할 것들을 일컫는다. 공자는 "군자는 의로움에 밝고", "의로움을 보고 행하지 아니함은 용기가 없는 것이며", "의로운 약속은 그 말을 실천할 수 있다"[39]고 말한다.

둘, 예절 예禮. 덕목으로서의 예절은 사람이 지켜야 할 도의 하나인 예의에 의해 결정되는데, 내적으로는 공경과 양보로, 그리고 외적으로는 예의범절로 표현된다. 이에 공자는 "예에 맞는 겸손은 치욕을 멀리할 수 있다"[40]고 했다.

셋, 믿을 신信. 이는 성실함을 덕목으로 지목한 것이다. 사람과 말과 사물의 일치와 언행의 합일(言行合一)뿐만 아니라 사람과 사람의 약속을 충실하게 지킬 것을 요구한다. 신용을 지키는 사람만이 다른 사람들의 믿음을 얻을 수 있다.

---

38) 知者不惑, 仁者不憂, 勇者不懼.(9.29)
39) 君子喩於義.(4.16), 見義不爲, 無勇也.(2.24), 信近於義, 言可復也.(1.13)
40) 恭近於禮, 遠恥辱也.(1.13)

이에 공자는 "벗을 사귐에 있어 신의를 다하였는가"[41]를 매일 돌아보고 "사람으로서 신뢰가 없으니 가늠할 수가 없다"[42]고 했다.

넷, 충성할 충忠. 공자는 바르고 진실된 마음으로 다른 사람을 위해 성심성의를 다할 것을 강조했다. 그 예로 "남을 위함에 있어 성의를 다하였는가?", "충과 신을 근본으로 삼되 나보다 못한 사람을 벗하지 아니하고, 잘못이 있으면 고치기를 꺼리질 아니한다", "사랑하면서, 어찌 근로함을 가르치지 않겠는가? 그를 진심으로 대하면서, 어찌 도리를 깨우쳐 주지 않겠는가?"[43] 등등을 들 수 있다.

다섯, 공경할 경敬. 즉 다른 사람 또는 사물에 대해 존경의 마음을 가질 것을 강조하였던바, 공자는 "마음가짐은 공손하게 하되 일은 간편하게 처리함으로써 백성을 대하면, 이 또한 괜찮지 않겠습니까? 마음가짐도 가볍고 일처리 또한 간편하면 지나치게 간단한 것이 아니겠습니까?"[44]라는 중궁仲弓의 말에 동의했다.

여섯, 부끄러울 치恥. 즉 예를 벗어난 자신의 언행을 부끄럽게 생각할 줄 알아야 한다고 강조했던바, "군자는 행동보다 말이 앞서는 것을 부끄러워한다"[45]고 말했다.

일곱, 온溫·량良·공恭·검儉·양讓. 이를 통틀어 '공자의 덕목'이라고도 하는데, 여기서 온溫은 따뜻하고 부드러운 것이고, 량良은 어질고 착한 것이며, 공恭은 삼가서 공손하게 예의를 갖추는 것이고, 검儉은 검소함이며, 양讓은 겸손하게 사양하는 것을 일컫는다. 자공은 "선생님께서는 따뜻하고 선량하며 공손하고 검소하며 겸양함으로 그것을 얻었다"[46]고 말한다.

앞에서 논한 의, 예, 신과 삼달덕 중 하나인 인과 지가 합쳐져서 세상 사람들이 말하는 오덕五德 즉 인仁·의義·예禮·지知·신信이 이루어졌는바, 이는 또 오상五常

---

41) 與朋友交而不信乎?(1.4)
42) 人而無信, 不知其可也.(2.22)
43) 爲仁謀而不忠乎?(1.4), 主忠信, 毋友不如己者, 過則勿憚改.(9.25), 愛之, 能勿勞乎? 忠焉, 能勿誨乎?(14.7)
44) 居敬而行簡, 以臨其民, 不亦可乎? 居簡而行簡, 無乃大簡乎?(6.2)
45) 君子恥其言之過其行.(14.27)
46) 夫子溫·良·恭·儉·讓以得之.(1.10)

이라고도 부른다.

이 외에도 공자는 인간 생활 전체를 아우르는 많은 덕목들에 대해 언급을 했다. 인간이 지켜야 할 덕목은 그야말로 사람들의 삶의 방식만큼이나 많은 것으로 그것들은 반복되기도 하고 서로 비슷하거나 서로 얽히고설켜서 매우 다양한 양상을 보이기도 한다. 하지만 모든 덕목은 결국 인仁 즉 도道로 인해 규정되는 것이다.

(5) 선과 악의 구별

덕목으로서의 인仁은 사람들이 갖추어야 할 덕성德性을 말하는 것인데, 인간의 덕성은 곧 인성 즉 인간의 본성이라 할 수 있다. 공자는 인간의 인성에 대해 "타고난 본성은 서로 비슷하나 다른 습관은 서로의 차이를 만든다"[47]고 했다. 모든 사람은 각자의 본성을 가질 뿐만 아니라 그러한 본성은 서로 비슷하여 공통된 인성을 지닌다는 것이다.

인간의 본성에 대해 사람들은 선악의 존재 여부와 인간의 선악 여부를 두고 많은 논쟁을 벌여 왔다. 인간의 본성은 선하다는 성선설性善說, 인간의 본성은 악하다는 성악설性惡說, 인간의 본성은 선악의 구별이 있다는 성유선악설性有善惡說, 그리고 사람은 선하지도 악하지도 않은 백지 상태라는 성무선악설性無善惡說 등이 그것이다. 공자는 인간의 본성에 대해 명확하게 밝히지는 않았지만, 인간의 덕목을 인仁을 간주하여 논한 것으로부터 미루어 우리는 그가 인간의 본성을 선한 것으로 보고 있음을 알 수 있다. 인은 사리사욕을 버리고 도를 따르며 사랑을 베푸는 것이다. 사랑을 베푸는 자를 악하다고 할 수 없으니 그가 곧 선한 사람이다. "진실로 인에 뜻을 둔다면 악은 없어지게 된다."[48] 공자의 이러한 사상은 훗날 유가의 주된 사상인 성선설에 기초를 마련해 주었다. 인간의 본질인 인은 선할 뿐만 아니라 아름답고 지혜로운 것이다.

---

47) 性相近也, 習相遠也.(17.2)
48) 苟志於仁矣, 無惡也.(4.4)

공자는 사람들에게 선과 악을 구별할 것을 강조했다. 모든 사람들은 좋아하거나 싫어하는 것이 있게 마련이다. 하지만 공자는 "오직 어진 자만이 능히 사람을 좋아할 수 있고 미워할 수 있다"[49]고 말한다. 일반 사람들이 좋아한다고 해서 꼭 선한 자라고 할 수 없고 일반 사람들이 싫어한다고 해서 꼭 악한 자라고 말할 수 없다. 하지만 어진 사람이 좋아하는 것은 반드시 선한 자요, 그렇지 않은 자는 반드시 악한 자다. 어진 사람이 좋고 나쁨을 평가할 수 있는 이유는 그들이 인애仁愛의 도를 따르기 때문이다. 한 사람의 선악 여부를 판단할 때는 주변의 모든 사람들의 좋아하거나 싫어하는 것을 기준으로 할 수 없는바 "마을 사람들 중 선한 자가 좋아하고, 선하지 않은 자가 싫어하는 사람"[50], 그가 바로 악하지 않은 선한 사람이라고 할 수 있는 것이다.

공자는 위선僞善을 반대했다. "말은 듣기 좋고 모습은 그럴 듯하며 공손이 과함을 좌구명이 부끄럽게 여겼는데 나 또한 부끄럽게 생각한다. 원망을 감추고 그 사람과 벗함을 좌구명이 부끄럽게 여겼는데 나 또한 부끄럽게 여긴다."[51] 위선이 수치스러운 이유는 선악의 경계를 넘어섰기 때문이다. 악인 위선을 선으로 가장한 것은 일종의 기만으로 거짓이 없는 사악에 비해 더 큰 악이라 할 수 있겠다.

공자는 위선을 반대함과 동시에 진정한 선, 즉 진정한 인이란 무엇인지를 분명히 밝히고자 했다. 자로子路가 관중이 어질지 못하다고 비판하자 공자는 "환공이 거듭 제후들을 규합하되 무력을 쓰지 않은 것은 관중의 힘이었으니, 그것이 바로 어진 것이다! 그것이 바로 어진 것이다"[52]라고 말했다. 비폭력을 선택한 관중의 행동을 어진 것으로 보았다. 공자는 또 "관중이 환공을 도와 제후들의 패자가 되고 천하를 통일하여 바르게 하게 했으니, 백성들이 지금까지 그 혜택을 받고 있다. 관중이 없었다면 우리는 아마 머리를 풀어헤치고 옷깃을 왼쪽으로

---

49) 唯仁者能好人, 能惡人.(4.3)
50) 鄕人之善者好之, 其不善者惡之.(13.24)
51) 巧言, 令色, 足恭, 左丘明恥之, 丘亦恥之. 匿怨而友其人, 左丘明恥之, 丘亦恥之.(5.25)
52) 桓公九合諸侯, 不以兵車, 管仲之力也. 如其仁, 如其仁.(14.16)

여미게 되었을53) 것이다. 어찌 일반 백성들처럼 작은 지조를 지키고자 도랑에서 목을 매어 아무도 아는 사람이 없도록 하겠는가?"54)라고 했다. 관중은 작은 것에 어질지 못했지만 큰 어짊을 이루었던 것이다. 다시 말해서 관중은 사소한 것에 구애되지 않고 큰일 즉 대도大道를 도모하고자 했던 것이다.

인간은 선과 악을 구별할 줄 알아야 할 뿐만 아니라 악을 버리고 선을 행해야 한다. 공자는 "선한 것을 보면 미처 이르지 못할까 염려하고, 선하지 아니한 것을 보면 끓는 물에 닿은 손을 미처 피하지 못할까 두려워한다"55)고 했으며 또 "어진 사람을 보면 그와 같이 되기를 생각하고, 어질지 못한 사람을 보면 스스로를 되돌아본다"56)고 했다. 그래야만 사리사욕을 버리고 도를 따를 수 있으며 어진 덕목을 갖추게 된다.

선은 선의로 보답해야 하며 악으로 선을 갚아서는 안 된다. 그렇다면 악, 즉 원한은 어떻게 갚을 것인가? 두 가지 방법을 생각해 볼 수 있는데, 하나는 그대로 앙갚음을 하는 것이고, 다른 하나는 원수에게 은덕을 베푸는 것이다. 공자는 "원한은 바름으로 갚고, 덕은 덕으로 갚아야 한다"57)고 주장했다. 바름으로 원한을 갚는다는 것은 공명정대한 방법으로 원한을 갚는 것으로, 이는 개인의 사리사욕을 떠나 대도大道를 따르는 것이다. 때문에 그것은 앙갚음이 될 수도, 덕을 베푸는 것이 될 수도 있다. 덕을 덕으로 갚는 것은 결국 바름으로 덕을 갚는 것이다. 왜냐하면 원한으로 은혜를 갚는 것은 공평하지가 않은바 오로지 은혜로 은혜를 갚는 것만이 공명정대하기 때문이다.

---

53) 역자 주: 당시 오랑캐의 옷차림을 묘사한 것이다.
54) 管仲相桓公, 霸諸侯, 一匡天下, 民到於今受其賜. 微管仲, 吾其被髮左衽矣. 豈若匹夫匹婦之爲諒也, 自經於溝瀆而莫之知也?(14.17)
55) 見善如不及, 見不善如探湯.(16.11)
56) 見賢思齊焉, 見不賢而內自省也.(4.17)
57) 以直報怨, 以德報德.(14.34)

4. 가족을 사랑하라

앞에서 언급했듯이 인은 하나의 큰 덕이고 인간에 의한 도의 실현으로 인간의 아름다운 덕성을 보여 주는 것이다. 그것은 인간이 갖추어야 할 많은 덕목 중 하나인 동시에 그러한 덕목을 하나로 아우르는 합일체이기도 하다. 또한 인은 인간 자체에 의해 이루어지기도 하고 인간과 세상의 관계 속에서 이루어지기도 한다. 인간과 세상의 관계에서 인에 대한 추구 또는 인의 실현은 사랑으로 표현된다. 즉 인간과 만물의 존재 자체가 되는 것이다.

이 세상에서 인은 세 가지 사랑으로 표현된다. 첫 번째는 가족을 사랑하는 것 즉 부모님에게 효도하고 형에게 공손할 효제孝悌이다. 이는 가족을 그 자체로 존재 가능하게 한다. 두 번째는 남을 사랑하는 것으로 뭇사람들이 뭇사람으로 존재하도록 한다. 세 번째는 만물을 사랑하는 것으로 세상만물의 존재 자체를 인정하는 것이다.

공자의 인애仁愛란 그렇게 신비로운 것이 아니다. 반대로 그것은 모두 사람들에게 익숙하고 일상적인 가족 간의 정, 즉 부모와 자식 간의 사랑에서 비롯된 것이다. 사랑의 본질은 주는 것이고 이바지하는 것이다. 부모는 자식을 낳아 양육해야 하고 자식은 부모를 공경하고 보살펴야 한다. 이러한 사랑은 현실 속에 존재하고 또 이미 실행되고 있는 사랑이다. 또한 모든 사람들은 이미 그러한 사랑 속에서 사랑하고 사랑 받으면서 살고 있다. 때문에 이러한 사랑은 일상적이고 보편적인 것이다. 보다시피 공자의 인애설仁愛說은 현실에서 비롯된 것이며 모든 개개인으로부터 비롯된 것이다. 때문에 인이 사랑이라면 가족은 사랑의 근본이다.

하지만 그러한 가족 관계 속에서 사랑은 서로 다른 두 가지 형태를 취하고 있으며 둘은 서로 다르고 구별된다. 하나는 윗사람이 아랫사람을 위하는 내리사랑으로 부모의 자녀에 대한 사랑, 형 또는 누이의 동생들에 대한 사랑이 그것이다. 다른 하나는 손아랫사람의 손윗사람에 대한 치사랑으로 자녀의 부모에 대한 사랑,

동생의 형이나 누이에 대한 사랑이 그것이다. 전자는 자애慈愛와 보살핌에 가까운 사랑이라면, 후자는 경애敬愛와 존중에 가까운 사랑이라고 할 수 있다.

가족애를 언급함에 있어 공자는 부모의 자식에 대한 내리사랑을 중요시하지 않은 것은 아니지만 자녀의 부모에 대한 사랑에 더 큰 비중을 두고 강조했다. 때문에 그가 반복해서 말하고자 했던 것은 사실상 효제孝悌사상으로, 자식이 부모에게 효도하고 동생이 형에게 공손할 것을 강조했다. "그 사람됨이 효성스럽고 공손하면서도 윗사람을 범하기를 좋아하는 자는 드물다. 윗사람을 범하기를 좋아하지 않으면서 난을 일으키기를 좋아하는 자는 있어 본 적이 없다. 군자는 근본을 힘쓴다. 근본이 서면 도가 생긴다. 효성스럽고 공손하다고 하는 것은 인을 실천하는 근본일 것이다."[58] 인의 실천은 세 가지 경로를 통해 이루어진다. 첫째는 가족을 사랑할 친친親親이고, 둘째는 남에게 어질 인민仁民이며, 셋째는 만물을 아낄 애물愛物이다. 이 셋은 가까이에서 멀리로, 작은 것에서 큰 것으로 나아가는 과정이다. 그중 친친에 속하는 효제는 이 모든 것의 근본이다. 부모에게 효도하지 않고 형에게 공손하지 못한 사람이 다른 사람을 어질게 대하거나 세상만물을 아낄 리가 없다. 즉 친친이 없는 인민과 애물은 있을 수 없다. 모두가 효제를 지켜 친친이 이루어질 때 비로소 인의 근본이 서게 되고, 인을 향한 길이 열려 사람들이 서로를 어질게 대하고 만물을 아끼게 된다. 그것이 바로 친친, 인민, 애물로 나아가는 온전한 과정이다.

인애仁愛로서의 효제는 특수성을 지닌다. 그것은 아버지의 사랑과 같은 내리사랑이 아닌 치사랑이다. 내리사랑은 명령, 규제, 관리, 지배 등과 같은 것이라면 치사랑은 이와 반대로 순종하고 따르는 것이며 온화하고 부드러운 것이다. 만약 인애를 아버지의 사랑으로 볼 때, 그러한 인애 속에는 정복征服의 욕망이 내포된다. 인애를 효제로 이해할 때, 인애는 비로소 윗사람을 거스를 수 없는 순종의 의지가

---

58) 其爲人也孝弟, 而好犯上者, 鮮矣. 不好犯上, 而好作亂者, 未之有也. 君子務本, 本立而道生. 孝弟也者, 其爲仁之本與!(1.2)

되는 것이다. 그리고 예禮는 더 이상 강박에 의한 형식적인 의식이 아니라 자기 의지에 따른 규칙에 대한 진심 어린 복종이 된다. 인과 예에 대한 공자의 이와 같은 해석은 등급사회의 수립을 위한 최초의 기반을 마련해 주었다. 한 가정과 한 국가의 구조체계는 크게 다르지 않으니, 자식은 부모에게 효도하고 신하는 군주에서 충성해야 하기 때문이다. 그래야만 가정은 가정다워지고 국가가 국가다워지는 것이다.

그렇다면 효는 구체적으로 어떤 것인가?

첫 번째 효는 무위無違다.

무위란 무엇인가? 공자는 "살아계실 때는 예로써 섬기고, 돌아가시면 예로써 장례를 지내고, 예로써 제사를 모시는 것이다"[59]라고 했다. 즉 효는 예법을 지키는 것으로 이를 거꾸로 이해하면 무위 즉 예법을 어기지 않는 것이 된다.

두 번째 효는 밝은 표정이다.

공자는 "얼굴빛을 항상 좋게 하기가 어렵다. 일이 생기면 연소자가 그 수고를 대신하고, 술과 반찬이 생기면 어른에게 먼저 대접하는 것, 설마 이것을 효도라 하겠는가?"[60]라고 하였다. 부모 앞에서 항상 부드럽고 환한 얼굴을 하고 있기란 어려운 일이다. 하지만 효도는 그러한 밝은 표정을 요구하고 있다. 얼굴은 마음의 거울일 뿐만 아니라 언행과도 연관되어 있기 때문이다.

세 번째 효는 공경이다.

공자는 효를 단순한 부양이 아닌 삼가 받들어 공경함이라고 강조한다. 공경함이란 부모님을 존중하고 소중히 여기며, 항상 부모님에게 관심을 가지고 정성을 다해 세심하게 보살피는 것을 말한다. "오늘날의 효라 하는 것은 부모를 봉양하는 것을 말하는데, 개와 말에 이르러서도 모두 먹여서 기르고 있으니, 부모님을 공경하지 않고서야 무엇으로 이를 구별한단 말인가?"[61] 공자는 공경을 인간과 동물을

---

59) 生, 事之以禮. 死, 葬之以禮, 祭之以禮. (2.5)
60) 色難. 有事, 弟子服其勞. 有酒食, 先生饌, 曾是以爲孝乎?(2.8)
61) 今之孝者, 是謂能養. 至於犬馬, 皆能有養. 不敬, 何以別乎?(2.7)

구별하는 기준으로 삼았다. 만약 효를 삼가 받들어 모시는 것이 아닌 단순히 먹여 살리는 것으로 생각한다면 그 사람은 불효한 것이고 인간을 동물로 폄하하는 것이다.

그 외에 공자는 효에 대해 많은 언급을 했으나 생략하기로 하고 삼년지효三年之孝에 대해서만 알아보도록 하겠다. "부친이 살아 계실 때는 그분의 뜻을 잘 살피고 부친이 돌아가셨을 때는 그분의 행적을 잘 살펴서 삼년간 부친의 도를 바꾸지 않는다면 효성스럽다고 할 수 있다."[62] 여기서 말하는 삼년지효는 삼년복상三年服喪과 같은 것이다. 그렇다면 왜 하필 3년일까? 공자는 그 이유를 다음과 같이 해석했다. "자식이 태어나면 3년이 지나야 비로소 부모의 품에서 벗어날 수 있는 고로 부모가 돌아가시면 세상 사람들은 통상적으로 3년 동안 복상한다."[63] 누구나 태어나면 3년이란 시간을 부모의 품에 안겨 사랑을 받기 때문에 3년 동안 돌아가신 부모님의 상을 지켜야 한다는 것이다. 이는 부모의 사랑에 대한 자식들의 보답인 셈이다.

5. 남을 사랑하라

공자는 부자간의 가족애를 인애仁愛의 근본이 되는 감정으로 보고 있지만 효제를 가족관계 속에 한정한 것이 아니라 그러한 감정이 온 천하에 미치게 하고자 했다. 다시 말해 공자는 세상 사람들이 자신의 아버지와 형만 사랑할 것이 아니라 모두가 서로 사랑을 주고받아야 한다고 주장했던 것이다.

"무릇 대중을 사랑하고 어진 이를 가까이 하라."[64] 이로써 효제와 인은 일반화된 가족애라고 볼 수 있다. 때문에 사람들은 가족을 사랑하듯 세상 모든 사람들을 사랑해야 한다. 이러한 일반화된 효제사상에 의해 사람들은 '온 세상이 한 가족(天下

---

62) 父在, 觀其志, 父沒, 觀其行. 三年無改於父之道, 可謂孝矣. (1.11)
63) 子生三年, 然後免於, 父母之懷. 夫三年之喪, 天下之通喪也. (17.21)
64) 泛愛衆, 而親仁. (1.6)

一家)이고 '천하의 모든 사람은 다 형제'(四海之內皆兄弟)라는 생각을 갖게 된 것이다. 온 세상이 한 가족일 리가 없고 모든 사람들이 다 형제일 리가 없지만 인자(仁者)는 세상 모든 사람들이 한 가족처럼, 모두가 형제같이 화목하게 지낼 것을 주장한다. 그런 의미에서 볼 때 인은 가족에 대한 사랑뿐만 아니라 가족이 아닌 다른 사람, 즉 세상 모든 사람들에 대한 사랑까지 포함된다.

사랑을 하려면 우선 그러한 사랑을 줄 수 있는 여건이 마련되어야 한다. 인간은 세상을 떠나 홀로 살아갈 수 없다. 사람이 인간세상을 떠나 동물과 더불어 살아간다는 것은 일종의 환상일 뿐이다. "날짐승이나 길짐승과 한 무리가 되어 어울릴 수 없으니, 내가 이 사람들과 더불어 함께하지 않는다면, 누구와 함께하겠느냐?"[65] 세상살이란 사람들 속에서 이루어지는 것이다. 타인의 존재 역시 자기 존재와 마찬가지로 부정할 수 없는 것은 자명한 일이다. 때문에 우리의 삶은 필연적으로 타인과 관계를 맺게 된다. 오로지 타인과의 공존 속에서 자기 존재의 실현은 진정으로 가능해진다.

또한 타인의 존재를 인정할 뿐만 아니라 타인의 존재를 이해하기 위해 노력해야 한다. "남이 나를 알지 못함을 근심하지 말고, 내가 남을 헤아리지 못함을 걱정하라."[66] 남이 자신을 이해하지 못함은 그가 나에 대해 알지 못하기 때문이니 그것은 그 사람의 문제다. 내가 남을 이해하지 못함은 내가 타인에 대해 알지 못하는 것이므로 그것은 곧 나 스스로의 문제다. 때문에 내가 그 사람에 대해 알고 나면 그 사람을 이해할 수 있을 것이다.

타인과의 관계를 잘 처리하는 관건은 자신의 역지사지의 마음으로 타인을 이해하는 것이다.

공자는 자기가 싫은 것을 남에게 강요하지 말 것을 강조했는데 이는 소극적인 가르침이다. "내가 원하는 것이 아니면 남에게 베풀지 말고", "다른 사람이 내게

---

65) 鳥獸不可與同群! 吾非斯人之徒與而誰與?(18.6)
66) 不患人之不己知, 患不知人也.(1.16)

강요하는 것을 원하지 않으면, 나 또한 다른 사람에게 강요하지 말 것"[67]을 주장했다.

적극적인 면에서 공자는 또 자기가 원하는 바가 있으면 남에게도 똑같이 베풀 것을 주장했던바 "무릇 어진 사람은 자기가 서고자 하면 남부터 세우고, 자기가 이루고자 하면 남부터 이루게 해 준다"[68]고 했다. 이는 유가사상의 '황금률'로 현대사회에서도 보편적으로 적용되는 도덕적 가치다.

소극적인 방법이거나 적극적인 방법이거나를 막론하고 분명한 것은 이러한 '황금률'이 인간관계에서의 자타의 동일성을 규정해 주고 있다는 것이다. 다시 말해 자신이 원하지 않는 것은 타인도 원하지 않으며 동시에 자신이 원하는 것은 다른 사람도 원한다는 것이다. 이는 세상의 이치가 같고(天同此理) 사람의 마음이 같으며(人同此心) 마음속의 욕망 또한 크게 다를 바 없다(心同此欲)는 가설假說을 전제로 한 것이다. 이로써 사람들은 자신의 속마음을 들여다보는 것으로 남의 생각을 추측할 수가 있다.

그러나 인간관계에서 자타는 동일성뿐만 아니라 차이성도 가진다. 모든 사람은 서로가 다른 개별적인 존재다. 때문에 내가 원하지 않는 것이 마침 다른 사람이 원하는 것일 수도 있고, 반대로 내가 바라는 것이 다른 사람은 바라지 않는 일일 수도 있다. 때문에 내가 원하지 않는 것을 다른 사람에게 베풀지 말아야 할 뿐만 아니라 내가 원하는 것이더라도 다른 사람이 원하지 않는다면 베풀지 말아야 한다. 물론 공자는 이와 같이 명확하게 밝히지는 않았지만, 그러한 차이성을 인정하고 존중했다. 그것이 바로 충서忠恕사상이다. 사람들은 충서를 공자의 가장 일관된 사상으로 간주하기도 한다.

그렇다면 충서란 무엇인가? 충忠은 충실忠實, 충성忠誠, 충심忠心을 말하는 것으로 거짓이 없는 진실된 마음으로 자신을 속이지 않고 남을 기만하지 않는 것이다. 서恕는 곧 너그럽게 헤아림이다. 자신의 표준으로 다른 사람을 가늠하지 아니하고

---

67) 己所不欲, 勿施於人.(12.2), 我不欲人之加諸我也, 吾亦欲無加諸人.(5.12)
68) 夫仁者, 己欲立而立人, 己欲達而達人.(6.30)

타인 그 자체의 존재를 인정해야 한다. 다시 말해 타인과의 차이성을 인정해야 한다는 것이다. 공자는 사람이 지켜야 할 덕목으로 다섯 가지를 지목했는데 너그러이 용서할 데 대한 관대(寬)가 그중 하나다. "공손하고 관대하며 신의를 지키고 민첩하며 은혜로운 것이다. 공손하면 업신여김을 면하고, 관대하면 민심을 얻고, 신의가 있으면 남의 신임을 받고, 민첩하면 공을 이루고, 은혜를 베풀면 사람을 부릴 수 있다."[69] 이 다섯 가지 덕목은 모두 다른 사람을 대함에 있어 갖추어야 할 인애仁愛의 태도이다. 그중 관대란 너그러운 헤아림을 말한다. 인간은 자신과 다른 타인을 너그럽게 헤아리고 용서함으로써 많은 사람들의 지지와 옹호를 받을 수 있다. 너그러운 헤아림은 지난날의 잘못을 따지지 않는 데서도 엿볼 수 있는데 공자는 "백이와 숙제는 옛 악을 염두에 두지 않았고, 이 때문에 원망이 드물었다"[70]고 했다. 공자는 또한 너그러운 헤아림은 남의 잘못을 가볍게 처벌함이라고 한다. "스스로 책망하길 중하게 하고 남을 책망하길 가볍게 한다면 원망이 멀어진다."[71] 때문에 너그럽게 헤아린다는 것은 타인이 타인으로 살아갈 수 있도록 그의 특수성을 인정할 뿐만 아니라 타인의 잘못과 악행에 대해서도 용서할 수 있음을 말하는 것이다.

사람들은 모두 타인과 수많은 관계를 맺으며 공존한다. 서로 친구일 수도 적일 수도 있으며 친구도 아니고 적도 아닌 관계일 수도 있다. 그중 공자는 친구 간의 우정을 매우 중요시했다. 우정은 사람과 사람 사이에 맺어진 특별한 관계이자 특별한 감정이다. 우정은 혈연관계를 기초로 하는 가족애와 다르다. 우정은 또 정신적 또는 육체적으로 결합된 남녀 간의 사랑과도 다르다. 우정은 뜻을 같이할 것을 전제로 한다. 다시 말해 우애가 깊은 사람들은 지향하는 바가 같다. 가는 길이 같음으로 인해 서로 다른 사람들이 우정을 쌓고 친구가 된다.

어진 친구는 인의 실천을 도와준다. 때문에 어진 자가 되려면 어진 친구를

---

69) 恭, 寬, 信, 敏, 惠. 恭則不侮, 寬則得衆, 信則人任焉, 敏則有功, 惠則足以使人.(17.5)
70) 伯夷, 叔齊不念舊惡, 怨是用希.(5.23)
71) 躬自厚而薄責於人, 則遠怨矣.(15.15)

사귀어야 한다. "장인이 일을 잘하려면 먼저 연장을 날카롭게 해야 하는 법이다. 한 나라에 머물고자 한다면 그 나라의 대부 중 현자를 섬기고, 그 나라의 선비 중 어진 자를 벗으로 삼아야 한다."[72] 친구가 모이면 일을 도모하게 마련이다. "친구가 있어 먼 곳에서 찾아오니 또한 즐겁지 아니한가?"[73] 그토록 즐거운 이유는 친구와의 만남 때문이기도 하지만 뜻을 같이할 수 있고 대도大道를 도모할 수 있음이 더 크다.

공자는 또 타인과 우정을 맺음에 있어서 좋고 나쁨을 구별할 것을 주장한다. "이로운 벗이 셋, 해로운 벗이 셋 있다. 정직한 벗, 진실한 벗, 견문이 많은 벗을 가까이하면 이롭다. 무조건 남의 말에 동조하는 벗, 아첨하는 벗, 말만 잘 하고 실이 없는 벗을 가까이하면 해롭다."[74] 친구가 좋고 나쁨의 기준은 매우 많지만 가장 중요한 것은 사람 됨됨이가 진실한지의 여부 즉 성실한 인품이다. 성실한 친구는 도를 실현함에 있어서도 사람을 대함에 있어서도 모두 성심성의를 다하기 때문이다. 공자는 친구를 구별하는 법뿐만 아니라 친구를 사귀는 도리에 대해서도 언급한다. "진심으로 타이르고 잘 인도하되, 듣지 아니하면 그만두어, 스스로를 욕되게 하는 일이 없게 해야 한다."[75] 뜻인즉 친구 사이에도 지켜야 할 분수와 한계가 있다는 것이다.

물론 공자가 주장한 인仁의 최종 목표는 친구를 사랑하는 것이 아닌 온 천하를 사랑하는 것이다. 즉 세상 모든 사람들을 사랑하되 모두가 자신이 원하는 사랑을 얻을 수 있도록 하는 것이다. "늙은이들이 편안하게 누리고, 친구들이 미덥게 사귀며, 어린이들이 보살핌을 받는 것이다."[76] 공자는 사람들을 혈연관계에 따라 친근함과 소원함을 구분한 것이 아니라 연령에 따라 연장자와 연소자를 구분했다. 물론 이들을 가족으로 볼 수도 있다. 연장자는 부모로, 친구는 형제로 연소자는

---

72) 工欲善其事, 必先利其器. 居是邦也, 事其大夫之賢者, 友其士之, 仁者.(15.10)

73) 有朋自遠方來, 不亦樂乎?(1.1)

74) 益者三友, 損者三友. 友直, 友諒, 友多聞, 益矣. 友便辟, 友善柔, 友便佞, 損矣.(16.4)

75) 忠告而善道之, 不可則止, 毋自辱焉.(12.23)

76) 老者安之, 朋友信之, 少者懷之.(5.26)

자녀로 생각할 수가 있다. 그렇게 천하는 한 가족이 되는 셈이다. 사람에 대한 구분은 인애에 대한 구분으로 이어진다. 연장자에 대해서는 치사랑을, 친구에 대해서는 평등한 사랑을, 연소자에 대해서는 내리사랑을 권유한다. 이렇듯 인자仁者는 모든 사람들에게 각자가 원하는 사랑을 베푼다.

6. 만물을 사랑하라

인애는 인간의 인류에 대한 사랑 외에도 인간의 대자연에 대한 사랑까지도 포함한다. 그러므로 인애는 가족을 사랑하고 남을 사랑하고 만물을 사랑함이다. 세상만물은 하늘과 땅 사이에, 산과 물 사이에 존재한다. 때문에 세상만물에 대한 사랑은 곧 산수에 대한 사랑이고 천지에 대한 사랑이다.

어질고 지혜로운 자들은 모두 산수를 즐기고 대자연을 사랑했다. "지혜로운 자는 물을 좋아하고 어진 자는 산을 좋아한다."[77] 사람들은 산수를 아름다운 경치를 감상하는 동시에 산과 물과 인간의 비슷하고 닮은 점을 찾아내어 감지하고 공감한다.

산과 물을 마음껏 유람하는 것으로 산수를 즐길 수가 있다. 공자가 지향하는 바를 묻자 제자 증점曾點은 "늦은 봄날 봄옷 갖춰 입고 어른 대여섯과, 아이 예닐곱과 함께 기수에서 목욕하고 무우에서 바람을 쐬고, 노래하며 돌아오겠습니다"[78]라고 답한다. 그는 신비스럽거나 초월적인 신령과의 만남을 원한 것이 아니라 여전히 속세에 머물기를 택했는데, 그것은 국가의 정사政事나 일상생활에서 벗어난 일탈의 공간이기도 했다. 사람들과 함께 대자연을 즐기고 대도를 즐기는 것, 그것이야말로 천지의 경계(天地境界)이고 성인의 기상氣象이다. 이는 공자가 지향하고자 했던 최종 목표와도 일치했던바 공자는 그런 증점을 크게 칭찬했다.

---

77) 知者樂水, 仁者樂山.(6.23)
78) 莫春者, 春服旣成, 冠者五六人, 童子六七人, 浴乎沂, 風乎舞雩, 詠而歸.(11.26)

산수에 대한 공자의 사랑은 사실 하늘에 대한 경외심 즉 "오직 하늘만이 크다"(唯天爲大)라는 생각에서 오는 것이다. 여기서 말하는 하늘이란 육안으로 보이지 않는 천도天道와 천명天命, 그리고 눈으로 확인 가능한 천지자연을 일컫는다. 천지간의 산과 물을 통해 사람들은 하늘의 뜻과 법칙을 깨닫는다. "흘러가는 것은 이와 같구나! 밤낮을 가리지 않는구나."[79] 천지는 끊임없이 생장하고 또 번성한다. 하늘과 땅이 생겨나서 만물을 만들어 내고 인류를 만들어 냈다. 그것이 바로 하늘의 큰 사랑이다. 하늘을 공경하고 두려워할수록 사람들은 대자연을 사랑하고 대자연이 잘 생장할 수 있도록 한다. 천지가 원활하게 돌아갈 때 만물이 생장할 수 있는 것이다.

가족에 대한 사랑으로부터 시작해서 타인을 사랑하고 만물을 사랑하기에 이르는 인仁의 과정이 바로 박애博愛의 실현이다. 공자의 박애는 모든 인간을 똑같이 사랑할 겸애兼愛나 하느님의 성스러운 사랑과는 달리 가족에 대한 사랑을 바탕으로 하고 있으며 그것은 가족애가 확대되고 일반화된 것이다.

---

79) 逝者如斯夫! 不舍晝夜.(9.17)

제8장 **위정**

위인爲仁과 마찬가지로 위정爲政 역시 대도를 실천하는 것이다. 다만 위인이 보편적인 도에 대한 실천이라면 위정은 정치적 도의 실천이다.

1. 위정의 이유

사회의 일원으로서 모든 사람들은 자신의 위치와 권리에 대해 경계를 정하고, 공공업무에 대한 관리에 참여한다. 때문에 모든 인간은 정치적인 동물이라고 할 수 있다. 하지만 군신제도가 존재하던 공자의 시대는 달랐다. 사람들은 크게는 군과 신, 즉 지배자와 피지배자로 둘로 구분되었다. 지배자가 되지 못한 사람을 지배를 받아야 한다.

하지만 일부 사람들은 지배자는 아니지만 남의 지배를 받기를 거부했다. 그들은 세상을 등지고 정치를 피해 은둔자가 된다. "현명한 자는 세상을 피하고, 그 다음가는 사람은 땅을 피하며, 그 다음가는 사람은 안색을 피하고, 그 다음가는 사람은 말을 피한다."[1] 뜻인즉 세상을 피함은 바르지 않은 현실 사회를 떠나 은둔생활을 하는 것이고, 땅을 피함은 어지러운 나라를 떠나 평안하고 다스림이 있는 나라로 가는 것이며, 안색을 피함은 태도를 보아 좋지 않은 기색이 있을 시 떠나는 것이고, 말을 피함은 거짓이나 나쁜 말을 들을 시 떠나는 것이다. 하지만 은둔생활을 한다는

---

1) 賢者辟世, 其次辟地, 其次辟色, 其次辟言.(14.37)

제8장 위정　113

것은 개별적인 몇몇 사람들만의 이야기일 뿐 결코 보편적일 수가 없다. 모든 사람들은 누구나 다른 사람들과 더불어 살게 되어 있기 때문이다. 은사隱士라 할지라도 그러한 운명에서 벗어날 수는 없다. 우선 사회적 존재일 때 사회로부터 도피가 가능하다. 그리고 직접적으로 사회와 관계를 맺고 있지 않는 은사들도 간접적으로는 외부세상과 연결되어 있기 마련이다.

이처럼 그 누구도 이 세상을 떠나서 살 수가 없다. 다시 말해 자신의 가족과 집단을 떠나 영원히 살아갈 수는 없다. 세상은 가족과 집단 또는 국가들로 이루어졌다. 그렇다면 사람들은 자기가 몸을 담고 살 수 밖에 없는 집안과 국가를 다스려야 한다. 가족과 국가의 존재의 필연성은 정치의 필연적 존재를 결정한다. "벼슬을 아니 하는 것은 의로운 일이 아닙니다. 어른과 어린이 사이의 예절도 버릴 수 없거늘, 임금과 신하 사이의 대의를 어찌하여 없애려 하십니까?"[2] 어른과 어린이는 선천적으로 구별되고 서열이 정해져 있다. 군신의 관계는 후천적으로 맺어진 것이나 장유유서長幼有序를 바탕으로 이루어진 것으로 천도天道에 부합되는 것이다. 그런 의미에서 위정은 사람이 지켜야 할 도리를 따르는 것이고 하늘의 도리에도 부합되는 것이다.

군신이 존재하는 시대, 정치는 사람을 지배자와 피지배자로 구별한다. 그리고 위정은 지배를 받는 자가 아닌 지배하는 자들의 일이다. 다시 말해 정치는 백성들의 일이 아닌 군자나 나라를 다스리는 데 뜻을 둔 사람들의 일이다. 때문에 군자는 반드시 위정 즉 정치를 해야 한다. 군자는 덕목을 갖춘 자일 뿐만 아니라 자리를 가진 자이기도 하다. 덕목을 갖춘 자가 자리를 가질 수 있는 것이다.

천하는 유도有道할 수도 무도無道할 수도 있다. 도가 세워진 시대를 만나면 그 도를 따르면 되므로 정치를 펼치는 일이 쉬워진다. 하지만 도가 세워지지 않은 시대에서는 무도한 세상에 맞서 도를 바로 세워야 하기에 위정이 어려워진다. 그렇다면 무도한 세상에서 정치를 하는 것과 하지 않는 것, 어느 쪽이 마땅한가?

---

2) 不仕無義. 長幼之節, 不可廢也. 君臣之義, 如之何其廢之?(18.7)

"자기 몸을 깨끗이 하려다가 인륜의 대도를 어지럽히는 것입니다. 군자가 벼슬을 하는 것은 그러한 도의를 바로 세우는 것입니다. 도의 실행이 어렵다는 것은 저도 알고 있습니다."[3] 세상에 도가 없어 어지러울 시 사람들은 도피하거나 반항하거나 둘 중 하나를 할 수 있다. 도피하는 자는 은둔생활을 하게 될 것이고 반항하는 자는 정치를 하게 될 것이다. 공자는 위정, 정치를 함으로써 무도한 세상을 유도한 세상으로 바꿀 것을 주장했다.

무도한 세상에서 사람들은 도를 바로 세울 수도 바로 세우지 못할 수도 있다. "안 되는 줄 알면서도 군이 하려는 사람인가?"[4] 불가능하다는 것은 세상에 도가 없기 때문이다. 안 되는 것을 알고 포기하는 것은 소극적인 태도이고, 안 되는 것을 알면서도 시도하는 것은 적극적인 태도라 하겠다. 세상을 대신해 도를 세우고자 한다는 것은, 그것이 불가능하다 하더라도 하늘의 뜻에 어울리는 것이다.

2. 폭정과 덕정

군자는 정치를 함에 있어 폭정暴政과 덕정德政을 구분해야 한다.
공자는 폭정에는 네 가지 악惡이 들어 있다고 했다.

(사전에) 가르치지 아니하고 (잘못했다고) 죽이는 것은 잔인한 것이고, (일을) 지시 하지 아니하고 성과를 바라는 것은 포악한 것이며, 명령은 게을리하며 시일을 맞추라고 하는 것은 도둑놈처럼 사악한 것이며, 마땅히 주어야 하는 것임에도 내어 주는 것에 인색한 것은 유사[5]처럼 가혹한 것이다.[6]

---

3) 欲潔其身, 而亂大倫. 君子之仕也, 行其義也. 道之不行, 已知之矣.(18.7)
4) 是知其不可而爲之者?(14.38)
5) 역자 주: 有司는 官吏를 일컫는 것으로, 옛날 일부 관리들이 祿俸이나 생활필수품을 나누어 줌에 있어 책임을 물을까 두려워 인정사정 봐주지 않고 가혹할 정도로 지나치게 인색하고 각박했었기에 훗날 그렇게 인색한 사람들을 유사라고 불렀다.

이는 통치자가 도를 따르지 않고 욕망에 사로잡혀 있음이다. 또한 교화와 가르침이 아닌 폭력과 가혹한 형벌로 피통치자들을 다스리고자 한다. 이러한 폭정은 피통치자들에게 고통을 가져다 줄 뿐만 아니라 통치자 자신도 결국 멸망에 이르게 한다.

공자는 또 덕정의 다섯 가지 미美에 대해서도 언급했다.

> 군자는 베풀되 낭비하지 아니하고, 부리되 원망을 사지 아니하고, 원하되 탐내지
> 아니하고, 태연하되 교만하지 아니하고, 존엄하되 사납지 아니하다.[7]

군자는 도를 따르고 탐욕을 버려야 하는 것이다. 그리하여 자신의 평안과 위엄을 지켜낼 뿐만 아니라 백성들 역시 편안한 삶을 누릴 수 있도록 해야 한다.

그러나 공자가 주장한 최고의 덕정은 성정聖政을 펼치는 것이다. 성정이란 성인이 펼쳤던 정치를 일컫는데 아래와 같은 몇 가지가 있다.

첫 번째, 천하를 양보하는 것이다. "태백은 지극한 덕이 있다고 할 수 있겠다. 세 번이나 천하를 양보했으나 백성들은 (그것을 모르기에 그 덕을) 칭찬할 수가 없구나."[8] 폭력으로 세상을 제패하는 패천하霸天下나 왕도에 따라 세상을 다스리는 왕천하王天下와는 달리 양천하讓天下 즉 천하를 양보한다는 것은 자기가 만든 세상을 다른 사람에게 넘겨주는 것을 말한다. 여기서 양讓은 예를 지켜 사양함이다. 오로지 탐하거나 다투지 아니하고 욕망을 버리고 대도의 경지에 올랐을 때 가능한 것이다. 때문에 천하를 양보함을 지덕至德이라고 했다.

두 번째, 천하를 누리지 아니함이다. "숭고하도다! 우임금은 천하를 가지고도 누리지 않으셨다."[9] 순임금과 요임금은 천하를 소유했지만 그것에 관여치 않았다.

---

6) 不教而殺謂之虐. 不戒視成謂之暴. 慢令致期, 謂之賊, 猶之與人也, 出納之吝謂之有司.(20.2)
7) 君子惠而不費, 勞而不怨, 欲而不貪, 泰而不驕, 威而不猛.(20.2)
8) 泰伯, 其可謂至德也已矣. 三以天下讓, 民無得而稱焉.(8.1)
9) 巍巍乎, 禹之有天下也, 不與焉.(8.18)

그들의 천하는 자신이 아닌 만백성을 위한 것이었다. 그들이 숭고한 이유는 바로 사심을 버리고 대도를 따름이다.

[宋] 馬和之,「唐風」(세 번째)

세 번째, "애쓰지 아니하고 천하를 잘 다스린 사람은 아마도 순임금이리라! 그는 무엇을 했는가? 몸가짐을 공손하게 하고 남쪽을 향하여 단정하게 앉아 (자신을 수양하고) 있었을 뿐이다."[10] 애쓰지 않고도 천하를 잘 다스렸다는 것은 하늘의 뜻에 순응함으로써 세상이 스스로 돌아갈 수 있게 했음이다. 즉 통치자는 조정에 앉아 있으되 덕을 쌓고 도를 세우며 인재를 적재적소에 등용함으로써 천하를 태평하게 다스리는 것을 이르는 것이다.

3. 덕으로 나라를 다스려라

군자의 정치는 어떤 것인가?

정치를 하고 나라를 다스리는 방법에는 두 가지가 있다. 하나는 형刑으로 다스리는 것이고 다른 하나는 덕德, 즉 예禮와 도道로 나라를 다스리는 것이다.

공자는 형과 예의 차이를 다음과 같이 말한다.

법령으로 다스리고, 형벌로 단속하면 백성은 죄를 면할 수는 있으나 부끄러움을 모른다. 덕으로 다스리고 예로써 단속하면 백성은 부끄러움을 알고 그릇됨을 바로 잡는다.[11]

---

10) 無爲而治者, 其舜也與? 夫何爲哉? 恭己正南面而已矣.(15.5)
11) 道之以政, 齊之以刑, 民免而無恥. 道之以德, 齊之以禮, 有恥且格.(2.3)

법제와 형벌은 외적이고 소극적인 방법이다. 통치자가 법과 형으로 나라를 다스리면 백성들이 감히 금령禁令을 어기지 못하므로 범죄 예방은 가능하나, 자신의 그릇된 행위에 대한 수치심을 유발할 수는 없다. 도덕과 예법은 내적이고 긍정적이라 할 수 있다. 때문에 통치자가 덕과 예로 나라를 다스리면 백성들은 수치심을 느끼고 그릇된 마음을 바로잡아 선善에 이르게 된다.

공자의 덕정德政과 형정刑政은 본질적으로 대립된다. 공자는 형벌을 반대하고 덕으로 정치를 하기를 주장했다. 계강자季康子가 공자에게 정사를 묻기를 "무도한 자들을 죽여서 도를 세우는 것이 어떻겠습니까?"[12] 하자 공자가 답하기를 "그대는 어찌 살인으로 정치를 하고자 하는가? 그대가 선하고자 하면 백성도 선해질 것이다. 군자의 덕은 바람과 같고, 백성의 덕은 풀과 같아서 풀은 바람이 부는 방향으로 기울기 마련이다"[13]라고 했다. 공자는 정치를 함에 있어 잔인한 살인은 필요 없는 일로 간주했다. 왜냐하면 덕으로 어진 정치를 하는 편이 훨씬 쉽기 때문이다. 통치자가 선덕善德을 주장하면 지배를 받는 자들은 자연스럽게 그러한 선과 덕을 추구하게 되고, 국가가 다스려진다. "덕으로 정치를 한다는 것은, 북극성이 제자리를 지키고 있으면 뭇별들이 이를 에워싸고 도는 것과도 같다."[14] 덕으로 정치를 하는 것은 법이나 힘으로 정치를 하는 것과는 구별된다. 덕은 덕성으로 사람이 인성과 사물의 물성을 말한다. 통치자가 덕으로 정치할 때 사람의 인성과 사물의 물성은 충분히 존중을 받게 되고, 그런 사람과 사물들은 자연히 통치자에게 귀순하기를 원한다.

덕으로 정치를 하는 것은 곧 예로써 정치를 함이다. 그 이유는 덕은 예에 의해 규정되기 때문이다. 나라를 다스리는 기본은 곧 예로써 정치를 하는 것이다. "능히 예와 겸양으로써 나라를 다스린다면, 무슨 어려움이 있겠는가? 예와 겸양으로써 나라를 다스리지 못한다면 예가 있어 무엇 하겠는가?"[15] 예와 겸양으로 나라를

---

12) 如殺無道, 以就有道, 何如?(12.19)
13) 子爲政, 焉用殺? 子欲善而民善矣. 君子之德風, 小人之德草. 草上之風必偃.(12.19)
14) 爲政以德, 譬如北辰, 居其所而衆星共之.(2.1)

다스리면 태평천하를 이룰 수 있다. 반대로 그렇지 못할 경우 세상이 어지럽게 되고 예법은 무용지물이 된다. 때문에 통치자는 예법을 숭상하고 예법으로 나라를 다스리는 기본 원칙으로 삼아야 한다.

예법으로 나라를 다스리고자 한다면 정명正名 즉 이름을 바로잡아야 한다. 정명이란 모든 사물의 이름이 그 사물의 존재에 부합되고 예법의 규정에 부합되게 함이다. 때문에 정명은 곧 사물의 이름을 바로잡아서 예법에 어긋나는 명칭들을 예법에 어울리도록 하는 것이다.

예법을 지키는 나라만이 원하는 바를 이룰 수 있다. 공자는 예법으로 나라를 다스리는 것은 곧 "군군, 신신, 부부, 자자"[16]라고 했다. 군주와 신하는 한 나라에 있어 가장 주요한 구성원이고 아버지와 아들은 한 가정에 있어 가장 중요한 일원이다. 또한 군신 관계뿐만 아니라 부자의 관계에도 모두 상하 관계가 존재한다. 때문에 "군군, 신신, 부부, 자자"란 "군주는 군주답고, 신하는 신하답고, 아버지는 아버지답고, 아들은 아들다울 것"을 주장한 것인데, 이는 나라와 가족의 모든 구성원들은 각기 그 자리를 정하여 각자 맡은 바 직무에 충실해야 함을 의미한다. 군주는 현명하고 신하는 충성을 다하며 아버지는 자애롭고 아들은 효도를 다하는 것, 그것이 바로 예법을 지키는 것이고 도를 따르는 것이다. 이와 반대로 만약 "군주가 군주답지 못하고 신하가 신하답지 못하며, 아버지가 아버지답지 못하고 아들이 아들답지 못하다"면 그것은 나라와 가족의 구성원들이 각자의 위치와 직무를 소홀히 한 것이다. 즉 군자는 현명하지 못한 것이고, 신하는 충성을 다하지 아니했으며, 아버지는 자애롭지 못하고 아들을 효도를 지키지 않음이다. 이는 예법에 어긋난 것이고 도를 따르지 않은 것으로, 나라의 안정과 가족의 평안을 도모할 수가 없다.

덕과 예법으로 나라를 다스리는 것이 곧 도로 나라를 다스리는 것이다. 덕은

---

15) 能以禮讓爲國乎, 何有? 不能以禮讓爲國, 如禮何?(4.13)
16) 君君, 臣臣, 父父, 子子.(12.11)

도의 실천이고 예법은 사람이 지켜야 할 도의 근본이다. 도道는 사람이 사람으로 살아가는 길(도리)로서 사람을 규정짓기도 하고 사람을 변화시키기도 한다. "군자가 도를 배우면 사람을 사랑하고 소인이 도를 배우면 부리기 쉽다."[17] 도는 사람을 다스림으로써 나라를 다스린다.

4. 덕으로 자신을 수양해라

공자는 덕으로 정치를 행하고자 한다면, 스스로를 다스려야 한다고 주장한다. 그 이유는 가족과 나라, 효과 충, 위인과 위정은 밀접한 연관성을 가지고 있기 때문이다.

덕행이 바르지 못한 사람은 덕정德政 즉 어질고 바른 정치를 행할 수 없다. "높은 자리에 있으면서 너그럽지 못하고, 예를 행함에 있어 공경하지 못하며, 상을 당하고도 애통함이 없으니, 무엇으로 그 사람됨을 알 수 있겠는가?"[18] 이와 같은 행동은 사람으로서 지켜야 할 근본적인 도덕성을 잃어버렸음을 말해 준다. 이처럼 덕을 갖추지 못한 사람은 덕으로 정치를 다스릴 수가 없다.

반대로 덕행을 갖춘 사람은 어질고 바른 정치를 행할 수 있다. "『서書』[19]에 이르기를 효란 부모에게 효도하고 형제간에 우애 있게 지내며 그것을 정사에 베푸는 것이라고 하였으니 이 또한 정사를 행하는 것, 과연 어떤 것이 정사란 말인가?"[20] "부모에게 효도하고 형에게 공손할 효제孝悌가 가정을 다스리는 원칙이라면 군주에게 충성할 충군忠君은 나라를 다스리는 원칙이다. 또한 효제는 충군의 기초다.

---

17) 君子學道則愛人, 小人學道則易使也. (17.4)
18) 居上不寬, 爲禮不敬, 臨喪不哀, 吾何以觀之哉. (3.26)
19) 역자 주: 『書』는 중국에서 가장 오래된 史書이자 유교 경전으로, 처음에는 書, 한나라 때부터는 尙書라고 불리다가, 宋代 이후 書經으로 불리게 되었다.
20) 書云, 孝乎! 惟孝, 友於兄弟, 施於有政. 施亦爲政, 政其爲爲政. (2.21)

때문에 효제사상으로 군주를 대한다면 간접적으로 정치에 참여하는 것이 된다.

물론 정사에 참여하는 사람은 어진 덕성을 갖추어야 하는 것 외 또 다른 인품과 재능을 필요로 한다. 공자는 결단력이 있고 이치에 밝으며 여러 가지 기예가 뛰어난 자가 정치를 행할 것을 주장했다. 결단력이 있는 자는 선택을 함에 있어 과감하고 이치에 밝은 자는 세상물정에 정통하며, 기예가 뛰어난 자는 다재다능하기 때문이다.

한 사람의 덕성과 재능이 그토록 중요한 만큼, 정치를 하고자 하는 자는 반드시 정신正身이 되어야 한다. 정신이란 자신의 몸가짐을 바르게 하여 도와 덕과 예에 부합되는 사람이 되는 것을 말한다. 내 몸을 먼저 바르게 하는 정신이 되어야, 타인을 바르게 하는 정인正人이 가능하고, 천하를 바로잡는 정국正國을 도모할 수 있다. 때문에 정치의 진정한 의미는 바를 정正에 있다고 할 수 있다. "정치란 바로잡는 것이다. 그대가 앞장서서 바르게 하면 누가 감히 바르게 하지 않겠는가?"[21] 공자는 다른 사람을 바르게 하기 위해서는 먼저 자신이 바르게 해야 한다고 주장하였는바 "자신이 바르면 명을 내리지 않아도 행해지고, 그 자신이 바르지 못하면 비록 명을 내릴지라도 따르지 않을 것이다"[22]라고 했다. 통치자가 자신의 몸가짐을 바르게 하는 것 자체가 통치를 받는 사람들에게 내리는 가장 효과적인 무언의 명령인 것이다.

5. 덕으로 백성을 가르쳐라

공자는 덕의 정치를 함에 있어 한편으로 자신을 다스려야 하고 다른 한편으로는 백성을 다스려야 한다고 주장했다.

---

21) 政者, 正也. 子帥以正, 孰敢不正.(12.17)
22) 其身正, 不令而行, 其身不正, 雖令不從.(13.6)

덕으로 백성을 다스리는 것은 덕으로 자신을 다스리는 것을 전제로 한다. 통치자가 덕이 갖추어야 그의 통치를 받는 사람들이 덕을 갖추게 된다. 공자는 "윗사람이 예를 좋아하면 백성들이 윗사람을 공경하지 않는 이가 없고, 윗사람이 정의를 좋아하면 백성들이 윗사람에게 복종하지 않는 이가 없고, 윗사람이 믿음을 좋아하면 백성들이 윗사람을 감히 진실하게 대하지 않는 이가 없는 것이다"[23]라고 하였다. 여기서 백성을 다스리는 덕은 예의와 정의와 믿음으로 구체화되었다. 통치자가 예를 지키고 의로우며 믿음직스러우면 백성들은 그에 감화되어 동조하고 따라하게 된다. 공자는 또 "백성을 대함에 있어 정중히 하면 공경할 것이고, 효도를 하고 자애를 베풀면 충성할 것이고, 유능한 자를 등용하여 잘못하는 자를 가르치면 권면하게 될 것이다"[24]라고 했다. 덕으로 백성을 다스리면 통치자와 피통치자 사이에는 덕으로 교감하는 좋은 관계가 형성될 수 있다.

덕으로 백성을 다스리려면 통치자가 신용을 지키고 백성들의 신임을 받아야 한다. 공자는 백성들의 생활을 넉넉하게 하고, 나라의 군비軍備를 충실하게 하며 백성들의 신임을 얻는 일 중에서 후자를 가장 중요하게 생각했다. 그리하여 "예부터 모든 사람은 죽었다. 그러나 백성들에게 믿음이 없으면 그 나라는 바로 서지 못한다"[25]고 하면서 통치자가 불가피하게 선택을 해야 할 경우 넉넉한 먹을거리와 군사를 포기할지언정 백성들의 믿음을 저버려서는 안 된다고 했다. 물론 넉넉한 식량은 백성들의 생존 문제를 해결해 주고 충족한 군비는 국가의 안보를 보장하는 것이지만, 국민들의 믿음이 없이는 정권의 안정이 없게 된다. 우선 정권 안정이 있어야 넉넉한 먹을거리와 충족한 군비 마련이 가능한 것이다. 그리고 국민의 믿음은 국가와 정부의 신용을 그 전제로 한다. 때문에 통치자는 정치를 함에 있어 반드시 도를 따르고 덕으로 백성을 다스려야 한다.

통치자를 믿을 수 있을 때 백성들을 그를 따르고 그에게 복종한다. 때문에

---

23) 上好禮, 則民莫敢不敬. 上好義, 則民莫敢不服. 上好信, 則民莫敢不用情.(13.4)
24) 臨之以莊, 則敬. 孝慈, 則忠. 擧善而教不能, 則勸.(2.20)
25) 自古皆有死, 民無信不立.(12.7)

통치자는 덕으로 백성을 다스리되 유도한 것과 무도한 것을 구별하고 정식한 것과 그렇지 못한 것을 가려야 한다. "곧은 자를 뽑아 비뚠 자들 위에 두면 백성이 따르고, 비뚠 자를 뽑아 곧은 자들 위에 두면 백성이 따르지 않는다."[26] 정직한 사람을 등용하여 그렇지 못한 자의 상사로 두는 것은 정의로운 것이다. 반대로 정직하지 못한 사람을 등용하여 정직한 자의 상사로 두는 것은 정의에 어긋난 것이다. 백성은 정의로운 것을 따를 것이며 정의롭지 못한 것에 복종하기를 거부한다.

만약 통치자가 덕의 정치를 할 경우 세상에는 도가 통하게 될 것이고 백성들은 차별 없이 고른 대우를 받게 될 것이며 불안해하지 않을 것이다. 공자는 "내가 듣건대, 나라가 있고 가정이 있는 자는 적음을 근심하지 않고 고르지 못함을 근심하며, 가난을 걱정하지 않고 평안하지 못함을 걱정한다고 한다. 고르면 가난함이 없고 화목하면 적음이 없고 평안하면 기울어짐이 없다"[27]라고 했다. 이는 많고 적음보다 균등함이 더 중요하고 잘살고 못하는 것보다 평안한 생활이 더 중요함을 말해 주고 있다. 균등은 각자가 분수에 맞는 것을 얻는 각득기분各得其分인 것이고 평안함은 화합과 공존을 뜻한다.

세상에 도가 세워지면 많은 사람들이 감화를 받고 모여들게 된다. 다시 말해 "가까운 사람을 기쁘게 하면 멀리 있는 사람까지 찾아온다."[28] 가까운 사람이 기쁜 것은 어진 정치가 그들에게 혜택을 주었기 때문이고, 멀리 있는 사람들이 모여드는 것은 어진 정치가 그들을 감동시켰기 때문이다.

6. 위정의 절차

공자는 정치를 함에 있어 순서대로 한걸음씩 나아가되 멀리 내다볼 것을 주장하

---

26) 擧直錯諸枉, 則民服. 擧枉錯諸直, 則民不服.(2.19)
27) 丘也聞有國有家者, 不患寡而患不均, 不患貧而患不安. 蓋均無貧, 和無寡, 安無傾.(16.1)
28) 近者說, 遠者來.(13.16)

면서 "서두르지 말고 작은 이익을 탐하지 마라. 서두르면 오히려 이룰 수 없고 작은 이익을 탐하면 큰 성과를 거둘 수 없다"[29]고 했다. 서두르지 않는다는 것은 속도를 줄이고 자연의 섭리에 따라 천천히 나아감으로써 최종적으로 목적을 이루어 내는 것을 말한다. 반대로 서두른다는 것은 자신의 욕심을 앞세우는 것으로 이는 오히려 일을 그르치게 될 수 있다. 그리고 작은 이익을 탐하지 아니함은 곧 큰 이익을 바라보는 것이다. 큰 이익이란 전체의 이익 즉 도의道義라고 할 수 있다. 사소한 이익에 사로잡히면 작은 것에 눈이 멀어 도의를 멀리하게 되고 전체적인 성과에 영향을 주게 된다.

공자는 정치를 행하는 순서로 서庶 · 부富 · 교敎[30]를 주장했다. 서庶란 인구를 많이 늘리는 일이고, 부富란 백성을 부유하게 만드는 일이며, 교敎란 예악으로 백성을 교화하는 것을 말한다.

정치를 행함에 있어 이 세 가지는 서로 어우러져 전체를 이루는데 그 속에는 욕망(欲)과 기술(技)과 도道가 포함되어 있다. 나라를 다스린다는 것은 백성의 기본적인 욕구를 만족시켜 주고, 백성이 욕망을 실현할 수 있도록 수단과 방법을 제공하는 것이다. 위에서 말한 서庶는 인간 자체 또는 종족의 생산에 관한 것이고 부富는 인간에게 필요한 물질에 대한 생산이다. 그리고 교敎는 도덕적 교화를 말하는 것으로 그러한 교화를 통해 백성은 시비를 가릴 줄 알게 되고 도道에 맞는 선택과 결정을 할 수 있게 된다.

이와 같이 욕, 기, 도를 실현하는 과정이 곧 백성의 삶이다. 덕으로 나라를 다스리는 최종 목적은 결국 백성이 잘 살도록 하는 것이다.

---

29) 無欲速, 無見小利. 欲速, 則不達. 見小利, 則大事不成. (13.17)
30) 13.9.

제9장 성인의 도

제9장

공자가 주장한 도道는 성인成人이 되는 도이기도 하다. 성인이란 한편으로 사람이 되어 가는 과정을 일컫는 말이며 다른 한편으로는 완전한 사람이 되는 것 즉 완벽한 사람이 되고자 하는 목표를 일컫는 말이다.

1. 인생의 길

공자와 유교에서 주장한 사람이 됨은 인仁을 이룬 자가 되는 것을 말한다. 하지만 이는 생명이 완성되는 과정이며 소년이 중년이 되고 다시 노인이 되는 과정이다. "선비는 너그럽고 굳세지 않을 수 없다. 책임이 무겁고 갈 길이 멀기 때문이니라. 인仁을 자신의 임무로 삼았으니, 어찌 무겁지 않겠는가. 죽은 뒤에야 끝나는 일이니 이 또한 머나먼 길이 아닌가?"[1] '인'의 실현을 막중한 임무라고 하는 것은 그것이 자신을 사랑할 뿐만 아니라 세상천하의 모든 것을 사랑할 수 있어야 하기 때문이다. 죽어서야 그만둘 먼 길이라고 하는 것은 한 생의 마감은 긴 시간을 필요로 하기 때문이다. 그만큼 성인이 된다는 것은 살아 있는 한 멈추지 않고 끝까지 노력해야 한다는 것이다.

공자는 자신의 경험을 예로 들어 대도大道를 추구하여 인자가 되는 과정에 대해 다음과 같이 설명했다. "나는 나이 열다섯에 학문에 뜻을 두었고, 서른에

---

1) 士不可以不弘毅, 任重而道遠, 仁以爲己任, 不亦重乎? 死而後已, 不亦遠乎.(8.7)

바로 서게 되었으며, 마흔에 미혹되지 않았고, 쉰에 천명을 알게 되었으며, 예순에 귀가 순해졌고, 일흔에 마음이 내키는 대로 행동을 해도 법도에 어긋남이 없다."[2] 그 뜻을 아래와 같이 자세하게 풀이해 볼 수 있겠다.

열다섯에 학문에 뜻을 두었다고 했는데, 여기서 '뜻'이란 삶의 목표를 말한다. 우리는 인생에 대한 자각이 생기는 순간부터 삶의 목표에 대해 생각하고 계획하게 된다. 그리고 여기서 말하는 학문은 일반적인 지식에 대한 공부가 아닌 도를 학습하는 것이다. 때문에 학문에 대한 뜻은 곧 도를 배우고자 함이며, 도를 닦는 것을 인생에서 가장 중요한 목표로 삼고자 함이다.

서른에 바로 서다. 여기서 '서다'라는 것은 세상의 중심에 서는 것을 말한다. 그렇다면 어떻게 서야 할 것인가? 예로 서야 한다. 예는 사람이 이 세상을 살아가면서 지켜야 할 규칙 같은 것이다. 그 규칙을 알고 지켜야만이 세상의 중심에 설 수 있게 된다.

마흔에는 미혹되지 않는다. 여기서 말하는 불혹不惑이란 왜곡된 현상에 정신이 팔려 판단을 흐리는 일이 없이 진실을 알고 진리를 깨닫는 것을 말한다. 사람은 자신을 알고 세상을 알아야 한다.

오십에 천명을 알다. 천명이란 하늘의 뜻이자 인간의 운명이다. 그러므로 천명은 인간 존재의 경계이고 생과 사의 길인 셈이다. 우리는 하늘을 뜻을 알아야 자신의 운명을 알게 되고 또 자신의 존재와 운명을 장악할 수 있게 된다.

예순에 귀가 순해져 어떤 말도 거슬림 없이 귀에 들린다는 것은 세상과 소통하는 능력을 가졌다는 것이다. 사람들의 말을 귀담아 들을 수 있고 또 그에 대한 답을 해 줄 수 있음이다. 더 중요한 것은 하늘의 뜻을 알아들을 뿐만 아니라 그 뜻에 따를 줄 알게 되었음이다.

일흔에는 마음이 내키는 대로 행동을 해도 법도에 어긋남이 없다고 했다.

---

2) 吾十有五而志於學, 三十而立, 四十而不惑, 五十而知天命, 六十而耳順, 七十而從心所欲, 不逾矩.(2.4)

그 이유는 마음속에 탐욕이 아닌 대도大道만이 자리하고 있기 때문이다. 그러니 그가 원하는 것이 곧 천지자연의 도리인 것이고 사람들이 지켜야 할 도리인 것이다. 즉 마음가짐과 규칙이 합일체가 된 것이다. 그러한 마음가짐은 규칙에 위배되지 않을 뿐만 아니라 규칙이 제약을 받지 않아도 된다. 마음가짐은 사람이 의지이고, 규칙은 하늘과 인간세상의 도리이다. 그러니 마음가짐과 규칙의 합일은 곧 하늘과 사람의 합일 즉 천일합일天人合一이며, 이는 인간 자유의 최고 경지라고 할 수 있다.

공자가 성인이 되어 가는 이 과정은 공자의 개인적인 경험인 동시에 인간 완성의 보편적 기준으로 볼 수 있다.

공자는 자백을 통해 반드시 해야 할 것들을 알려주었다면, 그는 또 군자가 경계해야 할 세 가지(君子三戒)를 통해 인간이 하지 말아야 할 것들에 대해 설명했다. "군자는 세 가지 경계할 것이 있으니, 어린 시절에는 혈기가 아직 정해지지 않아서 여색을 경계해야 하고, 장성해서는 혈기가 왕성하여 싸움을 경계해야 하며, 늙어서는 혈기가 쇠약해져서 때문에 탐욕을 경계해야 하니라."[3]

사람이 태어나서부터 죽을 때까지를 소년, 장년, 노년 세 단계로 분류할 수가 있다. 인생의 매 단계마다 신체적 여건뿐만 아니라 심리적 욕망에도 변화가 생기는데, 그 과정에 각기 다른 인생의 문제들이 발생하게 된다. 공자는 혈기와 그 변화 과정을 인체생리의 기본으로 보았다. 사실 혈기란 다름이 아닌 인간 자체의 생명력을 말한다. 때문에 혈기의 변화는 곧 생명력의 변화인 셈이다. 소년시절에는 혈기가 안정되지 못하다가 중년에 들어 왕성해지고 노년기에는 쇠약해진다. 그리고 혈기는 또 그에 상응하는 욕망을 불러일으킨다. 여색, 투지와 탐욕이 바로 그것이다. 이러한 욕망을 일반적인 욕망과 달리 자신의 한계를 초월한 욕망이다. 만약 그것을 경계하고 극복하지 못한다면 인생은 한순간에 망가질 수가 있다. 때문에 욕망에 대한 경계는 도를 추구하고 덕을 갖춘 사람이 되기 위한 필수 조건이다.

---

3) 君子有三戒. 少之時, 血氣未定, 戒之在色. 及其壯也, 血氣方剛, 戒之在鬥. 及其老也, 血氣旣衰, 戒之在得.(16.7)

2. 사람의 구별

공자는 '인'을 사람의 본성이라고 하면서도 누구나 다 '인'을 실현할 수 있는 것이 아니라고 여겼다. 인자와 그렇지 않은 사람이 존재한다는 것이다. 또한 어진 사람이라 할지라도 그 정도에 차이가 다 똑같은 '인자'라고 할 수 없다고 보았다.

공자는 사람을 구분하되 사회적 분업이 아닌 덕성을 기준으로 삼았다. 그래서 "성인은 내가 만날 수 없을 테니 군자다운 사람이라도 만날 수 있으면 좋겠구나!"라고 하였으며 또 "선한 사람은 내가 만날 수 없을 테니 항심을 가진 사람이라도 만날 수 있으면 좋겠구나! 없으면서 있는 체하고, 텅 비었으면서 꽉 찬 체하고, 가난에 허덕이면서 풍족한 체하면 항심을 갖기 어려우니라"[4]라고 하였다. 여기서 말하는 성인은 천지의 도를 변호하는 사람이고 그러한 도를 실천해 온 사람이다. 군자는 덕행을 갖춘 사람이다. 선인善人은 악의가 없고 선한 사람이다. 또 항심을 가진 사람은 한 가지 일에 오랫동안 변함없이 전념한다. 반대로 항심이 없는 사람은 마음이 변덕스러울 뿐만 아니라 진실하지 못하고 위선적이다. 공자가 말하는 소인小人이 바로 이들이다. 이 외 공자는 사람의 유형을 다르게 구분하기도 했는데 그들에 대해 아래와 같이 말한다.

첫째, 소인. 소인은 직업에 따라 농민과 같은 평민계층을 이르는 말이기도 하고, 품행이 악하고 어질지 아니한 자를 일컫는 말이기도 하다.

둘째, 선비(士)와 벼슬(仕). 선비는 학식이 있을 뿐만 아니라 도까지 갖춘 사람이다. 그들은 만물에 대한 지식뿐만 아니라 도에 대한 지식도 알고 있다. 학문을 닦은 선비가 정사를 행하면 벼슬이 된다.

공자는 선비에 대해서도 구분을 했다. "자신의 행동을 부끄러워할 줄 알고, 사신으로 외국에 나가서 군주를 사명을 욕되게 하지 않으면 선비라 이를 수 있다"면

---

4) 聖人, 吾不得而見之矣. 得見君子者, 斯可矣., 善人, 吾不得而見之矣. 得見有恒者, 斯可矣. 亡而 爲有, 虛而爲盈, 約而爲泰, 難乎有恒矣. (7.26)

서 그들을 최고의 선비라고 했고, 그 다음가는 선비는 "집안에서 효성스럽다고 칭찬하고 마을에서 공손하다고 칭찬하는 것이다"라고 했다. 그리고 "말에는 반드시 믿음이 있고, 행동에는 반드시 결과가 있으니 융통성이 없는 소인이구나! 그래도 이 또한 그다음은 될 수 있다"라고 했다. 마지막으로 지금 정치에 종사하는 자들에 대해 묻자 공자는 "허, 말이나 되같이 도량이 좁은 사람들을 어찌 헤아리겠는가"[5]라고 답했다. 공자는 최고의 선비에 대해 두 가지로 규정지었는데, 하나는 엄격하게 스스로를 단속하는 자율성이고, 다른 하나는 군주의 사명을 받들어 대외적으로부터 국가의 이익을 지키는 것이다. 특히 부끄러움을 아는 것 즉 욕망과 대도에 대한 경계의식을 갖출 것을 강조했다. 이러한 선비야 말로 나라가 필요로 하는 선비라고 할 수 있다. 이에 버금가는 선비는 집에 들어와서는 부모님께 효도하고 나가서는 웃어른을 공경하는 사람으로 가정적인 선비라고 할 수 있다. 그다음의 선비는 말에 신용이 있고 행동에 결과가 따르는 사람으로 자신을 위한 선비라고 할 수 있다. 하지만 지금 정치를 하는 사람들은 도량이 좁은 사람들로 선비라고 할 수 없다. 그들을 도량이 작다고 하는 이유는 오로지 개인의 이익만을 추구하고 나라와 도의는 안중에도 없기 때문이다.

셋째, 은사隱士. 만약 선비가 정치를 멀리한다면 벼슬이 될 수 없으며, 게다가 세상을 등지고 살면 은사가 되는 것이다. 그들은 이 세상에서 살고 있지만 은둔한 채 세상에 모습을 드러내려 하지 않는다.

은사 또한 각기 다른 인격을 가지고 있다. 이에 공자는 다음과 같이 말한다. "뜻을 굽히지 않고 자기 몸을 욕되게 하지 않은 이는 백이와 숙제로다!"[6] 그는 또 "사람들이 유하혜와 소련을 평하여 뜻을 굽히고 몸을 욕되게 했다고들 하는데, 사실 이 두 사람의 말은 법도에 맞고 행동은 이치에 부합하는 것이다. 그들은 그렇게 했을 뿐이다"[7]라고 했고 "사람들이 우중과 이일을 평하여 숨어 살면서

---

5) 行己有恥, 使於四方, 不辱君命, 可謂士矣., 宗族稱孝焉, 鄉黨稱弟焉., 言必信, 行必果, 硜硜然小人哉! 抑亦可以爲次矣., 噫! 斗筲之人, 何足算也?(13.20)
6) 不降其志, 不辱其身, 伯夷, 叔齊與!(18.8)

[淸] 佚名, 「商山四皓圖」

방자하게 말했다고들 하는데 이 두 사람은 몸가짐이 청결하고 관직을 그만둔 것이 세상의 변화에 적절한 것이었다. 나는 이들과는 달라서 꼭 이렇게 해야 된다거나 이렇게 해서는 안 된다거나 하는 것이 없다"[8]라고 했다. 백이와 같은 은사들은 자기의 뜻을 굽이지 않았고 예법에 어긋나는 언행을 하지 않았다. 그들은 올바른 길과 세상과의 합의점을 찾고자 노력했다. 우중과 같은 은사들은 속세를 떠나 방자한 말만 할 뿐 세상일을 담론하지 않았는데, 이것은 도를 지키는 것이고 세상의 변화에 적절한 것이다. 하지만 공자는 이들 모두와 달리, 어느 한쪽을 꼭 고집하지 않고 벼슬에 나아갈 만하면 벼슬에 나아가고 속히 떠날 만하면 속히 떠나는 등 오로지 도를 위한 길을 택했다.

넷째, 인자仁者. 어진 사람은 인을 실현한 사람이라는 점에서 성인成人이라 할 수 있고, 그가 갖춘 지혜와 덕행으로 치면 현자賢人라고 할 수 있다. 인자는 곧 성인이고 현자인 셈이다. 어진 성품이 없는 현자 혹은 지혜가 없는 인자는 모두 불완전하다고 볼 수 있다. 인자와 현자는 모두 인간 자체를 근본으로 한다는 데서 일치하다. 인은 다른 그 어떤 것이 아닌 사람에 대한 사랑이고, 지혜는 다른 그 어떤 사물에 대한 인식이 아니라 사람에 대해 알고자 함이다. 즉 그들이 사랑하고 이해하고자 한 것은 모두 사람이라는 것이다.

물론 세상과 삶에 대한 인자와 현자의 태도는 서로 다르다. "지혜로운 사람은 물을 좋아하고, 인자는 산을 좋아한다. 지혜로운 자는 움직이고, 어진 자는 조용하며,

---

7) 謂柳下惠, 少連降志辱身矣, 言中倫, 行中慮, 其斯而已矣.(18.8)
8) 謂虞仲, 夷逸隱居放言, 身中淸, 廢中權. 我則異於是, 無可無不可.(18.8)

지혜로운 자는 즐겁게 살고, 어진 자는 장수한다."9) 공자는 지혜로운 사람과 어진 사람의 다른 점을 세 가지로 보았다. 먼저 자연에 대한 태도가 다르다. 지혜로운 사람은 물을 좋아하고 어진 자는 산을 좋아한다. 물은 유동적이고 민첩하며 융통성이 있지만, 산은 웅장하고 위엄이 있으나 조용하고 엄숙하다. 다음으로 형태가 다르다. 지혜로운 사람은 활동적이지만 인자는 평온하고 고요하다. 마지막으로 생명력이 다르다. 지혜로운 사람은 즐겁게 살지만 인자는 장수한다. 하지만 이와 같은 구별은 상대적이다. 인자는 현자의 본성을 가지고 있고 현자 또한 인자의 본성을 가진다. 또한 인자는 어질고 지혜로운 동시에 용감하다. "지혜로운 사람은 미혹되지 않고, 어진 사람은 근심하지 않고, 용감한 사람은 두려워하지 않는다."10) 어진 사람은 어떠한 경우에도 통하는 세 가지 미덕인 지혜로움과 인자함과 용감함 즉 삼달덕三達德을 동시에 갖추었다.

다섯째, 군자. 군자君子는 글자의 의미로 볼 때 통치자 즉 하층의 백성과는 달리 높은 지위에 있는 사람을 뜻한다. 그러한 지위는 군자에게 다른 사람을 지배할 수 있는 특권을 부여한다. 일반적으로 이러한 지위는 혈통에 의해 정해진다. 하지만 공자가 말하는 군자는 권세가 있는 사람이 아닌 도덕이 있는 자다. 동시에 이러한 군자는 태어나면서부터 혈통에 의해 정해지는 것이 아니라 인격을 닦고 심성을 가다듬는 도야陶冶의 과정을 통해 형성된다.

여섯째, 성인成人. 성인은 완성된 인간 즉 완전한 사람을 말한다. 공자는 다음과 같이 말하였다. "장무중의 지혜와 공자의 욕심 없음과 변장자의 용기와 염구의 재주에다 예악을 덧보태 세련시킨다면 성인이라고 할 수 있다."11) 이어서 말했다. "오늘날의 성인이 반드시 그렇게 해야겠는가? 이익을 보고도 도의를 생각하고, 위태로움을 보고도 목숨을 바치며, 오랫동안 가난에 허덕이면서도 평소 한 약속을 잊지 않으면 또한 성인이라고 할 수 있다."12) 이처럼 공자는 지혜롭고 욕심이

---

9) 知者樂水, 仁者樂山. 知者動, 仁者靜. 知者樂, 仁者壽.(6.23)
10) 知者不惑, 仁者不憂, 勇者不懼.(9.29)
11) 若臧武仲之知, 公綽之不欲, 卞莊子之勇, 冉求之藝, 文之以禮樂, 亦可以爲成人矣.(14.12)

없으며 용감하고 재주가 넘치는 것을 성인이 갖추어야 할 인품으로 들었다. 지혜로 정확하게 사물을 인식하고 판단하며, 욕심을 버림으로써 사사로이 이득을 취함이 없이 공명정대하게 행하고, 용기를 가지고 과감하게 행동하며, 재능을 갖춘 유능한 사람만이 성인이 될 수 있다. 그 외 성인은 또 예악으로 자신을 무장해야 한다. 오늘날 성인은 이와 같은 덕성을 온전하게 다 갖출 필요는 없지만 관건적인 것을 장악해야 한다. 즉 욕심을 자체하고 도를 추구해야 한다.

　일곱째, 성인聖人. 성인은 최고 경지에 오른 사람이라고 할 수 있다. 그러나 누구나 그러한 경지에 오를 수 있는 것이 아니며, 그만큼 진정 성인으로 불릴 수 있는 사람은 아주 드물다. 공자는 오로지 위대함을 이룩한 선왕만이 성인으로 불릴 수 있다면서 자신은 성인이 못된다고 했다. "성聖과 인仁으로 말하자면 내가 어찌 감히 이루겠는가? 그러나 성인과 인인의 도리를 배우고 본받는 데 싫증내지 않고, 이를 다른 사람에게 가르치는 데 게을리하지 않았다. 그렇게는 말할 수 있다."13) 물론 이는 공자의 겸손한 말이다. 공자는 이루고자 한 것은 무엇이었을까? 바로 '성'과 '인'이었다. 때문에 배우고 본받는 일을 싫증 내지 않고 꾸준히 계속하였으며 평생을 오로지 '성'과 '인'을 추구하는데 전념했다. 공자가 가르치고자 한 것은 무엇인가? 역시 '성'과 '인'이었다. 인내성을 가지고 게으름 없이 꾸준히 '성'과 '인'을 가르쳤다. 그가 가르친 것이 '성'과 '인'일 뿐만 아니라 가르치는 행위 자체가 '성'이고 '인'인 것이다.

　인간이 이루어야 할 최고 경지인 성인이 되기 위해서는 천도天道에 따라야 한다. 공자는 요堯임금을 성인이라고 칭송하였다. "위대하도다. 요의 임금 됨됨이여! 숭고하도다. 오직 하늘만이 광대하거늘 유독 요임금만은 그것을 본받았으니! 넓디넓도다. 백성들이 무어라 칭송하지도 못했으니! 숭고하도다. 그가 이룩한 업적이여! 빛나도다. 그가 가졌던 문명이여!"14) 이 세상에서 하늘이 가장 크며 하늘의

---

12) 今之成人者何必然? 見利思義, 見危授命, 久要不忘平生之言, 亦可以爲成人矣. (14.12)
13) 若聖與仁, 則吾豈敢? 抑爲之不厭, 誨人不倦, 則可謂云爾已矣. (7.34)
14) 大哉堯之爲君也! 巍巍乎! 唯天爲大, 唯堯則之. 蕩蕩乎! 民無能名焉, 巍巍乎其有成功也! 煥乎,

도道는 가장 숭고하다. 요는 성인으로서 하늘의 도에 따라 백성을 다스렸다. 그는 위대한 업적을 쌓았고 찬란한 예악의 문명을 이루어 냈다.

성인은 박애하여 모든 사람을 사랑한다. 요가 백성들에게 널리 베풀고 많은 사람들을 구원해 준 데 대해 공자는 "어찌 어질 뿐이겠느냐? 틀림없이 성스럽다고 하겠다"[15]라고 말한다. 베풀고 구원한다는 것은 백성들이 살 수 있도록 해 주고 성공할 수 있도록 도와주는 것이다.

위에서 말한 인간의 7가지 유형은 상대적이다. 그중에는 겹치고 중복되는 경우도 있는데 결국 크게 소인과 군자로 나눌 수 있다. 위에서 말한 선비와 인자와 성인은 각자 중요하게 여기는 바가 서로 다르긴 하지만 넓은 의미에서 볼 때 모두 군자라고 할 수 있다. 그들은 모두 도를 추구하고 인덕을 갖춘 사람이 되는 것을 목표로 하기 때문이다.

3. 군자를 다시 논하다

공자는 도가 군자를 규정한다고 주장했다. 도를 추구하는 군자는 욕심을 버릴 수밖에 없다. 욕심뿐만 아니라 도구나 연장 같은 존재가 되어서도 안 된다. "군자는 그릇이 아니다."[16] 군자가 만약 그릇과 같은 특정한 용도에 한정되어 쓰이는 일종의 도구라면, 그는 오로지 현실적이고 구체적인 것만을 추구하게 될 것이고 도에서 멀어지게 될 것이다.

도를 갖춘 군자는 머무는 곳 역시 도가 행해진다. "공자께서 동쪽 오랑캐의 땅에 가서 사시겠다고 하자, 어떤 이가 말하기를, '누추할 텐데 어찌 지내시려 하십니까?'라고 하였다. 공자께서 말씀하셨다. '군자가 사는 곳에 어찌 누추함이

其有文章!(8.19)
15) 何事於仁! 必也聖乎!(6.30)
16) 君子不器.(2.12)

있겠느냐?"17) 여기서 사는 곳이란 군자가 거주하고 또 생활하는 곳을 말한다. 그리고 누추하다는 것은 물질적으로 빈약할 뿐만 아니라 문화적으로 낙후됨을 뜻한다. 도를 갖춘 군자는 거주하는 지역의 조건에 제약을 받지 않을 뿐만 아니라 오히려 교화를 통해 그곳의 누추함을 거두어 낼 수 있다. 다시 말해 군자는 도가 없는 지역에서 도를 전파하고 도가 행해지도록 만드는 사람이라는 것이다.

공자가 주장한 도道는 결국 어진 사랑인 인애仁愛로 구체화할 수 있다. 즉 군자가 도를 추구하는 것은 곧 어진 사랑을 추구함이다. "군자는 글로 벗을 모으고, 벗으로 인을 돕는다."18) 여기서 글은 도에 관한 학문이며, 도 그 자체를 표현한 것이다. "글로 벗을 모으다"라는 것은 도를 위해 한자리에 모인 사람들이 결국 마음과 뜻이 맞는 벗으로 되었음을 말한다. 때문에 그러한 벗은 도와 인의를 따르는 벗이고, 그들의 우정은 도와 인의를 실천하는 데 도움이 된다. 즉 "벗으로 인을 돕는" 것이다. 어질고 지혜롭고 용기를 모두 갖춘 군자는 사욕을 버리고 거짓과 진실을 가리며 위험을 물리칠 수가 있다.

군자가 되기 위해서는 내적으로 덕을 쌓고 외적으로 문장 재능을 키워야 한다. "바탕이 꾸밈을 이기면 거칠고, 꾸밈이 바탕보다 나으면 번지레하다. 꾸밈과 바탕이 알맞게 어우러지고 나서야 군자가 될 수 있다."19) 내면의 본질과 외면의 형식이 조화롭게 어울리려면 적절한 도가 필요하다. 지나치게 소박하면 거친 인상을 주게 되고 꾸밈이 과하면 위선으로 보이기 때문에 둘 다 바람직하지 않다. 성품과 몸가짐이 모두 바른 사람이야말로 진정한 군자의 모습이라 할 수 있다.

군자의 바탕은 곧 인애의 도를 갖추는 것이고 군자의 꾸밈이란 예의범절과 규범을 지키는 것을 말한다. 공자가 말하였다. "군자는 도의로써 바탕을 삼고 예법으로써 행할 것이며, 겸손으로써 드러내고, 신임으로써 이루는 것이니, 이러면 군자이니라."20) 도의는 군자의 본성이고 예법은 군자가 지켜야 할 원칙이며 겸손함

---

17) 子欲居九夷, 或曰, 陋, 如之何, 子曰, 君子居之, 何陋之有?(9.14)
18) 君子, 以文會友, 以友輔仁.(12.24)
19) 質勝文則野, 文勝質則史. 文質彬彬, 然後君子.(6.18)

은 군자의 언행에 대한 요구이고 신임은 군자가 되기 위한 기초다. 이 네 가지를 완벽하게 갖추어야 군자가 된다.

군자가 내적으로 지켜야 할 인애의 도뿐만 아니라 외적으로 지켜야 할 예법에 대해서도 명확하게 규정하고 있다. "군자가 도를 실천함에 있어 귀중하게 여길 할 세 가지 있습니다. 자신의 용모를 가꿈으로써 다른 사람들의 난폭하고 교만한 행동을 멀리할 수 있는 일, 안색을 바르게 함으로써 다른 사람의 신뢰를 얻을 수 있는 일, 자신의 말투를 조심함으로써 다른 사람의 비루하고 사리에 어긋나는 행동을 멀리할 수 있는 일 등입니다."[21] 여기서 실천해야 할 도는 군자의 자기수양이 며, 구체적으로 용모, 안색, 말투 세 가지를 예로 들고 있다. 또한 그 순서에 대해서도 강조하고 있는 것으로 먼저 거동과 몸가짐을 가꾸고 다음으로 안색과 태도를 바르게 하는 것이며 마지막으로 표현과 말투에 조심하는 것이라고 했다.

내적으로는 인을 따르고 겉으로는 예법을 갖춘 군자는 그 형상에 있어 세 가지 특징을 보인다. "군자는 세 번의 변화가 있으니, 바라보면 의연하고, 마주하면 온화하고, 그 말을 들으면 엄격하다."[22] 멀리서 군자의 용모를 바라보면 예의가 바르고 위풍당당하지만 가까이서 군자를 대해 보면 어질고 덕이 가득하며 따뜻하다. 또한 군자는 말을 함부로 하는 법이 없이 항상 정확하고 엄격하다.

언행은 한 사람의 인격과 덕성을 나타낸다. 때문에 군자는 말과 행동을 각별히 신중히 할 뿐만 아니라 언행일치를 기본 원칙으로 삼는다. 말은 행동에 앞서거나 넘치면 허풍스럽고, 말이 행동에 미치지 못하면 은폐가 된다.

군자의 언행은 한편으로 자신을 위한 것이고 다른 한편으로는 남을 위한 것이다. 어느 쪽이든 안으로 인을 따르고 밖으로 예법을 지킴에 있어서는 다를 바가 없다. "군자의 도는 네 가지가 있다. 스스로를 행함에 있어 공손하고, 윗사람을 섬김에 있어 공경스럽고, 백성을 기름에 있어 은혜롭고, 백성을 다스림에 있어 의롭다."[23]

---

20) 君子義以爲質, 禮以行之, 孫以出之, 信以成之, 君子哉.(15.18)

21) 君子所貴乎道者三, 動容貌, 斯遠暴慢矣, 正顔色, 斯近信矣. 出辭氣, 斯遠鄙倍矣.(8.4)

22) 君子有三變, 望之儼然, 卽之也溫, 聽其言也厲.(19.9)

공손(恭)은 스스로의 태도를 말하는 것으로, 겸손하고 예의 바른 것이다. 교만하게 잘난 체하지 않고 스스로를 낮추는 것이며, 이는 곧 다른 사람을 대함에 있어 예의를 갖추는 것이다. 공경(敬)은 군주를 대하는 태도로, 경의를 품고 높이 섬기는 것이다. 즉 타인의 높은 지위를 따르고 존중하는 것이다. 높은 지위란 정치적인 직위뿐만 아니라 덕이 높고 지혜가 있음을 말하기도 한다. 은혜(惠)는 백성을 대하는 태도로, 고마운 혜택을 베푸는 것, 즉 다른 사람에게 물질적이나 정신적으로 이득을 얻을 수 있도록 도움을 주는 것이다. 의(義)는 백성을 대하는 또 다른 태도로, 정의로운 것 즉 사람을 부림에 있어 도의에 맞게 행동하는 것이다.

군자는 천하에 마음을 두고 있다. "키가 여섯 자밖에 안 되는 어린 임금을 부탁할 수 있고, 사방 백 리가 되는 나라의 운명을 맡길 수 있으며, 생사와 존망이 걸린 중대한 일에 임하여 아무도 그의 마음을 빼앗을 수 없으니, 군자가 아니겠는가? 군자이고말고."[24] 국가의 운명을 떠맡은 군자는 생사를 염두에 두지 않는다.

군자는 도를 행함에 있어 그 목적을 천하에 두고 있지만, 스스로를 그 출발점으로 하고 있으며, 자기수양을 우선시한다. "자로가 군자가 되려면 어떻게 해야 하느냐고 물었다. 공자가 말했다. '자신을 닦아 경건해지는 것이다.' 자로가 물었다. '이와 같이만 하면 됩니까?' 공자가 말했다. '자신을 닦아 사람들을 편안하게 해 주는 것이다.' 자로가 물었다. '이와 같이만 하면 됩니까?' 공자가 말했다. '자신을 닦아 백성들을 편안하게 해 주는 것이다. 자신을 닦아 백성들을 편안하게 해 주는 일은 요임금과 순임금도 오히려 부족하다고 여겼다."[25] 첫 번째가 수기이경修己以敬, 즉 자신을 닦아 항상 경건한 마음가짐을 유지하는 것으로, 곧 욕심을 버리고 도를 행하는 것이다. 두 번째는 수기이안인修己以安人, 즉 자신을 닦아 다른 사람들을 편안하게 해 주는 것인데, 여기서 자신과 타인은 서로 대립된다. 세 번째는 수기이안

---

23) 有君子之道四焉, 其行己也恭, 其事上也敬, 其養民也惠, 其使民也義 (5.16)

24) 可以托六尺之孤, 可以寄百裏之命, 臨大節而不可奪也. 君子人與? 君子人也.(8.6)

25) 子路問君子. 子曰, 修己以敬. 曰, 如斯而已乎? 曰, 修己以安人. 曰, 如斯而已乎? 曰, 修己以安百姓. 修己以安百姓, 堯舜其猶病諸?(14.42)

백성修己以安百姓, 즉 자신을 닦아 백성을 편안하게 해 주는 것인데, 여기서 백성은 모든 사람을 총칭하여 이른 것이다. 때문에 위의 문장에서 공자가 말하고자 하는 것은 군자는 자신과 타인의 관계를 잘 처리해야 할뿐더러, 그 관건은 자기수양에 있는 것으로, 먼저 스스로를 이루고 난 뒤 그것이 타인에게 미치게 해야 한다는 것이다.

공자는 "군자는 아홉 가지를 생각한다. 볼 때는 분명한지를 생각하고, 들을 때는 똑똑한지를 생각하며, 얼굴빛은 온화한지를 생각하고, 용모는 공손한지를 생각하며, 말할 때는 충실한지를 생각하고, 일할 때는 신중한가를 생각하며, 의심스러울 때는 질문을 생각하고, 화날 때는 후환을 생각하며, 이득을 보면 의로운가를 생각한다."[26] 첫 번째는 눈으로 보고 귀로 듣는 외부의 자극을 내적 세계로 초점을 옮길 것을 주장한 것이고, 두 번째는 한 사람의 얼굴빛과 용모는 마음의 거울임을 말해 주며, 세 번째는 말을 하고 일을 처리하는 과정 즉 언행에 있어서 지켜야 할 도리를 말해 주고 있고, 네 번째는 의심이 들거나 화가 나는 등 생각이나 감정 상태를 다스리는 법을 말해 주고 있으며, 마지막으로 이득을 앞두고 욕망과 도의 중 어떤 선택을 할 것인가에 대해 말해 주고 있다. 때문에 '아홉 가지 생각은 군자가 반드시 지켜야 할 생활원칙에 대한 자세한 설명이라고 할 수 있다.

4. 군자와 소인배

공자는 소인배와의 비교를 통해 군자의 본질을 알아보고자 했다. 군자와 소인배는 서로 대립된 존재로 군자는 소인배가 될 수 없고 소인배는 군자가 될 수 없다. 그런 이유로 공자는 "너는 군자다운 선비가 될 것이지 소인다운 선비가 되지 말라!"[27]라고 강조했다. 선비는 일반인이 아니라 6가지 예를 알고 갖춘 특별한

---

26) 君子有九思. 視思明, 聽思聰, 色思溫, 貌思恭, 言思忠, 事思敬, 疑思問, 忿思難, 見得思義 (16,10)

사람이다. 그럼에도 공자는 그들에게 군자와 소인배를 구별할 것을 강조했는데, 그렇다면 이 두 부류의 사람들은 과연 어떻게 다를까?

우선 도에 대한 인식이 다르다. "군자는 세 가지를 두려워해야 한다. 천명을 두려워하고, 대인을 두려워하고, 성인의 말씀을 두려워해야 한다. 소인은 천명을 알지 못해서 두려워하지 않고, 대인을 무례하게 대하며, 성인의 말씀을 업신여긴 다."28) 여기서 말하는 천명 즉 하늘의 뜻이란 천도天道 즉 자연의 섭리에 순응한 운명을 말한다. 대인은 덕과 신분이 높은 사람으로 하늘을 대신하여 정의를 실행한 다. 성인은 하늘의 뜻을 받드는 사람이다. 때문에 성인의 말씀은 인간의 입을 통해 전해진 하늘의 뜻인 것이다. 군자와 소인배의 구별은 바로 그러한 천명 또는 대인과 성인의 말씀에 대해 공경과 두려움을 가지는지의 여부에 있다.

도덕은 군자를 규정하고 이익은 소인배를 규정한다. "군자는 덕을 생각하고 소인은 고향을 그린다. 군자는 법도를 생각하고 소인은 혜택을 바란다."29) "군자는 의리에 밝고 소인은 잇속에 밝다."30) 이처럼 군자는 도덕과 법도와 인의를 중요시하고 소인은 고향이나 은혜 또는 이익에 관심을 보인다. 다시 말해 군자는 보편적인 도의를 생각하지만 소인배는 사리사욕을 생각한다는 것이다. 군자와 소인배가 덕목은 본질적으로 다르다. 군자는 도와 덕을 갖춘 사람이고 소인은 무도하고 부덕하다고 해도 과언이 아니다. "군자는 위로 달하고 소인은 아래로 달한다."31) 말인즉 군자는 위로 통달하여 의로움에 밝고 인덕仁德을 갖추었지만 소인은 아래로 통달하여 이익에만 밝을 뿐 어질지 못하다. 이에 공자는 "군자이면서 어질지 못한 사람은 있지만 소인이면서 어진 사람은 있지 아니하다"32)고 했다. 군자는 인을 추구하지만 혹 그것을 무시하는 경우도 있다. 하지만 소인은 어질지 못한 짓을

---

27) 女爲君子儒! 無爲小人儒!(6.13)
28) 君子有三畏. 畏天命, 畏大人, 畏聖人之言. 小人不知天命而不畏也, 狎大人, 侮聖人之言.(16.8)
29) 君子懷德, 小人懷土. 君子懷刑, 小人懷惠.(4.11)
30) 君子喻於義, 小人喻於利.(4.16)
31) 君子上達, 小人下達.(14.23)
32) 君子而不仁者有矣夫, 未有小人而仁者也.(14.6)

행하는 사람으로 그들은 결코 어질기를 원하지 않는다.

두 번째는 사람 됨됨이가 다르다. "군자는 허물을 자기에게서 찾고 소인은 허물을 남에게서 찾는다."[33] 이처럼 군자는 스스로를 수양하지만 소인은 남 탓을 한다. 인간관계에 있어 "군자는 두루 어울리되 사사롭게 무리를 짓지 아니하고 소인은 사사롭게 무리를 짓되 두루 어울리지 못한다."[34] 즉 군자는 의를 위해 단결을 도모하되 편을 가르고 사사로이 결탁하지 않으나 소인은 이익을 위해 결탁을 시도할 뿐 단결이 되지 않는다. 또한 공자는 "군자는 좋은 일은 그 사람을 도와 이루게 하고 나쁜 일은 돕지 아니한다. 소인은 이와 반대이다"[35]라고 했는데 말인즉 군자는 남을 돕고 소인배는 남을 해친다는 것이다.

군자와 소인배는 상반된 인품을 가지고 있기에 그들을 사귐에 있어서도 전혀 다른 경험을 하게 된다. "군자는 섬기기는 쉬워도 기쁘게 하기는 어렵다. 그를 기쁘게 함에 있어 도리에 맞지 않은 것은 기뻐하지 아니한다. 그러나 군자가 사람을 부릴 때에는 그 사람의 기량에 맞게 일을 맡긴다. 소인은 섬기기는 어려워도 기쁘게 하기는 쉽다. 그를 기쁘게 함에 있어 도리에 어긋난 것일지라도 기뻐한다. 그러나 소인이 사람을 부릴 경우에는 능력을 다 갖추고 있기를 요구한다."[36] 이처럼 군자는 도의를 지키고 사람을 대함에 있어 공정하고 관대한다. 이와 반대로 소인은 사리사욕을 추구하고 사람을 대함에 있어 이기적이고 각박하다.

세 번째는 처세의 방법이 다르다. "군자는 너그럽고 여유롭지만 소인은 늘 근심 걱정이다."[37] 군자는 사리에 밝고 도에 어긋남이 없음으로 마음에 거리낌이 없이 당당하지만 소인배는 오로지 자신을 위한 일과 사리사욕을 채울 생각만 하기 때문에 걱정이 많다. 또한 "군자는 태연하되 교만하지 아니하고, 소인은

---

33) 君子求諸己, 小人求諸人.(15.21)
34) 君子周而不比, 小人比而不周.(2.14)
35) 君子成人之美, 不成人之惡, 小人反是.(12.16)
36) 君子易事而難說也, 說之不以道, 不說也. 及其使人也, 器之. 小人難事而易說也. 說之雖不以道, 說也. 及其使人也, 求備焉.(13.25)
37) 君子坦蕩蕩, 小人長戚戚.(7.37)

교만하되 태연스럽지 못하다."38) 그리하여 "군자는 곤궁에 처해도 견뎌 내지만 소인은 곤궁에 처하면 함부로 행동한다."39) 즉 군자는 가난으로 인해 동요하지 않으나 소인배는 가난 때문에 괴로워한다.

5. 군자의 낙

군자의 낙樂은 따로 있다.

공자는 심신수양에 있어 낙을 최고 높은 경지로 삼았다. "아는 자는 좋아하는 자만 못하고, 좋아하는 자는 즐기는 자만 못하다."40) 안다는 것은 사물에 대한 인지능력이 있다는 것이고, 좋아한다는 것은 사물을 사랑하고 염원하는 것이다. 그리고 낙樂은 사물을 통해 느끼는 미적 쾌감으로, 그러한 미적 체험을 통해 인간은 사물과 합일을 이룬다.

즐거움은 인간이 정신적으로 또는 육체적으로 느끼는 일종의 쾌감으로 감성적인 것과 지향적인 것 두 가지로 나누어 볼 수 있다. 감성적 쾌감은 인간이 즐거운 감성 그 자체에 빠지게 되는 것이고, 지향성 쾌감은 어떤 사람이나 사물을 통해 즐거움을 얻고자 함이다.

즐거움 그 자체를 나타내는 감성적 쾌감은 구체적으로 내적인 것과 외적인 것, 육체적인 것과 정신적인 것으로 구분할 수 있다. "공자께서 제나라에 계실 적에 소韶를 들은 바가 있으니, 그 뒤로 석 달 동안 고기 맛을 모르고 지내셨다. 이에 말씀하시기를 '음악의 경지가 이와 같을 줄을 미처 몰랐구나'라고 하셨다."41) 소韶는 순임금의 음악으로 대도를 노래하였으며 더할 수 없이 훌륭한 것으로 전해지

---

38) 君子泰而不驕, 小人驕而不泰.(13.26)
39) 君子固窮, 小人窮斯濫矣.(15.2)
40) 知之者不如好之者, 好之者不如樂之者.(6.20)
41) 子在齊聞韶, 三月不知肉味, 曰, 不圖爲樂之至於斯也.(7.14)

고 있는데, 이는 좋은 음악을 통해 얻는 정신적 쾌감이 미각을 통해 얻는 육체적 쾌감을 초월하고 있음을 말한다.

공자는 또 감성적 쾌감을 즐김에 있어서 그것이 육체적인 것이든 정신적인 것이든 "즐기되 지나치지 말 것"(樂而不淫)을 강조하였다. 쾌감에 대한 추구가 즐거움 자체의 본질을 어기고 그 경계를 넘어서는 것은 바람직하지 않기 때문이다.

쾌락이 지향하는 것은 사랑이다. 자기가 지향하는 사람이나 사물이 자신을 향해 다가오거나 반대로 자기가 자신이 지향하는 사람이나 사물을 향해 다가갈 때 인간은 쾌감을 느끼게 된다.

공자는 즐거움의 종류에 대해 구분하였는데 구체적으로 다음과 같다.

첫 번째, 도를 사랑하는 즐거움.

"배우고 때때로 익히니 이 또한 기쁘지 아니한가?"[42] 여기서는 배움의 즐거움에 대해 말하고 있다. 인간은 배움을 통해 지식을 얻으며, 배움의 최고 경지는 습득하여 얻은 도가 자신과 하나가 되는 것이다. 무엇이 기쁜가? 그것은 바로 인도人道의 합일인 것이다.

공자와 안회가 말하는 즐거움(孔顏之樂)의 핵심은 가난한 생활 속에서도 구애받지 아니하고 편안한 마음으로 도를 즐기는 것이다. 공자는 "거친 밥에 물을 마시고 팔을 굽혀 베어도, 낙은 또한 그 안에 있으니, 의롭지 못한 채 부를 얻고 지위를 높이는 것은 내게 있어 뜬구름과 같으니라"[43]라고 했는바 그는 가난할지라도 도의를 지키는 것을 기쁘게 생각했고, 부귀할지라도 도에 어긋나게 행동하는 사람을 경멸했다. 공자는 또 안회를 칭찬하여 말하기를 "어질구나, 안회여! 한 그릇의 대나무밥과 한 표주박의 물로 누추한 골목에 사는 고난을 사람들은 견뎌내지 못하는데, 안회는 그 즐거움을 바꾸지 아니하니 어질구나, 안회여"[44]라고 했다. 가난한 생활은 사람들에게 즐거움보다는 근심걱정을 더 많이 끼치는 법인데, 안회는

---

42) 學而時習之, 不亦說乎?(1.1)
43) 飯疏食飮水, 曲肱而枕之, 樂亦在其中矣. 不義而富且貴, 於我如浮雲.(7.16)
44) 賢哉, 回也! 一簞食, 一瓢飮, 在陋巷, 人不堪其憂, 回也不改其樂. 賢哉, 回也!(6.11)

우울하기보다는 오히려 즐겁게 지냈다. 그는 득도함을 즐거워했고 도를 알기에 즐거웠다.

두 번째, 인간 사랑의 즐거움.

우선 가족에 대한 사랑이 주는 즐거움을 들 수 있다. "부모님의 연세는 알지 못하면 아니 되나, 한편으로는 기쁘고 한편으로는 두렵다."[45] 기쁘고도 두려운 것은 역설적이다. 그 이유는 부모님의 연세를 알면 그 장수하심에 기분이 좋으나 또한 부모님의 여생이 얼마 남지 않으셨을까 걱정되기 때문이다.

다음은 벗에 대한 사랑이 주는 즐거움이다. "붕우가 멀리서 찾아오니, 이 또한 즐겁지 아니한가?"[46] 누가 '붕우'인가? 학문을 함께 배운 어릴 적 벗은 붕朋이요, 뜻을 함께하는 벗은 우友다. 서로가 벗이 되는 것은 추구하는 바가 같기 때문이다. 그들이 함께 추구하고자 하는 도道는 서로를 이어 주는 끈과 같은 것이다. "멀리서 찾아 준다"는 것은 헤어짐이 있은 뒤의 새로운 만남을 뜻한다. 헤어졌으니 먼 것이고 찾아오니 만날 수 있는 것이다. 그러니 멀리서 찾아 주는 벗이 있어 기쁘고 벗과 함께할 수 있어 즐거운 것이다.

세 번째는 뭇사람에 대한 사랑이 주는 즐거움이다. 사람들은 벗만 사랑하는 것이 아니라 벗이 아닌 다른 이들도 사랑한다. 그들을 사랑해서 기쁘고, 사랑을 받는 사람들 또한 즐겁다. 그 결과 "인근의 사람들은 사랑의 은택을 받아 기뻐하고, 먼 데 사람들은 이를 흠모하여 모여든다."[47]

네 번째는 천하를 사랑함으로 얻는 즐거움이다. 어진 자는 산을 좋아하고 지혜로운 자는 물을 좋아하듯이, 그들은 산수자연 속에서 즐거움을 얻는다. 산수는 천지 사이의 것이니, 산과 물을 즐기는 것은 곧 하늘과 땅을 즐기는 것이다.

공자는 인생을 즐기는 것도 군자의 일이지만 즐거움을 잘 분별하는 것도 군자의 몫이라고 강조했다. 도를 깨우치는 것도 즐겁지만 욕망을 채우는 것 또한 즐거운

---

45) 父母之年, 不可不知也. 一則以喜, 一則以懼.(4.21)
46) 有朋自遠方來, 不亦樂乎?(1.1)
47) 近悅遠來.(13.16)

일이므로 이를 가릴 줄 알아야 한다. "도움이 되는 세 가지 낙과 손해가 되는 세 가지 낙이 있다. 예악을 절도에 맞추는 것을 즐기고 남의 선함을 말하길 즐기며 어진 벗을 많이 사귀기를 즐기는 것이 도움이 되는 것이다. 방자한 향락을 즐기고 안일하고 편안한 것을 즐기며, 음탕한 잔치를 즐기는 손해가 되는 것이다."[48] 예악을 절도에 맞게 즐기는 것은 규칙성이 있어 도움이 되고, 남의 선함을 말하기를 즐기는 것은 선량함이 있어 도움이 되며, 벗을 사귀는 것을 즐기는 것은 정을 나눌 수 있어 도움이 된다. 이와 반대로 방자한 향락을 즐기는 것은 거만해지므로 손해가 되고 안일하고 편안한 것을 즐기는 것은 방탕해지므로 손해가 되며 음탕한 잔치를 즐기는 것은 육욕에 빠지게 됨으로 손해가 된다. 도움이 되는 세 가지 낙은 도에 따른 즐거움이고, 손해가 되는 세 가지 낙은 욕망이 부른 즐거움으로, 우리는 전자를 취하고 후자를 버려야 한다.

군자는 항상 즐길 뿐 걱정이나 두려움을 모른다. 그 이유에 대해 공자는 "안으로 살펴보아 병통이 없으니 무엇을 근심하고 무엇을 두려워하겠는가?"[49]라고 했다. 그러니 군자가 걱정과 두려움이 없는 것은 사사로운 욕심이 없기 때문이고, 양심에 부끄러울 바가 없어서다. 또한 군자는 항상 도에 따라 행동하므로 마음에 흔들림이 없이 태연할 수 있는 것이다.

공자 본인 역시 근심걱정하지 않고 인생을 즐겼던바, "그는 분발하기를 먹는 것도 잊고, 즐거워하기를 근심마저도 잊으니, 늙어 가는 것마저도 모른다."[50] 식욕을 잊을 만큼 분발하는 것은 자신의 몸 건강을 뒤로 한 채 학문에 전념했기 때문이다. 근심걱정을 잊을 만큼 즐거운 것은 근심을 버리고 맘껏 즐길 줄을 알기 때문이다. 늙어 가는 것을 모르는 것은 시간 특히 늙어서 죽는 마지막 순간마저도 잊은 채 도를 닦고 행하는 데 힘쓰고 있음을 말한다.

---

48) 益者三樂, 損者三樂. 樂節禮樂, 樂道人之善, 樂多賢友, 益矣. 樂驕樂, 樂佚遊, 樂宴樂, 損矣.(16.5)
49) 內省不疚, 夫何憂何懼?(12.4)
50) 其爲人也, 發憤忘食. 樂以忘憂, 不知老之將至云爾.(7.19)

군자는 근심과 두려움이 없을 뿐만 아니라 원한도 없다. "남이 알아주지 않는다 하여 화내지 않으니 또한 군자답지 않겠는가?"[51] 여기서 말하는 남은 나와 관련이 있으되 나와 뜻을 같이하지 않는 자로 타인일 뿐 친구가 아니다. 타인은 나를 알지 못할 것이고 내가 행하고자 함을 이해하지 못할 뿐만 아니라 오해나 곡해를 할 수도 있다. 화를 내는 것은 원망하기 때문이며 이는 기뻐하거나 즐거워하는 것과 상반되는 부정적 감정이다. 남이 자신을 알아주지 않으면 원망하게 되는 것이 일반적이지만, 군자는 이와 달라 그들을 원망하지 않는다. 그러한 원한에 대한 부정으로부터 자기 자신을 새롭게 규정하고 스스로의 주인이 된다.

공자는 "하늘을 원망하지 아니하고 남을 탓하지 아니하며, 아래로부터 배워 위로 통달하고자 했을 뿐이니, 나를 알아주는 것은 오직 하늘뿐이니라!"[52]고 했다. 뜻인즉 하늘이 돕지 않는다 하여 하늘을 원망하지 않고, 사람들이 알아주지 않는다 하여 그들을 탓하지 않으며, 모든 잘못을 자신에게서 찾고 자신을 수양해야 함을 말한 것이다. 또한 일상에서 삶의 방법을 익힘으로써 그 심오한 도리를 깨우칠 것을 강조했다. 남이 나를 알아주지 않는 것은 그들이 내가 도를 따르고 있음을 모르기 때문이다. 이를 공자는 원망하지 않았으며 오로지 사랑으로 즐길 뿐이었다.

---

51) 人不知, 而不慍, 不亦君子乎?(1.1)
52) 不怨天, 不尤人, 下學而上達, 知我者其天乎!(14.35)

제10장 경계

공자의 사상 중에는 도와 구조가 은밀하게 내재되어 있으며, 도(제1장)를 기본 줄거리로 하고 있다. 도는 천도와 인도로 구체화된다. 천도는 천명(제2장)이고, 인도는 예악(제3장)이며, 인간은 도를 배우고(제4장), 도를 알고(제5장), 도를 말하고 도를 행(제6장)해야 한다. 도를 행함에 있어 두 가지로 구분되는데, 보통 사람들이 도를 행하는 것은 위인(제7장)이고, 특별한 목적을 가지고 도를 행하면 위정(제8장)이다. 그러한 도가 완전하게 행해질 때 성도(제9장)가 되는 것이다. 본 장에서는 도의 경계에 대해서 말해 보고자 한다.

공자의 사상은 죽어 있는 것과 살아 있는 것이 있다. 어느 것이 전자에 속하고 어느 것이 후자에 속하는지 쉽게 판단할 수는 없지만, 그렇다고 이를 분명히 밝히지 않을 수는 없다.

1. 도의 '중용지도'와 '생생지도'

공자의 도는 '중용지도中庸之道'라고 할 수 있다. 중용이란 곧 사물의 본질 그 자체이며, 그 어느 쪽으로도 치우치지 않는 것을 말한다. 그러므로 대도를 배우고 행하고자 하는 자는 지나치거나 모자람이 없이 바르고 알맞은 것을 택해야 한다. 그런 의미에서 '중용지도'는 일종의 존재론이자 방법론이다.

'중용지도'는 중국의 철학의 패러다임에도 영향을 주었는바, 음양陰陽, 정리情理,

체용體用 등이 바로 그것이다. 이러한 패러다임 사이에서 사람들은 극단화를 피하고 바른 것만을 고집하면서 균형을 유지하고자 했던 것이다. 그 예로 음양의 조화, 정리의 교착, 체용불이體用不二 등을 들 수 있다.

중용의 도는 유가철학에서 매우 중요한 존재로 자리매김하고 있지만, 중용 그 자체는 위기가 포함되어 있을 뿐만 아니라 극복이 불가하다. 중용은 사물의 그 자체를 말하는 것으로 다른 사물과 구별된다. 그런 의미에서 중정은 외재적인 것들에 대해 부정적이다. 사물은 사물 그 자체일 뿐 그 밖의 무엇도 아니라는 것이다. 그러나 중용에는 내재적 부정이 결여되어 있다. 중정中正을 주장하지만 중용 그 자체에 대해서는 아무런 부정도 하지 않고 일관되게 긍정적으로 평가한다. 즉 중용은 자아동일성만 주장했을 뿐, 차이성에 대해서는 언급하지 않았다. 그러므로 중용 그 자체는 생성이 이루어지지 않았다.

사물의 본성이 자기 자신과 시종 동일한 것이라면, 그것은 살아 있는 것이 아니라 죽은 것이다. 살아 있는 존재가 되려면, 그것이 다른 것과 구별되어야 할 뿐만 아니라 자기 자신과도 구별됨으로써 차이가 만들어지고 새로운 생성이 이루어져야 한다. 사물의 본성을 이해하면 살아 있는 존재는 '중용지도'가 아닌 '생생지도生生之道'라는 것을 알 수 있다. '생생지도'란 끊임없는 생성이 곧 도이고, 도는 끊임없이 생기는 것이라는 뜻이다.

'생생지도'에서 말하는 '생'은 생산이고 생장이며 생성으로 한 사물이 그 사물로 만들어지는 것이다. 그것은 생명뿐만 아니라 비생명적인 것에도 적용되는 것으로 세상의 모든 존재를 포함한다. 그러나 생은 어떤 개체나 인류의 생명이나 생활, 생존을 뜻한다. 때문에 '생생지도'는 존재하는 것 모두를 대상으로 삼고 있지만, 그 주요 대상은 인간의 존재다.

생은 낡은 것이 사라지고 새로운 것이 생겨나는 것일 뿐만 아니라, 무無에서 유有가 생성되는 것이기도 하다. '생생지도'에서 말하는 '생생'은 생생불식生生不息 즉 끊임없이 생장하고 번성하는 것으로, 그것은 생의 유한성에 대한 극복이고 무한한 속성을 가진다. 그러나 사실 끊임없이 반복되는 생성 속에는 죽음이 포함되어 있다. 생이 있으면 사死가 있기 마련이고 반대로 사가 있으면 또 다른 생이 일어난다. 죽음이 결코 두렵지 않은 이유는 그것이 수명을 다하고 원적圓寂이고 완성되었음을 의미하기 때문이다. 죽음은 사물 생성의 종착이자 또 다른 생성의 시작이기도 하다. 때문에 '생생불식'은 사물이 생겨나고 죽고 또 생겨나는 것을 반복하는 과정 즉 사물의 생과 사가 끊임없이 순환되는 것이다.

'생생불식'은 무한할 뿐만 아니라 다원적이다. 생성 과정에서 한 사물이 다른 사물과 구별됨으로써 자기 자신이 만들어지고, 동시에 그 사물이 자기 자신과 구별됨으로써 낡은 것이 사라지고 새로운 것이 만들어진다. 때문에 모든 사물은 다른 사물과 구별되는 동시에 자기 자신과도 구별된다. 마치 매일 매일이 다른 태양처럼 말이다.

만약 '생생지도'가 세상만물의 '도'라고 할 때, 사물의 본체는 생의 본체라 할 수 있다. 중국의 철학사상에서 적지 않은 철학자들은 기氣의 본체론, 리理의 본체론, 심心의 본체론 등과 같은 서로 다른 본체론을 내왔다. 이러한 본체론은 모두 특정한 사물을 본체로 하고 있으며, 그것을 통해 다른 사물을 해석하고 이해하고자 했다. 그러나 이는 모든 사물의 본성을 밝혀내는 데 한계가 있다. 먼저 사물의 생성을 알아야만 세상만물의 본성을 이해할 수 있다. 그런 의미에서 생의 본체론은 유일하다고 할 수 있으며 기나 리, 심의 본체론은 오로지 생의 본체론을 전제로 할 때 비로소 생명력을 가지며 각자의 관련 분야에 대한 해석이 가능해진다.

2. 천명의 필연성과 우연성 그리고 가능성

하늘의 차원에서 볼 때 도는 곧 천명이다.

공자는 천명의 필연성을 강조했다. 필연성은 사물이 반드시 그러하며, 그렇게 될 수밖에 없음을 말한다. 우연성은 사물의 우연한 성질 즉 나타날 수도 있고

나타나지 않을 수도 있는 성질을 말한다. 이러한 필연성과 우연성이 합쳐져서 천명이 된다. 그러나 천명을 이 두 가지로 구분해서 이해하면 자칫 절대 필연성과 절대 우연성이라는 극단적인 인식을 가져오게 된다.

운명을 필연적으로 이해하면 숙명론이 형성된다. 인간의 모든 행위는 이미 운명에 정해진 것으로 피할 수 없다는 것이다. 그래서 "운명을 따르는 자는 운명대로 살고, 운명을 따르지 않는 자는 운명에 끌려간다"는 말이 있다. 이는 인간이 자유로운 존재라는 것을 부정한 것이다.

이와 반대로 운명을 우연한 것으로 이해하면 행운론이 형성된다. 모든 것이 우연이라면 인간의 존재는 그 근거를 잃게 된다. 근거가 없는 존재는 운에 의해 결정된다. 인간이 그러하거나 그렇지 못한 것은 모두 운에 의해 결정되며, 운은 좋을 수도 나쁠 수도 있다. 인간의 존재는 도박과 같은 것이다.

사실 천명은 단편적으로 필연성 또는 우연성으로 이해할 것이 아니라 일종의 가능성으로 보는 것이 더 적절하다. 천명은 하늘이 인간에게 열어 놓은 가능한 길이며, 그 경계가 확정되어 있다. 경계를 넘어선 모든 것은 불가능하다. 즉 그것은 필연적으로 발생 불가한 것으로 곧 천명의 필연성 나타낸다. 반대로 경계 안에서는 모든 것이 가능하다. 즉 사물이 발생될 수도 발생되지 않을 수도 있는 것으로 곧 천명의 우연함이다. 이처럼 천명을 하나의 가능성으로 이해하면 필연적인 것과 운연적인 것은 하나로 통일된다.

가능성의 길로서, 천명은 사람들에게 최대한의 가능성을 부여한다. 천명은 인간이 태어나서 죽기까지에 이르는 긴 인생의 여정을 규정해 놓았다. 인간은 인생을 살아가는 동안 가능성을 현실로 바꾸고, 우연한 것들을 필연적으로 만들어야 한다. 그렇게 인간은 지명知命 즉 천명을 깨닫고 입명立命 즉 마음의 안정을 얻는다. 인간은 천명의 노예도 아니고 천명의 주인도 아니다. 다만 천명의 참여자이고 실천자일 뿐이다.

3. 예악의 계급성과 공정성

인간적 차원에서 볼 때 도는 곧 예악이다. 예는 예법과 예의(예기와 예모) 등으로 나누어 볼 수 있는데 그중 예법 즉 예의에 관한 절차나 질서 체계를 근본으로 한다. 예법은 법률, 도덕, 종교 등 다양한 내용들이 합쳐진 것이라는 특징을 가지고 있다.

예가 중요한 이유는 그것이 곧 인간 존재의 법칙, 즉 인간사회의 게임 규칙이기 때문이다. 그것은 천天, 지地, 신神, 인人을 포함한 세상만물의 근본 요소 즉 사람이 하늘과 땅과 신령과 타인을 대함에 있어 어떻게 해야 할 것인지에 대해 말해 주고 있다. 물론 그중에서 가장 중요한 것은 타인과의 관계다. 다시 말해 예는 하늘의 법칙(天經)과 땅의 이치(地義) 그리고 인간의 행동(人行)에 대해 모두 언급하고 있으나, 그 핵심은 인간과 인간 사이의 사회적 관계를 규정짓는 것이다.

예의 규정은 구분하기 위함이다. 즉 다른 것을 구별해 내고 옳고 그름을 변별해 내고자 함이다. 예가 사회의 모든 개인을 다른 사람과 구분시켜 주기 때문에, 나와 타인은 모두 자신의 존재에 대한 규정이 가능해진다. 인간은 그 무엇이 될 수 있을 뿐만 아니라, 그 무엇도 아닐 수가 있다. 사회 전체를 놓고 볼 때, 인간에 대한 규정과 구분은 가정과 국가 두 가지 측면으로 나누어 볼 수 있다. 가족 관계 속에서 인간은 부부, 부자, 형제 등으로 구분된다. 국가적 측면에서 인간은 군신으로 구분할 수 있으며, 군신은 또 천자天子, 제후諸侯, 대부大夫, 사士, 서민庶民 등으로 세분할 수 있다. 그렇게 모든 사람에게는 자기만의 신분과 지위가 주어진다.

그러나 예의 구분 또는 예의 규정은 본질적으로 일종의 계급제도에 속한다. 예가 규정하고자 하는 개개인은 독립적이고 자유로운 개체가 아니라 이미 선천적 또는 후천적으로 규정된 사회적 역할이다. 그러한 역할들은 대등한 것이 아니라 상하의 관계를 가진다. 때문에 예의 구분은 결국 상하의 구분이라 할 수 있다. 한 가정의 부자 관계에서 아버지는 아들의 위에 있고, 국가의 군신 관계에서 임금은 신하의 위에 있다. 상하의 구분은 또 다른 구분을 초래하는데, 예를 들어 지위의 높고 낮음, 신분의 귀하고 천함, 주인과 종자從者의 관계 등이 바로 그것이다. 이러한 상하 관계 속에서 모든 사람들은 자신의 신분과 위치를 지켜야 하며, 그것을 뛰어넘거나 바꾸는 것은 예를 어기는 것이다.

예는 인간의 사회적 신분을 규정함으로써 한계성을 드러낸다. 천륜에 의해 규정된 아버지 또는 아들의 관계는 개변될 수 없는 것이다. 그뿐만 아니라 인륜에 의해 규정된 군과 신의 관계 역시 변화불가한 것이다. 이로써 개인과 타인의 사회적 관계는 부자 관계나 군신 관계와 같은 단순하고 경직된 틀 속에 갇혀 버린다. 즉 이러한 상하의 관계는 개인의 성장을 제한할 뿐만 아니라 사회의 변화와 발전에도 걸림돌이 된다.

예는 또한 인간 존재의 법칙으로서 어떤 사회에서든 없어서는 안 되는 것이다. 그러나 예법은 반드시 변해야 한다. 어떤 것은 계승하고 어떤 것을 변화시키고 어떤 것은 폐기시켜야 한다. 공자가 주장해 왔던 선왕 또는 주왕의 예법에 대한 개혁은 계급을 없애고 평등을 실현하기 위함이다. 현시대는 계급이 아닌 공정하고 정의로운 게임 규칙을 필요로 하기 때문이다.

세상 모든 사람들은 서로 구별되는 것으로 결코 평등하지 않다. 그러나 공공公共의 게임 규칙 속에서 모든 사람은 평등하다. 다시 말해 모든 사람은 직접 또는 위탁의 방식으로 공공의 게임 규칙의 정립, 수정, 폐기 활동에 참여할 수 있고, 모든 사람은 공공의 게임 규칙을 지켜야 할 의무가 있으며 이에 그 어떤 특권도 누려서는 안 된다. 그뿐만 아니라 모든 사람은 공공의 게임 규칙의 보호를 받을 수 있고 규칙이 정한 표창과 징벌을 받을 수 있다. 공공의 게임 규칙 속에서 사람들이 누리는 평등이란 부동이나 다소의 구분이 없는 균일함이 아니라 공정함을 의미한다. 사람들은 왕왕 제도나 프로그램 또는 실리 등의 면에서 공정함을 가능하고자 하는데, 사실 공정함의 핵심은 게임 규칙에 따라 행동하고, 그에 상응한 표창과 징벌을 받는 것이다. 다시 말해 각자가 자기의 위치에서 원하는 바대로 행하면 결국 각자의 능력과 적성에 맞게 적절한 배치를 받게 된다.[1]

4. 위인은 가족에 대한 사랑이고 생성이다

공자가 주장한 인은 가족에 대한 사랑에서 시작하여 타인에 대한 사랑으로, 그리고 만물에 대한 사랑으로 이어지는 것이다. 그중 가족 사랑의 하나인 효도는 자식이 부모를 사랑하는 것이다. 때문에 효도의 근본은 인이라고 할 수 있다.

그런 의미에서 우리는 부자간의 관계에 대해 자세히 알아볼 필요가 있다. 아버지와 아들 사이는 대체 어떤 관계일까? 그것은 특별한 종류의 인간관계이며 혈연관계이다. 부모와 자녀는 서로 구별되는 개체임이 분명하지만 혈연에 의해 양자의 관계는 친밀하고 연관성을 가지게 된다. 부모의 생명이 자녀로 인해 연장되고 갱신이 이루어진다. 이로써 부모의 자녀에 대한 사랑은 자신의 생명에 대한 사랑의 연장선이라고 볼 수 있다. 그리고 자녀의 부모에 대한 사랑은 자기 생명의 기원을 돌이켜 보고 그에 보답하는 것이다. 이것은 혈연의 본질이 규정한 생명의 특수성이라 할 수 있다. 인간에게 있어 혈연관계는 고유한 것이고 자연적인 것이다. 그것은 태어나면서부터 타고나는 기정된 것으로 영원히 개변할 수 없는 연속성을 가진다. 혈연은 마치 땅과 같이 자연적으로 존재하는 것이다. 땅이 외적으로 존재하는 자연현상이라면, 혈연은 내적으로 존재하는 자연현상인 것이다. 이러한 의미에서 볼 때 효도와 효도를 바탕으로 하는 인애는 일종의 혈연으로 맺어진 사랑이며, 가장 자연스러운 사랑이다.

효도와 인애는 무차별적인 사랑이 아니라 유차별적인 사랑이다. 무차별적인

---

1) 各在其位, 各得其所.

사랑은 가족에 대한 사랑의 우선(優先)순위를 부정한다. 왜냐하면 가족에 대한 사랑은 자연스러운 것이지만, 한편으로 이기적이고 정의롭지 못할 수가 있기 때문이다. 이와 반대로 무차별한 사랑은 모든 사람을 사랑할 것을 주장하는데, 이때의 사랑은 정의의 원칙을 바탕으로 하고 있다. 하지만 그런 무차별적인 사랑은 이상에 불과할 뿐 현실적으로 불가능하다. 현실 생활에서 사람들이 가장 먼저 체험하게 되는 사랑은 대부분 혈육의 정이다. 그런 의미에서 공자의 효도설과 인애설은 이상주의가 아닌 현실주의에 입각한 것이라고 할 수 있겠다.

그러나 공자는 가족에 대한 사랑을 타인에 대한 사랑으로 바꿀 것을 주장함에 있어 곤경에 부딪치게 된다. 가족을 사랑하지 않는 자는 타인을 사랑할 수가 없기에, 타인을 사랑하려면 반드시 먼저 가족을 사랑해야 한다. 즉 가족 사랑은 타인을 사랑하기 위한 필수 조건이다. 그러나 가족을 사랑하는 자는 타인을 사랑할 수도 사랑하지 않을 수도 있다. 때문에 가족을 사랑하는 자가 꼭 타인을 사랑한다고 장담할 수 없다. 즉 타인에 대한 사랑은 가족 사랑의 필연적 결과가 아닌 것이다. 또 가족 사랑과 타인에 대한 사랑은 공정성의 문제를 초래하게 된다. 가족과 타인에 대한 사랑은 일치할 수도 있지만 양자 간에 충돌이 되는 경우도 있다. 충돌이 생겼을 경우 가족을 사랑하고자 한다면 타인을 사랑할 수가 없게 되고, 타인을 사랑하고자 하면 가족을 사랑할 수가 없다. 그렇다면 어떤 선택을 해야 한단 말인가? 이에 공자는 정의가 아닌 가족을 선택했다. 가족이 그토록 중요한 이유는 나와 가족은 자연의 섭리에 의해 이루어진 하나의 공동체이기 때문이다. 물론 그 속에는 이해관계도 포함되어 있다.

무조건적인 사랑으로 인해 인애는 한계성을 가진다. 섭공이 공자에게 말했다. "우리 고을에 정직한 사람이 있는데, 그의 아버지가 양을 훔치니 아들이 고발했습니다." 공자가 대답했다. "우리 고을의 정직한 사람은 이와 다릅니다. 아버지가 아들을 위해서 숨겨 주고 아들이 아버지를 위해서 숨겨 주니, 거기에 정직이 있습니다."[2] 아버지가 아들을 숨겨 주고, 아들이 아버지를 숨겨 주는 것은 정이 넘치는 사랑이기는 하지만 합리적인 사랑은 아니다. 왜냐하면 부자에 대한 사랑만 있고 타인에 대한 인애가 없기 때문이다. 때문에 공자의 위와 같은 주장은 인애의 정의성과 보편성을 파괴했다.

공자의 인애사상은 효도에서 출발한 것으로 정의로운 사랑이 아닐 수가 있다. 이러한 단점을 극복하기 위해 우리는 인 자체가 가지는 의미에 대해 생각해 볼 필요가 있다.

인仁의 한자 의미는 매우 다양한데, 그중 하나가 과인果仁 즉 과실의 핵이다. 과인은 과실 씨의 내부에 존재하는 것으로 씨앗의 핵심이고 근원이다. 그런 의미에서 인은 생명과 연관되는 것으로 생명의 완성이자 새로운 생명이 시작되는 초점이다. 생명의 완성과 시작은 곧 생성이다. 생명의 완성과 시작을 포함한 인은 그 속에 생과 사가 들어 있을 뿐만 아니라 생과 사의 전환점이 되기도 한다. 때문에 인은 끊임없이 생성되고 번식한다. 우리는 그러한 인을 생명의 생성뿐만 아니라 만물과 천지의 생성으로 이해할 수 있다. 그런 의미에서 인은 덕의 끊임없는 생성이며 곧 생생지도生生之道이다.

위인爲仁은 곧 '생성'을 실현하는 것이다. 인은 곧 생성인바, 한편으로 자기생성 즉 새로운 것이 생겨나고 다른 한편으로는 타자생성 즉 새로운 것을 생겨나게 한다. 그런 의미에서 인은 곧 사랑이며, 사랑은 존재의 생성에 다름이 없다. 인자는 자기뿐만 아니라 뭇사람들과 세상만물에 모두 생성이 이루어지도록 한다. 인 속에서 인간의 존재는 최고로 실현되고, 인간의 본성은 최고의 규정을 받게 된다.

이러한 끊임없이 무한한 사랑은 효도에서 혈연에 의해 맺어지고 차별적이고 정의롭지 못했던 사랑의 한계를 넘어서서 보편성과 정의성을 가진다. 또한 이를 바탕으로 효도는 새로운 생명력을 가질 수 있게 된다.

---

2) 葉公語孔子曰, 吾黨有直躬者, 其父攘羊, 而子證之. 子曰, 吾黨之直者異於是, 父爲子隱, 子爲父隱, 直在其中矣.(13.18)

5. 위정은 덕과 법으로 나라를 다스림이다

공자는 덕으로 나라를 다스릴 것을 주장하였는데 그것은 곧 도에 따라 나라를 다스리는 것이고 예로 나라를 다스림이다. 물론 이와 같은 주장들은 규칙의 중요성을 부정하는 것은 아니다. 다만 도와 덕의 중요성을 더 강조했을 따름이다.

덕으로 나라를 다스리기 위해서는 덕을 갖춘 통치자가 그 전제가 되어야 한다. 덕을 갖추어야 덕을 행할 수가 있고 덕의 정치를 펼칠 수가 있다. 이를 위해 통치자는 지위와 덕을 모두 갖춘 군자가 되어야 한다. 통치자는 지위에 어울리는 덕성을 갖추어야 하며 덕성이 지위에 못 미쳐서는 안 된다. 통치자는 어질고 지혜롭고 용감해야 하는 등등 군자가 갖추어야 할 보편적인 미덕을 모두 갖추어야 한다. 그중에서도 특히 효와 충을 갖추어야 한다. 효는 한 가정에 관련된 것이고, 충은 한 나라에 관련된 것이다. 부모에게 효도하는 자와 군주에서 충성하는 자는 모두 순종이라는 동일한 덕성을 가지고 있다. 그들은 부모에 대한 순종을 나아가 군주에 대한 순종으로 바꾸었을 따름이다.

물론 통치자의 덕성에는 자기 자신이 갖추어야 할 것과 백성이 갖추어야 할 것 모두가 포함된다. 통치자와 피통치자 사이에 존재하는 상하 관계는 아랫사람이 윗사람을 본받는 현상을 초래하기 때문이다. 통치자가 덕을 갖추면 백성도 덕을 갖추게 되고, 통치자가 덕이 없으면 백성 또한 부덕하게 된다. 때문에 통치자는 우선 자신이 덕을 쌓고 덕을 갖춘 사람이 되어야 한다. 통치자가 덕을 갖추면 천하에 도가 행해지고 통치자가 덕이 없으면 세상에 도가 서지 않는다.

나라를 다스림에 있어 도덕의 중요성을 잘 알고 있기 때문에 통치자는 폭력이나 형벌이 아닌 교화를 택한다. 교화를 통해 백성들은 예의나 염치와 같은 도덕의식을 갖게 된다. 사람들은 도덕이 있는 것과 부덕한 것을 구분하게 되고, 명예로운 것과 치욕스러운 것을 가릴 수 있게 된다. 뿐만 아니라 통치자는 덕이 높은 백성을 포상하고 부덕한 백성에게 징벌을 내리는 등 덕에 관련된 포상 제도를 실시하기도 한다.

덕으로 나라를 다스리면 무력이나 형으로 나라를 다스리는 데 비해 각각 장단점이 있다. 덕치는 사람으로 나라를 다스리는 좋은 방법이기는 하지만 부덕한 자가 펼치는 정치를 예방할 수 없다는 단점이 있다. 덕은 사람에 의해 실현되는 것이다. 하지만 그 누구도 자신이 갖춘 덕성이 무조건 좋은 것이라고 장담할 수 없으며, 마찬가지로 타인 역시 무조건 좋은 덕성을 갖춘 사람이라는 보장이 없다. 역사적으로 볼 때 어진 통치자가 있었는가 하면 난폭하거나 어리석은 통치자도 적지 않았다. 이는 나라를 다스림에 있어서 덕의 한계를 넘어서는 새로운 방법을 필요로 하는데, 그것이 바로 법치法治 즉 법에 의한 통치인 것이다. 즉 사람으로 나라를 다스리던 데로부터 법에 의한 통치를 시작한 것이다.

법에 의한 통치, 즉 '의법치국依法治國'은 법으로 나라를 다스리는 '이법치국以法治國'과 구별된다. 이법치국은 법을 덕과 같은 나라를 다스리는 일종의 수단으로 여기는 것을 말한다. 다시 말해 나라를 다스림에 있어 법의 수단을 사용할 수도 그렇지 않을 수도 있는 것이다. 때문이 이법치국 역시 사람의 의지에 달린 것이다. 이와 반대로 의법치국은 반드시 법률을 기반으로 처리해야 함을 뜻한다. 법률을 법치의 기본이고 근거가 된다. 즉 진정한 의미의 법치인 것이다. 의법치국은 개인의 의지에서 비롯된 간섭, 방해를 받지 않고 오로지 법률에 의거해 나라의 모든 사무를 처리한다. 때문에 법이 사람보다 우선이고 법이 권세를 능가한다. 그리고 피통치자뿐만 아니라 통치자 역시 법에 복종해야 한다. 의법치국에서 최고 법규는 헌법이다. 헌법은 국가의 근본 법규로 모든 법률을 규정하는 법률이다. 국가 통치의 측면에서 볼 때 헌법은 공권력公權力을 제한하고 사권私權을 보장하기 위한 것이다.

의법치국에는 매우 중요한 절차가 있다. 그 첫 번째가 입법立法이다. 국가는 반드시 국민이 법에 의거할 수 있도록 법 조항을 만들어야 하며, 각 국의 실정에 따라 알맞게 법을 제정해야 한다. 뿐만 아니라 시대와 국정이 바뀜에 따라 법 또한 변화 발전되어야 한다. 때문에 국가는 법률을 제정해야 할 뿐만 아니라 또 부단히 법을 개정하고 또 폐기함으로써 좋은 법은 남기고 나쁜 법은 없애야 한다.

두 번째는 집법執法이다. 법에 의해 행정은 행정업무의 경계를 규정한다. 법률이 지정한 권한 내에서 공권력을 행사할 수 있으며, 법률의 범위를 벗어난 행정은 불가하다. 세 번째는 사법司法이다. 반드시 법에 의거해야 하고, 법의 집행은 엄격해야 하며, 법을 어기면 반드시 추궁하여 처벌해야 한다. 사법은 합법 여부를 판단하는 것이다. 네 번째는 법을 지키는 것이다. 모근 국민은 법을 알고 법을 지켜야 한다. 이를 위해서 모든 국민들은 법률의식을 높여 법을 지키고 법을 수호해야 한다.

법치를 전제로 다시 덕치의 의미를 생각해 보면, 덕치는 덕으로 나라를 다스리는 것이 아닌 덕으로 인재를 양성하는 데 의미가 있는 것이다. 다시 말해 도덕은 나라를 다스리기 위한 근본적인 수단이 아니라 국민교육을 위한 최고의 목표인 것이다. 때문에 이법치국과 이덕육인以德育人은 현 시대 국가통치를 위한 일체양익一體兩翼이라 할 수 있다. 법치는 덕으로 인재를 육성하는 든든한 뒷받침으로 작용한다. 법은 도덕의 한계이며 법은 최소한의 도덕이다. 법이 있어야 도덕이 있고 법이 없는 도덕은 없다. 내면의 덕과 외적인 법은 중국 가치관의 핵심이라고 할 수 있다.

6. 성인은 군자이고 공민이다

사람은 어떤 인간이 되어야 하는가? 공자는 군자가 되어야 한다고 주장한다. 군자는 덕과 지위를 모두 갖춘 자로 소인배와 구별되는 사람으로 규정된다.

물론 사람은 지위 상으로 소인배가 될 수는 있으나 결코 도덕의 소인배가 되어서는 안 된다. 그렇다면 소인배가 아니면 모두 군자라고 할 수 있는가? 군자는 이상적인 인물이지 결코 현실적 인물이 아니다. 누구나 군자가 될 수는 있지만 누구나 군자인 것은 아니다. 그렇다면 현대사회에서 우리는 어떤 사람이 되어야 할 것인가?

현대사회에서 소인배와 군자의 구별은 여전히 의미를 갖고 있지만, 헌법이나 현대사회의 게임 규칙 속에서 더 이상 결정적인 역할을 하지 못하고 있다. 우리는 소인배와 군자의 이분법을 버리고 공민과 군자의 관계에 대해 생각해 볼 필요가 있다. 사실 누구나 우선 법적인 공민이 되어야 도덕적인 군자가 될 수 있다.

공민이란 어휘는 법적으로 많이 사용되고 있지만, 사실 그 근원을 보면 사상의식을 나타내는 말이다. 공민은 자유민을 가리킨다. 인간은 본성은 자유롭다. 물론 자유롭다 하여 하고 싶은 대로 해도 된다는 것이 아니라 자신에 대해 규정할 자유가 있음을 뜻한다. 즉 그 누구도 다른 사람의 노예도 자기의 노예도 아닌 자신의 주인이라는 것이다. 그것이 어떻게 가능한가? 인간은 존재하고 생각하고 말을 함에 있어 스스로를 바로 세우고자 하기 때문이다. 인간은 왜 스스로를 바로 세우는가? 그것은 인간은 진리 속에서 살고 있으며 자신과 세상은 참모습을 알고 있기 때문이다. 그러한 진리에 대한 언어적 표현 중 하나가 바로 헌법과 법률이다. 헌법과 법률은 공민의 권리와 의무에 대해 말해 주고 있다. 권리는 공민이 해도 되는 것과 안 해도 되는 것에 대한 내용이고, 의무는 공민이 반드시 해야 하는 것과 절대 해서는 안 되는 것에 대한 내용이다. 이로써 인간 존재의 가능성을 명시해 주었다.

한 공민으로서의 인간은 우선 한 개체로 자기규정이 가능한 존재다. 그리고 타자와 관계를 맺고 약속을 하며 또 약속을 지킨다. 또 인간은 사회와 단체의 한 구성원으로서 그 속에 존재하는 규칙에 대해 인정하고 지키고자 한다. 마지막으로 공민은 한 국가의 일원으로 헌법이 부여한 권리를 행사할 수 있고 헌법이 규정한 의미를 이행해야 한다. 상기의 네 가지 경우는 각기 서로 다를 뿐만 아니라 서로 다른 규칙을 가지고 있다. 그중 어떤 것은 이미 정해진 것이고 어떤 것은 정해야 할 것이다. 하지만 어느 쪽이든 모두 공민 그 자신과 타인의 자유 및 공정성에 대한 것이라는 점에서 일치하며, 사람들은 그러한 약속을 하고 또 지켜야 한다. 경우에 따라 각기 부동한 규칙을 따르면서 공민인 다원적인 개체가 된다.

공민은 법의 수호자일 뿐만 아니라 최소한의 도덕을 지키는 사람이다. 그러한 공민은 최고의 도덕을 갖춘 사람 즉 군자로 거듭날 수 있다. 다시 말해 공민은 군자의 존재를 위해 그 가능성을 열어 준 것이다.

7. 공자의 신어新語

공자사상의 경계에 대한 구분을 통해 다음과 같은 것을 알 수 있다. 한편으로는 살아 있는 공자사상으로, 무질서한 세상에 질서를 세워 주고, 사랑이 메마른 시대에 인애정신을 선양했으며, 다른 한편으로는 죽은 공자사상으로, 예제는 개체의 발전을 제한하고, 인애는 풍부한 정서표현을 억제했다.

현대철학의 역할은 매우 명확하다. 우리는 반드시 현대사회에 현대생활에 어울리는 규칙을 만들어야 한다. 그 규칙은 개체의 발전을 저지시키는 것이 아닌 돕는 것이어야 한다. 이를 위해서 모든 개체가 규칙의 제정에 참여해야 한다. 그러한 규칙은 단일한 것이 아니라 다원적인 것으로, 모든 국가와 가정과 개인은 모두 각자 다른 자기만의 규칙을 갖게 된다.

그러한 규칙이 바로 이 시대의 대도大道가 되는 것이다. 그러한 규칙은 욕망을 부정하는 것이 아니라 욕망의 경계를 구분하여 실현 가능한 욕망과 실현 불가한 욕망을 규정해 준다. 그 규칙은 또 기술에 대해서도 부정한 것이 아니라 그 경계를 구분하여 사용해도 되는 기술과 사용해서는 안 되는 기술을 규정해 주었다. 인간은 욕망과 기술과 대도로 구성된 '게임' 속에서 게임 규칙을 잘 지켜 냄으로써 천인天人과 자타의 공생을 이루어 낸다. 그렇게 우주자연과 인간만물은 끊임없는 생성과 변화를 지속해 나간다.

이와 같은 천지인天地人의 생생지도生生之道로 인해 사랑은 생생지애生生之愛 즉 끊임없이 생성되고 변화되는 위대한 사랑으로 거듭난다. 그것은 혈육 간 사랑의 연장이나 확대가 아니다. 생생지애는 혈육의 사랑뿐만 아니라 인류애와 남녀 간의 사랑을 포함하고 있으며 각각의 사랑에 더 큰 의미를 부여하고 있다. 그런 의미에서 그것은 공자 인애사상의 부활이라고 할 수 있겠다.

돌아가신 공자님은 우리에게 『논어』를 남겨 주었지만 살아 있는 공자님은 우리에게 이 시대의 지혜가 담긴 잠언箴言이 되어 준다.

중편

『도덕경』을 논하다

제1장 도

1. 도의 의미

도는 노자의 핵심 사상이며, 『도덕경道德經』에서 가장 많이 언급되는 말 중하나이다. 노자는 도와 그 대립 면인 비도非道, 즉 도에 어긋난 것들에 대해 설명하고자 했다. 때문에 『도덕경』에서 다루고 있는 주요한 내용 역시 도와 비도임을알 수 있다. 그 외의 모든 것은 오로지 이 둘에 의해 규정된다. 이로써 노자는세상 사람들에게 올바른 길을 제시하고자 했던 것이다. 노자가 도학자 또는 도가사상의 창시자로 불리게 된 이유이다. 그렇다면 도란 무엇일가? 이에 대해 다양한관점이 존재한다. 중국 사람들은 길 또는 근본 등으로 해석을 하였고, 서구 사람들은로고스(logos), 이성, 생명, 정신, 의의 등으로 번역하고 있다. 본문에서는 중국 한어漢語에서 나타내는 도의 본의本義와 『도덕경』에서 말하는 도의 의미에 초점을 두고분석해 보고자 한다.

도의 본의는 도로道路 즉 한 지역에서 다른 지역으로 이어지는 길이라는 뜻이다.길은 오솔길이나 고속도로처럼 서로 다양한 형태를 취하고 있지만, 존재 그 자체에목적을 둔 것이 아니라 사람들을 위한 일종의 수단일 뿐이라는 점에서 공통성을가진다. 오로지 사람들이 걸어 다니고 이곳저곳 왕래하기 위함이다. 그리고 길의생성 과정을 보면 자연적으로 생긴 것과 인공적으로 만들어진 것 등 여러 가지가있다.

물론 현대사회에서 말하는 길은 더 이상 사람들이 걸어 다니기 위한 육로에

국한되지 않는바, 물 위를 통하는 항로와 공중의 통로인 항공로까지도 포함한다.

그러나 중국의 고전 철학에서 사람들이 말하는 도란, 본의가 아닌 그것으로부터 파생된 의미이다. 따라서 그러한 도는 다양한 의미를 갖게 된다.

우선, 도 그 자체를 말한다. 도는 존재하는 것이고 사물이 운행하는 도로다. 그런 이유로 도는 만물의 본질, 규칙, 근원, 기본 등으로 해석되기도 한다.

둘째, 도리를 말한다. 여기서 말하는 도는 존재 그 자체와는 다른 일종의 사상으로, 사고를 통해 이루어진 존재다. 이러한 도는 하나의 철학사상으로 표현되며, 진리를 추구하는 일종의 학설로 자리매김한다. 노자의 도, 장자의 도, 공자의 도, 맹자의 도 등이 바로 그것이다.

셋째, 말로 표현하는 것이다. 여기서 도는 말하기 즉 사람들의 언어적 행위를 일컫는 것으로, 말은 도에 관련된 것일 수도, 아닐 수도 있다.

넷째, 비결을 뜻한다. 여기에서 도는 방법이고 수단이며 기술이다. 이런 비결은 도 자체로 향하는 관문이 될 수 있다.

『도덕경』에서 언급되는 도 역시 존재나 표현 등 다양한 의미를 갖고 있으나, 가장 주된 사상은 도를 존재로 보고 있음이다. 그리고 노자는 또 존재론적 측면에서 도를 다양하게 구분했다.

첫째, 도 그 자체다. 도는 존재하는 것이며 동시에 세상만물의 근원이다. 노자는 도 외에 상도常道와 대도大道란 말을 사용했는데, 상도는 보편적이고 영원한 도이고, 대도는 크고 넓은 도를 일컫는다. 도의 본질은 자연무위自然無爲라고 할 수 있는데, 자연과 무위는 긍정적 차원과 부정적 차원에서 각각 풀이된다.

둘째, 하늘의 도(天之道), 사람의 도(人之道), 성인의 도(聖人之道)로 나누었다. 하늘의 도와 사람의 도의 구별은 하늘의 도는 자연적이고 사람의 도는 인위적이라는 데 있다. 성인의 도는 물론 사람의 도이기는 하나 하늘의 도를 따른다.

셋째, 도가 있는 것(有道)과 도가 없는 것(無道) 그리고 도가 아닌 것(非道)을 구분했다. 이는 현실세계에서의 도의 구분을 말한 것이다. 도가 있는 것은 도를 따른 것이고 도가 없는 것은 도에 어긋나는 것이다.

넷째, 도라고 부를 수 있는 도(可道之道)와 도라고 부를 수 없는 도(不可道之道)로 나누었다. 도라고 부를 수 있는 도는 말로 할 수 있는 것으로 참된 도가 아니며, 도라고 부를 수 없는 도는 말로 할 수 없는 것으로 그야말로 변하지 않는 참된 도이다. 그러니 전자는 도가 아니고 후자는 도인 것이다.

다섯째, 도와 덕德을 구분했다. 덕이란 곧 얻는 것을 말한다. 도와 덕 사이는 밀접한 연관성이 있다. 덕은 도의 실현이고 완성이다. 때문에 덕은 사실의 본성 즉 덕성德性을 나타내는 것으로 덕성이 사물에 있으면 물성物性이 되고 사람에게 있으면 인성人性이 된다. 노자는 덕 자체를 또 현덕玄德과 상덕常德으로 나누었다. 현덕은 신비하고 상덕은 평범하고 영원하다.

이상으로 구분된 도 가운데 노자가 가장 중요시한 것은 도 자체에 대한 설명이었다. 그렇다면 도 자체의 의미란 어떤 것일까?『도덕경』제1장에서 노자는 도에 대해 다음과 같이 간략하게 규정지었다. "도라고 부를 수 있는 도는 참된 도가 아니고, 이름 지어 부를 수 있는 이름은 참된 이름이 아니다. 이름이 없을 때 천지가 시작되었고, 이름이 있을 때 비로소 만물이 생겨났다. 보고자 함이 없을 때 도의 오묘함을 보고, 보고자 함이 있을 때 도의 끝없음을 본다. 이 두 가지는 같은 것이며 다른 이름으로 불릴 뿐이다. 똑같이 심오하다고 일컬어지며 심오하고도 심오하니 모든 오묘함으로 가는 문이 된다."[1] 이는 도에 대한 노자철학의 논강이라고 할 수 있다. 그중 유와 무는 도의 존재에 관련된 것이고, 보고자 함은 도의 사상에 관련된 것이며, 도라고 부를 수 없는 것과 이름을 지어 부를 수 없는 것은 도의 언설과 연관된 것이다. 이와 같은 논설을 통해 노자는 도와 존재, 도와 사상 그리고 도와 언어 사이의 관계를 명시하고자 했으며, 3자의 관계 속에서 도 자체의 의미를 밝히고자 하였다.

---

1) 道可道, 非常道. 名可名, 非常名. 無, 名天地之始. 有, 名萬物之母. 故常無, 欲以觀其妙. 常有, 欲以觀其徼. 此兩者, 同出而異名, 同謂之玄. 玄之又玄, 衆妙之門.(1)
   본 책자의 이하 부분에서『도덕경』원문을 인용하는 경우, 장절 번호만 기재하도록 한다.

2. 도와 존재

(1) 도와 유

노자는 우선 도와 존재存在의 관계를 밝혀내고자 했다. 존재와 비슷한 뜻을 나타내는 중국어로 있을 재在, 있을 유有, 사물 물物 등이 있다. 존재와 그 관련 단어들이 갖는 여러 가지 의미 중에서 가장 기본적인 것이 두 가지가 있는데 그 첫 번째가 존재는 무가 아닌 유라는 것이다. 이런 의미에서 볼 때 존재 자체는 하나의 사물이라 할 수 있다. 이 사물은 여기에 있을 수도 있고 저기에 있을 수도 있으며, 드러난 것일 수도 있고 은폐된 것일 수도 있다는 것이다. 두 번째 존재는 근원이나 근본 또는 시작을 의미하는데, 일반적으로 말하는 일차적 원인이나 궁극적인 기초가 바로 그것이다. 이와 마찬가지로 존재론적 측면에서 볼 때 노자철학이 말하는 도 역시 상기의 두 가지 의미를 모두 포함한다. 즉 도는 유이면서도 근본적인 것을 의미한다.

도는 유이다. 다시 말하면 도는 존재다. 도를 도라고 하는 순간 그 도는 허무가 아닌 존재하는 것이다. 허무는 존재하지 않는 것으로 생각하거나 헤아릴 수가 없으며 말로 표현할 수 없다. 만약 도를 허무가 아닌 존재하는 것이라고 한다면 도는 곧 사물과 같다. 노자는 이렇게 말하였다.

> 분리되지 않은 어떤 사물이 하늘과 땅보다 먼저 있었다. 소리도 없고, 형체도 없고, 무엇에 의존하지도 않고 변하지도 않고, 두루 편안하여 계속 움직이나 위험이 없다. 가히 세상의 어머니라 할 수 있다. 나는 그 이름을 모른다. 그저 '도'라고 불러 본다. 구태여 형용하라 한다면 '크다'라고 하겠다.[2]

---

2) 有物混成, 先天地生. 寂兮廖兮, 獨立不改, 周行而不殆, 可以爲天地母. 吾不知其名, 强字之曰道, 强爲之名曰大. (25)

도가 비록 하나의 사물이라고는 하지만 그것은 일반적 의미에서의 사물과 달리 특별하다. 때문에 도는 출현에 있어서도 일반적인 사물과 완전히 다르다. 노자는 도에 대하여 이렇게 서술하였다. "도라고 하는 것은 그저 황홀할 뿐이다. 황홀하기 그지없지만 그 안에 형상이 있다. 황홀하기 그지없지만 그 안에 물상이 있다. 그윽하고 어둡지만 그 안에 정밀함이 있다. 정밀함은 지극히 참된 것으로서 그 안에는 믿음이 있다."[3] 도는 보기에는 있다가도 없는 듯하고 밝았다가도 어두워지는 신비한 것이지만 실제로 존재하는 것이다. 사물이 있고 형상이 있으며 정밀함이 있고 믿음이 있다.

[元] 趙孟頫, 「老子像」(수묵화)

　사물로서의 도는 여러 가지 사물 혹은 만물의 형태로 나타나는 것이 아니라 오로지 한 가지로 표현되므로 하나(一)라고 할 수 있다. 노자는 도를 하나와 동일시하였다. 그럼 하나란 무엇을 의미할까? 하나는 전체 속의 하나일 수도 있고 전체로 합일된 완전체로서의 하나일 수도 있다. 즉 하나는 매개가 될 수도 모든 것이 될 수도 있다는 것이다. 그러나 노자의 도가 말하는 하나는 전체 중의 하나인 어떤 사물이나 존재도 아니고, 많은 하나들의 집합체인 사물 전체를 가리키는 것도 아니다. 또한 만물을 관통하는 어떤 원소로 그들 공동의 성질을 이루어 주는 그러한 것도 아니다.

　도에 있어서 하나는 사물의 '통일'이다. 이 통일은 응집력으로 나타난다. 이 응집력에 의하여 사물은 사물 자체와 통일체를 이루고 스스로의 본성을 갖게

---

3) 道之爲物, 惟恍惟惚. 惚兮恍兮, 其中有象. 恍兮惚兮, 其中有物. 窈兮冥兮, 其中有精. 其精甚眞. 其中有信.(21)

된다. 이러한 하나를 이루어야만 하늘이 비로소 하늘일 수 있고 땅이 땅일 수가 있으며 만물이 비로소 만물이 된다. 그리하여 노자는 이렇게 말하였다. "하늘은 하나를 얻음으로써 맑아졌다. 땅은 하나를 얻음으로써 편안해졌다."4) 세상만물은 하나를 얻음으로써 비로소 생성生成된다. 여기에서 맑을 청淸은 하늘의 본성이고, 편안할 녕寧은 땅의 본성이며, 낳을 생生은 만물의 본성이다. 만약 하나를 얻지 못하면 천지만물은 자신의 본성을 잃게 되고 천지만물을 이룰 수가 없게 된다.

그러므로 도는 존재로서 그 자신의 존재를 의미할 뿐만 아니라 천지의 시작과 근원임을 뜻하기도 한다.

⑵ 도와 무

노자는 유뿐만 아니라 무無에 대하여서도 논의하였다. 무는 존재하지 않는 것이며 존재가 아니다. 이런 무에 대해서도 노자는 여러 가지 의미를 부여했다.

첫째, 도로서의 무. 도에서 유는 바로 무와 같다. 존재의 의미를 놓고 도를 단순히 하늘과 땅으로 이해하여서는 안 되고 그 사이의 세상만물로 이해하여서도 안 된다. 도는 오직 도 자체일 뿐이다. 만약 도가 하늘과 땅 그리고 세상만물과 구별된다면 그 자체는 더는 하나의 사물이 아니다. 사물이 아니라면 그럼 그것은 볼 수도 들을 수도 없는 허무인 것이다. 따라서 도 자체를 유이기도 하고 무이기도 하다고 한 것이다. 도 자체는 절대적인 유도 아니고 절대적인 무도 아닌 무와 유가 다르지 않는 그런 것이다. 즉 존재와 허무는 각각 다른 것이 아니라 하나라는 것이다. 이러한 의미에서 도는 유이기도 하고 무이기도 하며, 유가 아니기도 하고 무가 아니기도 하다. 노자는 유의 차원뿐만 아니라 무의 차원에서도 도를 연구하였다. 무는 소극적이거나 부정적인 것이 아니라 오히려 가장 높고 가장 원만한 존재이다.

둘째, 사물 형태의 무. 노자가 말하는 도의 존재로서의 허무는 일반적으로

---

4) 天得一以淸, 地得一以寧.(39)

말하는 유무와 서로 다른바 양자를 혼동하여서는 안 된다. 통상적인 이해에 따르면 도의 존재로서의 허무는 형이상학적이고 유와 무는 형이하학적이다. 형이상적인 존재인 허무는 하늘과 땅 및 세상만물을 초월한다. 노자는 세상만물이 유에서 생기고 유는 또한 무에서 생긴다고 하였다. 이렇게 보면 유가 바로 무인 것이다. 그러나 형이하적인 유와 무는 하늘과 땅 그리고 세상만물 속에 있다. "서른 개의 바퀴살이 하나의 수레바퀴를 만드는데 수레바퀴의 빈 공간이 수레를 유용하게 하는 것이며, 진흙을 이겨 그릇을 만드는데 그릇의 빈 공간이 그릇을 유용하게 한다. 문과 창을 뚫어 방을 만들 때도 그 방의 빈 공간이 방을 유용하게 한다. 그러므로 있음이 이로움이 되는 것은 없음이 그 역할을 하기 때문이다."5) 여기에서 수레바퀴, 그릇, 창문의 유와 무는 세상만물 중의 유와 무이다. 그들은 단지 만물에서의 자체적인 구분일 뿐이다. 유는 일종의 사물 형태로서 모자라는 부분인 다른 사물 형태 즉 무와는 다르다. 이때의 무는 텅 빈 것으로 표현이 되는데 보기에는 소용이 없어 보이나 실은 유를 위해 봉사하기 때문에 유용한 것이다.

이상 무의 의미에 대한 서술에서 보면 도에서 무가 근본적인 데 비해 사물 형태의 무는 부차적이다. 결국은 도로서의 무가 사물 형태의 무를 규정지어 준다고 할 수 있다.

그러나 일반적으로 무라는 것은 없는 것을 가리킨다. 무는 존재하지 않는 것이며 헤아려 볼 수 없는 것이고 말로 표현할 수도 없는 것이다. 노자는 무의 본성에 대해 잘 알고 있었던바 그는 도를 가려져서 보이지 아니하고 영원하지만 이름 지어 부를 수는 없는 것이라고 하였다. 고로 항상 변하지 않는 참된 도는 말로 표현할 수 없는 것이고 말로 표현할 수 있는 것은 참된 도가 아니다.

노자는 도가 말로 표현할 수 없는 것이라고 하면서도 한편 도의 존재와 유이기도 하고 무이기도 한 도의 본성에 대해 규정해 주었다. 유가 만물의 근원이라면 무는

---

5) 三十幅, 共一轂, 當其無, 有車之用. 以爲器, 當其無, 有器之用. 鑿戶牖以爲室, 當其無, 有室之用. 故有之以爲利, 無之以爲用.(11)

하늘과 땅의 시작이다. 이렇게 천지만물과 비교하여 볼 때, 무는 항상 그 우위에 있다.

그러나 사람들이 무를 거론하는 순간 곤경에 빠지게 된다. 사람들은 존재하지 않는, 텅 빈 단어를 토론하거나 또는 무를 특별한 형태의 유로 변형시켜 토론을 진행하기 때문이다. 노자 역시 그러한 곤경의 가능성에 대해 익히 알고 있었지만, 무의 언급을 멈추지 않았다. 그렇다면 노자는 어떻게 이런 곤경을 극복하였을까?

하나는 되돌아가는 것이다. 도에서 무는 비록 스스로를 감추지만 또한 만물에 의해 드러나기도 한다. 따라서 사람들은 만물을 통하여 무로 되돌아갈 수 있다. 노자는 이렇게 말하였다. "천지만물은 유에서 생겨나고 유는 무에서 생겨난다."[6] 여기서 만물은 현장에 있고 드러난 자로, 사람들의 생각과 여론을 불러일으킨다. 사람들은 만물로부터 유로 돌아갈 수가 있다. 유는 근원으로서 만물의 발생지이기도 하다. 그리고 사람들은 유에서 무로 거슬러 올라갈 수 있는데 이는 유 자체가 만물 중의 어떤 것에 속하는 것이 아니기 때문에 유인즉 곧 무라는 데 있다. 또한 생으로서의 유를 놓고 보더라도 유에서 유가 생겨난다는 것은 물론 성립이 안 된다. 그러면 무에서 유가 생기게 할 수밖에 없는 것이다. 따라서 무에서 유에 이르는 것이야말로 생성이라고 할 수 있다.

다른 하나는 부정이다. 무로서의 도는 은폐의 특징을 가진다. 한편으로 도 자체가 스스로를 은폐하고 있고 다른 한편으로는 도가 만물에 의해 가려진다. 때문에 도의 무적 본성은 발견하기가 어려워진다. 만약 사람들이 무의 본성을 보고자 한다면 부정을 통해 가려진 것을 벗겨 내야만 한다. 노자는 이렇게 말하였다. "학문을 하는 자는 갈수록 욕심과 꾸밈이 늘어난다. 도를 구하는 자는 갈수록 욕심과 꾸밈이 줄어든다. 줄어들고 또 줄어들어 마침내 무위의 경지에 이른다."[7] 여기서 손損은 줄이거나 감소한다는 뜻으로 은폐를 없앤다는 말이다. 도를 행하는

---

6) 天下萬物生於有, 有生於無. (40)
7) 爲學日益, 爲道日損. 損之又損, 以至於無爲. (48)

길은 바로 가린 것을 없애는 과정이다. 그것을 말로 표현하자면 무無, 불不, 비非, 막莫, 불弗 등과 같은 부정적 단어를 사용하게 된다. 바로 이러한 부정을 통해 사람들은 비로소 도 자체를 꿰뚫어볼 수가 있다.

노자는 도의 본성인 허무를 경험하였다.

> 도는 비어 그 쓰임에 차고 넘치는 일이 없다. 심연처럼 깊어 만물의 근원이다. 깊고 고요하여 뭔가 존재하는 것 같다. 누구의 아들인지 알 수 없지만 하느님보다 먼저 있었음이 틀림없다. 더 이상 밝을 수도 없고 더 이상 어두울 수도 없다. 이것이 한데 어우러져서 끝없이 이어지니 이름 붙일 수도 없으며 결국은 다시 무無의 세계로 돌아간다. 형태가 없는 모양이고 형체가 없는 형상이니 이것을 일컬어 흐리멍덩하고 어슴푸레하다 하겠다. 앞에서 살펴봐도 그 머리를 볼 수 없고 뒤를 따르면서 봐도 그 끝을 볼 수 없다."8)

노자는 도를 공간과 시간으로 나누어 설명하였다. 공간적으로 도는 공허한 것이고 바닥을 볼 수 없으며 끝도 없는 것이다. 도 자체가 빈 것이기 때문에 밑도 끝도 없다는 것이다. 만약 도가 밑이 있고 끝도 있다면 도 자체가 바로 그 밑이고 끝일 것이다. 결코 다른 사물을 밑이나 끝으로 삼지 않는다. 시간적으로 사람들은 도라는 것이 어떤 것인지 알지 못하고 다만 하느님 이전부터 존재한 것이라 여기고 있다. 이는 사실 도 자체가 곧 시작임을 확정한 것이다. 도보다 더 앞선 다른 사물은 없고 도 자체가 그 후에 생겨나는 사물의 시작이 되는 것이다.

이상 서술에서 알 수 있듯이 도로서의 무는 스스로를 규정할 수는 없지만 모습을 드러내어 나타나기도 한다. 이렇게 나타난 무의 모습은 만물과 구분될 뿐만 아니라 만물 중 하나인 무와도 의미적으로 구분된다. 때문에 도에서의 무의 출현은 무에 대한 부정이면서 또한 만물에 대한 부정이기도 하다. 그러면서 무는

---

8) 道沖, 而用之或不盈. 淵兮, 似萬物之宗. 湛兮, 似或存. 吾不知誰之子, 象帝之先. 其上不皦, 其下不昧. 繩繩兮不可名, 復歸於無物. 是謂無狀之狀, 無物之象, 是謂惚恍. 迎之不見其首, 隨之不見其後.(4)

한 사물의 신분으로 다른 사물을 부정하는 것이 아니기 때문에 그는 사실 또한 그러한 사물처럼 모습을 드러낼 수가 없다. 차라리 그가 출현 중에 자신을 은폐해 버렸다고 하는 것이 낫겠다.

그러나 무의 만물에 대한 부정은 부차적인 것이며 근본적인 것은 무의 스스로에 대한 부정이다. 오직 스스로에 대한 부정 속에서만 무는 그 자체가 될 수 있다. 그렇지 않으면 그냥 만물 중의 특수한 형태 즉 유의 의미와 대비되는 무로 될 뿐이다. 자아부정 속에서 무는 한편으로는 자신과의 통일성을 유지하고 다른 한편 으로는 자신과의 차이를 명확히 한다. 따라서 무 자체에 대한 부정이야말로 무의 가장 근원적인 생성이라고 할 수 있다. 이런 의미에서 무 자체는 죽음의 무가 아니라 생을 위한 무이고 이것이 곧 도의 본성이라고 할 수 있겠다. 세상만물은 유에서 생기는 것이고 유는 또한 무에서 생겨나는 것이다. 다시 말하면 고요함이 극에 이르면 움직임이 생기고 그에 의해 만물이 생겨난다는 것이다.

도로서의 무의 본성은 스스로를 숨기게 한다. 노자는 이를 현덕玄德이라 불렀다. 덕은 도의 실현이며 완성이다. 현덕은 가려진 덕성을 말하는바 밖으로 표현되는 덕성과 대비되는 말이다. 그것은 어두운 것이며 보이지 않는 것이다.

(3) 도와 생

만약 도가 무인 동시에 유라고 할 때, 그러한 도는 반드시 생이라고 하겠다. 생은 단편적 의미에서의 유나 무가 아니다. 그것은 시종 유와 무의 통일, 대립, 전화를 동반하고 있다.

한편으로 무는 유로 전화된다. 유는 또 다른 유에서 생성된 것이 아니라 무에서 생성된 것이다. 즉 자체에서 생성되는 것이다. 때문에 그 자체가 바로 시작이고 기초이며 근거가 되는 것으로, 다른 더욱 근원적인 발원지의 존재 가능성을 배제한다.

다른 한편으로, 유가 무로 되돌아가는 것이다. 유는 자체에 속박되거나 정지되 어 있는 것이 아니라, 무로 되돌아가는 과정에 새로운 유를 만들어 낸다. 이러한 유와 무의 끊임없는 통일과 대립과 전환의 과정을 통해 무한한 생장과 번식이 가능하게 된다. 이러한 의미에서 보면 유와 무의 동일성同—性이 자체의 순환을 만들어 낸 것이다.

도 자체의 생성은 만물을 만들어 낸다는 데서 구체적으로 체현된다. 그래서 노자는 도를 세상만물의 어머니라고 하였던 것이다. 도가 비록 세상만물과는 다르지만 그들과 완전히 동떨어진 것은 아니다. 반대로 도와 천지만물은 서로 밀접하게 연관된 것으로 노자는 그들을 모자 사이로 형상화시켰다. 도는 천지의 어머니이고 하늘과 땅은 도의 자식이라고 비유하였던 것이다. 모자 관계는 근본적으로 말해 일종의 생육 관계이다. 즉 생육하는 것과 생육되는 것의 관계이다. 노자는 이러한 도를 신비한 어머니의 생식기관에 비유하였다. "계곡의 신은 죽지 않는다. 이를 일러 미묘한 모성이라 한다. 모성의 문, 이를 일러 천지의 근원이라 한다."9) 도는 허무한 것이며 동시에 신기한 것이어서 이러한 도는 영원히 생성된다. 도는 신비한 모성의 생식기관처럼 생육 능력을 갖고 있다. 그는 발원지로서 천지를 낳고 기른다.

도에서 만물이 생겨나는 것은 결코 신이 만물을 창조하는 것과 같은 것이 아니다. 이런 천지개벽의 창세 이야기 속에서 신이나 하느님은 창조자이며 만물은 창조물이다. 신과 만물의 관계는 창조하고 창조되는 관계이다. 신이 만물을 창조하는 것은 결코 자신을 통해 만들어 내는 것이 아니라 무에서 유를 만들어 내거나 혹은 한 사물을 다른 사물로 만드는 것이다. 일단 창세 과정이 완성되면 신과 만물 사이는 분리된다. 신은 신이고 만물은 만물이다. 신이 비록 만물을 창조하였다지만 만물의 본성은 아니다.

도에서 만물이 생겨나는 것은 인류의 생산이나 제조 활동과도 다르다. 생산 활동에서 생산자는 사람이고 생산품은 사물이다. 생산은 무에서 유를 만들어 내는 것이 아니라 한 사물을 다른 사물로 변화시키는 것이다. 이는 사람이 도구를 사용하여 기존 사물을 가공하거나 개조하거나 또는 형태를 만들어 그로 하여금 사람들에게

---

9) 穀神不死, 是爲玄牝. 玄牝之門, 是謂天地根.(6)

[唐] 柳公權, '德'(서예)

쓸모 있는 물건으로 되게 하기 위함이다. 일단 물건이 형성되면 사람과의 연관은 끊어진다.

하지만 생육하고 생육되는 자들은 일종 특별한 관계가 있다. 생육되는 사람은 생육하는 사람에게서 태어난다. 도와 세상만물의 관계가 바로 이러하다. 세상만물은 도에서부터 생겨난 것이다. 도와 만물이 모자 관계라는 것은 단지 일종의 비유일 뿐이다. 도에서 만물이 생겨났다는 것은 만물이 도의 본성에 의거하여 생장한다는 것을 보여준다. 이것을 다시 말하면 만물은 도가 인도하는 데 따라 존재한다는 것이다. 때문에 도에서 만물이 생겨난다는 것은 도가 만물을 생겨나게 했다는 의미와 같다. 이러한 규정으로부터 볼 때, 도와 만물의 관계는 일종의 주인과 노비의 관계가 아니다. 도는 만물에 자유를 내어 준다. "대도는 두루 미치기 때문에 도가 능히 지배할 수 있다. 만물은 도에 의거하여 발생하지만 아무 말도 하지 않고 공을 이루지만 공으로 일컫지 않는다. 만물을 기르지만 스스로 주재한다고 여기지 않고 늘 욕망이 없으니 보잘것없다고 할 수 있다. 만물이 따르지만 스스로 주재자가 되지 않으니 위대하다고 할 수 있다. 시종 위대하다고 여기지 않기 때문에 도리어 위대함을 이룰 수 있다."10) 도는 만물이 생겨나게 해 주면서도 만물을 독차지하지 않는다. 만물은 도를 벗어나지 않고 도에 의거한다. 이것이 바로 도가 이루어 낸 위대한 부분이다.

(4) 도와 세계

도에서 만물이 생긴다는 것으로부터 출발하여 노자는 우주와 세계의 생성 과정을 서술하였다. "도가 하나를 낳고, 하나가 둘을 낳으며, 둘이 다시 셋을 낳고

---

10) 大道汎兮, 其可左右. 萬物恃之以生而不辭, 功成而不有. 衣養萬物而不爲主, 可名於小, 萬物歸焉而不爲主, 可名爲大. 以其終不自爲大, 故能成其大.(34)

셋이 만물을 낳는다. 만물은 음을 등에 지고 양을 품에 안는다. 이러한 것이 서로 합하여 조화를 이루어 가는 것이다."[11]

노자는 하나, 둘, 셋과 같이 점차 늘어나는 숫자를 통해 세상이 만들어지는 과정을 설명하였다. 이에 대하여 사람들은 서로 다른 다양한 견해를 내놓았다. 하나는 시작 단계이고 둘은 중간 단계이며 셋은 완성의 단계로 보는 견해가 있는가 하면 또는 하나, 둘 셋과 같은 수자에 사람들은 더욱 구체적인 규정을 부여하거나 구체적인 명칭을 달아 주기도 했다. 그중 하나를 도 자체 또는 기氣라고 보고, 둘을 음양陰陽으로 보며, 셋을 음양의 합일이라고 보는 견해가 일반적이다. 하지만 이는 억지로 맞추어 넣기 식의 착오를 범할 수 있다. 사실 노자는 단지 하나, 둘, 셋과 같은 숫자를 빌려 도에서 만물이 생겨나는 과정은 간단한 데로부터 복잡한 데로, 단일한 데로부터 번잡한 데로 이르는 것임을 말하고자 했을 따름이다.

그러나 도에서 만물이 생겨나는 과정에는 또한 도 자체뿐이 아니라 덕德, 물物, 세勢 등도 함께 작용하고 있다. 이에 노자는 이렇게 말하였다.

> 도가 낳고 덕이 길러 사물의 모양이 잡히고 형세를 이룬다. 이로써 만물은 도를 존중하고 덕을 귀히 여기지 않을 수 없다. 도를 존중하고 덕을 귀히 여기는 것은 명령하지 않아도 항상 스스로 그러하는 것이다. 그러므로 도는 낳고 덕은 기른다고 한다. 성장하고 육성하며 치우치지 않고 성숙시키며 돌보고 덮어 준다.[12]

도는 근원이고 덕은 도의 실현이며 물은 형태이고 세는 세력과 환경이다. 만물의 형성이 여러 가지 요소에 의해 이루어지지만 그중 근본은 도이다. 도는 만물을 생육할 뿐만 아니라 그들을 배양하고 지켜 준다.

도에서 생겨난 만물로 형성된 세계는 모두 나름대로의 구성을 갖고 있다.

---

11) 道生一, 一生二, 二生三, 三生萬物. 萬物負陰而抱陽, 沖氣以爲和.(42)
12) 道生之, 德畜之, 物形之, 勢成之. 是以萬物莫不尊道而貴德. 道之尊, 德之貴, 夫莫之命而常自然. 故道生之, 德畜之, 長之育之, 成之熟之, 養之覆之.(51)

이런 구성에는 여러 가지 측면이 포함된다. 노자는 부동한 측면으로부터 세계의 구성에 대하여 서술하였다. 세계의 구성에 대한 노자의 서술은 체계적이지는 않지만 향후 중국철학이 세계의 구조를 설명하는 데 있어서의 기본적인 틀과 중요한 계시가 되어 주었다.

첫째, 도 혹은 무극無極. 세계의 구성에서 도는 가장 높은 곳에 있으면서 시작에 속한다. 때문에 태극太極이라고도 한다. 근본의 시작으로서 도는 유가 아니라 무이다. 때문에 도 자체는 무극이다. 그러니 무극은 곧 시작이고 유가 아닌 무이다.

둘째, 기氣. 노자가 말하는 기는 사람 생명의 기이면서 또한 천지자연의 기이기도 하다. 생명의 기는 정신력과 체력에서 나오는 기이고 동시에 호흡을 통해 나오는 기이기도 하다. 그러나 자연의 기는 음양의 기이다. 천지자연의 기는 사람 생명의 기보다 더욱 근원적이다. 기는 도의 표현 형태로 유이기도 하면서 무이기도 하다.

셋째, 음양陰陽. 음양은 기에서 가장 기본적인 구분이다. 가장 기본적인 두 가지 성질이라고도 할 수 있다. 그러나 음, 양을 유와 무라고 혼동하여서는 안 된다. 존재의 차원에서 볼 때 유와 무의 동일성은 도에 대한 근본적인 규정이 되지만 음과 양의 동일성은 단지 도의 부차적인 규정에 불과하다. "만물은 음을 등에 지고 양을 품에 안는다"[13]에서 나오는 음과 양을 근원적인 유무와 동일시해서는 안 된다. 이를 유에 대한 일종의 분류로 보는 것이 더 적절하다. 즉 유는 양으로서의 유와 음으로서의 유 두 가지 형태가 합쳐서 이루어진 것이다. 음양의 구분에서 근원으로서의 무는 배제되었고 동시에 무로서의 유 역시 은폐되어 나타나지 않는다. 그러나 유와 무의 관계가 음양으로 대체되는 경우도 많이 나타나는데 이때의 도는 더 이상 유·무의 도가 아니라 음·양의 도가 된다. 이 경우 음·양의 도는 반드시 유·무의 도로 돌아가야 한다. 오직 그래야만이 음·양은 유·무의 생성 과정에서 에너지를 얻어 유의 두 가지 형태를 형성할 수 있게 된다.

넷째, 오행五行. 노자는 오행으로 색채, 소리, 미각에 대해 서술하였는데 오색五色,

---

13) 萬物負陰而抱陽.(42)

오음五音, 오미五味의 설이 그것이다. 노자는 이러한 것을 보편화한 것이 아니라 단지 하나의 본보기로 보여 주었다. 이는 노자가 아직 '금목수화토金木水火土'의 특성에 따라 세상만물을 분류하지 않았다는 것을 설명한다.

다섯째, 만물. 무가 아니고 유인 존재는 모두 사물이라고 칭할 수 있다. 그리고 만물은 구분이 필요하다. 비록 사람 역시 일정한 형태를 가진 사물이라고 말할 수 있지만 필경 사람과 다른 사물들(광물, 식물, 동물)은 다르다. 때문에 사물이라는 것은 언제나 사람 이외의 것을 가리킨다. 이런 사물도 서로 다른 유형이 있다. 통나무 박樸은 순수한 자연 그대로의 사물이다. 그것은 인위적인 가공을 거치지 않은 나무이다. 통나무와 비슷하게 소素 역시 순수한 자연 그대로의 사물이다. 그것들과 달리 기器는 사람이 만들어 낸 사물이고 자연 사물을 개조한 것이다. 사事는 사람의 활동으로 사람이 자신과 만물 사이에 연관을 이루는 일이다.

여섯 번째, 세상. 세상은 만물로 형성된 전체를 말한다. 세상은 의심할 여지없이 만물로 이루어졌다. 세상은 만물의 세상이며 만물은 세상의 만물이다. 세상은 여러 개의 큰 영역으로 나누어 볼 수 있다. 노자는 세상을 천天, 지地, 인人, 도道 등 네 가지 큰 것으로 나누어 보았다. "그러므로 도도 크고, 하늘도 크고, 땅도 크고 사람은 더욱 크다. 세상에는 네 가지 큰 것이 있는데 사람도 그 가운데 하나이다. 사람은 땅을 본받고, 땅은 하늘을 본받고, 하늘은 도를 본받고 도는 자연을 본받는다."[14]

노자의 세상은 서양의 세상과 다르다. 노자의 세상은 천天, 지地, 인人, 도道이고 서양의 세상은 천天, 지地, 인人, 신神이다. 천, 지, 인 외에 노자는 세상에 도가 있다고 하였고 서양은 도 대신 신이 있다고 하였는데 이것이 그들의 구별점이다. 노자의 세상은 서양의 세상과 다를 뿐만 아니라 중국에서 말하는 일반적인 세상과도 다르다. 중국의 세상은 천, 지, 인이다. 노자는 그보다 도를 더 추가하였다.

노자 세상의 네 가지 큰 것들은 서로 어떠한 관계를 맺고 있을까? 사람으로부터

---

14) 故道大, 天大, 地大, 人亦大. 域中有四大, 而人居其一焉. 人法地, 地法天, 天法道, 道法自然(25)

땅에 이르기까지, 땅으로부터 하늘에 이르기까지, 하늘로부터 도에 이르기까지 모두 각각 규정되고 규정하는 관계이다. 노자는 도를 최고의 규정자로 인정하고 있다. 때문에 도를 규정해 줄 더 높은 차원의 규정자는 없다. 도 스스로가 자기를 규정하는 것이다. 이것이 바로 노자의 세상이 다른 세상과 다른 점이다. 서양의 세상에서는 신이 최고의 규정자이고 보편적으로 생각하는 중국의 세상에서는 하늘이 최고의 규정자이다. 노자의 세상은 신의 통제를 제외시켜 주었을 뿐만 아니라 하늘을 신격화하지도 않는다.

⑸ 도의 본성

도의 여러 가지 특성 중에서 가장 기본적인 것은 자연이다. 노자는 천, 지, 인이 도를 따라야 하며 도는 다른 그 어떤 사물도 아닌 오로지 자연을 따른다고 하였다. 그럼 자연이란 무엇인가? 자연이란 중국어에서 주로 두 가지 의미로 쓰인다. 하나는 자연계이다. 광물질, 식물, 동물로 구성된 전체를 가리키는데 사람은 특별한 고급 동물로서 역시 이에 포함되어 있다. 다른 하나는 자연적인 것이다. 이것은 다시 말해 무릇 사물이라 할 수 있는 것은 바로 자기 자신이며 자기가 하고 있는 그대로의 모습이라는 것이다. 때문에 자연이 바로 자기의 본성이라 할 수 있다. 노자의 사상에서 자연계는 천지만물이지만 자연은 자연스러운 것과 본성 그 자체의 모습을 의미한다. 때문에 그가 주장했던 "도가 자연을 본받는다"(道法自然)라는 말은 결코 도가 외재적인 자연계를 따른다는 것이 아니라 도는 오로지 자기 본연의 모습을 추구하고 스스로를 따르고 있음을 강조한 것이다. 그 이유는 무엇일까? 이는 도보다 더 높은 경지의 근원을 찾을 수 없기에 도는 스스로가 자기의 근거가 될 수밖에 없기 때문이다. 그렇게 도의 존재는 스스로의 그러함을 본받는 것이고 그것이 곧 자연을 본받는 것이다. 이런 의미에서 볼 때 도가 자연을 본받는다는 것은 도가 스스로의 본질적이 속성에 의하여 존재함을 말하는 것이다.

도가 자연을 본받는다는 것은 또한 진정한 도는 무위라는 것을 의미한다.

위爲는 인위적인 것으로 자연적인 것이 아니며 자연에 어긋나는 것이다. 도가 자연을 본받을 때, 그것은 무위無爲에 속한다. 여기서의 무위는 다른 어떠한 일도 하지 않는 것이 아니라 대도大道의 의의를 위반하는 여러 가지 인위적인 행동을 부정한다는 뜻이다. 동시에 그것은 다른 어떠한 단편적이면서 소극적이거나 또는 비적극적인 행동과도 다르다. 무위는 도 스스로가 자연스럽게 이루어질 뿐만 아니라, 사람들이나 만물이 모두 본연의 속성에 따라 이루어지도록 한다. 이런 무위야말로 가장 근원적인 생성이고 최고 형태의 유위有爲라고 할 수 있기 때문에 아무것도 하지 않지만 또한 하지 않는 것이 없다고 한다. 자연스러운 것이 도에 대한 긍정적 해석이라면 무위는 도를 부정의 방식으로 해석한 것이라고 하겠다.

도가 자연을 본받아 무위가 되었을 때, 도는 아무것도 생각하지 않고 사물에 의해 마음이 움직이지 않는 상태인 허정虛靜으로 체현된다. 허는 실實에 대비되는 것이다. 실은 이미 실현된 것이지만 허는 이루어지지 않은 것이다. 그러나 이루어지지 않았기에 비로소 실현의 동력과 원천을 갖게 된다. 이에 허를 도로서의 무가 갖는 본성의 어떤 형태로 볼 수 있다. 이러한 허虛 속에서 도는 다른 기타 사물이 아닌 자기 스스로의 모습을 유지할 수 있다. 동시에 도는 정靜 즉 고요함을 유지한다. 허무인 도는 움직일 수가 없으니 정지 상태일 수밖에 없다. 고요하다는 것은 도가 그 자체에 그대로 머물면서 스스로와의 동일성을 유지한다는 뜻이다. 이와 반대로 조급하게 움직이면 도에서 멀어지거나 도를 잃어버리게 된다. 때문에 노자는 고요함은 조급함의 주인(靜爲躁君)이라고 강조하면서 고요함을 천하의 올바름으로 여겼다.

도는 연약하게 보일 때도 있다. 연약함은 강직한 것과 대립된다. 일반적으로 거의 사람들은 강직한 것은 긍정적으로 생각하지만 연약한 것은 부정적으로 여긴다. 그러나 노자는 이러한 견해에 반대하였다. 그는 연약한 것이 강한 것을 이긴다고 주장하면서 그 이유는 연약한 것은 생명을 대표하고 강직함은 죽음을 대표하기 때문이라고 했다.

물론, 이 외에도 도는 여러 가지 특징을 갖고 있다. 그러한 특징들은 하나의 공통점을 가지는데, 그것이 바로 도 자체의 존재와 관련된 것 즉 도의 본성은 허무라는 것이다. 만약 도의 본성을 존재로 보느냐 허무로 보느냐를 두고 굳이 선택을 하고자 한다면, 노자는 도의 존재성보다 허무의 성격을 더 강조했다고 할 수 있다. 이는 노자가 주장한 허무의 의미가 일반적인 존재의 의미를 초월한 것에 비해, 존재의 의미는 허무에 못 미쳤기 때문이다. 이른바 자연, 무위, 허정, 연약 등은 모두 도의 허무의 본성에서 기인한 것이다. 때문에 노자의 사상의 근본은 존재가 곧 허무라는 것이다.

도의 특징을 설명하기 위하여 노자는 많은 사물을 인용하여 비유적으로 표현하였다. 그 주요한 것을 아래와 같은 몇 가지로 간단히 서술해 본다.

첫째, 곡穀. 곡이란 산골짜기를 말하는데 이는 산봉우리와 대비되는 것으로 두 산 사이에서 가장 낮은 곳이다. 동시에 산체와 비교해 볼 때 공허하여 빈자리가 많다. 이 때문에 산골짜기는 계곡물을 수용할 수가 있다. 그리고 강이나 바다는 수많은 계곡의 물줄기를 모아 백곡왕百穀王이 된다. 깊고 공허하고 포용력이 강한 골짜기는 도의 특성에 부합된다. 이에 노자는 "계곡의 신은 죽지 않는다"[15]라고 하였다. 골짜기의 텅 빈 공간 즉 공허는 신기하고도 영원한 것이다. 노자는 사람들에게 "천하를 두루 껴안는 계곡이 되기"[16]를 권고했는데 이는 곧 자연의 무위인 것이다.

둘째, 물. 물은 천지 사이에 가장 기본이 되는 물질 중 하나이다. 물은 액체로 되어 있어 흙이나 돌 같은 고체 상태의 물질과 달리 아래로 흘러 낮은 곳에 이른다. 이 세상 어느 누구도 물처럼 유연한 특성을 가지지 못했다. 물은 또한 가장 강직하고 끈기가 있는데 이 때문에 다른 어떤 사물도 물을 이길 수가 없다고 하는 것이다. 이 외에 물 자체는 생명이 없지만 생명의 원천으로는 될 수 있다. 이것으로 물은 도의 비유적인 사물이 되기에 손색이 없다. 노자는 이렇게 말하였다. "천하에 물보다 부드럽고 약한 것이 없지만 굳세고 강한 것을 공격하는 데는 그보다 더

---

15) 穀神不死.(6)
16) 爲天下穀.(28)

뛰어난 것도 없으니, 그 성질을 바꿀 수 없기 때문이다."[17] 그는 또 이렇게 말하였다. "가장 훌륭한 것은 물과 같다. 물은 모든 것을 섬길 뿐 그것들과 다투고 경쟁하는 일이 없고 모두가 싫어하는 낮은 곳을 향하여 흐른다. 그러기에 물은 도에 가장 가까운 것이다."[18]

셋째, 통나무 박樸. 통나무는 다듬지 않은 나무의 원시상태이다. 그것은 자연적인 것으로 인공적인 것과는 다르다. 자연적인 것은 물론 자연의 본성을 갖고 있는데 도 자체가 곧 자연이기 때문에 통나무도 도의 비유대상이 되었다. 노자는 "참된 도는 통나무처럼 이름이 없다"라고 하였고 "이름 없는 통나무"[19]라고 하였다. 통나무가 이름이 없다고 할 수 있는 것은 바로 그것이 사람들에 의해 가공되지 않았고 명명되지 않았기 때문이다. 무명이 바로 자연이다.

네 번째, 암컷의 자雌. 자는 음성이고 모성을 나타내는 것으로 양성과 수컷의 공성公性에 대비하여 말한 것이다. 동물(사람을 포함)을 놓고 볼 때, 웅雄의 강대함에 비해 자는 연약하다. 이것 역시 연약한 도의 본성에 어울리는 것이다. 노자는 "하늘의 문이 열리고 닫힘에 있어 암컷이 하는 것처럼 할 수 있겠는가"라고 하면서 사람들에게 "수컷을 알면서 암컷을 지켜라"[20]라고 당부하였다.

노자는 도를 암컷에 비유하였을 뿐만 아니라 암컷의 생식기관인 현빈玄牝에 비유하기도 하였다. 생육의 문인 현빈은 만물의 문인 도와 흡사하기 때문이다. 노자는 이렇게 말하였다. "계곡의 신은 죽지 않으니, 이를 일러 현빈이라 한다. 현빈, 이를 일러 천지의 뿌리라 한다. 끊임없이 이어져 그리 존재하니, 아무리 써도 근심이 없다."[21]

---

17) 天下莫柔弱於水, 而攻堅强者莫之能勝, 以其無以易之.(78)
18) 上善若水. 水善利萬物而不爭, 處衆人之所惡, 故幾於道.(8)
19) 道常無名, 樸.(32), 無名之樸(37)
20) 天門開闔, 能爲雌乎.(10), 知其雄, 守其雌.(28)
21) 穀神不死, 是謂玄牝. 玄牝之門, 是謂天地根. 綿綿若存, 用之不勤.(6)

⑹ 도와 모순

도는 허무의 존재라는 것을 토대로 사물의 모순과 대립 및 전환에 관련된 독특한 변증법적 논리를 펼쳐보였다.

도는 모순의 통일체이다. 노자는 도가 절대적인 무 또는 절대적인 유도 아닌 무와 유의 통일이라고 하였다. 도는 무이면서 유이기도 하고, 유이면서 무이기도 하다. 노자는 도 자체의 대립 및 도의 소원疏遠과 회귀回歸에 대해서도 일가견이 있었다. 그는 도가 가지는 모순적 특징을 '반反'이라고 칭하였다. 노자는 이렇게 말하였다. "되돌아가는 것은 도의 움직임이다."22) 그리고 또 이렇게 말하였다. "크다고 하는 것은 끝없이 뻗어 나가는 것이고, 끝없이 뻗어 나가는 것은 멀리 멀리 떠나는 것이고, 멀리 떠난다는 것은 되돌아가는 것이다."23) 그리고 또 "현묘한 덕은 깊고 멀어서 만물과 함께 되돌아간다. 그래서 큰 순리에 이른다"24)라고 하였다. 반은 반대이고 대립이다. 도의 모순성을 나타내는 반은 도가 만물과 대립될 뿐만 아니라 도 그 자체와도 대립을 이루고 있음을 의미한다. 또한 반은 대립을 나타내는 동시에 한편 되돌아온다는 의미도 있다. 이는 도의 생성이 스스로를 멀리하는 동시에 자체로 회귀하는 활동이기 때문이다.

노자는 도의 모순뿐만 아니라 세상만물의 모순도 밝혀 주었다. 자연, 사회, 심령 등과 같은 천지만물은 모두 모순이다. 일반적으로 사물의 유무, 음양, 생사, 장단, 고저, 다소, 대소, 전후, 좌우, 정반, 원근, 수곡, 경중, 정조, 난이, 흑백, 자웅, 빈모, 동이, 청탁, 한열, 강유, 강약, 손익 등은 가장 흔히 찾아볼 수 있는 모순이다. 이 외에도 인간세상의 진실과 거짓, 선과 악, 정正과 기奇25), 교묘함과 졸렬함, 친근함과 소원함, 이利와 해害, 귀와 천, 화복, 영예와 치욕, 슬기로움과

---

22) 反者道之動.(40)
23) 大曰逝, 逝曰遠, 遠曰反.(25)
24) 玄德深矣, 遠矣, 與物反矣, 乃至於大順.(65)
25) 역자 주: 正과 奇는 철학의 범주로서 正은 正常이란 의미이고 이 둘은 서로 보완하는 관계다.

어리석음, 길과 흉, 시是와 비非, 잘 다스려진 세상과 어지러운 세상, 승리와 패배 등도 모순에 속한다.

사물의 모순되는 두 측면은 대립적이지만 동시에 상호 의존하는 관계이기도 하다. "세상 사람들은 모두 아름다운 것을 아름답다고 알고 있지만 이것은 추한 것이다. 모두 선한 것을 선하다고 알고 있지만 이것은 선하지 않은 것이다. 따라서 유와 무는 상대적으로 생성되는 것이고, 어렵고 쉬움은 상대적으로 이루어지는 것이며, 길고 짧음은 상대적으로 나타나고, 높고 낮음은 상대적으로 대비되는 것이고, 메아리와 소리가 상대적으로 조화를 이루고 앞과 뒤가 서로 따른다. 이것은 변함이 없다."26) 만약 모순의 한쪽이 존재하지 않는다면 다른 한쪽도 사라질 것이고 반대로 만약 모순의 한쪽이 생기면 따라서 다른 한쪽도 나타날 것이다. 때문에 세상에는 어느 한쪽만 단독으로 존재하는 것이 아니라 대립되는 모순의 쌍방이 항상 공존한다.

더욱 중요한 것은 모순되는 사물의 양쪽 대립 면은 공존할 뿐만 아니라 서로 전환되기도 한다는 점이다. 이러한 전환은 한 사물을 자체로부터 그 반대의 것으로 변하게 한다. "불행이여, 그것은 행복을 뒤따르고, 행복이여, 그것은 불행 속에 숨어 있으니, 누가 그 끝을 알겠는가? 그것은 정해진 것이 없다. 올바른 것이 바뀌어서 그르게 되고, 선한 것이 바뀌어서 요사하게 된다."27) "굽으면 온전해지고 휘면 곧아지며 웅덩이가 깊으면 차게 되고 낡으면 새롭게 된다. 적으면 얻게 되고 많으면 미혹하게 된다."28) 사물의 발전이 이러하다는 것은, 그 자체 모순으로서의 전개는 하나의 과정 즉 시작부터 끝까지 또는 끝에서 시작하기까지 부단히 순환하는 과정이기 때문이다.

노자는 이러한 사물의 전환 과정을 매우 중시하였으며 그것을 사물 발전의

---

26) 天下皆知美之爲美, 斯惡矣. 皆知善之爲善, 斯不善矣. 有無相生, 難易相成, 長短相形, 高下相盈, 音聲相和, 前後相隨, 恒也. (2)
27) 禍兮福之所倚. 福兮禍之所伏. 孰知其極? 其無正也. 正復爲奇, 善復爲妖. (58)
28) 曲則全, 枉則直, 窪則盈, 敝則新, 少則得, 多則惑. (22)

필연적 과정이라고 여겼다. 어떤 사물에 대한 부정은 그것에 대한 긍정을 전제로 한다. "오므리려면 먼저 펴야 하고, 쇠약하게 하려면 먼저 강하게 만들어야 합니다. 폐망시키려면 먼저 흥행하게 해야 하고, 빼앗으려면 먼저 주어야 합니다. 이것을 일러 미묘한 밝음이라 합니다."[29) 여기서의 욕欲은 사람의 바람이나 욕망이 아니라 장차 나타날 사물 변화의 경향성을 말한다. 때문에 여기서 긍정과 부정의 변화는 인간의 의지에 따른 것이 아니라 사물 변화의 규칙이다. 긍정에 부정이 포함되어 있을 뿐만 아니라 부정에도 긍정이 포함되어 있다. 부정의 전제인 긍정성을 두고 노자는 사물 자체가 갖고 있는 미묘한 징조라고 하였다. 그러나 노자는 사물의 발전 과정을 설명함에 있어 양성, 적극성, 긍정성보다 음성, 소극성, 부정성 등을 더욱 강조하였던바, 후자가 사물의 시작인 데 비해 전자는 사물의 완성이라고 보았기 때문이다.

노자는 도 자체의 모순과 만물의 모순은 다른 것이라고 하였다. 이는 도 자체의 모순 즉 유와 무의 모순은 도로 하여금 스스로를 유지하게 하지만 만물의 모순은 만물 자체를 항상 그 대립 면으로 가게 하기 때문이다. 만물의 모순에 대한 이러한 제한성을 감안하여 노자는 사람들에게 반드시 모순의 어느 한쪽만 고수할 것이 아니라 모순에서 벗어날 것을 제안하였다. "그러므로 성인은 무위로 일을 처리하고 말없는 가르침을 행한다. 마치 만물을 이루되 관여하지 아니하고, 성장시키되 소유하지 않으며, 위하되 자랑하지 아니하고, 공을 이루고도 연연하지 않는다. 연연하지 않았기에 그 공이 영원히 사라지지 않는다."[30) 성인의 언행에는 모순이 없다. 그들은 이미 존재하는 사물의 모순을 극복하는 것이 아니라 일체 모순을 멀리하거나 또는 생기지 않게 한다. 이런 의미에서 사물의 모순, 대립과 그 전환에 관한 노자의 사상이 진정 일반적인 변증법과는 다른 것이다. 변증법에서는 사물의

---

29) 將欲歙之, 必固張之. 將欲弱之, 必固強之. 將欲廢之, 必固興之. 將欲取之, 必固與之. 是謂微明.(36)
30) 是以聖人處無爲之事, 行不言之敎. 萬物作而弗始, 生而弗有. 爲而弗恃, 功成而弗居. 夫唯弗居, 是以不去.(2)

모순이 대립과 통일의 과정을 거치면서 결국에는 버려진다고 하였다. 그러나 노자는 사물 발전이 시작되는 초기 단계부터 모순이 없는 도의 경지에 도달해야 한다고 주장했다.

3. 도와 사상

도와 존재의 관계를 밝히면서 노자는 도와 사상의 관계에 대하여서도 분석하였다. 도의 생성은 곧 사상이 이루어지는 과정이다. 이는 도가 인간에 의해 사고될 때 비로소 그 존재를 드러낼 수 있기 때문이다. 결국 도는 사상 속에서 만들어지는 것이다. 사상과 도의 관계는 결코 간단하지 않은바 아주 복잡하게 얽혀 있다. 사상과 도의 그러한 특별한 관계를 의식하고 있었기에 노자는 한편으로 도가 사고될 수 있는지의 여부에 대해 논술하였고, 다른 한편으로 도가 어떻게 인간에 의해 사고되는지를 제시해 주었다.

도는 물론 감각의 대상이 아니다. 감각의 대상이란 감성세계에 있는 존재이며 사람들의 감각기관을 자극하여 일반적으로 말하는 감성인식의 자료가 된다. 도는 하나(一)이다. 하지만 전체 중의 일부분도 아니고 전체 그 자체도 아니다. 도의 존재 자체는 허무로서 시공간 속에 존재하지 않고 사람이 느낄 수 있는 사물도 아니며 보거나 듣거나 혹은 만질 수도 없는 것이다. 노자는 이렇게 말하였다. "보려 해도 보이지 않으니 이름 하여 이夷라 하고, 들으려 해도 들을 수 없으니 이름 하여 희希라 하며, 잡으려 해도 잡을 수 없으니 이름 하여 미微라 한다."[31] 이러한 감각에 대한 거부는 바로 도를 만물의 전체 또는 만물의 하나로 보는 관점에 대한 부정이다. 이는 도를 무 자체로 이해할 것을 요구한다. "다시 무의 상태로 되돌아간다. 형태가 없는 모양이고 형체가 없는 형상이니 이것을 일컬어

---

31) 視之不見, 名曰夷. 聽之不聞, 名曰希. 博之不得, 名曰微.(14)

흐리멍덩하고 어슴푸레하다 하겠다."[32] 허무의 존재인 도를 이해함에 있어 우리는 반드시 감성적인 인식을 버리고 감각을 초월한 다른 어떤 거침없는 길을 찾아내야 한다.

동시에 도는 학문의 대상도 아니다. 일반적 의미에서의 학문이나 사상 또는 지혜는 모두 도와 어긋나는 것이다. 이는 그들이 자연적인 것을 위반한 것이고 인위적인 것이며 심지어 허위적인 것이라는 데 있다. 노자는 "지혜를 받들다 보면 큰 거짓이 생긴다"[33]라고 하였다. 여기에서의 지혜는 도의 지혜가 아니라 일반 사람들의 지혜인데 그것은 인위적인 계획이고 책략이다. 이러한 계략에 빠지면 사람들은 선천적인 본연의 순박함을 잃어버릴 것이고 다른 나쁜 길로 들어설 것이다. 때문에 노자는 성인군자라면 반드시 인위적인 학문을 버려야 하며, 사람들을 인도하여 총명함을 끊고 지혜를 버리며(絶聖棄智) 무지와 무욕을 견지함으로써 대도의 출현을 맞이할 것을 주장했다.

노자는 일반적 의미에서의 감각과 학문은 모두 도 자체를 파악할 수 없다고 생각했다. 그렇다면 사람들은 어떻게 도를 깨달을 것인가? 어떤 방법을 사용하든 결국 사람이 도를 깨닫는 길은 마음뿐이다. 때문에 가장 중요한 것은 마음이 어떠하냐에 달렸다. 그렇다면 사람의 마음은 어떤 특징을 가지는가? 노자는 사람의 마음을 신비한 거울 즉 현감玄鑒이나 현람玄覽에 비유하였다. 거울이 비록 하나의 사물이고 실체이며 노자가 살던 시대에는 심지어 금속물인 것으로 간주되었지만 그 본성은 공이고 무이다. 거울 자체가 공이고 무이기 때문에 거울은 사물을 반영할 수가 있다. 이처럼 사람 마음 역시 공이고 무이기 때문에 만물을 비출 수가 있다. 마음은 심장과 달라서 형체가 없는 무형이다. 형체가 있는 거울과 달리 마음은 보이지 않는 거울이고 신비한 거울이다.

비록 이러한 마음의 거울은 그 자체는 깨끗하고 밝아서 만물을 비출 수 있지만

---

32) 復歸於無物. 是謂無狀之狀, 無物之象, 是爲惚恍.(14)
33) 智慧出, 有大僞.(18)

현실 속에서는 오염되어 하자가 있게 마련이다. 이러한 하자는 여러 유형이 있고 원인 또한 다양하다. 그중 가장 심각한 것은 마음의 자아 은폐와 오염이다. 이는 구체적으로 사람들이 오랫동안 품어 왔던 선견, 편견, 고정관념으로 나타난다. 사람들은 이를 바탕으로 만물을 관찰한다. 그들은 자신이 사물의 본성을 보았다고 장담하지만 실은 사물의 어떠한 것도 보아 내지 못한 것이다. 때문에 노자는 "발끝으로는 바로 설 수 없고 뜀박질로는 오래 걸을 수 없다. 스스로 드러내는 자는 밝지 않고, 스스로 옳다고 하는 자는 드러나지 않으며, 스스로 자랑하는 자는 공이 없고, 스스로 뽐내는 자는 오래갈 수 없다"[34]라고 하였던 것이다. 의도된 생각이나 행동을 통해서 궁극적으로 그 목적에 도달할 수 없게 된다. 본인의 편견으로 인해 사물의 본성을 제대로 이해하거나 파악할 수 없기 때문이다.

이에 노자는 현감을 깨끗하게 씻어 하자가 없게 할 것을 주장했다. 그러면 사람들은 밝고 깨끗한 마음의 본성을 되찾게 되어 만물을 비추고 도와의 합일을 이룬다. 은폐를 없애는 과정은 더해지는 것이 아니라 더는 과정이다. 더하는 것은 배움을 위한 것이고 더는 것은 도를 구하는 것이다. 노자는 이렇게 말하였다. "학문을 하는 자는 갈수록 욕심과 꾸밈이 늘어난다. 도를 구하는 자는 갈수록 욕심과 꾸밈이 줄어든다. 줄어들고 또 줄어들어 마침내 무위의 경지에 이른다."[35] 학문을 하거나 도를 구하거나 모두 사람의 마음에 관련된 것이다. 마음의 본성이 공이고 무이기는 하지만 현실에서는 오히려 언제나 수많은 사물에 대한 지식으로 가득 차 있다. 이에 도를 구하는 것과 학문을 배우는 책략에 있어서도 근본적으로 다르다. 학문을 배우려면 사물에 대한 지식을 늘여야 하고 도를 구하려면 이러한 지식을 줄여야 한다. 도를 구하기 위해서는 학식을 넓힐 것이 아니라 무지 상태에 머물러 있어야 한다. 그리고 도를 구하려면 사물에 은폐된 것뿐만 아니라 사람에 은폐된 것까지 없애야 한다. 즉 사람들의 편견이나 드러나 보이는 것을 경계해야

---

34) 企者不立, 跨者不行, 自見者不明, 自是者不彰, 自伐者無功, 自矜者不長.(24)
35) 爲學日益, 爲道日損, 損之又損, 以至於無爲, 無爲而不爲.(48)

한다. 노자는 "드러내지 않으니 빛이 난다"[36]고 하였다. 오직 편견을 버려야만 마음이 광명에 이를 수 있다.

　마음으로 도를 이해하는 과정이 바로 도를 관조하는 관도觀道의 과정이다. 노자는 특별히 관觀의 의미를 강조하였다. 도를 아는 것이 곧 도를 관조하는 것이다. 통상적인 의미에서의 관은 사람의 눈으로 사물을 보는 것을 가리킨다. 하지만 도를 알아 가는 관은 감각기관이 아닌 마음으로 보는 것을 말한다. 관조는 주로 세 가지로 나누어진다. 맹목盲目, 의견意見, 통찰(洞見)이다. 맹목은 관조 능력이 없거나 혹은 능력은 있지만 사물을 보아 내지 못하는 것을 말한다. 의견은 관조와 비슷한 것 같지만 사실은 그렇지 않다. 이는 사물은 보되 사물의 본성은 보아 내지 못하는 경우이다. 맹목이나 의견과 달리 통찰은 관조를 통해 사물의 본성을 보아 낸다. 때문은 관도의 관은 바로 이러한 통찰이다. 그것은 사물 존재의 도를 보아 낸다. 하지만 통찰의 의미를 가지는 관조는 논리적이 아닌 직관적 추리에 속한다. 논리적 추리는 귀납과 연역演繹을 통해 결론을 얻어 내지만 직관은 직접 사물의 본성을 보아 낸다.

　노자가 말하는 관은 또 다른 특별한 의미를 가지는바 그것은 외관이 아니라 내관이다. 외관은 외재된 사물을 관찰하는 것이고 내관은 사람의 내재적 본질을 관찰하는 것이다. 사람은 우선 자신의 내적 본성을 관찰할 수 있어야 그에 이어 외재 사물을 관찰하고 나아가 도를 관찰할 수 있다. 노자는 이렇게 말하였다. "집 밖으로 나가지 않아도 천하를 알고 창밖으로 내다보지 않아도 하늘의 도를 본다. 멀리 나아갈수록 그 지식은 더욱 협소해진다. 이 때문에 성인은 돌아다니지 않아도 알고 보이지 않아도 시비의 이치를 깨달으며 아무것도 행하지 않을 지라도 이룩한다."[37] 노자는 외관으로가 아닌 내관으로 하늘의 도를 파악해야 한다고 여겼다. 하늘의 도라는 것이 내재되어 있는 것이기 때문이다. 이에 내심을 향하는

---

36) 不自見, 故明.(22)
37) 不出戶, 知天下. 不窺牖, 見天道. 其出彌遠, 其知彌少. 是以聖人不行而知, 不見而明, 不爲而成.(47)

것이야말로 도에 따라 행하는 것이고 밖을 향하는 것은 도를 등지는 것이다. 이른바 성인이란 외관자가 아니라 내관자이다.

노자가 말하는 관은 내관일 뿐만 아니라 또한 정관靜觀이다. 정관은 조급하고 불안한 동관動觀과 대조된다. 그것은 격하게 움직이는 감정을 억눌러 아무것도 생각하지 아니하며 사물에 마음이 움직이지 아니하는 정신 상태인 허정虛靜의 경지에 이른 것이다. "완전한 비움에 이르고 참된 고요를 지켜라."38) 노자는 사람들에게 마음을 비우고 고요를 지킬 것을 주장하였다. 사상이 허정에 이르러야 하는 이유 역시 그 본성이 허정이라는 데 있다. 허정 속에서 사람들은 비로소 마음 본연으로 되돌아갈 수 있다.

내관과 정관을 입각하면 사물을 관찰할 수 있게 된다. "만물이 더불어 만들어졌다가 되돌아가는 것을 나는 보았다. 무릇 사물이 무성하게 뻗었다가 각자 뿌리를 찾아 되돌아간다. 뿌리를 찾아 되돌아가는 것을 고요함이라 하고, 이를 일러 명에 돌아간다고 한다. 명에 돌아가는 것은 영구불변의 섭리이다. 영구불변의 섭리를 알면 밝다고 한다. 그것을 알지 못하면 망령되어 화를 입게 된다. 영구불변의 섭리를 알면 너그러워지고 너그럽다는 것은 공평한 것이며, 공평하면 온전해진다. 온전하다는 것은 하늘인 것이고 하늘은 곧 도이다. 도는 영원한 것이니 죽는 날까지 두려움이 없다."39) 허정의 사상을 보면 만물은 스스로에게로 되돌아온다. 자기 자신으로 돌아오는 것이 바로 근본으로 돌아온다는 것이다. 이것은 기초이며 근거이다. 근본으로 돌아가는 것은 고요함이고 고요함은 평화이고 평안이다. 만물이 뿌리를 찾아 근본으로 돌아간다는 것은 결국 자기 자신으로 돌아가 스스로가 되는 것이다. 명에 돌아가는 것은 만물이 근본으로 되돌아가는 것이고 영원한 도에 이르는 것이다. 사람들의 사상이 영원한 도에 이르렀다는 것은 깨달음을 얻은 것이다. 진정한 깨달음은 도에 밝은 것 즉 사물의 진리에 대한 깨달음이다.

---

38) 致虛極, 守靜篤.(16)
39) 萬物並作, 吾以觀復. 夫物芸芸, 各復歸其根. 歸根曰靜, 靜曰覆命. 覆命曰常, 知常曰明. 不知常, 妄作凶. 公乃全, 全乃天, 天乃道, 道乃久, 沒身不殆.(16)

일단 사람이 도에 밝으면 그 특성인 용容, 공公, 전全 등을 갖추게 되고 도와 하나가 될 수 있다.

사물을 관찰하는 목적은 그 사물의 본성을 파악하는 데 있다. 노자는 세상만물에 대해 그 자체를 벗어나 관조하는 것을 반대하였으며, 사물 자체로부터 관조할 것을 주장하였다. "그러므로 몸의 덕으로 몸을 살피고 가정의 덕으로 가정을 살피며 마을의 덕으로 마을을 살피고 나라의 덕으로 나라를 살피며 천하의 덕으로 천하를 살핀다. 천하가 이러함을 내가 어떻게 알 수 있겠는가? 이를 통해서이다."40) 여기에서 관찰되는 사물은 자신으로부터 점점 확대되어 천하에 이른다. 그러나 반드시 사물의 본성 그대로를 관조해야 한다는 것은 변함이 없는바, 사람은 사물을 관찰함에 있어 반드시 있는 그대로의 모습을 관조해야 한다고 주장했다.

사물의 본성이 곧 도 자체이다. 때문에 사물에 대한 관조는 바로 도에 대한 관조이기도 하다. 도를 관조하려면 또한 반드시 도에 따라야 한다. 그러나 도 자체가 또한 무와 유의 통일이므로 도에 따라 도를 관찰하는 것은 사실 무를 통해 무를 관찰하고 유를 통해 유를 관찰한다는 의미이기도 하다. "그래서 언제나 무를 가지고 세계의 오묘함을 나타내려 하고, 유를 가지고 구체적으로 보이는 것을 나타내려 한다."41) 보고자 함이 없을 때 도의 오묘함을 보고, 보고자 함이 있을 때 비로소 그 끝을 본다. 이것은 도에 근거하여 도를 관찰하는 두 가지 형태라고 할 수 있다. 바로 이런 과정에서 도는 비로소 다른 외적 사물이 아닌 스스로에 의해 나타날 수 있게 되는데 그렇게 영원한 자연의 섭리를 깨닫게 된다. 즉 천하의 변함없으면서도 보편적인 진리를 알게 된다. 그 영원함을 아는 것이 밝아짐이다. 사람들이 이러한 진리를 파악했기 때문에 밝은 통찰력과 지혜를 얻을 수 있는 것이다.

노자는 사물과 도는 서로 구별되면서도 연관성이 있다고 보았다. 따라서 이

---

40) 故以身觀身, 以家觀家, 以鄉觀鄉, 以邦觀邦, 以天下觀天下. 吾何以知天下然哉? 以此 (54)
41) 故常無, 欲以觀其妙. 常有, 欲以觀其徼 (1)

둘을 관찰하는 것 역시 서로 구별되면서 연관되어 있는 것이다. 관찰은 도에서 시작하여 사물로 갈 수도 있고 그 반대로 행해질 수도 있다. "천하는 그 시초가 있으니 그것이 천하의 어머니이다. 이미 그 어머니를 얻었으니 이것으로 그 자식을 알 수가 있다. 이에 그 아들을 알고 다시 그 어머니를 지키면 죽을 때까지 두려움이 없다."[42) 도와 만물의 관계가 어머니와 자식으로 서술되었다. 도를 아는 것과 사물을 아는 것을 어머니를 알고 자식을 아는 것이라고 비유하고 있다. 이러한 모자 관계는 일종의 생육 관계이고 혈연관계이다. 때문에 그들 사이에는 비슷하게 닮은 점이 있을 것이다. 어머니의 모습에서 자식의 모습을 보아 낼 수 있을 뿐만 아니라, 자식의 모습에서 어머니의 모습을 찾아볼 수도 있다. 여기에는 일종의 사상 순환이 존재하는데, 어머니를 통해 아들을 알고 반면 아들을 통해 어머니도 알게 된다는 것이다.

4. 도와 언어

　도와 존재, 그리고 도와 사상의 관계를 논하면서 노자는 도와 언어의 관계에 대하여서도 밝혀 주었다. 중국어에 도의 의미는 다양한데 주로 "길"과 "말하다"는 뜻으로 사용된다. 노자의 사상에서도 도는 이 두 가지 의미를 갖고 있지만, 두 의미가 서로 연관된 것이 아니라 각각 분리되어 따로 사용되고 있다는 점에 유의해야 한다. 도가 길의 의미로 사용될 때 언어와는 전혀 상관이 없고, 도가 '말하다'의 뜻으로 쓰일 때 역시 길과는 아무런 연관이 없다는 것이다. 그렇다고 하여 노자가 도를 길 또는 언어로 각각 이해하였다고 여겨서는 안 된다.
　이는 사실 도와 언어 사이에 극복할 수 없는 모순이 존재한다는 것을 보여 주는 것이기도 하다. 도는 말로 표현할 수 없고 오로지 언어 밖에 존재한다. 언어

---

42) 天下有始, 以爲天下母. 旣知其母, 以知其子. 旣知其子, 復守其母, 沒身不殆.(52)

역시 도를 표현할 수 없고 오히려 도를 은폐해 버린다.

그 이유가 무엇일까? 도는 허무의 존재로 사물이 아니다. 그러나 언어는 도가 아닌 세상만물 중의 하나이다. 언어는 사람에 의해 표현되는 것이고 사람이 명확한 음절에 따라 발성하는 발음소리이다. 또한 도는 자연적이고 언어는 인위적이다. 인위적인 사물로는 자연의 도를 표현할 수가 없는 것이다.

따라서 노자는 "참된 도는 통나무처럼 이름이 없다"43)고 하였다. 이름 없는 도가 자연의 본성을 유지하고 있다는 것이다. 노자는 또한 "도는 숨어서 모양이 보이지 않고 사람의 말로는 이름을 붙일 수가 없는 것이다"44)라고 하였는데 도는 스스로를 은폐하고 이름으로 불리는 것을 거부한다는 것이다.

도가 말로 할 수 없는 것이기 때문에 언어로 표현된 도는 더 이상 도가 아닌 것이다. 이에 노자는 이렇게 말하였다. "도라고 부를 수 있는 도는 참된 도가 아니고, 이름 지어 부를 수 있는 이름은 참된 이름이 아니다."45) 부를 수 있는 도는 참된 도가 아니고 부를 수 있는 이름은 참된 이름이 아니다. 언어로 표현되는 도는 다만 겉으로 보기에 도인 것 같지만 실은 참된 도가 아니다.

그럼에도 사람들은 여전히 이 말할 수 없는 도를 말하고자 시도한다. 무엇 때문일까? 만약 도가 오로지 자신만의 존재이거나 혹은 세상에 존재하기만 하고 누구에 의해 사고되거나 언급되지 않는다면 이는 영원히 은폐된 도이고 사람에게 알려지지 않은 도이다. 그러면 이런 도는 아무런 의미가 없다. 만약 도가 존재하고 또 사람들에 의해 사고되지만 언급되지 않는다면 이러한 도 역시 모호한 상태이다. 오직 도가 존재하면서 사고되고 언급되어야만이 사람들 앞에 나타날 수 있고 사람들을 올바른 길로 인도할 수 있다. 그러므로 도는 비록 말로 표현할 수 없는 것이지만 사람들이 여전히 언급하여야 하고, 말 없는 도를 말이 있는 도로 변화시켜야 하며, 도로 하여금 침묵 속에서 소리를 낼 수 있도록 해야 한다. 이에 노자의

---

43) 道常無名.(32)
44) 道隱無名.(41)
45) 道可道, 非常道. 名可名, 非常名.(1)

『도덕경』은 말로 표현할 수 없는 도에 대해 논술하고자 했으며, 『도덕경』 자체가 바로 도에 대한 언어다.

도를 어떻게 언어로 표현할 것인가? 우선 언어표현 형태를 구분하여야 한다. 일반적인 언어로는 도를 표현할 수 없지만 어떤 특별한 언어표현을 사용하여 도를 보여 줄 수가 있다. 노자는 아래와 같은 몇 가지로 나누어 설명했다.

첫째, 침묵의 언어 표현. 도가 말로 표현할 수 없다는 본성에 근거하여 노자는 말을 하지 말 것을 주장하였다. 말을 하지 않는다는 것은 바로 침묵이며 자연의 도를 몸으로 체험하는 것이다. 하지만 이러한 상황은 아주 드물다. "말 없는 가르침, 무위의 유익에 미칠 만한 것이 세상에 드물다."46) 노자는 또한 "도를 아는 사람은 말하지 않고 말하는 사람은 알지 못한다"47)라고 하였다. 모든 성인들은 바로 "말 없는 가르침을 실행한다"48)고 하였다. 그는 자연의 무위에 순응하면서 만약 꼭 말을 해야 되는 상황이라면 적게 해야 한다고 하였다. "말이 많으면 궁지에 몰리는 법, 중간을 지키는 것보다 좋은 일은 없다."49) 사람은 될수록 말을 적게 해야 한다. "말 없는 것이 자연이다."50) 적게 말하는 것이 사물의 본성에 부합된다. 사람들이 그들이 한 말을 존중한다면, 이것이 바로 귀담아 들을 만한 소중한 말이다.

둘째, 부정적인 언어 표현. 일반적으로 긍정적인 언어는 긍정적인 서술문으로, 부정적인 언어는 부정적인 서술문으로 표현된다. 노자가 부정적인 언어 표현을 즐겨 쓰는 것은 바로 도 자체가 우선 스스로를 은폐하거나 또는 다른 것에 의해 은폐되는 것이기 때문이다. 부정은 곧 은폐를 없애는 것이다. 도에 관한 부정적인 문구는 바로 도 자체의 은폐를 없애는 것이다. 노자의 문장에는 무無, 불不, 불弗, 막莫 등과 같은 부정적 의미의 단어가 아주 많다. 부정적인 언어 표현에는 또한 여러 가지 형식이 포함된다. 그중 주요한 것으로 서술의 부정문과 가설의 부정문이

---

46) 不言之敎, 無爲之益, 天下希及之.(43)
47) 知者不言, 言者不知.(56)
48) 行不言之敎.(2)
49) 多言數窮, 不如守中.(5)
50) 希言自然.(23)

있다. 전자는 부정적인 서술이고 사실이 아니라는 것을 알려 준다. 후자는 일종 부정적인 요구나 명령을 말하는데 사람들로 하여금 이러하거나 저러하지 말기를 바라는 것이다.

셋째, 비유적인 언어 표현. 물론 도의 존재는 허무인지라 표현할 수 있는 것이 아니지만, 말로 표현할 수 없는 것을 말해야 하는 것 또한 언어의 역할이기도 하다. "나는 그 이름을 모른다. 그저 도라고 불러 본다. 구태여 형용하라 한다면 크다고 하겠다."51) 도의 본성을 보여 주기 위하여 언어는 반드시 어떠한 구체적인 사물에 의거해야 한다. 때문에 노자의 도에 관한 논술은 비유적인 언어로 차고 넘친다. 그 예로 곡穀, 수水, 박樸 등을 들 수 있다. 비유는 그 모습에 의해 이루어지는 것이 아니라 그 밖의 다른 것에 있다. 따라서 비유하는 대상은 말로 할 수 있는 천지만물이지만 그 의미는 말로 할 수 없는 도 자체이다.

넷째, 역설적인 언어 표현. 도의 존재가 곧 허무이고 긍정이 곧 부정인 것으로 보아 도 자체는 이미 역설적이다. 그리고 도와 도가 아닌 것이 서로 대립되기 때문에 그들 역시 역설적이다. 역설은 두 가지 대립되는 현상이나 주장인 것으로 변증법에 의해 버려지거나 극복되는 것이 불가능하다. 도의 역설적인 언어 표현 때문에 도에 관한 언어는 일상적인 표현이 아닌 반어로 표현되는 경우가 많다. 노자는 "바른말은 반대라고 여겨지기 쉽다"(正言若反)라고 하였다. 이러한 반어는 노자의 문장 속에서 심심찮게 찾아볼 수 있다. 역설은 일종의 극단적인 언어 표현 방식으로, 일상의 언어와 달리 생각해야만 역설이란 독특한 언어 표현을 이해할 수가 있을 것이다.

다섯째, 진솔한 언어표현. 노자는 언어라는 것은 진솔해야 하고 믿음을 주는 것이어야 한다고 강조하였다. 도에 있어서는 무에 관한 것이 믿을 만하다고 할 수 있다. "도에 대한 말이 입 밖으로 나오면 담담하여 아무런 맛이 없다. 보아도 보이지 않고 들어도 들리지 않지만 아무리 써도 다함이 없다."52) 이는 감성적인

---

51) 吾不知其名, 強字之曰道, 強爲之名曰大吾.(25)

사물에 대한 묘사가 아니기 때문에 아무런 감성적 매력이 없다. 도는 자연적이고 소박한 것이기 때문에 일반적으로 말하는 미사여구美辭麗句와도 다르다. "믿을 수 있는 말은 아름답지 않고 아름다운 말은 믿을 수 없다."[53]

---

52) 道之出口, 淡乎其無味, 視之不足見, 聽之不足聞, 用之不足旣.(35)
53) 信言不美, 美言不信.(81)

제2장 무도

1. 무도의 의미

노자는 도를 논하면서 한편으로 그 대립 면인 도가 없는 것의 무도와 도가 아닌 것의 비도에 대하여 비판하였다. 무도와 비도는 도에 대한 부정이다.

노자의 사상에서 보면 도는 보편적이면서 또한 영원한 것이다. 그렇다면 무도와 비도는 어떻게 생길 수 있었을까? 그것은 도의 존재 즉 허무의 본성 자체가 엄폐 또는 은폐되는 것이기 때문이다. 이로써 사람들은 도와의 연관성을 잃게 되고, 도 자체의 엄폐와 은폐 정도는 더욱 심화된다. 이것이 무도와 비도가 능히 도와 함께 존재할 수 있는 이유다.

사실 사람들에게 원초적으로 부여된 것은 도가 아니라 자신의 욕망이다. 인간의 생명 자체가 욕망에 대한 충동과 그것의 실현의 과정에 불과하다. 자신의 욕망을 만족시키기 위하여 사람들은 다양한 도구나 기술 등을 사용하거나 개조하지 않으면 안 되었다. 욕망과 도구는 대도라 할 수 있는 지혜에 의해 규정되거나 그것의 인도를 받고 있지만 그 대립 면인 무도와 비도로 전락될 위험성도 없지는 않다. 사람들은 도를 따르는 것보다 무도를 더욱 선호한다. 설사 그렇지 않더라도 도를 쓸모없는 것으로 간주한다. 반면에 무도는 쉽고 관대하여 대도인 것처럼 보인다. 이에 노자는 "대도의 길이 더없이 평탄하나 사람들은 지름길만 좋아한다"[1]라고 하였던 것이다.

---

1) 大道甚夷, 而民好徑.(53)

노자가 말하는 무도와 비도에는 대체로 아래와 같은 네 가지가 포함된다.

첫째, 욕망. 주로는 일반적인 욕망을 벗어난 탐욕을 가리킨다.

둘째, 기교. 주로는 사물의 본성을 벗어난 교묘하고 기이한 재주를 말한다.

셋째, 인도人道. 사람의 도인 인도는 하늘의 도와 상대적인 것으로 인위적이고 거짓이 많다. 이는 사람들이 행하고자 하는 일반적인 길이다.

넷째, 유가儒家. 사람의 도에 속하는 여러 가지 형태 중에서 가장 전형적인 것이 유가이다. 유가는 인의仁義를 강조한다.

상술한 네 가지 비도는 모두 자연의 섭리를 벗어나 제멋대로 행동하는 것이다.

2. 욕망

노자는 "욕欲"을 자주 언급했다. 욕의 의미 역시 다양한바 노자는 주로 아래와 같은 두 가지 의미로 사용했다.

첫째, 장차. 예를 들어 "접고 싶을 때는 먼저 펴라. 약화시키고 싶을 때는 먼저 강화시켜라. 없애고 싶을 때는 먼저 흥하게 하라. 빼앗고 싶을 때는 먼저 주라"2)에서처럼 장차 무엇을 하고자 하는 의미로 쓰인다.

둘째, 욕망. "바탕을 드러내어 소박함을 지니고, 사사로움을 적게 하여 욕심을 줄여라. 배움을 끊어야 걱정이 없게 되니라."3) 여기서 욕은 바로 사람의 욕망을 말한다. 일반적으로 욕망은 사람들이 어떠한 물건을 갖고 싶거나 소유하고 싶은 마음이다.

노자의 사상에서 하나의 주제를 이루면서 논의되는 욕은 무엇을 하고자 하는 것이 아닌 욕망을 가리킨다. 양자를 서로 혼동하여서는 안 된다. 노자가 하고자

---

2) 將欲歙之, 必固張之. 將欲弱之, 必固強之. 將欲廢之, 必固興之. 將欲取之, 必固興之.(36)
3) 見素抱撲, 少私寡欲, 絶學無憂.(19)

하는 의미의 "욕"을 사용할 때 그것은 다만 일종의 중성의 의미를 띤 단어에 불과하다. 하지만 욕망으로서의 "욕"을 사용할 때는 긍정적이 아닌 부정적인 의미를 갖는다.

金文 '道'

사물에 대한 갈망과 점유, 이런 욕망은 사람이 태어나면서 갖는 천성이다. 사람이 사는 것 역시 그러한 욕망을 갈구하고 실현하는 데 있다. 이러한 욕망에도 일정한 구성이 있는데 다음과 같다. 우선, 욕망을 갖는 자이다. 노자의 문구에서는 주로 사람을 가리킨다. 다음은, 욕망을 불러일으키는 물건이다. 여기에는 천지간의 사물이 포함되는데, 재財, 색色, 명名 등이 그러하다. 그다음으로, 욕망을 실현하는 과정인데 주로 획득, 점유, 쟁탈 등으로 표현된다.

만약 사람들이 욕망의 경계를 준수한다면, 다시 말해 자연에 부응한다면 사람들은 욕망이 없거나 또는 적어지면서 스스로 만족을 느낄 것이다. 반면 사람의 욕망이 만약 도의 인도를 받지 못한다면 사람이 도리어 욕망의 지배를 받게 될 것이다. 그렇게 되면 사람은 더 이상 자연의 존재에 부응하는 것이 아니라 욕망으로 가득 차 있거나 그 욕망과 같은 것으로 되고 만다. 동시에 모든 사물들은 기존의 의미를 잃어버리고 오로지 욕망의 대상으로 되고 말 것이다. 따라서 사람과 사물의 관계도 욕망의 지배를 받는 관계로 될 것이고 사람과 사람 역시 욕망의 실현과 쟁탈의 관계로밖에 이어지지 않을 것이다.

욕망을 실현하는 과정에서도 사람의 욕망이 욕망의 대상을 따라가는 동시에 욕망의 대상은 사람의 욕망을 자극한다. 욕망을 따르는 것과 욕망 대상의 자극은 상호작용을 일으키면서 끝없는 악惡의 순환을 초래한다. 따라서 욕망은 탐욕으로 변한다. 이때의 욕망은 이미 욕망에 의한 욕망, 욕망에 대한 의지로 변한 것이다. 이러한 욕망의 의지는 사람 존재의 도나 도리가 아니기 때문에 무도라고 할 수 있다.

아무런 제한도 없이 실현되는 욕망은 사람들에게 즐거움을 주는 한편 해를 끼치기도 한다. 이것이 감각기관이나 그 감각 활동에 끼치는 영향은 감각 대상이 감각기관을 지배하는 것이다. 심지어 감각 대상이 감각기관을 파괴할 수도 있다. 이에 노자는 이렇게 말하였다. "다섯 가지 색깔로 사람의 눈이 멀게 되고, 다섯 가지 음으로 사람의 귀가 멀게 되고, 다섯 가지 맛으로 사람의 입맛이 고양해진다. 말달리기, 사냥하기로 사람의 마음이 광분하고 얻기 어려운 재물로 사람의 행동이 그르게 된다."[4] 서로 다른 감각 대상은 상응되는 부동한 감각기관에 영향을 준다. 예를 들어 색채는 눈에, 소리는 귀에, 맛은 혀에 영향을 주는 것이다. 이 외에 어떤 욕망의 대상은 또한 사람의 마음과 몸에 영향을 주기도 한다. 더욱 중요한 것은 탐욕이 사람의 감각기관과 감각을 손상시킬 뿐만 아니라 사람 자체를 훼멸할 수도 있다는 것이다. 이런 욕망은 사람을 위험한 경지에 이르게 하고 죽음으로 이끈다.

탐욕은 사람들이 욕망하는 물건에 대한 끊임없는 갈망과 점유이다. 사람은 오직 무엇을 얻고자 하는 데만 애쓰며 서로 양보하지 않는다. 이는 결국 사람과 사물의 싸움을 야기하고 급기야는 사람과 사람 사이의 싸움으로 이어진다. 이러한 싸움은 다른 사람을 해칠 뿐만 아니라 자신에게도 해를 끼친다. 이에 노자는 이렇게 말하였다. "욕심이 많은 것보다 더 큰 죄는 없고, 만족할 줄 모르는 것보다 더 큰 불행은 없으며, 남의 것을 탐내는 것보다 더 큰 허물은 없다."[5] 탐욕은 죄악이며 죄과다. 사람들이 자신에게 주어진 욕망의 한계를 벗어나는 순간, 이것은 자연과 사회의 법칙을 파괴한 것이다. 그리고 모름지기 다른 사람을 상대로 빼앗으려 들 것이고 다시 그것을 지키고자 하는 사람의 반항으로 이어질 것이다. 이러한 쟁탈은 결국 서로에게 손상을 주고 죽음을 가져올 것이다.

욕망은 도가 아니지만 스스로 도라고 자각하고 있다. 게다가 사람들도 그것을 도라고 믿어 그것이 계속 세상에 존재하게 된다. "조정은 화려하나 밭에는 잡초가 무성하여 곳간이 텅 비었다. 그런데도 한쪽에서는 비단옷 걸치고 날카로운 칼을

---

4) 五色令人目盲, 五音令人耳聾, 五味令人口爽, 馳騁田獵, 令人心發狂, 難得之貨, 令人行妨.(12)
5) 罪莫大於可欲, 禍莫大於不知足, 咎莫大於欲得.(46)

차고 음식에 물릴 지경이 되고 재산은 쓰고도 남으니, 이것이 도둑 아니고 무엇인가? 도가 아니다."[6] 욕망이 분출되고 만족을 느끼는 것을 현실세계의 도라고 할 수 있을 것이다. 인류 역사는 색色과 식食에 대한 끊임없는 추구와 실현 그리고 그로 인한 쟁탈과 점유에 불과하다.

3. 기술

욕망을 부정하는 동시에 노자는 도구와 기술의 의의도 부정하였다.

본인의 욕망을 만족시키기 위해 사람들은 반드시 기술의 힘을 빌려야 하였다. 기술은 욕망을 실현하는 수단이고 욕망은 기술의 목적이다.

기술은 사람들이 사물을 개조하는 데 쓰는 방법, 능력, 도구이다. 기술 그리고 기술에서 나온 산품은 모두 자연의 것이 아니라 인간의 것이다. 기술은 자연에 대한 인간의 가공이고 개조이며 나아가 창조의 산물이다.

사람들은 자연의 것을 개조하여 기물을 만들었다. 노자는 "통나무를 쪼개면 그릇이 된다"[7]라고 하였는데 뜻인즉 원초적인 수목으로서의 통나무는 자연의 산물인데 사람들이 가공을 거쳐 각종 기물로 만들었다는 것이다. 노자는 사물을 자연적인 것과 인공적인 것 두 가지로 나누었는데 인공적인 것이 바로 기물이나 공구 등이다.

인공적인 사물로서 기물은 스스로를 위하지 않고 오직 남을 위한다. 일종의 수단으로서, 사람의 목적을 위해 복무한다. "서른 개의 바퀴살이 하나의 수레바퀴를 만드는데 수레바퀴의 빈 공간이 수레에 유용한 것이며, 진흙을 이겨 그릇을 만드는 데 그릇의 빈 공간이 그릇을 유용하게 한다. 문과 창을 뚫어 방을 만들 때도

---

6) 朝甚除, 田甚蕪, 倉甚虛. 服文彩, 帶利劍, 厭飲食, 財貨有餘. 是謂盜誇. 非道也哉.(53)
7) 樸散則爲器.(28)

그 방의 빈 공간이 방을 유용하게 한다. 그러므로 있음이 이로움이 되는 것은 없음이 그 역할을 하기 때문이다."8) 여기서의 사물은 자연적인 사물이 아니라 인공적인 사물 즉 넓은 의미의 기물인 것이다. 사물은 있음이고 비었다는 것은 없음이다. 있음은 이로움이고 없음은 역할이다. 있음이 이로움이 되는 것은 사물이 세운 실체이고, 없음이 역할을 하는 것은 빈 것이 발휘하는 역할이다. 여기서의 유와 무, 이로움과 역할은 사실 기술에 의해 만들어진 기물과 그것이 사람들에 의해 생겨난 성능을 가리킨다.

현실세계에서 기술은 광범위하게 이용되고 있지만 대도는 결코 유행되지 못했다. 기술은 욕망을 실현하는 수단인 데 반해 도는 도리어 욕망을 제한하고 더욱이는 부정하기 때문이다. 이에 단지 사람의 욕망에서만 출발한다면 사람들은 도가 아닌 기술을 선택하게 될 것이다. 그러면서 사람들은 또한 더욱 기술을 추구하게 된다. 따라서 기술은 끊임없이 생겨나고 개진되며 창조를 거쳐 널리 보급된다. 그러니 현실세계는 마치 기술에 의해 존재하고 발전하는 것 같다.

그러나 노자에게 있어서 기술을 본질적으로 따져 보면 인위적인 것이라 자연에 어긋나는 것이고 도에 어긋나는 것이다. 물론 기술을 완전히 부정할 수는 없지만 그것은 세상의 기존 문제를 해결하지 못하였고 오히려 새로운 문제를 만들어 내어 세상을 혼란에 빠뜨리기도 하였다. 이에 노자는 이렇게 말하였다. "천하에 금지하는 것이 많으면 백성은 더욱 가난해지고 백성에게 이익을 얻는 기물이 많아지면 국가가 더욱 혼란해진다. 사람들에게 지식이 많아지면 속이는 일이 더욱 일어나고 법령이 많아지면 도적이 더욱 많이 생긴다."9)

노자가 기술을 반대하는 것은 기술이 자연적인 것 외에 인위적인 요소를 가하였기 때문이다. 특히 기술이 거대한 발전을 가져올 때, 그것은 수없이 신기한 사물들을 만들어 내기 때문이다. 이러한 사물들은 사람들과 무관하지 않고 사람 욕망의

---

8) 三十輻共一轂, 當其無, 有車之用. 埏埴以爲器, 當其無, 有器之用. 鑿戶牖以爲室, 當其無, 有室之用. 故有之以爲利, 無之以爲用.(11)
9) 天下多忌諱, 而民彌貧. 人多利器, 國家滋昏. 人多技巧, 奇物滋起. 法令滋彰, 盜賊多有.(57)

대상이 되어 버린다. 이러한 욕망의 대상은 끝없어서 사람들의 무한한 욕망을 불러일으키고, 사람은 끝없는 욕망을 가진 사람으로 되고 만다. 기술은 사물을 변화시켰을 뿐만 아니라 사람도 개변시켰다.

기술은 사람들이 이미 품고 있던 욕망을 만족시키는 동시에 또한 새로운 욕망을 자극한다. 기술과 욕망의 결합이 무도의 횡포를 추진시킨 셈이다.

4. 사람의 도

이처럼 욕망과 기술이 결합된 인간의 활동은 사람의 도라고 표현되는데 이는 하늘의 도와 대립된다. 하늘의 도는 자연적이고 사람의 도는 자연적인 것이 아니거나 자연에 어긋나는 것이다.

노자는 하늘의 도와 사람의 도를 구분하여 자연적인 것과 인위적인 것이라 하였다. "하늘의 도는 활시위를 당기는 것과 같다. 높은 것은 억누르고 낮은 것은 들어 올리며 남으면 덜어 주고 모자라면 보태 준다. 하늘의 도는 남는 데서 덜어 내어 모자라는 데에 보태지만, 사람의 도는 그렇지 않아 모자라는 데서 덜어 내어 남는 데에 바친다. 남도록 가지고 있으면서 천하를 위해 봉사할 수 있는 사람이 누구겠는가. 오로지 도 있는 사람만이 그렇게 할 수 있다."[10] 하늘의 도와 사람의 도는 완전히 상반된다. 하늘의 도는 자연에 순응하여 사물이 보충되거나 혹은 감소되면서 균형을 이루어 발전하게 한다. 그러나 사람의 도는 그렇지 않다. 오직 기술을 수단으로 사람들의 욕망을 만족시켜 줄 뿐, 사물 사이의 균형 따위는 전혀 고려하지 않으면서 그들로 하여금 더욱 분화되고 대립되게 한다. 이러한 의미에서 하늘의 도와 대립인 사람의 도는 본질에 있어서 무도이고 비도인 것이다.

---

10) 天之道, 其猶張弓與? 高者抑之, 下者擧之, 有餘者損之, 不足者補之. 天之道, 損有餘而補不足, 人之道, 則不然, 損不足以奉有餘. 孰能有餘以奉天下, 唯有道者.(77)

자연을 반대하는 사람의 도는 또한 허정도 반대하는 것이기 때문에 그것은 만족적인 것이다. "계속 채우려 드는 것보다는 멈추는 것이 낫고 잘 다듬어 예리하게 하면 오래갈 수 없다. 온갖 금은보화를 집안 가득 채우지만 그것을 지킬 수가 없고 부유하고 높은 자리에 있다 하여 교만하면 스스로 허물을 남기는 꼴이 될 것이다."[11] 사물에 대한 만족은 흔히 사물 자체의 발전이 그 한계에 도달하였을 때이다. 이것이 더 나아가 그 반대편으로 가게 되면서 결국에는 자신을 부정하게 된다.

만족스러운 사물은 동시에 조급함을 가져온다. "무거운 것은 가벼운 것의 근본이고 고요함은 조급함의 주인이다. 그러므로 성인은 종일 다닐지라도 짐을 내려놓지 않고 비록 아름다운 경관이 있다고 하나 초연함을 잃지 않고 한가롭게 머물 것이다. 어찌 만승지주의 몸이 되어 천하에 가볍게 처신하겠는가. 가벼우면 근본을 잃을 것이요, 조급하면 군자라 칭하지 못할 것이다."[12] 조급은 사물이 자기 본성에서 벗어나는 활동이다. 사람의 조급은 구체적으로 도의 규정을 멀리하고 욕망과 도구를 추구하는 것으로 표현된다. 사람들은 끊임없이 자신의 욕망을 실현하고 또 새로운 욕망을 불러일으키며 동시에 끊임없이 새로운 도구를 발명하고 이용한다. 이에 사람들은 언제나 조급하고 불안에 빠져 있게 된다.

무도는 또한 부드럽고 약한 것의 대립 면인 강인함으로 나타난다. "사람이 살아 있으면 몸이 부드럽고 약하지만 죽으면 굳고 강해진다. 만물초목도 살아 있을 때는 부드럽고 약하지만 죽으면 마르고 뻣뻣하지 않더냐. 그러므로 굳고 강한 것은 죽은 무리이고 부드럽고 약한 것은 살아 있는 무리이다. 그런 까닭에 군대도 지나치게 강하면 전쟁에서 패하고 나무도 강하면 부러질 뿐이다. 강대한 것은 아래에 있고 부드럽고 약한 것은 위에 있다."[13] 강인함이 부드러운 것보다

---

11) 持而盈之, 不如其己, 揣而銳之, 不可長保, 金玉滿堂, 莫之能守, 富貴而驕, 自遺其咎.(9)

12) 重爲輕根, 靜爲躁君. 是以君子終日行不離輜重. 雖有榮觀, 燕處超然. 奈何萬乘之主, 而以身輕天下? 輕則失根, 躁則失君.(26)

13) 人之生也柔弱, 其死也堅強. 草木之生也柔脆, 其死也枯槁. 故堅強者死之徒, 柔弱者生之徒. 是以兵強則滅, 木強則折. 強大處下, 柔弱處上.(76)

위인 것 같지만 사실은 부드러운 것이 도에 부응한 것이고 강인함은 무도인 것이다. 그것들이 이렇게 된 까닭을 노자는 사람과 사물에 있어서 부드러운 것은 생명의 징조이고 강인함은 죽음의 특징이기 때문이라고 하였다. 부드러운 것은 영원한 생명력을 가진 것이고 강인함은 생명력을 상실한 것이다. 이에 노자는 "결과가 있으면 그뿐이지, 감히 그럼으로써 강제로 취하지 않는다. 결과가 있어도 자랑하지 말 것이고, 결과가 있어도 우쭐대지 말 것이며, 결과가 있어도 거만하지 말 것이고, 결과가 있어도 부득이한 것으로 보고, 결과가 있어도 강제로 하지 말아야 한다. 사물이 강대해지면 곧 쇠퇴하니 이를 도에 부합되지 않는다고 일컫는다. 도에 부합되지 않으면 일찌감치 사라진다"[14)라고 하였다. 사물의 발전이 그 목적에 달성했다면 중지해야지 계속해서는 안 된다. 그 이상에 도달했다면 그것은 강인함이다. 강인함은 사물의 종말이고 시작이 아니기 때문에 이는 도에 어긋나는 것이다.

이러한 하늘의 도와 반대되는 사람의 도가 개인에게 구현된 것이 바로 자아이다. "발끝으로는 바로 설 수 없고, 뜀박질로는 오래 걸을 수 없다. 스스로 드러내는 자는 밝지 않고, 스스로 옳다고 하는 자는 드러나지 않고, 스스로 자랑하는 자는 공이 없고, 스스로 뽐내는 자는 오래갈 수 없다. 도의 관점에서 말하자면 밥찌꺼기요 군더더기이다. 사람들은 항상 그것을 미워하니 도를 가진 자는 그렇게 행동하지 않는다."[15) 여기에서의 "자自"는 사람 자신이다. 사람은 스스로 자기라는 울타리 안에 있으면서 자신도 볼 수 없고 밖의 사물도 보지 못한다. 이것이 바로 자기가 스스로를 속이는 것인데, 이렇게 스스로를 차폐한 자신은 자연적인 데서 벗어난 것이다. "발끝으로 서는 자"(企者), "뜀박질로 걷는 자"(跨者)는 강력하면서 초자연적인 자아 의지를 갖고 있다. 그러나 이러한 것은 자연에 어긋나는 것이다. "스스로 드러내거나"(自見), "스스로 옳다고 하거나"(自是), "스스로 자랑하거나"(自伐), "스스

---

14) 善有果而已, 不以取強. 果而勿矜, 果而勿伐, 果而勿驕, 果而不得已, 果而勿強. 物壯則老, 是謂 不道, 不道早已.(30)
15) 企者不立. 跨者不行. 自見者不明. 自是者不彰. 自伐者無功. 自矜者不長. 其在道也, 曰, 餘食贅 形. 物或惡之, 故有道者不處.(24)

로 뽐내는"(自矜) 사람들 역시 자아 의지의 과한 표현으로 자연에 어긋나는 무모한 행동이다. 그들은 스스로를 부각시키는 동시에 부정한다. 이러한 극단적인 행동은 자연적인 무위와는 반대된다. 이에 도를 깨달은 성인은 이러한 행동을 부정한다.

하늘의 도에서 말하는 무위와 완전히 다르게 사람의 도는 인위적이고 유위有爲 이다. 뿐만 아니라 사람의 도에서 유위는 나아가 쟁탈까지 초래한다. 사람들은 자신의 욕망으로부터 출발하여 도구를 사용하고 그것으로부터 이익을 얻어 낸다. 욕망에 따라 나뉘는 쟁탈에도 여러 가지가 있는데, 식욕을 위한 것, 성욕을 위한 것, 그리고 재산을 위한 것, 명예를 위한 것 등등이다. 도구에 따라 나뉘는 쟁탈에는 일상적인 말다툼이나 국가제도의 쟁탈 등이 있다.

일종 극단적인 상황 하에서 쟁탈은 전쟁으로 변하기도 한다. 전쟁은 무도의 전형적인 형태이다. 사람들은 자국의 이익으로부터 출발하여 다른 나라의 이익을 쟁탈하고 그것으로 자신의 욕망을 탐욕과 원한으로 전환시키며 유용하게 쓰이던 도구를 전문적으로 사람을 죽이는 무기로 사용한다. "천하에 도가 행해지면 잘 달리던 빠른 말이 군마에서 물러나와 농사에 쓰이게 되지만, 천하에 도가 행하여지지 않으면 군마가 도성 밖의 가까운 들에 우글거리게 된다."[16] 도가 행하는 데로부터 행하지 않는 데 이르기까지, 도구나 기물의 성질은 근본적인 변화가 일어난다. 도가 있을 때 도구는 평화로운 생활을 위해 복무하고 그렇지 않을 시에는 전쟁의 공범자가 되는 것이다.

전쟁의 도구는 사람의 목숨까지 죽이는 흉악한 것이다. "무릇 병기는 상서롭지 못한 도구라 사람들이 싫어하나니, 도를 가진 이는 병기를 쓰려 하지 않는다."[17] 전쟁의 도구는 도가 행해지지 않을 때를 위해 복무하는 도구이므로, 오직 도가 없는 자만이 사용할 수 있고, 도를 행하는 자는 버린다는 것이다. "도로써 군주를 보좌하는 이는 무기로 세상을 강박하지 않으니, 그러한 일은 좋은 보답을 받는다.

---

16) 天下有道, 卻走馬以糞. 天下無道, 戎馬生於郊.(46)
17) 夫兵者, 不祥之器, 物或惡之, 故有道者不處.(31)

군대의 주둔지에는 가시덤불이 자라고 큰 전쟁 후에는 반드시 흉년이 든다."[18] 이로부터 노자는 전쟁을 주장하지 않았거니와 전쟁을 견결히 반대한 사람이었음을 보아 낼 수 있다. 『도덕경』은 전쟁에 관한 병서도 아니고 인간관계에 대한 음모술수도 아니다.

5. 유가의 도

도가와 함께 유가 역시 무도나 비도를 반대하였다. 그럼 유가의 도는 진정한 도라고 할 수 있는가? 노자는 자신이 주장하는 도야말로 진정한 대도라고 하면서 유가의 도를 도라고 인정하지 않았다.

도가에서 주장하는 도와 달리 유가는 인의를 주장하고 제창한다. 노자는 도덕과 인의 간의 연관 관계 및 변화 과정을 아래와 같이 정리하고 밝혔다. "덕이 높은 사람은 원래 덕을 마음에 두지 않아서 오히려 덕이 있다. 덕이 낮은 사람은 자신의 덕을 의식해서 오히려 덕이 없다. 꾸밈이 없이 저절로 우러나는 덕이 높은 덕이요, 이에 반해 억지로 꾸미려 드는 덕은 낮은 덕이다. 좋은 어짊은 저절로 우러나오는 마음에서 사물을 대하고 올바름은 아무리 바르다 해도 그 바탕이 억지로 꾸며서 나오는 것이며 예절은 또한 아무리 바르다 해도 상대방의 반응에 따라서 팔뚝을 걷고 싸우려 나서기까지 한다. 그런 까닭에 도를 잃은 후에 덕을 따지고, 덕을 잃은 후에 어짊을 따지며, 어짊을 잃은 후에 올바름을 따지고, 올바름을 잃은 후에 예절을 따지게 된다. 대저 예절이 만들어진 것은 사람의 진정이나 믿음이 약해진 탓이며, 결국 혼란만 일으키게 된다. 앞일에 대해 이리저리 헤아리는 것은 도라는 열매를 맺지 못하는 꽃에 불과한 것이며, 이것이야말로 어리석음의 시작이다."[19]

---

18) 以道佐人主者, 不以兵強天下. 其事好還. 師之所處, 荊棘生焉. 大軍之後, 必有凶年.(30)

도는 하늘, 땅의 근본이다. 그것은 자연적이고 무위이다. 덕德은 도의 실현, 특히 도가 사람에게서의 실현으로 사람의 덕성이고 덕행이며 품성이다. 인仁은 인애이며 타인에 대한 사랑이다. 의義는 정의롭고 공정한 것으로 사람의 의무가 된다. 예禮는 사회 상하등급과 질서에 대한 규정으로 언행에 대한 강제적인 요구가 된다.

도에서 덕, 인, 의, 예에 이르는 과정은 자연적인 데서 인위적인 것으로의 과정이다. 하늘의 도에서 사람의 도에 이르는 과정이기도 하다. 이것은 한편으로는 대도의 상실이면서 다른 한편으로는 욕망과 기술의 증가이기도 하다.

그럼 왜 인의의 도를 비도라고 하는 것인가? 이것은 그들이 대도를 훼멸시키면서 나타난 산물이기 때문이다. "큰 도가 무너지니 인의가 있게 되고 지혜가 출현하여 큰 거짓이 있게 되고 가정이 화목하지 못하니 효와 자애가 있게 되고 국가가 혼란하여 충신이 있게 된다."[20] 이것으로 보아 유가의 도덕과 인의는 늘 무도의 동반자였던 것이다. 인의의 도가 비록 무도와 구별되고 또한 그를 극복하고자 시도를 하긴 했으나 결코 무도와 갈라서지를 못한다. 유가의 도와 무도는 얼기설기 복잡하게 얽혀 있는 사이이다.

한편으로 인의의 도는 사람의 무도를 차폐하고 가리어 사람들이 그것을 회피하거나 잊어버리게 한다. 가정이 불화하기에 부모 효도와 자식 사랑을 주장하게 되고 나라가 혼란에 빠져서야 충신이 나타난다. 사람들은 단지 효도와 자애, 충신 등에만 주의를 돌렸지 가정의 불화와 나라의 혼란은 소홀히 하였다.

다른 한편 인의의 도는 무도를 유혹하고 사람들의 죄악을 자극한다. 때문에 인의의 도는 인성을 완벽하게 기를 수 없었고 파괴하기만 하였다. 이에 인의에 따른 선善은 악을 초래하는데 처음 시작의 동기와 서로 상반되는 결과를 얻은

---

19) 上德不德, 是以有德. 下德不失德, 是以無德. 上德無爲而無以爲. 下德無爲而有以爲. 上仁爲之而無以爲. 上義爲之而有以爲. 上禮爲之而莫之應, 則攘臂而扔之. 故失道而後德, 失德而後仁, 失仁而後義, 失義而後禮. 夫禮者, 忠信之薄, 而亂之首. 前識者, 道之華, 而愚之始.(38)
20) 大道廢, 有仁義. 智慧出, 有大僞. 六親不和, 有孝慈. 國家昏亂, 有忠臣.(18)

것이다. 그것은 가짜를 진짜로 둔갑시키거나 거짓으로 진실을 숨길 뿐이다. 문제는 무도가 도의 행세를 할 뿐만 아니라 사람들이 이것을 감지조차 하지 못한다는 데 있다.

유가의 도와 도가의 도를 비교해 보면, 전자는 인의의 도이고, 후자는 자연의 도이다. 단지 도덕과 인의의 순서로 따지면, 유가는 인의, 도덕 순이고, 인이 주도적이며 인의가 도덕을 규정한다고 한다. 도가는 도덕, 인의 순이고, 도가 주도적이며 도덕이 인의를 규정한다고 한다.

제3장 준도이행

제3장

1. 역설

사람들 앞에는 두 갈래 길이 펼쳐져 있는데, 생명으로 통하는 길과 죽음으로 가는 길이다. 준도이행遵道而行 즉 도를 따라 행한다 라는 것은 무도를 부정하면서 도를 긍정한 것이라 할 수 있다.

노자는 도와 무도 사이의 모순을 명확하게 보여 주었다. 도의 입장에서는 도가 곧 도이고 무도는 무도이다. 하지만 무도의 입장에서는 무도가 도이고 도는 오히려 무도가 된다. 이로써 아주 전형적인 노자의 언어 표현 방식이 이루어졌는데, 동일성을 유지하면서 또한 역설적이다. '도가 곧 무도다'라는 언어의 역설적 표현은 노자의 텍스트 전반을 이끌어 나간다. 사실 노자의 역설에는 아래와 같은 세 가지가 포함된다.

첫째, 도 자체에 대한 역설 즉 도는 유와 무의 생성이다.

둘째, 무도 자체에 대한 역설 즉 무도는 자아모순인 것이기 때문에 스스로 해소된다.

셋째, 도와 무도에 대한 역설 즉 도와 무도는 참과 거짓의 대립, 투쟁을 야기한다.

첫째는 도 자체에 대한 역설이다. 우선은 도의 존재에서 나타나는데 도는 무와 유인 동시에 또한 유도 아니고 무도 아니다. "'무'는 천지의 시작을 이름 지은 것이고, '유'는 만물의 어미를 이름 지은 것이다."[1] 뜻인즉 유가 바로 무요,

---

1) 無, 名天地之始. 有, 名萬物之母.(1)

무가 바로 유라는 것이다. 유와 무에 관한 역설이 보여 주는 것은 생성 현상에 대한 것이다. 유와 무의 영원한 대립과 전환을 통해 끊임없는 생장과 번성이 있게 된다. 이 때문에 유와 무에 대한 역설을 모순처럼 변증법에 의해 극복되거나 버려지게 해서는 안 될 것이다.

다음은 도 사상에서 나타난다. 존재적 차원에서의 역설이 사유 면의 역설을 초래하는데, 바로 "도를 알다"에 대한 역설이다. 참된 앎이란 곧 앎이 없는 것이다. 한편, 사상은 일반적으로 어떤 사물이나 만물에 관련된 것이기에 유만 알고 있을 뿐이지 무는 알지 못한다. 따라서 도 자체에 대해 생각할 수가 없다. 다른 한편, 도 자체는 어떠한 사물도 대표하지 않으므로 무이고 또한 무로서의 유가 된다. 따라서 역시 사고되는 것을 거부한다. 도 자체에 대한 사고를 위해 사상은 자체를 부정해야만 했다. 아는 것이 곧 무지가 되는데, 여기서의 무지는 바로 참을 안다는 것이다. "현묘함을 본 것마저 씻어 낸"[2] 것으로 도 자체의 무와 유에 도달하였다고 할 수 있다. 그러므로 사상은 "늘 그러한 '무'는 그 묘한 영역을 나타내고 늘 그러한 '유'는 그 경계를 나타낸다"[3]고 하는 것이다. 도를 안다는 것은 유와 무를 모두 안다는 것이다.

마지막으로 도의 언설言說에서 나타나는데 존재와 사유 차원에서의 역설은 언설에 대한 역설이 생기게 한다. "도를 말하다"에 대한 역설이다. 진언이 곧 무언이다. "'도'를 도라고 할 수 있지만 늘 그러한 '도'는 아니다. 어떤 것을 이름 지을 수 있으나 늘 그러한 '이름'이 아니다."[4] 도는 말로 할 수 없는 것으로 말로 할 수 있는 것은 결코 도가 아니라는 것이다. 일반적으로 언어기호는 기호 표현과 지시적 의미의 이원 대립을 포함하고 있다. 그리고 어떠한 서술구이든지 기호 표현은 모두 지시적 의미가 있다. 반대로 지시적 의미가 기호 표현을 요구하기도 하는데, 이럴 경우 도는 표현할 수 없는 것으로 된다. 도는 지시적 의미가 없이

---

2) 滌除玄覽.(10)

3) 常無, 欲以觀其妙. 常有, 欲以觀其徼.(1)

4) 道可道, 非常道, 名可名, 非常名.(1)

무 자체이기 때문이다. 도는 지시적 의미가 없는 순수한 기호 표현이다. 도는 서술이라는 언어적 표현을 거부하면서 오히려 드러나는 언어적 언설은 포기하지 않는다. 때문에 "'도'를 도라고 할 수 있지만 늘 그러한 '도'는 아니다. 어떤 것을 이름 지을 수 있으나 늘 그러한 '이름'이 아니다"는 언어의 도에 대한 진술의 현실성을 부정하면서 도 자체적 언설의 가능성을 열어 주었다고 할 수 있다. 단순히 언어로서 자신에 대하여 말한 것이라는 것이다. 이는 지시적 의미가 없는 기호 표현의 게임이다. 언어에 있어서 그 불가언설을 말해야 하는 것이 사명이다. 따라서 도는 비록 말할 수 없는 것이지만 사람들이 그 불가언설의 도를 말해야 하는 것이다.

둘째는 무도에 대한 역설이다. 노자는 도 자체의 역설뿐 아니라 무도의 역설도 밝혀 주었다. 만약 전자가 진리에 대한 역설이라면 후자는 거짓에 대한 역설이다. 진리에 대한 역설은 유, 무의 생성에 있지만, 거짓에 대한 역설은 단지 현상으로서 언제나 자체의 대립 면으로 나타난다. 즉 도처럼 나타나긴 하지만 근본으로 봐서는 비도에 속하기 때문에 허상에 불과하다. 무도는 도에 대한 부정이다. "큰 도가 닫히니 인의가 있다"[5]와 같다. 유가(儒家)에서는 인의를 도로 삼았다. 그러나 인의의 도란 사실 도가 아니라 대도가 파멸된 후의 산물이다. 비록 그들이 도라고 주장하지만 실은 도가 아니다.

셋째는 도와 비도에 대한 역설이다. 노자는 도와 비도 자체의 역설을 각각 밝히는 동시에 도와 비도의 역설 관계에 대하여서도 날카롭게 지적하였다.

도의 입장에서 보면 도는 곧 도이고 비도는 비도이다. 비도는 "비록 지혜롭다 할지라도 크게 미혹될 것이다"[6]라고 여겼다. 그러나 비도의 입장에서는 비도가 곧 도이고 도는 도리어 비도가 된다. 도가 비도처럼 보이고 비도가 오히려 도처럼 보인다. 도 자체로 보면 도는 일종의 현상이고 비도의 입장에서 보면 도는 다른

---

5) 大道廢, 有仁義 (18)
6) 雖智大迷 (28)

일종의 대립적인 현상이다. 도를 깨달은 사람 역시 마찬가지이다. 그에게 있어서 치욕이자 곧 영광이요, 반대로 영광이자 곧 치욕이 된다. "나라의 더러운 것을 받아내는 자를 일러 사직의 주인이라 부르고 나라의 상서롭지 못한 일을 해 내는 자를 천하의 왕이라 부른다."[7]

이리하여 지극히 전형적인 일종 언어 역설이 형성된다. 즉 "바른 말은 마치 그 반대인 듯하다."[8] 긍정적인 말은 부정적인 말 같고 부정적인 말은 그 반대인 긍정적인 말처럼 들린다. 도가 비도요, 덕이자 덕이 아닌 것 그리고 물건이자 물건이 아닌 것과 같은 것이다. 이런 언어 표현을 통해 말하고자 하는 것은 도에 관한 것이나 겉면으로 보기에는 무도다. 따라서 이는 동일한 언어 표현 형태로 완전히 다른 두 관점을 보여 주는 것이다.

도와 비도의 이런 극단적인 역설 형태에서 알 수 있듯이 도의 본성은 이러한 비도를 부정하는 것 즉 일반적인 도를 거부하는 데 있다. "성스러움을 끊고 지혜를 버리며 어짊을 끊고 의로움을 버리며 속임수를 끊고 이익을 버리다"[9]에서처럼 말이다. 성지聖智와 인의仁義, 교리巧利는 인간의 욕망이라는 것을 숨겨 주면서 동시에 욕망을 자극하기도 한다. 이들은 진리의 형태로 나타난 거짓에 불과하다. 따라서 그것들에 대한 포기는 곧 거짓에서 진리로 돌아가는 길의 시작이 되겠다. 이렇게 이해를 해 본다면 천지와 성인의 본성은 어질지 못하다. "천지는 어질지 않아 모든 것을 풀강아지처럼 다룬다. 성인은 어질지 않아 백성을 풀강아지로 다룬다."[10] 이런 어질지 않음은 결코 비인도적인 것으로 인성 파멸을 주장하는 것이 아니다. 반면 인의라는 인도주의 자체가 지닌 역설을 인식하고 그 반대 의견을 제기한다. 즉 그것들은 늘 욕망을 수반하기 때문에 스스로의 붕괴를 초래할 수 있다는 것이다. 따라서 어질지 않은 것은 그러한 인의를 벗어난 데 있다. 인의에 대한 부정에서

---

7) 受國之垢, 是謂社稷主. 受國不祥, 是謂天下王.(78)
8) 正言若反.(78)
9) 絶聖棄智, 絶仁棄義, 絶巧棄利.(19)
10) 天地不仁, 以萬物爲芻狗. 聖人不仁, 以百姓爲芻狗.(5)

도 자체에 미치는 사상이어야만 만물과 사람으로 하여금 유, 무의 변화 속에서 끊임없이 생장할 수 있다.

이에 노자도 사람들에게 역설적인 삶을 살 것을 요구한다. "'하지 않음'을 하고 '일삼지 않음'을 일삼고 '맛이 없음'을 맛보다."[11] 위爲, 사事, 미味는 모두 인간의 활동이고, 하지 않는 것, 일삼지 않는 것, 맛이 없는 것은 자연의 본성이다. "'하지 않음'을 하고 '일삼지 않음'을 일삼고 '맛이 없음'을 맛보다"는 역설적인 표현이다. 서로 모순되는 것처럼 보이지만 사실은 인간의 행동이 자연의 도리에 순응하도록 요구한 것이다. 다시 말하여 사람은 도에 맞게 행동해야지 어긋나서는 안 된다는 것이다. 이러한 역설적인 삶은 바로 도를 따르고 비도를 멀리하며 자연을 따르고 멋대로 하지 말 것을 요구한다.

2. 무욕

무위를 실현하기 위해서는 우선 무욕無欲이어야 한다.

사람의 생존에 대한 욕망은 부정할 수 없다. 관건은 사람이 그러한 욕망에 휘둘리지 않게 자제할 수 있어야 하는 것이다. 도를 따르는 것은 곧 도로써 욕망을 다스리는 것인데 욕심을 부리지 않거나 적게 부리거나 절제하는 것이다.

도로써 욕구를 다스리려면 사람이 자신 욕망의 경계를 의식할 수 있어야 한다. 그래야만 사람들이 어느 것은 만족시킬 수 있고 어느 것은 만족시킬 수 없는 것인지 가려낼 수 있다. 노자는 이렇게 말하였다. "마음을 비우고 배를 채우며 뜻을 약하게 하고 뼈를 강하게 하라. 언제나 백성들을 순진하게 두고 욕심을 버리게 하여 지혜가 있는 자들이 감히 행하지 못하게 하라."[12] 노자는 욕망에 대하여

---

11) 爲無爲, 事無事, 味無味.(63)
12) 虛其心, 實其腹, 弱其志, 强其骨. 常使民無知無欲, 使夫智者不敢爲也.(3)

[元] 王蒙,「靑卞隱居圖」
(수묵화)

구분할 것을 강조하였는데, 욕망의 경계를 확정하라는 것이다. 마음과 배, 의지와 뼈는 모두 사람의 일부지만 근본적인 차이가 있다. 이들은 인위적인 것과 자연적인 것의 구별 즉 인위적인 욕망과 자연적인 욕망이라는 차이다. 자연적인 욕망은 신체적인 것으로 배나 뼈 등에 관한 것이다. 이는 일종의 생리 현상으로 자연 본성에 부합되는 자연스러운 것이다. 그러니 그 배를 채우고 그 뼈를 강하게 하는 것이 도를 따르는 것이라 할 수 있겠다. 반면 인위적인 욕망은 근본적으로 보아 사람의 행동에서 나오는 것으로 사람 마음과 의지의 산물이다. 그리고 여기서 말하는 마음과 의지는 주로 자연적인 것과 반대되거나 어긋나는 것이다. 이런 의미에서 사람은 마음을 비우고 의지를 약하게 해야 한다.

사람의 자연과의 조화에 대한 욕망은 한정적이라 쉽게 만족을 얻을 수 있다. 노자는 이렇게 말하였다. "욕심을 부리는 것처럼 큰 죄는 없고 만족을 모르는 것처럼 큰 화는 없으며 뭔가 얻으려는 것처럼 큰 허물은 없다. 따라서 만족을 알아 얻는 만족감은 항상 만족스럽다."13) 만족이란 바로 인간의 욕망에 대한 경계의식이요, 그 경계 내에 있는 자기 자신을 지키게 하는 것이다.

도로써 욕구를 다스리는 것은 한편으로는 경계 내의 욕망을 충족시키는 것이고, 다른 한편으로는 경계 밖의 욕망을 부정하는 것이다. 바라지 않음은 경계 밖의 욕망에 대한 억압이며 동시에 경계 안의 욕망에 대한 만족감을 보장해 준다.

욕망에 대한 부정으로서 바라지 않거나 욕심이 없거나 하는 것은 그중의 한 과정이다. 우선은 욕심이 없고자 하는 것이고 다음은 욕심이 없는 것이며 마지막으

---

13) 罪莫大於可欲, 禍莫大於不知足, 咎莫大於欲得. 故知足之足, 常足矣.(46)

로는 없는 것 즉 무위이다.

욕망이 없고자 하는 데서 인간은 자신의 욕망과 대립되는 관계를 형성한다. 사람은 욕망을 없애면서 무욕에 이르려 하겠지만 오히려 그러려는 자체가 역시 일종의 욕망이다. 따라서 욕망과 욕망이 없고자 하는 이러한 욕망이 맞서게 되고 이는 심신의 분열과 고통을 초래하게 된다.

사람은 또한 욕망이 없는 속에서 그 욕망을 없애고자 하는 욕심 자체를 없애야 한다. 무욕이라 하여 욕망 자체가 없긴 하지만 무라는 것이 부정의 의미로 여전히 그 부정의 대상인 욕망과 마주해야 한다. 욕망이 가려진 상태로 무욕 속에 자리 잡은 것이다.

오직 절대적인 무에서만 욕망의 흔적이 철저히 제거될 수 있다. 사람이 절대적인 무에 존재할 수 있는 것은 도를 따랐기 때문이다. 이에 그 욕망에 대한 부정은 도에 대한 회귀라고 할 수도 있는 것이다.

3. 무기

무위를 실현하려면 욕망을 버려야 할 뿐만 아니라 기술도 없어야 한다(無技). 다시 말해 도를 따르고자 한다면 욕망에 대하여 제한하고 부정해야 하거니와 도구나 기술도 버려야 한다는 것이다.

노자는 도구와 기술이 사람의 욕망을 만족시켜 줄 뿐만 아니라 사람의 욕망을 자극하기도 한다고 생각한다. 도구와 기술이 사람을 대도에서 멀어지게 하는 촉매제 역할을 한다는 것이다. 대도를 따르기 위해서는 최대한 도구에 의지하는 것을 줄여야 한다. "나라를 작게 하고 백성을 적게 하라. 수십 수백 사람이 사용하는 도구가 있어도 쓰지 않게 하고 백성이 죽음을 무겁게 여기고 멀리 이사하지 않게 하면 배와 수레가 있어도 타는 일이 없고 갑옷과 병기가 있어도 쓸 일이 없다.

백성이 다시 끈을 묶어 쓰게 하라. 단 것을 먹고 아름다운 것을 입고 편히 머물면서 즐겁게 풍속을 즐기다 보면 이웃 나라가 서로 보이고 닭 울고 개 짖는 소리가 서로 들려도 백성은 늙어 죽도록 오가지 않는다."[14] 노자 도의 철학이 유행하는 이상향에서 도구와 기술은 이미 그 의의를 갖고 있지 않다. 여기서 말하는 도구는 물질적 도구와 문화적 도구를 포함한다. 노자가 사람들에게 포기하라는 것 역시 물질적 도구와 문화적 도구이다.

그중 문화적인 도구에 대하여 노자는 더욱 신랄하게 비판하였다. "성스러움을 끊고 학문을 버리면 백성들에게는 좋은 일이 백배나 생긴다. 어짊을 끊고 의로움을 버리면 백성들은 부모와 자식 같은 사이로 돌아갈 것이다. 속임수를 끊고 이익을 버리면 도적은 사라진다."[15] 상술한 것들이 대도를 방해한다고 한 것은 바로 그들이 인간의 욕망을 가린 채 그 욕망을 자극하기 때문이다. 그것은 단지 진리의 탈을 쓴 거짓에 지나지 않는다. 따라서 그것을 버리는 것이야말로 거짓에서 진리로 향하는 길 즉 대도를 따르기 위한 시작이 될 것이라는 뜻이다.

물론 노자도 기술이나 도구를 무조건 반대한 것은 아니다. 자연의 도를 따른 욕망과 따르지 않는 욕망을 구분한 것처럼 기술도 그렇게 나누었다. 노자는 도를 따르는 욕망과 기술을 인정하면서 선행이라 불렀다. "선한 행위는 자취를 남기지 않고 바른말은 허물이 없으며 바른 계산은 주산이 필요 없다. 잘 닫은 문은 빗장으로 하지 않아도 열 수 없고 잘 묶은 매듭은 옭아매지 않아도 풀 수 없다."[16] 여기서의 선은 도덕적 기준에서 악을 상대적으로 한 선이 아니라 기술에서 서툰 것과 상대되는 교묘함을 말한다. 사람들이 도구를 사용하지 않고도 이루고자 했던 목표에 완벽하게 도달했다면 이는 기술을 통해 도를 따른 것이라 할 수 있다.

---

14) 小國寡民. 使有什伯之器而不用. 使民重死而不遠徙. 雖有舟輿, 無所乘之, 雖有甲兵, 無所陳之. 使民復結繩而用之. 甘其食, 美其服, 安其居, 樂其俗. 都國相望, 雞犬之聲相聞, 民至老死, 不相往來.(80)
15) 絕聖棄智, 民利百倍. 絕仁棄義, 民復孝慈. 絕巧棄利, 盜賊無有.(19)
16) 善行無轍迹. 善言無瑕讁. 善數不用籌策. 善閉無關楗而不可開. 善結無繩約而不可解.(27)

4. 부쟁

사람이 무위를 추구한다는 것은 다투지 않음(不爭)을 의미하기도 한다.

사람들은 자신의 욕망을 만족시키기 위해 경쟁하기 마련이다. 도구를 사용하면서 이런 다툼은 더욱 심해졌다. 노자는 도에 따라 행할 것을 주장하면서 욕망을 버리고 기술을 포기할 것을 요구하였다. 그러므로 그는 다툼을 반대하고 다투지 않을 것을 주장한다고 볼 수 있겠다.

다투지 않는 것은 사실 도 자체의 본성이다. "최고의 선은 물과 같다. 물은 만물을 이롭게 하여 다투지 않게 하고 모두가 싫어하는 곳에 머문다. 그래서 도에 가깝다."[17] 노자는 도라는 것이 물과 같으며 그 본성은 다투지 않음에 있다고 생각한다. 물은 만물을 자라게 하며 생존 때문에 다투지 않는다. 노자의 다투지 않음의 핵심은 바로 욕심을 버리는 것과 기술을 포기하는 데 있다. "현명함을 높이지 않아 백성들이 싸우지 않게 하라. 얻기 어려운 것을 귀히 여기지 않아 백성들이 훔치지 않게 하라. 욕심낼 만한 것을 드러내지 않아 백성들의 마음이 어지럽지 않게 하라."[18] 사람은 욕망이 없고 욕망을 만족시키기 위한 수단을 추구하지 않을 때 비로소 남과 다투지 않는다.

하지만 다투지 않는다고 하여 무능한 것은 결코 아니다. 도리어 큰 재능을 가졌다고 할 수 있다. "싸우지 않으니 천하가 싸움을 걸 수 없다. 옛말에 '굽으면 온전해진다' 하였는데 헛말이겠는가. 참되게 온전해져서 돌아가는 것이다."[19] 왜 그런가? 다투기 시작하면 승패가 있기 마련이고 그러면 끊임없는 복수가 따를 것이다. 끊임없는 싸움에 영원한 승자는 없다. 반대로 싸우지 않으면 그에 따르는 승패도 없을 것이고 자연히 무위를 실현할 수 있을 것이 아닌가.

노자는 다툼과 다투지 않음을 단순한 대립으로 생각하지 않았다. 죽음이나

---

17) 上善若水, 水善利萬物而不爭, 處衆人之所惡, 故幾於道.(8)

18) 不尙賢, 使民不爭. 不貴難得之貨, 使民不爲盜. 不見可欲, 使民心不亂.(3)

19) 夫唯不爭, 故天下莫能與之爭. 古之所謂曲則全者, 豈虛言哉! 誠全而歸之.(22)

생명과 관련되는 것이라 여겼다. "과감함에 용감하면 죽고 과감하지 않음에 용감하면 산다."[20] 다툼은 비도라 필히 죽음을 가져올 것이고 다투지 않음은 도에 맞는 것이라 생으로 통한다.

다툼을 반대한 노자는 천하를 얻고자 하는 행위도 반대하였다. "천하를 얻고자 하여 뭔가를 한다면 나는 얻기 어려울 것으로 본다. 천하는 신묘한 그릇이라 뭔가 할 수가 없다. 억지로 하면 실패할 것이고 잡으려 하면 잃을 것이다. 그러므로 성인은 하지 않기에 패가 없고 잡지 않기에 잃을 것이 없다."[21] 천하를 얻고자 하는 것은 자연의 도에 어긋나는 행동이다. 결국 천하를 얻는다 해도 종당에는 실패를 초래하게 된다. 이러한 이유로 성인은 하지도 않고 집념도 없다. 다투지 않는다는 것이다.

다투지 않는 것에 입각하여 노자는 전쟁을 부정하였다. 전쟁은 분쟁의 극단적인 형태이자 무도의 극단적인 형태이기도 하다. 사실 이는 욕망과 기술에서 비롯된다. 이에 평화와 전쟁은 각각 도와 무도의 일종의 표현 형태라고 할 수도 있다. "천하에 도가 있으면 달리는 말을 되돌려 농사를 짓고 천하에 도가 없으면 군마는 전장에서 새끼를 낳는다."[22]

노자는 전쟁의 본성을 사람을 죽이고 생명을 학살하는 것이라고 하였다. "무릇 훌륭한 군대는 상서롭지 못한 도구이니 만물이 종종 이것을 싫어하여 도를 지키는 이는 머무르지 않는다. 군자가 머무를 땐 왼쪽을 귀하게 여기고 군대를 쓸 땐 오른쪽을 귀하게 여긴다. 군대는 상서롭지 못한 도구이며 군자의 도구가 아니니 어쩔 수 없이 써야 할 때는 담담하게 하는 것이 먼저다. 이겨도 좋아해서는 안 된다. 이를 좋아하는 것은 사람 죽이는 것을 즐기는 것이다. 무릇 사람 죽이는 것을 즐겨서는 하늘 아래에서 뜻을 이룰 수 없다. 따라서 좋은 일은 왼쪽을 우선하고

---

20) 勇於敢則殺, 勇於不敢則活.(73)
21) 將欲取天下而爲之, 吾見其不得已. 天下神器, 不可爲也, 不可執也. 爲者敗之, 執者失之. 是以聖人無爲故無敗, 無執故無失.(29)
22) 天下有道, 却走馬以糞. 天下無道, 戎馬生於郊.(46)

안 좋은 일은 오른쪽을 우선한다. 지위가 낮은 장군은 왼쪽에 머무르고 지위가 높은 장군은 오른쪽에 머무르니 죽은 자의 예의로 대함을 이른다. 사람들을 죽이면 슬픔에 울고 전쟁에서 이겨도 죽은 자의 예의로 대한다."[23] 전쟁은 사람을 죽이는 행위로 사회생활 전반에 걸쳐 긍정적인 의미가 아니라 부정적인 의미만 갖고 있다. 때문에 사람들은 이를 부정해야 한다.

전쟁이 본질적으로 보면 비도인 것이라 노자는 사람들에게 전쟁의 위험성을 인지할 것을 요구하였다. "도를 가지고 임금을 도우려는 사람은 군사로 천하를 강하게 하려 하지 않는다. 그 일은 되돌아오기 마련이기 때문이다. 군사가 머문 자리에는 가시덤불만이 무성하고 큰 군사를 일으킨 뒤에는 반드시 흉년이 든다."[24] 사람은 결코 전쟁으로 천하를 제패하지 못한다. 사람을 죽이는 전쟁은 재앙을 불러오는데 이 재앙은 적에게뿐만 아니라 본인에게도 닥치게 될 것이다.

물론 현실세계에서 사람들이 욕망을 추구하고 그 욕망을 만족시킬 수 있는 수단을 추구하다 보면 다른 사람과 분쟁이 생기기 마련이다. 따라서 전쟁 또한 불가피하게 될 것이다. 하지만 노자는 전쟁이라는 극단적인 다툼 속에서도 인간은 다투지 않는 덕을 지켜야 한다고 주장한다. "훌륭한 장수는 무력을 쓰지 않고 잘 싸우는 사람은 감정에 치우쳐 공격하지 않는다. 위대한 승리자는 적을 물리치지만 맞붙어 싸우지는 않는다. 훌륭한 지휘관은 자신을 낮출 줄 안다. 이것을 '싸우지 않는 것'의 힘이라 한다. 또는 '훌륭한 통솔력'이라고도 하고 '하늘의 법칙을 따르는 것'이라고도 하는데 이것이 도에 가장 잘 맞는 원리이다."[25] 일반인은 무예와 분노를 주장하지만 노자는 싸우지 않고 성내지 않을 것을 주장한다. 오직 다투지

---

23) 夫兵者, 不祥之器, 物或惡之, 故有道者不處. 君子居則貴左, 用兵則貴右. 兵者不祥之器, 非君子之器, 不得已而用之, 恬淡爲上. 勝而不美, 而美之者, 是樂殺人. 夫樂殺人者, 則不可得志於天下矣. 吉事尙左, 凶事尙右, 偏將軍居左, 上將軍居右, 言以喪禮處之. 殺人之衆, 以悲哀泣之, 戰勝, 以喪禮處之. (31)

24) 以道佐人主者, 不以兵強天下. 其事好還. 師之所處, 荊棘生焉. 大軍之後, 必有凶年. (30)

25) 善爲士者, 不武. 善戰者, 不怒. 善勝敵者, 不與. 善用人者爲之下. 是謂不爭之德, 是謂用人之力, 是謂配天古之極. (68)

않아야만 쟁탈을 피면할 수 있기 때문이다.

노자는 이런 싸우지 않는 덕을 구체적인 용병술인 물러서는 것에 체현시켰다. "병법에 이런 말이 있다. '나는 감히 선제공격은 하지 않으니 다만 끌려갈 뿐이다. 감히 한 치도 진군하려 하지 않고 오히려 한 자나 물러선다.' 이를 일러 전진 없는 행군, 팔 없이 휘두르는 주먹, 없는 적을 무찌름, 없는 병사를 잡음이라고 한다. 적을 가볍게 보는 것보다 큰 화가 없으니 적을 가볍게 보면 내 보물을 거의 잃을 것이다. 그러므로 병사가 서로 다툴 때 슬퍼하는 자가 이기는 법인 것이다."[26] 물러선다는 것은 무능이 아니라 오히려 강함을 보여 주는 것이다. 따라서 물러서서 얻은 결과는 패배가 아닌 승리이다. 사람은 다투지 않음으로 다툼에 이르고 다툼을 통해 다투지 않음에 이르고자 한다.

5. 행도

욕망을 제한하고 도구를 버리는 것은 무도에 대한 부정이다. 이는 도를 따라 행하는 것이며 또한 도에 대한 경험과 실천이다. 도를 닦고 도를 행하며(行道) 도를 따르는 것이다.

사람은 도를 닦을 때 먼저 그 자신에 대하여 알아야 한다. 인간은 고독한 존재가 아니고 세상 속의 존재다. 세상 속에 있다는 것은 바로 하늘과 땅 사이에 있는 것이다. "그리하여 도가 크고 하늘이 크며 땅도 크고 사람 또한 크다. 우주에는 큰 것이 네 개 있는데 사람도 그 한 자리를 차지한다. 사람은 땅을 따르고, 땅은 하늘을 따르며, 하늘은 도를 따르고, 도는 스스로 그러하다."[27] 사람은 하늘, 땅에 의해 태어나며 그와 함께한다. 사람은 하늘, 땅 사이에서 존재하며 도의 규정을

---

26) 用兵有言. 吾不敢爲主, 而爲客. 不敢進寸, 而退尺. 是謂行無行. 攘無臂. 扔無敵. 執無兵. 禍莫
大於輕敵, 輕敵幾喪吾寶. 故抗兵相若, 哀者勝矣.(69)
27) 故道大, 天大, 地大, 人亦大. 域中有四大, 而人居其一焉. 人法地, 地法天, 天法道, 道法自然(25)

따른다.

그럼 사람 자신은 누구며 또한 누가 사람 자신인가? 사람 자신이라는 것은 사람이 어느 다른 것도 아니고 하늘, 땅도 아닌 바로 본인임을 의미한다. 사람의 몸은 자신이 존재한다는 직접적인 표현 형태이다. 사람의 몸은 부모에게서 얻지만 천지에게서도 받는다. 이에 몸은 타고난 것이라 한다. 또한 사람의 몸은 자연이 부여한 형체이며 인간 자신의 자연이라고도 할 수 있다.

몸의 존재는 인간의 생리적이고 또한 심리적인 현상의 기초다. "총애를 받거나 수모를 당하거나 모두 깜짝 놀란 듯이 하라. 큰 환난을 귀하게 여기기를 내 몸과 같이 하라. 총애를 받거나 수모를 당하거나 모두 깜짝 놀란 듯이 하라는 말은 무슨 뜻인가? 총애는 하등의 것이다. 그것을 얻어도 놀란 듯이 하고 그것을 잃어도 놀란 듯이 한다. 이것이 총애를 받거나 수모를 당하거나 모두 깜짝 놀란 듯이 하라는 말의 뜻이다. 큰 환난을 귀하게 여기기를 내 몸과 같이 하라는 말은 무슨 뜻인가? 나에게 큰 환난이 있는 까닭은 나에게 몸이 있기 때문이다. 나에게 몸이 없다면 나에게 어떤 환난이 있겠는가? 그러므로 자신의 몸을 천하만큼이나 귀하게 여긴다면 천하를 줄 수 있고 자신의 몸을 천하만큼이나 아낀다면 천하를 맡길 수 있을 것이다."[28] 인간은 신체적 존재이기 때문에 긍정적이거나 혹은 부정적인 생리, 심리적 느낌을 받게 된다. 그러므로 몸을 인간의 근본이라 한다. 사람은 자신의 몸을 소중히 여겨야 한다. 사람이 자신의 몸을 소중히 여길 때만이 비로소 세상만물을 소중히 여길 수 있다.

몸이 인간의 기본인 이상 몸 이외의 세상만물보다는 몸이 가장 중요한 것이다. "이름과 몸 중 어느 것이 가까운가. 몸과 재산 중 어느 것이 중요한가. 얻음과 잃음 중 어느 것이 병인가. 그리하여 너무 사랑하면 반드시 낭비가 있고 많이 쌓아 두면 반드시 크게 잃게 된다. 만족을 알면 욕됨이 없고 끊음을 알면 위태롭지

---

28) 寵辱若驚, 貴大患若身. 何謂寵辱若驚? 寵爲下, 得之若驚, 失之若驚, 是謂寵辱若驚. 何謂貴大患若身? 吾所以有大患者, 爲吾有身, 及吾無身, 吾有何患? 故貴以身爲天下, 若可寄天下. 愛以身爲天下, 若可托天下.(13)

않으니 오래갈 만하다."[29] 몸은 명성이나 재산보다 중요하다. 사람이 만약 지나치게 명성과 재산을 추구하다 보면 몸이 상하고 심지어 생명을 잃을 수도 있다. 오직 사람들이 욕망의 한계를 깨달았을 때 사람은 자신의 몸과 생명을 지킬 수 있다.

몸이란 무엇인가? 몸이 육체를 포함하고 있지만 육체와 같은 것은 아니다. 몸은 육체와 마음의 합일이다. 그 외에 몸에는 기운(氣)도 있다. 그래서 몸은 정精, 기, 신神 삼 자의 합일이라 한다. 그러나 노자는 육체와 마음이 서로 다른 의미를 지니고 있다고 말한다. 육체는 자연적이고 마음은 인위적이라는 것이다. "이로써 성인의 다스림은 마음을 비우고 배를 채우며 뜻을 약하게 하고 뼈를 강하게 한다."[30] 모두 육체에 속하지만 부동한 부위와 기관은 각각 다른 의미를 갖는다. 복부는 자연적이고 눈은 인위적이다. "이 때문에 성인은 배를 위하지 눈을 위하지 않는다. 따라서 눈을 치우고 배를 취한다."[31] 육체와 마음 외에 노자는 기를 강조하였는데 사람은 생명의 기를 모아야 한다고 주장하였다.

사람과 세상만물을 구별할 때 사람은 몸이 없는 만물과 상대적으로 신체적인 존재이다. 사람과 사람을 서로 구별할 때 사람은 타인과 상대적으로 자신이 된다. 노자는 사람이라면 세상에 있는 일반적인 사물 외에 자신과 타인도 인식해야 한다고 하였다.

만약 사람이 자신을 인식하고자 한다면 자신의 속임수에 넘어가지 말아야 한다. 하지만 사람이 세상을 두고 오직 자신으로부터 출발한다면 자신과 세계를 모두 가릴 수밖에 없다. "발끝으로는 오래 서지 못하며 벌린 다리로는 오래 걸을 수 없다. 스스로를 내보이는 이는 빛나지 못하며 스스로를 옳다 하는 이는 드러나지 않는다. 스스로를 자랑하는 이는 공이 없으며 스스로에게 만족하는 이는 오래가지 못한다. 그것들은 도에 있어서 먹다 남은 밥이나 쓸모없는 행동과 같다. 모든

---

29) 名與身孰親? 身與貨孰多? 得與亡孰病? 甚愛必大費. 多藏必厚亡. 故知足不辱, 知止不殆, 可以長久.(44)
30) 是以聖人之治, 虛其心, 實其腹, 弱其志, 强其骨.(3)
31) 是以聖人爲腹不爲目, 故去彼取此.(12)

것은 아마도 이런 것을 싫어할 것이기에 도를 가진 이는 결코 그것에 머무르지 않는다."[32] 자신을 구속하는 사람은 세상만물과의 교류를 차단하고 도와의 소통을 끊어버렸기 때문에 그 자신도 오래가지 못한다.

오직 사람이 스스로 자신을 가리지 않을 때에만 비로소 자신을 알고 타인을 알 수 있으며 세상만물과 하나가 될 수 있다. 그러면서 사람은 점차 자신을 찾아간다. "자신을 내보이지 않으니 밝고 스스로 옳다 하지 않아 오히려 빛나며 자랑하지 않아 공이 있고 뽐내지 않아 오래간다."[33] 이는 세상만물이 모두 사람 자신의 일부가 되어 자신의 생명이 충실하게끔 한 데 있다.

노자는 남을 아는 것보다 나를 아는 것이 더 중요하다고 여겼다. "타인을 아는 자는 지혜롭지만 자신을 아는 자는 밝다. 타인을 이기는 자는 힘이 있지만 자신을 이기는 자는 강하다."[34] 이는 사람이 자신을 초월하여 자신을 자신이 인식하고 실천하는 것으로 만들어야 하기 때문이다.

사람은 자신뿐 아니라 타인을 알아야 하고, 타인과의 차이도 알아야 한다고 노자는 강조하였다. 도를 닦는 사람은 모두 보통 사람이 아니라 특별한 사람이다. 이에 도를 닦는 자와 닦지 않는 자를 구분할 것을 요구한다. 노자가 말한 뭇사람들은 도를 닦는 자들이 아니고 "내"가 바로 도를 닦는 자이다. 그럼 뭇사람과 "나"는 어떻게 다른가? "사람들은 희희낙락 즐겁네, 큰 잔치를 즐기는 듯 봄날에 누대 오르듯. 나 홀로 담담하게 미동도 않는다. 마치 아이가 옹알거릴 줄도 모르는 것처럼, 피곤함에 지쳐 어디로 돌아가야 할지도 모르는 것처럼. 사람들은 모두 넘쳐나는 것 같은데 나만 남은 듯 홀로 서 있다. 나는 바보의 마음을 가지고 있구나, 아둔하게도. 사람들은 밝고 밝지만 나는 홀로 어둡고 어둡다. 사람들은 똑똑하지만 나는 홀로 답답하다. 사람들은 각기 쓰임이 있지만 나는 홀로 고루하고

---

32) 企者不立. 跨者不行. 自見者不明. 自是者不彰. 自伐者無功. 自矜者不長. 其在道也, 曰餘食贅形. 物或惡之, 故有道者不處.(24)

33) 不自見, 故明. 不自是, 故彰. 不自伐, 故有功. 不自矜, 故長.(22)

34) 知人者智, 自知者明. 勝人者有力, 自勝者強.(33)

촌스럽다. 나만 홀로 사람들과 다르니 그저 먹고 사는 데 힘쓰리라."35) 여기에서는 본인과 뭇사람들의 각종 대립 현상을 묘사하였는데, 뭇사람들은 도가 아닌 삶에 빠져 탐욕으로 가득 차 있고 그 욕심을 채우려고 수단을 추구하고 있음을 보여 준다. 하지만 본인은 도를 존중하고 도가 정해 준 대로 살아간다는 것이다. 비록 도를 닦는 사람이 도가 없는 세상에서는 우둔해 보이지만 그 자신으로서는 비범한 위용을 지닌 것이다. 도를 닦는 자와 뭇사람들을 무엇에 근거하여 구별할 수 있는가? 다른 것 필요 없이 오직 도를 통해서만이 가능하다.

도를 닦는 사람은 자신을 갈고닦는 한편 대도를 인식하고 실천한다. 다시 말하면 자신을 갈고 닦는 것과 도를 닦는 것이 한 사물의 두 측면이 된다는 것이다.

첫째, 사람은 도를 들어야 한다. 도를 닦으려면 우선은 먼저 도를 들어야 한다. 도가 자연의 도이기는 하지만 반드시 성인의 입을 통해 말해야만 언어의 형태를 얻는다. "도를 붙잡으면 천하가 나아간다. 나아가도 해롭지 않으니 편안하고 평화롭다. 음악과 음식은 지나가는 손님을 붙잡지만 도는 담담하여 맛이 없고 보아도 보이지 않으며 들어도 들리지 않고 써도 다함이 없다."36) 도는 일반 물건이나 문화콘텐츠처럼 사람을 끌지는 못한다. 하지만 인간에 대한 작용은 더할 나위 없이 뛰어나다. 이에 사람들은 도를 들어야 한다. 듣기에 부족함이 있을지라도 들어야 한다. 도를 닦는 자는 들을 수 없는 도를 듣기 위해서는 비범한 청력이 필요하다.

둘째, 사람은 도에 대해 사고해야 한다. 사람은 도를 들으면서 생각해야 한다. 도를 듣는다는 것은 들으면서 구별하고 비교하며 선택하는 등의 사유를 거쳐야 하기 때문이다. 도에 대해 사고하는 것은 도의 의미를 이해하고 또한 세계와 인간에 대한 도의 중요성을 이해하는 것이다. "도는 모든 것의 근원이라 착한 이의 보배지만

---

35) 眾人熙熙, 如享太牢, 如春登臺. 我獨泊兮, 其未兆. 沌沌兮, 如嬰兒之未孩. 累累兮, 若無所歸. 眾人皆有餘, 而我獨若遺. 我愚人之心也哉! 俗人昭昭, 我獨昏昏. 俗人察察, 我獨悶悶. 眾人皆有以, 而我獨頑且鄙. 我獨異於人, 而貴食母.(20)

36) 執大象, 天下往. 往而不害, 安平太. 樂與餌, 過客止. 道之出口, 淡乎其無味, 視之不足見, 聽之不足聞, 用之不足既.(35)

착하지 않은 이도 간직하고 있다. 아름다운 말은 천 냥 빚도 갚고 존경스러운 행동은 사람들 마음에 남는다. 사람이 착하지 않다고 어찌 버릴 수 있겠는가. 그래서 천자를 세우고 삼공을 두었다. 비록 옥을 바친 뒤 마차를 바친다 하더라도 꿇어앉아 이 도를 올림만 못하다. 옛날에 이 도를 귀하게 여긴 까닭은 무엇인가. 도를 얻으면 죄가 있어도 용서받기 때문이라 하지 않았던가. 그러므로 천하의 귀한 것이 된다."37) 사람은 도를 존중해야 한다. 그것이 세상에서 가장 귀하고 세상의 모든 것을 초월하기 때문이다.

셋째, 사람은 도를 닦아야 한다. 노자는 도에 대한 태도를 세 가지로 나누어 설명하였다. "훌륭한 선비가 도를 들으면 부지런히 행한다. 평범한 선비는 도를 들어도 긴가민가하기 십상이다. 못난 선비가 도를 들으면 크게 비웃는다. 웃지 않으면 도가 되기에 부족하다."38) 훌륭한 선비는 도를 들을 뿐 아니라 도를 행하는 것으로 도와의 합일을 실현한다. 평범한 선비는 도를 듣고도 옳고 그름을 알지 못하니 들으나 마나가 된다. 못난 선비는 도의 부름을 아예 부정하고 거절한다. 훌륭한 선비는 도를 귀담아 들으면서 들은 대로 행한다. 때문에 훌륭한 선비야말로 진정 도를 듣는 자이고 사고하는 자이며 도를 닦는 자이다.

그럼 그들은 어떻게 도를 닦았는가? 관건은 사람과 도가 하나로 되는 데 있다. "마음으로 도를 안아 그것에서 떠나지 않을 수 있는가? 본능에 맡기고 부드러움에 이르러 어린아이처럼 될 수 있는가? 현묘함을 본 것마저 씻어 내어 흠이 없게 할 수 있는가? 나라를 사랑하고 백성을 다스림에 무위로 할 수 있는가? 감각이 느껴져도 흔들리지 않을 수 있는가? 모든 것에 훤해도 아무것도 모를 수 있는가?"39)

사람은 정, 기, 신의 통일체이다. 사람이 도를 닦는 것 역시 정, 기, 신을 갈고

---

37) 道者, 萬物之奧. 善人之寶, 不善人之所保. 美言可以市尊, 美行可以加人. 人之不善, 何棄之有? 故立天子, 置三公, 雖有拱璧以先駟馬, 不如坐進此道. 古之所以貴此道者何? 不曰求以求得, 有罪以免邪? 故爲天下貴.(62)

38) 上士聞道, 勤而行之. 中士聞道, 若存若亡. 下士聞道, 大笑之. 不笑不足以爲道.(41)

39) 載營魄抱一, 能無離乎? 專氣致柔, 能如嬰兒乎? 滌除玄鑒, 能無疵乎? 愛國治民, 能無爲乎? 天門開闔, 能爲雌乎? 明白四達, 能無知乎.(10)

닦는 것이다. 사람의 수련 과정을 보면, 한편으로는 부정의 과정으로 정, 기, 신 여러 형태를 가리거나 오염된 것을 제거한다. 다른 한편으로는 긍정하는 과정으로 정, 기, 신 자체의 순수한 본성에 의해 삼자를 하나로 통합시킨다. 물론 도를 닦는 자는 자신에게만 갇혀 있는 것이 아니라 타인과 세상으로 향한다. 때문에 도를 닦는 자는 타인, 하늘, 땅과 함께한다.

넷째, 사람은 도를 입증해야 한다. 사람들은 도를 닦는 것을 통해 도를 체험한다. 도를 체험하는 것은 인간이 도의 생성을 직접 체험하거나 또는 입증하는 것을 말한다. 이는 몸과 마음이 하나로 합쳐지는 허정虛靜에서 비롯된다. "비움의 극에 이르고 고요함을 두텁게 지키라. 모든 것은 함께 생기나 나는 그 돌아감을 본다. 그것들은 모두 살아가지만 결국 저마다 그 뿌리로 돌아간다. 뿌리로 돌아가는 것을 고요함이라 말하니 그것은 순리를 따르는 것이다. 순리를 따르는 것을 변함없다 말하며 변함없음을 아는 것을 밝다 말한다. 변함없음을 알지 못하면 거짓되어 나쁜 일을 하게 된다. 변함없음을 아는 것은 너그러움이고 너그러우면 공정하며 공정하면 널리 미치고 널리 미치는 것은 하늘이며 하늘은 도를 따르고 도는 오래가니 죽을 때까지 위태롭지 않다."[40]

사람이 극단적이고 절대적인 허정에 이를 때 비로소 사람과 만물 간의 신비한 통로가 열린다. 만물은 허정 속에서 자신의 본성을 드러내고 사람은 만물 자체의 존재를 조용히 관찰할 수 있다. 바로 도와 사람이 하나가 되는 경험을 하게 되는 것이다. 만물이 모습을 드러내는 것은 자체의 본원으로 돌아간 것과 같다. 만물이 자신의 거처에서 평화롭게 지내는 것이 고요함이다. 이러한 것은 그들이 자체의 본성으로 돌아가는 것이라 순리를 따른 것이다. 동시에 그들은 영원한 보편성을 띠기에 변함없다고 하는 것이다. 사람이 진정 도에 밝게 되는 것은 사물의 영원하고 보편적인 것을 아는 것이다. 이로 인해 사람들은 너그러워 용납 못할 것이 없고

---

40) 致虛極, 守靜篤, 萬物並作, 吾以觀復. 夫物芸芸, 各復歸其根. 歸根曰靜, 是謂覆命. 覆命曰常, 知常曰明. 不知常, 妄作凶. 知常容, 容乃公, 公乃全, 全乃天, 天乃道, 道乃久, 沒身不殆.(16)

공정하며 널리 미쳐 하늘과 하나로 되고 도와 하나가 된다. 오직 도를 체험해야만 도가 비로소 평생 사람을 지켜 줄 수 있게 된다.

다섯째, 사람은 도를 행해야 한다. 도를 입증한 후에 사람들은 그 도를 행해야 한다. 도를 갖춘 자는 어떻게 천지 사이에서 도를 행하고 있는가? 노자는 도가 있는 자라면 밝은 지식을 가지고 있으면서도 이를 드러내지 않고 대우의 덕을 지킬 수 있어야 한다고 생각한다. "남성적인 강인함을 알고 여성적인 유약함을 지키면 천하의 계곡이 된다. 천하의 계곡이 되어 덕이 언제나 나뉘지 않으면 다시 어린아이로 돌아간다. 희고 검은 것을 알고 또 거두어 천하의 모양이 된다. 천하의 모양이 되어 덕이 언제나 어긋나지 않으면 다시 무극으로 돌아간다. 영광스러움과 욕됨을 알고 또 거두어 천하의 계곡이 된다. 천하의 계곡이 되어 덕이 비로소 늘 넉넉해지면 다시 통나무로 돌아간다. 통나무를 쪼개면 그릇이 되고 성인을 그릇으로 쓰면 장관이 된다. 이렇기에 크게 만드는 것은 쪼개지 않는다."[41]

여기서의 남과 여, 흰 것과 검은 것, 영광스러움과 욕됨 등의 대립은 사실 양과 음의 대립 즉 긍정과 부정, 적극성과 소극성의 대립이다. 노자는 도를 아는 사람이라면 음양의 차이를 알아야 하고 음을 버리고 양을 추구하는 일반 사람들의 선택도 알아야 한다고 생각한다. 그리고 도를 아는 자는 그 반대로 행하면서 양을 버리고 음을 추구하는데, 이것이 바로 무위이고 자연 그대로라는 것이다.

도를 닦고자 하는 사람이 도에 대해 듣고 생각하며 닦고 입증에 이어 행하기까지 거치면 도를 갖춘 사람으로 된다. 도를 갖춘 사람이자 바로 덕이 있는 사람이다. 도는 덕의 규정이고 덕은 도의 실현이다. 이 실현은 특히 인간에게서 이루어진다. "도의 실현에 종사하는 자는 도와 같아지고, 덕의 실현에 종사하는 자는 덕과 같아지며, 도를 상실한 일에 열중하는 자는 그 상실된 것과 같아진다. 도와 같아진 자는 도 역시 즐거이 그를 취하고, 덕과 같아진 자는 덕 역시 즐거이 그를 취하며,

---

41) 知其雄, 守其雌, 爲天下溪. 爲天下溪, 常德不離, 復歸於嬰兒. 知其白, 守其黑, 爲天下式. 爲天下式, 常德不忒, 復歸於無極. 知其榮, 守其辱, 爲天下穀. 爲天下穀, 常德乃足, 復歸於樸. 樸散則爲器, 聖人用之, 則爲官長, 故大制不割.(28)

그 상실된 것과 같아진 자는 그 상실이 즐거이 그를 취한다."42) 사람과 사물의 상호작용처럼 인간과 도덕 역시 서로 생성된다. 도덕은 사람의 적극적이고 소극적인 활동에 반응을 보인다. 사람이 도덕에 가까워지면 도덕도 사람을 가까이 하고 사람이 도덕과 멀어지면 도덕 역시 사람을 멀리한다. 그러나 도를 닦는 자는 자신에게서 덕을 실현할 뿐만 아니라 타인과 세계에도 미친다. "스스로를 닦으면 그 덕이 참되고, 집안을 닦으면 그 덕에 남음이 생기고, 동네를 닦으면 그 덕이 오래가고, 나라를 닦으면 그 덕이 넉넉해지며, 세상을 닦으면 그 덕이 넓어진다."43) 자신으로부터 시작하여 집안, 동네, 나라 나아가 천하에 이르기까지 도덕의 실현이 점차 확대되고 보편화되는 과정이다.

도를 갖춘 자와 뭇사람들이 서로 다르다면 분명 어떤 독특한 형상이 있을 것이다. "예로부터 도를 제대로 깨달은 사람은 미묘하면서도 지극히 넓고 깊어 그 깊이를 가늠할 수가 없다. 그것을 알 길이 없지만 드러난 모습을 가지고 대강 형용하자면, 겨울에 강을 건너듯 신중하고, 사방의 이웃을 대하듯 조심스럽고, 얼굴에는 엄숙함이 묻어 있고, 얼음이 녹는 것처럼 술술 풀리고, 통나무처럼 도탑고, 계곡처럼 트이고, 흙탕물처럼 탁하다. 누가 능히 탁한 것을 고요하게 하여 서서히 맑아지게 하고, 누가 능히 가만히 있던 것을 움직여 서서히 생동하게 할 수 있을까. 도를 간직하고 있는 사람은 채우려 하지 않는다. 굳이 채우려 하지 않는 것은 새롭게 이루지 않고도 능히 천하를 덮을 수 있기 때문이다."44) 이는 도를 닦는 자들의 본성에 대한 규정이 아니라 그들 형상에 대한 묘사이다. 이런 묘사는 대부분 비유법을 사용한다. 그중 어떤 것은 흔히 볼 수 있는 인간의 행동이고 어떤 것은

---

42) 故從事於道者, 同於道. 德者, 同於德. 失者, 同於失. 同於道者, 道亦樂得之. 同於德者, 德亦樂得之. 同於失者, 失亦樂得之.(23)

43) 修之於身, 其德乃眞. 修之於家, 其德乃餘. 修之於鄉, 其德乃長. 修之於邦, 其德乃豐. 修之於天下, 其德乃普.(54)

44) 古之善爲道者, 微妙玄通, 深不可識. 夫唯不可識, 故強爲之容. 豫兮若冬涉川. 猶兮若畏四鄰. 儼兮其若客. 渙兮其若凌釋. 敦兮其若樸. 曠兮其若谷. 混兮其若濁. 澹兮其若海. 飂兮若無止. 孰能濁以靜之徐淸. 孰能安以動之徐生. 保此道者, 不欲盈. 夫唯不盈, 故能蔽而新成.(15)

보편적인 자연현상이다. 도를 닦는 자들이 내성적이면서도 외향적이고 유한하면서도 무한함을 보여 주기 위함이다. 도를 닦는 자는 근본적으로 대도 자체의 움직임과 고요함으로, 탁한 것에서 맑은 데로, 가만히 있던 데로부터 움직여 생동해지는 것을 깨닫고 실천한다. 이는 대도 자체의 존재인 허무의 생성 본성을 파악한 것이다. 따라서 도를 닦는 자 역시 스스로가 끊임없이 새롭게 이어지는 것이다.

도를 갖춘 자는 삶의 증진을 꾀하는 자 또는 영생을 얻는 자이기도 하다. "나옴은 태어남이고 들어가는 것은 죽는 것이다. 장수하는 자들이 열에 셋이고, 요절하는 자들이 열에 셋이며, 잘 살다가 갑자기 죽는 자도 열에 셋이다. 왜 그런가? 그것은 삶에 대한 집착만으로 살아왔기 때문이다. 도를 잘 닦는다는 나머지 사람들에게 들어 보니, 산을 다녀도 호랑이나 코뿔소를 만나지 않고, 전쟁터에서도 무기에 다치지 않는다고 한다. 코뿔소가 들이받을 곳이 없기 때문이며, 호랑이가 할퀼 곳이 없기 때문이며, 무기가 찌를 곳이 없기 때문이다. 왜 그런가? 죽음에 이르게 할 여지를 없앴기 때문이다."[45] 사람의 생사에는 세 가지 유형이 있다. 장수하기를 타고난 것과 요절하는 것, 장수하게끔 태어났으나 일찍 죽게 되는 것이 그것이다. 그러한 영생을 얻는 자는 도를 잘 닦는 자이다. 그는 죽음을 피하거나 극복할 수 있다. 왜냐하면 그는 도와 함께하기 때문이다.

도를 갖춘 자는 신생아이기도 하다. 그는 도를 닦는 것을 통해 새로운 생명을 얻는다. 노자는 도를 갖춘 자를 자연현상에 많이 비유하였을 뿐만 아니라 특별한 연령대인 어린아이에 비유하기도 하였다. "덕을 두텁게 품은 자는 비유하자면 어린아이 같다. 독벌레가 쏘지 않고, 사나운 짐승이 덮치지 않고, 힘센 새도 채 가지 않는다. 어린아이는 뼈도 약하고 근육도 부드럽지만 단단히 쥔다. 남녀 간의 교합은 모르지만 고추가 단단해지는 것은 정기의 지극함이다. 종일 울어도 목이 쉬지 않는 것은 조화의 지극함이다."[46] 어린아이의 형상은 노자의 책에서 여러

---

45) 出生入死. 生之徒十有三, 死之徒十有三. 人之生, 動之死地亦十有三. 夫何故? 以其生生之厚. 蓋聞善攝生者, 陸行不遇兕虎, 入軍不被甲兵. 兕無所投其角, 虎無所用其爪, 兵無所容其刃. 夫何故? 以其無死地.(50)

번 등장하는데, 아래와 같다. "부드러움에 이르러 어린아이처럼 될 수 있는가?", "담담하게 미동도 않는다. 마치 아이가 옹알거릴 줄도 모르는 것과 같다", "다시 어린아이로 돌아간다", "덕을 두텁게 품은 자는 비유하자면 어린아이 같다"[47] 등이다.

아기나 적자赤子는 모두 막 태어난 갓난아기이다. 일반적으로 적자는 약하고 아직 무지 상태의 생명이라 한다. 하지만 그러한 상태는 아직 자연적인 본성을 유지하고 있고 소위 문명의 영향을 받지 않은 상태다. 그는 도와 직접적인 관계를 유지하며 비범한 덕성을 얻었다. 그는 다른 생물의 피해를 입지 않도록 도의 보호를 받으며 또한 그 자체가 기이한 역량을 갖고 있어 정기로 차 있다. 물론 이러한 적자를 도를 갖춘 사람이라고 할 수 없고 동시에 도를 갖춘 자가 사실상 적자일 수도 없는 일이다. 그러나 그들은 자연이 부여한 도덕성을 갖고 있다는 공통점이 있다. 이에 노자는 도를 갖춘 자를 적자에 비유한 것이다. 하지만 그들 역시 근본적인 차이가 있다. 적자는 아직 성인이 아니므로 단지 자체의 원초적인 자연성을 유지하고 있을 뿐이다. 성장 과정에 그러한 자연성은 소실될 수도 있다. 도를 갖춘 자는 적자가 아니라 성인이어야 한다. 본래의 자연성을 잃고 나서도 그 자연성을 유지할 수 있는 것이 도를 갖춘 자이다. 때문에 도를 갖춘 자는 더는 적자가 아니다. 도가의 적자는 유가의 적자와 다르다. 후자는 타고난 지혜와 재능, 본심과 본성, 인의와 도덕을 갖고 있지만, 전자는 인의도덕을 초월하고 오직 자연의 허정을 지녔을 뿐이다.

---

46) 含德之厚, 比於赤子. 毒蟲不螫, 猛獸不據, 攫鳥不搏. 骨弱筋柔而握固. 未知牝牡之合而全作, 精之至也. 終日號而不嗄, 和之至也.(55)

47) 專氣致柔, 能如嬰兒乎?(10), 沌沌兮, 如嬰兒之未孩.(20), 復歸於嬰兒.(28), 含德之厚, 比於赤子.(55)

6. 성인

노자철학에서 추대하는 최고의 이상적 인물은 성인聖人이다. 『도덕경』은 성인에 관한 책이다. 도가의 성인지학이라 불리는『도덕경』은 유가의 군자지학君子之學, 대인지학大人之學과는 다르다. 그럼 성인은 어떤 사람인가? 노자 나름의 해답이 있다. 성인이라도 일단 여느 사람들처럼 세상에서 생활하는 사람이어야 한다. 하지만 일반 사람들과는 달리 특별한 사람이다. 그는 욕망과 기술에 의해 규정되지 않고 도에 의해 규정된다. 그 자신이 갖고 있는 덕성이 바로 도의 특성이다. 성인이라 함은 바로 도를 닦아 도를 얻은 사람이다. 성인은 보통 도를 얻은 사람과도 다르다. 그는 다스리는 자이다. 성인은 천하를 다스리고 백성을 다스린다. 전 세계 영역에서 성인은 도와 백성 사이에 놓여 있다. 그는 도를 받아들여 백성들에게 도를 전한다.

(1) 성인과 도

성인은 도를 갖춘 사람이다. 그는 모든 무도를 반대하고 도를 알면서 또한 도를 행한다.

성인이 무도를 반대한다는 것은 바로 욕망과 기술 그리고 일부 인위적인 현상을 반대한다는 것이다. 성인이 욕망이 없다는 것은 탐욕이 없다는 말이고 또한 욕망이 적다는 뜻이다. 성인은 단지 자연적인 욕망을 만족하는 데만 그치고 과분한 욕망을 추구하지 않는다. "이 때문에 성인은 배를 위하지 눈을 위하지 않는다. 따라서 눈을 치우고 배를 취한다."[48] 탐욕이 없기 때문에 성인은 욕망을 만족시키는 데 필요한 수단이나 도구를 무한정 제공하는 것도 주장하지 않는다. 성인 자신은 도인에 속하지 장인이나 기술자가 아니다. 그러기에 일반 백성들이 기교나 기예를 사용하는 것을 반대한다. 이런 의미에서 성인은 가히 욕망도 없고 기술도 없다고

---

48) 是以聖人爲腹不爲目, 故去彼取此.(12)

말할 수 있다.

개인적인 욕망이나 수단이 없기 때문에 성인은 사심이 없다. "천지자연은 장구하다. 천지자연이 장구할 수 있는 까닭은 그 자신을 살리려고 하지 않기 때문이다. 그러므로 장생할 수 있다. 성인은 이러한 자연의 이치를 본받아 자신을 내세우지 않는다. 그러나 오히려 앞서게 된다. 그는 자신을 도외시하지만 오히려 자신을 보존하게 된다. 그것은 자신의 사적인 기준이나 의욕을 버린 것이 아니겠는가? 그래서 능히 그 자신을 완성할 수 있다."[49] 여기서 "사私"는 공公과 상대되는 자신, 개인을 가리킨다. 하지만 이런 사사로움이 근본적으로는 역시 자신의 욕망 즉 사욕이다. 이는 동시에 사욕에서 비롯되는 수단과 기술도 포함된다. 사심이 없다는 것은 절대적인 자아를 부정하였을 뿐 아니라 개인의 욕망과 그것을 충족시킬 수 있는 기술도 부정하였다. 성인이 사심이 없을 때 그는 천도와 함께한다. 동시에 천도 역시 사심이 없는 성인의 개인적 존재로 채워진다. 때문에 천도 속에서만이 성인의 사사로운 존재는 비로소 가장 크고 가장 높으며 가장 원만한 실현을 가져올 수 있다.

욕망이 없고 기술이 없으며 사심이 없는 외에 성인은 또한 모든 자연에 어긋나거나 자연을 벗어난 현상을 반대하였다. "그러므로 성인은 심한 것, 사치한 것, 지나친 것을 버린다."[50] 심한 것, 사치한 것, 지나친 것은 모두 자연에 어긋나고 자연을 벗어난 현상으로 도가 아니다. 결국 죽음을 가져올 뿐이므로 반드시 소멸해야 한다.

욕심이 없고 기술이 없으며 사심이 없고 또한 자연에 어긋나지 않는 것은 모두 "무위"라는 단어에 포함시킬 수 있다. 도는 변함없이 무위이니 성인 역시 무위다. 노자는 이에 대하여 여러 번 언급한 적이 있는데, 다음과 같다.

---

49) 天長地久, 天地所以能長且久者, 以其不自生, 故能長生. 是以聖人後其身而身先, 外其身而身存. 非以其無私邪? 故能成其私.(7)
50) 是以聖人去甚, 去奢, 去泰.(29)

그러므로 성인은 아무것도 하지 않으며 그 안에 머물고 말없이 가르친다. 모든 것을 만들면서도 말하지 않고, 모든 것이 생겨나도 가지지 않고, 모든 것을 위하면서도 자랑하지 않고, 모든 것을 이루고도 머물지 않는다. 머무르지 않으니 떠나지도 않는다.[51]

'하지 않음'을 하고, '일삼지 않음'을 일삼고, '맛이 없음'을 맛보라.[52]

하려는 자는 실패하고, 잡으려는 자는 잃는다. 성인은 억지로 하지 않으니 실패하지 않고, 잡으려 하지 않으니 잃지 않는다. 백성이 일을 할 때는 항상 거의 다 해놓고 실패한다. 처음처럼 끝까지 신중하면 일에 실패가 없다. 그래서 성인은 '원하지 않음'을 원하여 얻기 어려운 것을 귀히 여기지 않고 '배우지 않음'을 배워 뭇사람의 잘못을 바로잡아 모든 것이 스스로 그러하게끔 도우나 감히 억지로 하지 않는다.[53]

성인의 가장 기본적인 특성이 무위임을 알 수 있다.

무위란 무엇인가? 무위는 인위적이고 자연에 어긋나는 행위에 대한 부정이다. 도는 자연이기 때문에 인위적인 것은 도가 아니다. 무위는 인위적이지 않고 자연에 어긋나지 않으며 도가 아닌 것이 없는 것이다. 물론 무위 자체도 인간의 행위이고 인간이 하는 일이지만 무위와 일반적인 인위적인 것은 본질적으로 다르다. 무위는 자연에 부합되는 것이고 보통 말하는 인위적인 것은 자연에 어긋나는 것이다. 때문에 노자가 주장하는 무위는 아무것도 하지 않는 것이 아니라 비자연적인 행동을 부정하는 것이다. 이에 비추어 보면 무위는 자연의 도를 따른 행위이다. 이러면 노자가 말한 "하지 않음을 하다"의 의미도 이해할 수 있을 것이다. "하지

---

51) 是以聖人處無爲之事, 行不言之敎. 萬物作而弗始, 生而弗有, 爲而弗恃, 功成而弗居. 夫唯弗居, 是以不去.(2)

52) 爲無爲, 事無事, 味無味.(63)

53) 爲者敗之, 執者失之. 是以聖人無爲, 故無敗, 無執, 故無失. 民之從事, 常於幾成而敗之. 愼終如始, 則無敗事. 是以聖人欲不欲, 不貴難得之貨. 學不學, 復衆人之所過. 以輔萬物之自然而不敢爲.(64)

않음을 하다"는 보기에는 역설 같아 서로 모순되는 것 같다. 보통 말하는 "하다"는 하지 않음이 없는 것을 말하고 "무위, 하지 않음"은 하는 것이 없는 것을 말한다. 하지만 "하지 않음을 하다"는 서로 모순되는 사실을 동급으로 설정하였는데 자신에 대한 부정이 되겠다. 이는 보기에 그럴 뿐 실제로는 다르다. 노자가 말하는 "위"는 사람의 행위를 말하며 무위는 비자연적인 행위가 없다는 것을 말하는데 자연에 부합되는 행위라는 뜻이다. 이런 의미에서 "하지 않음을 하다"라는 것은 사람이 자연에 맞는 행동, 도에 맞는 행동을 한다는 것이다.

성인은 바로 이 무위로 인해 자연의 도를 살필 수 있고 실천할 수 있다. "문밖을 나서지 않고도 세상을 알고 창밖을 내다보지 않고도 하늘의 도를 본다. 멀리 나갈수록 더욱 적게 안다. 이렇듯 성인은 나가지 않고도 알고 보지 않아도 알며 하지 않고도 이룬다."[54] 여기서 나가지 않고 보지 않으며 하지 않는 것은 모두 무위의 구체적 형태다. 무위를 통해 도가 아닌 것을 부정하면서 성인은 도를 인정하고 도와의 합일을 이룬다.

넓은 의미에서의 도를 노자는 하늘의 도와 사람의 도로 나누었는데, 이는 자연의 도와 비자연의 도로 나눈 것과 마찬가지다. 성인이 행하는 도는 하늘의 도요, 사람의 도가 아니다. "하늘의 도는 마치 활을 당기는 것 같구나. 높은 것은 누르고, 낮은 것은 올리며, 넉넉한 것은 덜어 내고, 부족한 것은 보탠다. 하늘의 도는 넉넉한 것을 덜어 내어 부족한 것에 보탠다. 사람의 도는 자연스럽지 않아 부족한 것에서 덜어 넉넉한 쪽에 보탠다. 누가 넉넉한 곳의 것들로 천하를 받들 수 있는가. 오직 도를 가진 이뿐이다. 그래서 성인은 실천하지만 자랑하지 않고 이루되 그 안에서 안주하거나 자신의 현명함을 드러내려 하지 않는다."[55] 하늘의 도와 사람의 도 사이에서 성인은 사람의 도를 버리고 하늘의 도를 택한다. 성인은

---

54) 不出戶, 知天下. 不窺牖, 見天道. 其出彌遠, 其知彌少. 是以聖人不行而知, 不見而明, 不爲而成.(47)

55) 天之道, 其猶張弓與? 高者抑之, 下者擧之, 有餘者損之, 不足者補之. 天之道, 損有餘而補不足. 人之道則不然, 損不足以奉有餘. 孰能有餘以奉天下, 唯有道者. 是以聖人爲而不恃, 功成而不處, 其不欲見賢.(77)

하늘을 대신하여 도를 말하고 도를 행한다. 그러므로 성인은 도를 갖춘 자이다.

(2) 성인과 그 자신

성인은 천지자연의 도에 의해 규정된다. 이는 도를 통해 자신을 규정하는 것과 같은 것이다. 그럼 자신이란 무엇인가? 자신은 사람이 다른 사람과 구분할 수 있는 본인 자체이다. 또한 사람 본인이 직접 존재하는 몸 즉 육체와 마음의 완전체이다. 수신은 사람 자신의 마음과 행실을 바르게 닦는 것이고 치신은 몸을 다스려 수양을 쌓는 것이다. 이것은 함부로 하는 행동이 아니라 무위다.

따라서 성인이 몸을 다스리는 관건은 다른 무도한 사람들과 달리 자신을 천도 속에 두고 있다. 무도한 자들은 자신을 도의 위에 있다고 하면서 천하의 위에 두고자 한다. 노자는 이렇게 말하였다.

> 무거움은 가벼움의 뿌리고, 고요함은 시끄러움의 뿌리다. 이런 이유로 군자는 종일 걸어도 짐을 나누지 않으며, 아무리 화려한 모습을 보아도 편히 머물며 초연하다. 어찌 세상의 주인으로서, 몸으로는 천하를 가벼이 하는가?[56]

보는 바와 같이 노자는 성인이 도에 따르는 행위를 긍정하였고 무도한 사람이 자신을 천하보다 높은 곳에 두는 것을 반대하였다.

도에서 출발하여 노자는 몸을 다스리는 것은 자기를 두고 하나를 품는 것이라고 여겼다. "이렇게 성인은 하나를 품어 천하의 원칙으로 삼는다. 자신을 내보이지 않으니 밝고 스스로 옳다 하지 않아 드러나며 자랑하지 않아 공이 있고 뽐내지 않아 오래간다."[57] 하나라는 것은 다름이 아니라 도를 가리킨다. 하나를 품는다는

---

56) 重爲輕根, 靜爲躁君. 是以聖人終日行, 不離輜重. 雖有榮觀, 燕處超然. 奈何萬乘之主, 而以身輕天下.(26)
57) 是以聖人抱一爲天下式. 不自見, 故明. 不自是, 故彰. 不自伐, 故有功. 不自矜, 故長.(22)

것은 도를 품는다는 것이다. 사람은 도에 의해 자신과 만물을 규정한다. 자아가 없다는 것은 자신의 입장과 관점으로부터 무엇인가를 하지 않는다는 것이다. 하나를 품는다는 것과 자아가 없다는 것은 어떠한 사실의 두 방면이라 할 수 있다. 하나를 품으면 자아가 없고 자아가 없어야만 하나를 품을 수 있다.

　　노자는 본인의 몸을 다스리는 원칙을 삼보라고 개괄하였다. 성인이 몸을 다스리는 원칙이기도 하다.

　　천하는 나의 도가 커서 닮은 것이 없다고 한다. 크기 때문에 아마 닮은 것이 없는 듯싶다. 무언가와 닮았다면 오래 지날수록 자잘해지는 것 아니겠는가. 나에겐 세 가지 보물이 있으니 지녀서 소중히 여긴다. 처음은 자애로움이고, 다음은 검소함이며, 그다음은 감히 천하의 사람 앞에 먼저 나서지 않음이다. 자애롭기 때문에 용감할 수 있고, 검소하기 때문에 능히 널리 베풀 수 있으며, 천하보다 먼저 나서려 하지 않아 큰 그릇을 이루고 우두머리가 될 수 있다. 지금 자애로움을 버린 채 용감해지려 하고, 검소함을 버린 채 널리 베풀려 하며, 다른 사람들 뒤에 서는 것을 버리고 먼저 나서려 하면 그저 죽을 수밖에 없다. 무릇 자애로 싸우면 이기고 자애로 지키면 견고해진다. 하늘이 그를 지키고자 한다면 자애로 지켜 줄 것이다.[58]

　　삼보는 자애로움, 검소함, 감히 천하를 위해 먼저 나서지 않음이다. 자애로움이란 무엇인가? 자애로움은 사랑이다. 자애로운 마음은 만물에 대한 동정이고 만물을 위해 자신을 바칠 수 있는 것이다. 그러므로 사람은 사랑할 수 있어야 용감해질 수 있다. 검소함이란 무엇인가? 검소함은 아끼는 것이고 줄이는 것이다. 사람은 줄여야 더욱 커지게 된다. 감히 천하를 위해 먼저 나서지 않는다는 것은 무엇인가? 이는 뒤에 서는 것, 아래에 있는 것, 줄이는 것을 말하지만 이렇게 함으로써 도리어 앞에 서게 되고, 위에 있게 되며, 커지게 된다.

---

58) 天下皆謂我道大, 似不肖. 夫唯大, 故似不肖, 若肖, 久矣其細也夫. 我有三寶, 持而保之. 一曰慈, 二曰儉, 三曰不敢爲天下先. 慈故能勇. 儉故能廣. 不敢爲天下先, 故能成器長. 今舍慈且勇, 舍儉能廣. 舍後且先, 死矣! 夫慈, 以戰則勝, 以守則固. 天將救之, 以慈衛之.(67)

(3) 성인과 뭇사람들

성인과 뭇사람들 사이에는 이러저러한 차이가 있다. 그중 가장 관건적인 것이 하나 있는데, 바로 도의 유무이다. 성인은 도를 갖춘 사람이고 뭇사람은 도가 없는 사람이다.

도에서 출발하여 성인은 자신의 질병을 의식할 수 있지만 뭇사람들은 그러지 못한다. "알지 못함을 아는 것은 좋지만 아는 것을 알지 못하면 이는 병이다. 성인이 문제가 없는 것은 병을 병이라 여기기 때문이다. 무릇 병을 병이라 여기면 문제가 되지 않는 것이다."[59] 사람은 자신이 모르는 것을 알고 있다면 알고 있는 것이고 모르면서 알고 있다고 생각하면 그것은 모르는 것이다. 이 양자는 근본적인 구별이 있는데 자신이 모르는 것을 아는 사람은 그 모르는 결점을 극복할 수 있다. 성인은 자신이 모르는 것을 알기 때문에 도리어 알 수 있는 것이다.

성인은 도를 갖춘 자이고 뭇사람들은 도가 없는 자들이다. 이에 성인과 뭇사람들 사이는 거리가 멀다. "내 말은 참으로 알기도 쉽고 실천하기도 쉬운데 천하 사람들은 알지도 못하고 실천도 못한다. 말에는 요지가 있고 일에도 핵심이 있다. 무릇 요지도 핵심도 모르니까 나를 모르는 것이다. 나를 아는 자가 드무니 나라는 자가 귀해진다. 그래서 성인은 베옷을 입고도 옥을 품고 있는 것이다."[60] 성인은 자기와 뭇사람들의 구별을 알고 있지만 이러한 구별을 명시하지는 않는다. 그의 표현은 뭇사람들과 같다. 이런 식으로 성인은 자신을 가린다. 때문에 성인을 흔히 은자라 하기도 한다.

---

59) 知不知, 尙矣. 不知知, 病也. 聖人不病, 以其病病, 夫唯病病, 是以不病.(71)
60) 吾言甚易知, 甚易行. 天下莫能知, 莫能行. 言有宗, 事有君. 夫唯無知, 是以不我知. 知我者希, 則我者貴. 是以聖人被褐懷玉.(70)

⑷ 성인의 다스림

천, 지, 인의 구조에서 성인은 매우 독특하면서도 중요한 위치를 차지한다. 성인은 천지와 사람의 매개에 속한다. 그는 천지자연의 도를 천하 백성들에게 전하여 그들로 하여금 도를 따라 행하게 한다. 성인의 위대한 사명은 바로 천하의 백성을 다스리는 것이다. 그럼 성인은 어떻게 다스렸는가? 오직 자연의 도에 따라 무위로 다스렸을 뿐이다. 다른 선택은 없었다. 성인이 다스리는 것은 정권에 의거하여 나라와 백성을 관리하고 통치하는 그런 일반적인 의미의 통치가 아니다. 그냥 간섭하지 않고 방임한 채 자연으로 돌아가게 하는 것이다. 성인의 무위이치無爲而治는 천하의 백성들이 자연의 본성에 따라 생활하게 하는 것이다.

천하와 백성은 같은 범주에 속한다. 천하는 백성의 천하고 백성은 천하의 백성이다. 그러나 아무런 구별이 없는 것은 아니다. 천하는 주로 국가를 가리키고 백성은 주로 사람을 가리킨다. 때문에 성인이 다스리는 것 역시 천하를 다스리는 것과 백성을 다스리는 것으로 나뉜다.

성인과 천하 사이는 기본적으로 도에 기초하여 건립된다. 이는 성인이 천하를 다스림에 있어서 도에 근거한다는 것을 의미하기도 한다. "도는 항상 아무것도 하지 않아 하지 못하는 것이 없다. 지배자가 이를 지킬 수 있다면 모든 것은 저절로 변해 갈 것이다. 그 변화를 억지로 하려 하면 나는 이름 못하는 소박함으로 다스릴 것이다. 그런 소박함이란 욕심을 없애는 것이다. 욕심을 없애면 고요하니 천하가 절로 안정될 것이다."[61] 이름 못하는 소박함은 자연의 도의 다른 이름이고 그것으로 나라를 다스리는 것은 자연의 도에 의해 나라를 다스리는 것이다.

그리고 성인은 나라를 다스림에 있어서 비도에 의거하는 것도 반대하여야 한다. "큰 나라를 다스리기를 마치 작은 생선을 삶듯 한다. 도로써 천하에 임하면 귀신도 힘을 못 쓴다. 귀신도 힘을 못 쓰니 그 힘은 사람을 상하게 할 수가 없다.

---

61) 道常無爲而無不爲. 侯王若自守, 萬物將自化. 化而欲作, 吾將鎭之以無名之樸. 鎭之以無名之樸, 夫將不欲. 不欲以靜, 天下將自定.(37)

그 힘도 사람을 상하게 못하니 성인 역시 사람을 상하게 못한다. 귀신도 성인도 사람을 상하게 못하므로 덕이 사람에게 돌아간다."[62] 작은 물고기를 요리할 때 뒤집어서는 안 되는데, 뜻인즉 함부로 행동해서는 안 된다는 것이다. 큰 나라를 다스리는 것 역시 뒤집어서는 안 되니 함부로 하지 말라는 것이다. 성인은 나라를 다스릴 때 자연의 도에 어긋나서는 안 된다. 그래야만 세상만물이 제 목적한 바를 이루고 평화롭게 지낼 수 있게 된다.

도에 의해 나라를 다스리는 것은 국내뿐 아니라 국제 관계에서도 중요하다. 나라 간의 관계는 복잡하다. 특히 큰 나라와 작은 나라는 더욱 그 관계가 미묘하다. 노자는 큰 나라든 작은 나라든 모두 도에 따라 행해야 한다고 주장한다.

> 큰 나라는 아래로 흘러간다. 천하가 만나는 것이니 천하의 암컷이다. 암컷은 언제나 고요함으로 수컷을 이기니 고요함으로 아래가 된다. 그러므로 큰 나라가 작은 나라의 아래가 되면 작은 나라를 얻을 수 있고, 작은 나라가 큰 나라의 아래가 되면 큰 나라를 얻을 수 있다. 그것은 얻어서 낮아지는 것이기도 하고 낮기 때문에 얻어지는 것이기도 하다. 큰 나라는 작은 나라 사람들을 아울러 가르는 것뿐이고, 작은 나라는 큰 나라 사람들에게 들어가 섬기려는 것뿐이니, 무릇 두 나라가 각자 이루고자 하는 것을 얻으려면 마땅히 큰 나라가 낮추어야 한다.[63]

일반적으로 사람들은 큰 나라를 상국이라 하고 작은 나라는 그 아래에 있다고 한다. 위는 아래보다 높고 아래는 위보다 낮다. 그래서 큰 나라는 작은 나라보다 강하고 작은 나라는 큰 나라보다 약하다. 하지만 노자는 이러한 일상적인 관념을 반대하면서 아래에 있는 자가 위에 있는 자를 이길 수 있음을 강조한다. 큰 나라건

---

62) 治大國, 若烹小鮮, 以道蒞天下, 其鬼不神, 非其鬼不神, 其鬼不傷人, 非其神不傷人, 聖人亦不傷人. 夫兩不相傷, 故德交歸焉.(60)

63) 大邦者下流, 天下之牝, 天下之交. 牝常以靜勝牡, 以靜爲下. 故大邦以下小邦, 則取小邦, 小邦以下大邦, 則取大邦. 故或下以取, 或下而取. 大邦不過欲兼畜人, 小邦不過欲入事人. 夫兩者各得所欲, 大者宜爲下.(61)

작은 나라건 서로 양보를 하면서 아래에 있기를 일삼아야 한다고 주장하였다.

성인은 천하를 다스리거나 나라를 다스리는 동시에 백성도 다스린다.

정치적 의미에서 성인과 백성의 관계는 다스리는 자와 다스림을 받는 자이다. 때문에 성인과 백성의 관계는 반드시 다스리는 자와 백성의 관계 속에서 논의되어야 한다. 다스리는 자와 백성 중에 다스리는 자는 규정하고 백성은 규정된다. 따라서 백성들의 여러 문제들은 다스리는 자의 행위에서 비롯된다. "백성이 굶주리는 것은 위에서 너무 많은 세금을 가로채기 때문이다. 백성을 다스리기 어려운 것은 위에서 억지로 뭔가 하려 들기 때문이다. 백성이 죽음을 가벼이 여기는 것은 위에서 자신들의 삶만 두텁게 여기기 때문이다. 무릇 삶을 억지로 꾸려 나가지 않으려는 자가 삶을 귀히 여기는 자보다 현명하다."[64]

다스리는 자도 역시 구분이 필요하다. 성인일 수도 있고 성인이 아닐 수도 있는데 그에 따라 그들과 백성의 관계도 도가 있는 것과 도가 없는 것 두 갈래로 나누어진다. "다스림이 어둡고 답답한데도 백성은 순박하고, 다스림이 꼼꼼하고 자상한데도 백성은 모자라다고 아우성이다."[65] 다스리는 자에게 도가 있으면 백성도 도가 있고 다스리는 자에게 도가 없으면 백성 역시 도가 없다.

백성을 다스리는 자의 전략에 따라 백성과의 관계 역시 변화를 가져온다. "가장 좋은 지도자는 있는지도 모르겠는 자이며, 그다음은 부모 같고 기림 받는 자이고, 그다음은 두려운 자이며, 그다음은 업신여겨지는 자이다. 믿음이 부족하면 믿음을 얻지 못할 뿐이다. 넉넉하다 그 말을 아낌이여. 일이 잘 풀리면 백성들은 모두 자기가 한 것이라 말한다."[66] 이러한 변화 과정의 표현에서 우선은 지知에 대한 것이다. 여기서의 "알다"는 마침 그 존재를 모른다는 의미이다. 아는 자는 알고 있는 자에게 규정된다. 아는 사람이 모르는 이유는 알고 있는 자가 모르게

---

64) 民之饑, 以其上食稅之多, 是以饑. 民之難治, 以其上之有爲, 是以難治. 民之輕死, 以其上求生之厚, 是以輕死. 夫唯無以生爲者, 是賢於貴生.(75)
65) 其政悶悶, 其民醇醇. 其政察察, 其民缺缺.(58)
66) 太上, 不知有之. 其次, 親而譽之. 其次, 畏之. 其次, 侮之. 信不足焉, 有不信焉. 悠兮其貴言. 功成事遂, 百姓皆謂. 我自然.(17)

하기 때문이다. 다음은 기리는 것이다. 아는 것으로부터 일종의 정감, 의지의 태도로 변화한 것이다. 기리는 자는 아는 자와 달리 기림을 받는 자에게 규정된다. 그다음으로는 두려움이다. 기리는 것은 사물로 향하는 것이나 두려움은 사물을 멀리하는 것이다. 마지막은 업신여김이다. 업신여김 역시 사물로 향하지만 기리는 것과 반대로 사물을 부정하고 소멸한다.

백성과 다스리는 자의 이러한 관계의 변화를 감안할 때 성인은 다스리는 자로서 그 자신과 백성의 관계를 잘 처리해야 한다.

성인은 아래에 있어야 한다고 노자는 생각한다.

강과 바다가 모든 골짜기의 왕이 될 수 있는 것은 아래로 잘 처하기 때문이니 고로 모든 골짜기의 왕이 될 수 있다. 이로써 백성 위에 서려고 하면 반드시 그 말을 낮추고 백성 앞에 서려고 하면 반드시 그 몸을 뒤로 한다. 이로써 성인은 위에 있더라도 백성들은 무거워 하지 않고 앞에 있더라도 백성들은 해롭다 여기지 않는다. 이로써 천하는 즐겁게 추대하며 싫어할 줄 모른다. 성인은 다투지 않으니 천하는 더불어 능히 다투지 않는다.[67]

성인과 백성의 관계는 아래에서 위로, 뒤에서 앞으로 향하는 것이다. 노자는 심지어 이렇게 생각한다.

나라의 더러운 것을 받아내는 자를 일러 사직의 주인이라 부르고 나라의 상서롭지 못한 일을 해 내는 자를 천하의 왕이라 부른다. 바른말은 마치 반대되는 듯하다.[68]

성인은 또한 정해진 자기 마음이 없어야 한다. "성인은 정해진 마음이 없고

---

67) 江海之所以能爲百穀王者, 以其善下之, 故能爲百穀王. 是以聖人欲上民, 必以言下之, 欲先民, 必以身後之. 是以聖人處上而民不重, 處前而民不害. 是以天下樂推而不厭. 以其不爭, 故天下莫能與之爭.(66)

68) 受國之垢, 是謂社稷主. 受國不祥, 是謂天下王. 正言若反.(78)

백성의 마음을 자신의 마음으로 삼는다. 착한 이를 나는 착하다 하고 착하지 않은 이도 나는 착하다 하니 착함을 얻고, 믿는 이를 나는 믿고 믿기 어려운 이 또한 나는 믿으니 믿음을 얻는다. 성인은 모두를 쓸어 모으는 마음으로 천하를 감싸 안으니 백성은 모두 눈귀를 세우고 성인은 모두를 어린아이 대하듯 한다."[69] 성인은 자신의 마음이 없고 타인을 자신으로 삼는다. 또한 착한 사람이든 착하지 않은 사람이든 모두 선하게 대하여 착해지게 한다. 믿음이 가든지 말든지 모두 믿음으로 대하여 믿음이 생기게 한다. 이는 성인의 선은 일반적인 착함과 착하지 않음을 초월한 최상의 선이다. 성인의 믿음 역시 믿음의 유무를 초월한 최상의 신임이다. 성인의 도는 자연의 도로서 인위적인 구별이 없다. 그래서 그는 천하 사람들의 마음을 하나로 단순하게 할 수 있으며 그 정신 상태가 어린아이로 되돌아갈 수 있게 한다.

성인이 백성을 다스릴 수 있는 관건은 역시 도를 따르는 데 있다.

성인은 백성들더러 욕망도, 기술도 멀리하게 하는데, 욕망과 기술은 백성에게 큰 위험을 가져다줄 수 있기 때문이다.

> 올바름으로 나라를 다스리고 전략으로 군대를 이끌며 아무것도 하지 않아 천하를 잡는다. 나는 어찌하여 그러함을 아는가? 이것 때문이다. 천하에 꺼리고 피하는 것이 많아지면 백성들은 두루 가난해지고 백성들에게 물건이 많아지면 나라는 더욱 혼미해지고 사람들이 재주가 늘고 교활해지면 기이한 물건이 더욱 생겨날 뿐이고 법과 명령이 명백해지면 도적만 늘어날 뿐이다. 그리하여 성인이 말하길, 나는 아무것도 하지 않아 백성은 스스로 변하고 내가 고요함을 좋아하니 백성은 올바르게 되며 내가 아무것도 하지 않으니 백성은 스스로 풍족해지고 내가 욕심을 내지 않으니 백성은 스스로 순박해지더라 하였다.[70]

---

69) 聖人常無心, 以百姓心爲心. 善者, 吾善之. 不善者, 吾亦善之. 德善. 信者, 吾信之. 不信者, 吾亦信之. 德信. 聖人在天下, 歙歙焉, 爲天下渾其心, 百姓皆注其耳目, 聖人皆孩之.(49)

70) 以正治國, 以奇用兵, 以無事取天下, 吾何以知其然哉? 以此. 天下多忌諱, 而民彌貧. 人多利器, 國家滋昏. 人多伎巧, 奇物滋起. 法令滋彰, 盜賊多有. 故聖人云, 我無爲, 而民自化, 我好靜, 而民自正, 我無事, 而民自富, 我無欲, 而民自樸.(57)

욕망과 기술이 백성에게 재앙을 가져온다는 점을 감안하면 욕망이 없는 것과 기술이 없는 것은 백성들이 분수를 지키면서 평온한 생활을 하게 할 수 있다. "현명함을 높이지 말라, 백성들이 싸우지 않게 하라. 얻기 어려운 것을 귀히 여기지 말라, 백성들이 훔치지 않게 하라. 욕심을 드러내지 말라, 백성들의 마음이 어지럽지 않게 하라. 이로써 성인의 다스림은 마음을 비우고 배를 채우며 뜻을 약하게 하고 뼈를 강하게 한다. 언제나 백성들을 순진하게 두고 욕심을 버리게 하여 지혜 있는 자들이 감히 행하지 못하게 하라. 무위로 행하면 다스려지지 않는 것이 없다."[71] 때문에 욕망과 기술을 멀리하는 것이 백성을 다스리는 길이다.

욕망이 없고 기술이 없이 백성을 다스리는 것은 동시에 도에 의해 다스린다는 의미가 들어 있다. 노자는 도에 따라 다스리는 책략을 "검소"(嗇)라고 표현하였다.

사람을 다스리고 하늘을 섬기는 일에는 검소함만 한 것이 없다. 그저 검소해야 하는 것이니 이를 '먼저 한다'고 부른다. '먼저 한다'는 것은 덕을 거듭 쌓는 것이다. 덕을 거듭 쌓다 보면 이겨 내지 못할 것이 없다. 이겨 내지 못할 것이 없다는 것은 그 끝을 모른다는 것이다. 끝을 모를 정도라면 한 나라를 얻을 만하다. 나라를 얻어 그 어미가 되면 오래갈 만하다. 이를 '뿌리가 깊고 단단히 뻗어 오래 살고 길게 볼 수 있는' 도라 부른다."[72]

검소함이란 무엇인가? 검소함은 적다는 것을 의미한다. 부정적으로 보면 많은 것을 부정하는 것으로 무위를 뜻한다. 긍정적으로 말하면 그것은 아끼는 것인데 뜻인즉 자연을 존중한다는 것이다. 그러므로 검소함은 자연적인 무위의 다른 표현이 되겠다. 사람의 활동으로도 검소함은 본질상 자연적인 무위이다. 이에 검소함이란 도에 달했다는 것과 덕을 쌓는 것을 의미하는 것이다. 이로써 검소함은 거대하고

71) 不尙賢, 使民不爭. 不貴難得之貨, 使民不爲盜. 不見可欲, 使民心不亂. 是以聖人之治, 虛其心,
     實其腹, 弱其志, 強其骨. 常使民無知無欲. 使夫智者不敢爲也. 爲無爲, 則無不治.(3)
72) 治人事天, 莫若嗇. 夫唯嗇, 是謂早服. 早服之重積德. 重積德則無不克. 無不克則莫知其極. 莫知
     其極可以有國. 有國之母可以長久. 是謂深根固柢長生久視之道.(59)

장구한 역량을 지녔으며 천하와 사람들로 하여금 영원할 수 있게 한다.

　도에 의하여 백성을 다스리는 것으로부터 노자는 어질게 다스리는 것을 반대하고 어질지 않을 것을 주장한다.

　　천지는 어질지 않아 모든 것을 풀강아지처럼 다룬다. 성인은 어질지 않아 백성을
　　풀강아지로 다룬다.[73]

　노자가 어진 정치를 반대하는 것은 어질지 말라는 것을 주장하는 것이 아니라 자연의 도를 주장하는 것이다. 이는 어진 정치나 어질지 않은 정치를 모두 초월한 것이다.

　노자는 또한 지혜로 다스리는 것을 반대하고 어리석을 것을 주장한다.

　　옛날에 도를 잘 행한 자는 백성을 밝게 하지 않고 어리석게 만들었다. 백성을
　　다스리는 것이 어려운 것은 지혜를 많이 내기 때문이다. 그러므로 지혜로써 나라를
　　다스리면 나라의 적이 되고 지혜를 내지 않고 다스리면 나라의 복이 된다.[74]

　여기서 어리석음은 일반적으로 말하는 우둔함이 아니고 지혜를 내지 않는 어리석은 다스림 역시 그런 의미가 아니다. 반대로 우愚는 순박하고 자연스러운 것을 말하니 지혜를 내지 않는 다스림은 무위이치 즉 도에 따른 다스림을 말한다.

　도가와 달리 유가는 어진 정치와 지혜로운 정치를 주장한다. 이에 노자는 유가의 다스림을 반대한다. "성스러움을 끊고 지혜를 버리면 백성들에게는 좋은 일이 백배나 생긴다. 어짊을 끊고 의로움을 버리면 백성들은 부모 자식 같은 사이로 돌아갈 것이다. 속임수를 끊고 이익을 버리면 도적은 사라진다."[75] 유가는 성지,

---

73) 天地不仁, 以萬物爲芻狗. 聖人不仁, 以百姓爲芻狗.(5)
74) 古之善爲道者, 非以明民, 將以愚之. 民之難治, 以其智多. 故以智治國, 國之賊. 不以智治國, 國
　　之福.(65)
75) 絶聖棄智, 民利百倍. 絶仁棄義, 民復孝慈. 絶巧棄利, 盜賊無有.(19)

인의, 교리 등과 인간의 욕망 및 이를 만족시키는 기술 또는 사람들의 욕망을 일으키고 만족시킬 수 있는 기술 등을 주장한다. 이런 것은 백성이 도에 어긋나게만 할 뿐이다. 때문에 유가 등의 주장을 없애야만 백성들이 자연의 도로 되돌아올 수 있다고 한 것이다.

다스리는 자로서 성인은 도에 의해 나라를 다스리고 사람을 다스린다. 다스리는 것은 천하의 백성이 자연에 순응하도록 하는 것이므로 바로 사랑이다. 성인은 도에 의해 나라를 사랑하고 백성을 사랑한다. "이런 이치를 본받아 성인은 정말로 사람을 잘 구제하기 때문에 버려지는 사람이 없고 정말로 사물을 잘 구제하기 때문에 버려지는 사물이 없다."[76] 성인은 사람을 아낄 뿐만 아니라 물건도 아낀다. 성인의 사랑은 모든 것에 미쳐 그들을 무도라는 위험에서 구해 도와 가까이 하게 한다. 그는 모든 사람들이 자신의 인간성을 지키면서 사람다운 사람이 되게 하였고 모든 사물도 자체의 본성을 지켜 물건다운 물건이 되게끔 하였다. "성인은 쌓지 않으니 이미 다른 이를 위하기 때문에 자기는 더 가지며 이미 다른 이에게 주기 때문에 자기는 더 많다. 하늘의 도는 해롭지 않고 이로우며 성인의 도는 싸우지 않고 이룬다."[77] 하늘의 도는 사람을 사랑하므로 하늘의 도는 곧 사랑의 도이고 성인의 도는 사람을 사랑하므로 성인의 도 역시 사랑의 도다.

---

76) 聖人常善救人, 故無棄人. 常善救物, 故無棄物.(27)
77) 聖人不積, 旣以爲人已愈有, 旣以與人已愈多. 天之道, 利而不害. 聖人之道, 爲而不爭.(81)

제4장 욕欲, 기技, 도道와 당대 사회

도는 노자철학의 핵심 사상이다. 도는 탐욕과 특기를 주된 내용으로 삼고 있는 무도와 대립되면서 전개된다. 노자철학은 사실 욕망과 기술, 대도 세 가지를 포함하는데, 이것이 바로 인간세상의 기본으로 된다는 것이다. 인간들의 삶은 욕망과 기술, 대도 혹은 지혜의 상호작용에 의해 펼쳐진다. 그 옛날의 노자도 욕망, 기술, 도에 대하여 논술을 진행하였거늘 하물며 오늘날의 우리가 이것을 고민하지 않고서야 되겠는가. 노자철학을 지금 현시대에 놓고 본다면 동질성을 가지면서 또한 차이점도 있다. 노자에 대하여 살펴보면서, 한편 욕망과 기술, 도 각각의 본성과 당대 사회에서의 운명에 대하여서도 고민해 본다.

1. 욕망

인간의 삶은 우선 욕망과 그 욕망의 실현으로 나타난다. 예를 들면 삶은 삶의 욕망이자 실현이고, 죽음은 죽음의 욕망이자 실현이며, 사랑은 사랑의 욕망이자 실현이다. 이처럼 삶은 욕망의 삶이고 욕망은 곧 삶의 욕망이다.

그럼 욕망이란 도대체 무엇인가? 욕망의 본뜻은 수요, 갈망, 욕구, 동경 등으로 나타난다. 사람이 욕망의 자극을 받았다면 그 욕망을 만족시켜 주어야 한다. 욕망의 대상을 보고 흥미를 느꼈다면 그것을 차지하려고 할 것이다. 그리고 그 욕망을 실현하였을 때 사람들은 만족을 느끼며 자신만만해진다. 반면 욕망을 실현하지 못했다면 고통을 느끼면서 우울하고 혹은 분노하게 된다. 이러는 과정에 사람들은 본인 욕망의 실현을 가로막거나 빼앗으려 드는 상대방을 물리친다. 사람들이 일단 욕망의 만족을 한번 느끼면 또 다른 새로운 욕망이 생기기 마련이다. 요컨대 욕망은 끝이 없고 메우기도 어려운 골짜기 같은 것이다.

욕망이라는 것은 단지 어떠한 상태 즉 욕망에 대한 갈구와 만족에서 표현될 뿐이 아니라 또한 무엇을 얻고자 하는 의향 같은 데서도 표현된다. 다시 말하면 어떠한 물건을 가리키거나 그 물건을 지향하는 등이다. 욕망이란 늘 그렇다. 사람들은 어떠한 종류의 물건에 대한 욕망을 갖고 있으면서 그것을 얻기를 원한다. 따라서 욕망에 의해 일종의 관계가 형성되는데 욕망을 갖는 자와 그 욕망을 소유한 자이다.

욕망을 갖는 자는 물론 동물이나 다른 어떤 것이 아니라 인간 자신이다. 여기에서 사람과 동물의 근본적인 차이점에 주의를 돌려야 한다. 동물은 자체로서 갖는 욕망과 갖고자 하는 욕망이 동일하다. 하지만 인간은 다르다. 사람이 바로 그 욕망이라고 여겨서는 안 된다. 사람이면서 그 욕망도 갖고 있다고 해야 할 것이다. 이러한 의미에서 사람과 욕망의 관계는 복잡하다. 이에 사람을 단지 욕망의 주인이나 노비라고 할 수도 없다. 이것은 사람이 그 욕망을 의식하였거나 그렇지 않았을 수도 있기 때문이고 그 욕망을 제어하거나 그러지 못할 수도 있기 때문이다. 이런 이유에서 인간을 욕망을 가진 자와 동일시할 수 없으며 욕망을 가진 자는 단지 인간의 한 부류일 뿐이다.

욕망을 가진 자와 달리 원하는 자는 물건이다. 물론 이 물건이라는 것은 인물일 수도 있고 사물일 수도 있다. 사물은 그 자신으로 말하자면 서로 연관되어 있지만 대부분 자유자재이며 제멋대로이다. 다만 그것이 욕망을 가진 자의 대상이 될 때 비로소 원하는 물건이 된다. 그러나 욕망을 가진 자의 입장에서 원하는 물건의 기본 특징은 부재성이다. 원하는 물건이 없을 때라야만 욕망이 비로소 욕망으로 불리고 욕망으로 표현이 된다. 그러나 원하는 물건이 존재할 때에는 욕망이 이미 실현된 것으로 그 욕망은 사라진다. 이는 욕망의 존재성이 곧 원하는 물건의 부재로부터 이루어짐을 보여 주는 것이겠다.

욕망을 가진 자와 원하는 물건이 서로 다르다는 이러한 욕망의 구성 부분에 대한 서술에서 우리는 그들의 관계에 대하여 어느 정도 파악이 된다. 욕망에 있어서 인간은 항상 그 욕망의 대상과 일정한 연관성을 갖는데 이는 인간 스스로가 자신의 욕망을 자신에게서 실현할 수 없기 때문이고 반드시 다른 곳으로 향해야 하는 것이기 때문이다. 그 다른 것은 사람일 수도 있고 물건일 수도 있다. 여기서 인간은 욕망을 가진 자로, 그 대상은 욕망의 대상으로 된다. 이럴 때 인간과 대상의 관계는 욕망을 가진 자와 그 욕망을 제공하는 자의 관계다. 만약 사람이 단지 욕망을 가진 자라면 사람은 사람의 욕망에 속박되는 존재로 될 뿐이다. 더 이상 자주적이고 자각적이며 자유로운 주체가 아니다. 대상이 만약 욕망을 갖게 하는 자라면 그는 사물 자체나 인간 자신으로서의 독립성을 잃게 되고 어느 정도에서나 또는 어떤 방식으로 욕망을 만족시키는 데 보충해 주는 역할만 할 뿐이다. 사람과 대상의 상호작용이라는 것은 사람이 대상을 향해 있을 뿐 아니라 대상 역시 사람을 자극한다는 것이다. 이에 대상은 인간 때문에 욕망을 갖게 하는 자가 되고 사람 역시 대상 때문에 욕망을 가진 자가 된다.

욕망의 현상에 대한 분석에서 그의 기본 특징은 결핍으로 나타난다. 이는 사람 존재 자체가 완벽한 것이 아니며 분명 갖지 못한 것이 있기 때문이다. 사람들은 또한 이런 없는 것을 있게 만드는 것을 필요로 한다. 이로부터 부족한 것이 경우에 따라서는 동력으로 될 수 있음을 알 수 있겠다. 이런 의미에서 우리는 욕망이란 것이 부족한 것 같지만 실은 넘쳐나는 것이라고 할 수 있다. 이는 힘차고 생생한 창의력의 표현이다. 사람들은 바로 이러한 욕망으로부터 출발하여 자신의 삶을 창조한다.

욕망에는 여러 종류가 있는데 인간의 욕망으로 우선은 신체에 대한 욕망을 꼽을 수 있다. 사람이 욕망이 생기는 것은 몸 때문이기도 하다. 그러므로 일단 신체를 가진 인간이라면 욕망이 있기 마련이다. 따라서 인간은 무조건적으로 욕망을 금지할 수 없다. 단지 어느 정도 제한할 뿐이다. 욕망은 인간 신체의 기본적 존재이며 자연적인 수요와 만족이다. 그래서 욕망은 타고나는 것이요, 신체의 본능이라 한다. 소위 본능이란 원래부터 갖고 있는 능력으로 인간 신체에 자연스레 스며든 타고난 천성이다.

사람의 본능에는 여러 가지가 있다. 여기에 생과 죽음에 대한 본능을 포함시키면 그 수가 더욱 많아진다. 이는 삶과 죽음이 곧 사람 생명의 전부이기 때문이다. 그중에서 신체에 의지해야 하는 자연적인 행위가 바로 본능적인 활동이다. 예를 들면 먹고 마시고 자며 외치고 걷는 등등이다.

사람이 살아가는 데는 주로 식욕과 성욕 두 가지 기본 본능이 있다. 옛날부터 사람들 역시 식욕과 성욕이야말로 인간에 있어서의 큰 욕망이라 여겨 왔다. 이것이 생활의 기초이고 기타 욕망의 기본이 되는 것이기 때문이다. 식욕과 성욕이 실현되지 못하면 인간의 생명이나 또 다른 욕망 등도 모두 실현될 수가 없다.

식욕은 개체 생존에 필요한 것이다. 인간이 개체로서의 존재는 바로 신체다. 사람 신체의 존재와 발육, 성장은 자신 외에 그 밖의 음식이 제공하는 영양에도 의존해야 한다. 음식에 대한 신체의 욕망이 직접적으로는 갈증으로 나타나며 이는 신체 스스로가 자족하는 상태를 깨뜨린 표현이다. 동시에 이것과 연관하여 불안하거나 초조해하는 것으로 그 증상이 나타난다. 배고픈 것은 신체와 음식의 관계를 잘 보여 준다. 이때 음식은 신체 안에 있지 않고 신체 밖에 있으며 일정한 거리감을 유지하고 있다. 사물이 음식으로 변하는 데는 일정한 가공 과정이 필요하고 음식물이 신체에 필요한 음식으로 변하는 데도 그 전환 과정이 필요하다. 식욕이 만족을 느끼기까지의 과정은 먹는 행위 자체이고 입술과 치아, 위장의 움직임이다. 먹는 행위는 신체 밖의 음식을 신체 안으로 들이는 과정이기에 언제나 먹어 줄 수 있다. 동시에 먹는 것은 또한 음식에 대한 소멸이기에 언제나 다 먹어버릴 수 있다. 먹고 나면 식욕을 만족시켜 준지라 더는 존재하지 않게 된다.

성욕은 식욕과 달리 나름대로의 특징이 있다. 그것은 이미 개체 존재의 수요가 아니라 종족 번식의 수요이다. 동시에 원하면 더 먹을 수 있는 자연적인 음식이 아니라 자신과 성별이 다른 사람을 원하고 있다. 개체적인 존재로서의 인간은 결국에는 죽어 간다. 하지만 종족으로서의 인간들의 생명은 연속되어야 한다.

그 유일한 방식이 바로 생육을 통해 이루어지는 것이다. 그러나 어떠한 개체도 이런 사명을 스스로 완성할 수 없고 오직 이성과의 결합에 의해야만 후손을 볼 수 있다. 따라서 성욕의 원초적인 의의는 후손 양성에 있다. 성적 욕구 역시 굶주림과 갈망으로 나타나는데 소위 말하는 충동이다. 이성의 몸에 대한 충동이다. 이런 성욕은 언제나 사람과 이성의 관계를 포함하고 있다. 이성은 본인과 신체적으로 성적 차이가 있는 사람을 말한다. 하지만 어떠한 이성을 성적 동반자로 삼느냐에 있어서는 외재적인 조건과 내재적 조건의 영향을 받는다. 이러한 조건에 대한 고민을 거쳐 형성된 남녀 관계 사이의 계약과 같은 것이 바로 혼인이다. 성욕의 신체적 실현을 이른바 교합이라 한다. 남녀 간의 은밀한 행위라지만 이것은 생육과 관련되는 것이기 때문에 그 자체는 일정한 사회적 의의가 있다. 그래서 욕망 여부에 따른 성행위가 있는가 하면 도덕과 법적으로도 부합되는지에 따른 성행위도 있다. 성적 행위의 완성은 성욕의 만족이고, 남녀의 신체는 그대로 여전히 존재한다. 새로운 성욕 자극의 가능성이 잠재되어 있는 셈이다.

식욕과 성욕 등 신체의 기본 본능은 단지 신체적인 것으로 보이지만 실은 수많은 비신체적 인소를 포함하고 있다. 예를 들어 음식의 산생과 분배는 사회적 문제다. 성욕의 실현으로 이어지는 후손의 생육은 가족을 비롯해 국가와도 연결된다. 따라서 신체로부터 수많은 비신체적인 욕망이 생겨나게 된다. 재산, 명예, 권력 등이 여기에 속한다. 그러나 이들은 일반적으로 신체와 직접적인 연관이 없다.

재산에 대한 욕망은 일종의 물욕 즉 물건에 대한 점유이다. 물건은 주로 생활 용품과 생산 수단이다. 만약 사람도 물건에 속한다면 그것은 일종의 특별한 물건으로 취급할 수 있을 것이다. 물건에 대한 점유는 원래 자연 그대로의 사물을 인간의 것으로, 타인의 것을 나의 것으로 만드는 것이다. 그러는 과정에 사람들의 욕망은 만족을 얻는다. 사람들이 자신의 존재를 물건의 존재로 변화시켰기 때문에 그 물건의 가치이자 곧 그 사람 자체의 가치라는 것이 명확해진다. 물건의 증식이 곧 사람의 증식이고 반대로 물건의 평가절하 역시 사람에 대한 평가절하이다.

명예에 대한 욕망은 재산에 대한 욕망과 다르다. 재산이 실상이라면 명예는 허상이다. 명예는 주로 사람들의 행동이 사회적으로 형성된 명망과 영예에 대한 평가로서 사람들 말에 대한 평가로 표현된다. 물론 명예 역시 좋고 나쁨이 있다. 좋은 명예는 사람 존재에 대한 긍정이고 나쁜 명예는 사람 존재에 대한 부정이다. 따라서 사람들의 명예에 대한 추구는 다른 사람한테 자신을 인정받고 싶은 일종의 추구라고 할 수 있다. 명예를 얻기 위해 사람들은 자신을 떠나 타인도 고려해야 한다. 물론 명예를 위한 명예는 허영일 뿐이다.

권력에 대한 욕망 역시 보편적으로 존재하는 욕망이다. 그것은 정치뿐만 아니라 일반적인 사회생활과도 관련된다. 권력은 힘이다. 주로 언어나 말하는 데서의 힘으로 나타난다. 언어는 일종의 체제에 의해 현실 생활 중의 사람이나 물건 등을 지배할 수 있다. 때문에 권력은 곧 발언권이 된다. 권력 현상을 통해 우리는 언어가 현실에 대한 규정일 수 있고 또한 개개인이 타인에 대한 통제가 될 수 있음을 보아 낼 수 있다. 이러한 주동과 피동의 관계 속에서 권력은 사회생활에서 상하 서열등급을 만들어 놓았다. 권력에 대한 욕망은 발언권 획득을 원하는 것이고 이를 통해 사회구조에서 피지배자가 아닌 지배자 지위를 차지하는 것이다.

그러나 신체적 욕망이든 비신체적인 욕망이든 모두 나름의 한계가 있다. 때문에 그들은 유한한 것이다. 동시에 욕심낼 만한 물건도 욕망의 수요에 의해서만 원하는 물건이 되는 것이지 이미 만족을 느낀 욕망에 있어서는 원하는 물건이 아니다. 그러나 사람이 욕망을 채우고도 악착같이 또 다른 것을 원한다면 그럼 이때의 욕망은 더는 어떤 사물에 대한 욕망이 아니라 욕망에 의한 욕망이 되고 만다. 그 어떤 사물이 자체에 대한 의미는 이미 중요하지 않고 사람의 어떤 욕망을 만족시킬 수 있는지도 중요하지 않다. 다만 그것은 하나의 추상적인 욕망의 대상일 뿐이다. 욕망에 의한 욕망이 만족을 느끼는 것은 바로 이 때문이다. 이런 의미에서 욕망에 의한 욕망은 끝이 없고 원하는 물건 역시 수없이 많게 되면서 탐욕이 되고 만다. 탐욕이란 바로 자신의 한계를 넘어선 욕망이다. 탐욕이 있는 자는 심지어 자신을 욕망을 갖는 자와 동일시하면서 오직 줄곧 욕망을 추구하는 데만 빠진다. 먹을 것을 탐하고 여색을 탐하며 재산과 명망, 권력을 빼앗는 것 등이 그러하다. 그들은 욕망에 의한 욕망을 추구하는 과정에서 자존감을 느낀다.

湖北省 武當山의 三淸殿

사람의 신체적 욕망이나 비신체적 욕망 그리고 욕망에 의한 욕망은 서로 다른 형태로 표현된다.

욕망의 직접적인 형태는 바로 신체적인 것이다. 신체적 욕망은 스스로 신체적으로 표현될 뿐만 아니라 비신체적 욕망과 욕망에 의한 욕망 역시 신체적으로 표현되기도 한다. 욕망이 신체에 나타나는 표현은 몸의 불편, 갈망 그리고 그에 따른 불안과 짜증 등이다. 얼굴 표정, 사지 운동, 몸 전체의 변화 등으로 표현되기도 하고 몸의 내적 변화 즉 호흡의 급촉 여부와 심장의 쾌속 여부로 나타나기도 한다.

욕망의 형태는 신체와 함께 심리적으로도 표현된다. 일반적으로는 여러 가지 상징 기호 등과 같은 무의식적인 언어로 나타난다. 이런 무의식적이고 말로 할 수 없는 욕망들은 그 출현과 동시에 여러 가지 욕망의 억압 기제에 직면하게 된다. 따라서 그는 변형, 전이와 승화를 거쳐 간접적인 형태로 자신을 표현한다. 그러나 무의식적인 욕망은 결국 의식적인 것으로 이어지게 된다. 그래야만 욕망이란 것이 막연한 데로부터 이름 있는 욕망으로 되고 이어 현실화될 수 있다.

욕망의 형태는 심리적이면서 또한 사회적이다. 만약 욕망이라 할 수 있는 것이 오직 마음의 영역, 특히 무의식의 영역에만 머물러 있다면 그것은 허황한 것이다. 욕망이 현실로 나와 실현될 수 있을 때 비로소 자신이 완성되면서 진정한 욕망으로 될 수 있다. 그런 의미에서 욕망은 그 산생으로 스스로를 구체화하여야 한다. 이런 산생은 인류 역사의 가장 기본적인 생산인 인간 자신의 생산과 물질 생산이다. 성욕을 통한 생육을 출발점으로 한 생산은 사람의 자체 생산이고, 식욕을 출발점으로 한 생산은 인간 삶에 필요한 생활재료와 생산재료 등이다. 물론 인류의 모든 생산을 단순히 성욕과 식욕의 생산으로 환원해서도 안 된다. 하지만 후자가 전자의 초기 이유인 것만은 확실하다.

욕망에 있어서 사람들은 단지 그 소비성에만 주의를 돌렸다. 이는 사람들의 욕망이 욕망하는 대상에 대해서는 언제나 빼앗고 점유하고 심지어 소멸해 버리기 때문이다. 욕망은 물건을 소비할 뿐 아니라 사람도 소비한다. 욕망의 대상을 소비하면서 욕망을 갖는 자신도 소비한다. 그런 의미에서 욕망은 소극적이고 부정적이며 사악한 것이라고도 할 수 있다. 역사적으로 보아 욕망이란 것이 부정적으로 여겨지는 것도 이 때문이다. 그러나 소비성이라는 것은 욕망의 일부분일 뿐이고 반면 창조성도 있다. 욕망은 내재적인 동력으로 인간 생명력의 원천 중 하나이자 인간 세계가 끊임없이 생성하는 기본 요소 중의 하나이다. 소위 인간들 스스로의 생산 그리고 물질적 생산이란 것이 이런 창조성을 증명해 주는 증거이다.

욕망 자체의 소비성과 창조성이라는 이중 특징에 근거하여 보면 방종과 금욕주의 등은 욕망에 대한 오해이다. 일방적이고 극단적이라 할 수 있다. 많은 종교나 도덕, 철학에서 보면 모두 금욕주의를 주장한다. 그들은 죄악과 과오의 근원으로 욕망을 꼽으면서 욕망은 인간들의 고통을 초래할 뿐만 아니라 나아가 전 세계의 타락을 가져온다고 말한다. 따라서 사람들은 최대한 자신의 욕구 특히 신체적 욕구인 식욕과 성욕을 자제해야 한다는 것이다. 하지만 이러한 금욕주의는 상대적이지 절대적일 수 없다. 이는 사람이 살고 있고 몸이 존재하는 한 인간의 욕망은 멈추지 않기 때문이다. 금욕주의는 인간의 욕망을 송두리째 뽑아버릴 수 없다. 다만 최소화할 뿐이다. 그런 의미에서 금욕주의라는 것은 과욕주의를 뜻한다. 아주 조금이라도 욕망은 그대로 존재하고 있는 것이다. 금욕과 달리 방종은 욕망을 추구하고 만족을 느끼는 속에서 행복과 기쁨, 쾌락으로 통하는 길을 찾은 듯하다. 신체적인 욕망인 식욕과 성욕이 여기서는 특별한 의미를 갖는다. 어떤 사이비 종교나 일부 도덕적으로 향락을 추구하는 자 그리고 비이성주의자들은 모두 방종을 인정하고 선전하는 자들이다. 하지만 욕망은 무제한적으로 방종할 수는 없다.

그 결과로 욕망의 대상물이 소실되거나 또는 욕망을 가진 자의 훼멸을 가져오기 때문이다.

사실 방종이나 금욕주의 모두 욕망의 진정한 곤경 즉 욕망에 얽매였음을 깨닫지 못했다. 그들 자체가 바로 욕망에 얽매이는 사상적 근원이기 때문이다. 금욕주의는 욕망을 억제하여 한계를 벗어나지 못하게 하고 있다. 방종은 보기에는 욕망을 억제하지 않는 것 같지만 실은 역시 욕망을 억제하는 것이다. 그것도 아주 극단적인 형태로 말이다. 욕망이 자신의 경계선을 넘어서게 함으로써 스스로 자신을 소멸시키는 것을 통해 욕망에 대한 근본적인 부정에 이르고자 한다. 현시대 욕망에 대한 억제라는 것은 주로 그런 욕망이 상품매매에 포함되어 있어서 욕망이 생겨나거나 소비하는 것 모두 시장경제의 게임 규칙에 따른다. 이런 연관 속에서 욕망은 인간의 욕망이 아니라 인간이 욕망의 인간으로 된 것이다. 동시에 욕망도 자신이 아니라 상품의 매매이며 상품에 대한 생산과 소비로 된다.

욕망의 곤경에 대한 고민은 욕망의 해탈을 불러오기 마련이다. 한편, 인간은 욕망에 관한 여러 가지 기정 입장으로부터 해방되어야 한다. 금욕도 방종도 아닌 욕망의 본성을 이해하여 욕망이 자체로 돌아가게 해야 한다. 다른 한편, 인간은 욕망에 있어서 정해진 여러 제도에서 벗어나야 한다. 음식문화, 혼인제도 등은 이미 사람들의 기본적인 욕망의 실현 형태를 이루었다. 이에 대하여 사람들은 반드시 새로운 제도 구축의 가능성도 고민해 봐야 한다.

2. 기술

인간의 욕망이 참된 욕망이라면 그것은 자신을 실현하고 현실화시키면서 또한 자신이 생산하고 소비하게끔 되어야 할 것이다. 그러나 욕망으로부터 욕망의 대상에 이르기까지 단지 사람 자신에게만 한정되어서는 안 되고 반드시 사람 자신

외의 사물에도 의거하여야 한다. 이러한 독특한 사물이 바로 도구이다. 사람이 도구를 만들고 사용하는 활동은 넓은 의미에서는 기술 활동에 속한다. 도구나 기술은 사람들 현실 생활에서 아주 중요한 역할을 한다. 그것은 인간의 욕망이 실현될 수 있는지를 결정하는가 하면 또한 어느 정도 실현할 수 있는지도 결정한다.

도구는 일반적으로 아래와 같은 의의를 갖는다. 하나는 동물적인 것이 아닌 인류학적인 것이다. 사람들은 줄곧 사람과 동물을 구별하는 두드러진 표식으로 도구의 사용과 제조를 말한다. 물론 동물들도 가끔은 도구를 사용하는 것이 있지만 이것이 결코 그들 생활의 근본적인 특징으로 될 수 없다. 게다가 동물들은 도구를 만들 줄도 전혀 모르고 단지 기존의 자연물을 이용하고 있는 데 불과하다. 이와 달리 사람들은 도구를 사용할 뿐만 아니라 만들 줄도 안다. 인간들은 도구로 자신과 동물을 구분하면서 자신의 역사도 구분한다. 따라서 우리는 인류 역사의 구분에 있어서 그 시대에 주로 사용하는 도구의 특징을 살린다. 석기시대, 청동기시대, 철기시대, 기계시대 등으로 명명되는 것과 같다. 만약 사람이 도구에 의거하여 동물과 구별된다면 도구도 인간의 특징에 속해야 하는 것이겠다. 그러면 도구도 자연적인 것이 아닌 일종의 문화가 된다. 따라서 도구 자체가 바로 인간 존재와 역량의 과시이며 역사 발전의 기록이라 할 수 있다. 이러한 의미에서, 도구는 인간 자신의 사물화 형태로의 연장이다.

다른 하나는 도구가 목적을 위해 봉사하는 수단이라는 것이다. 도구가 물건이기는 하지만 그것은 자연적으로 존재하는 다른 물건과 달리 자신을 위하지 않고 다른 것을 위한다. 그리고 예술 작품과도 달리 자신 것이 아니고 자신을 목적으로 하지도 않으며 다른 사물을 목적으로 한다. 따라서 도구 자체에 이미 자신과 다른 사물 간의 연관 관계 즉 수단과 목적의 관계라는 것을 포함하고 있다. 도구의 존재는 수단이고 수단으로서 항상 자신 밖의 동기에 기인하며 자신 밖의 것을 목적으로 한다. 여기서 말하는 동기란 바로 인간의 욕망이다. 이러한 욕망은 사람들에게 도구를 만들고 사용하게 한다. 목적은 오직 원하는 물건이다. 도구는 사람들이 그것을 획득하고 차지하는 것을 도와준다. 이러면서 도구는 사람과 사람 그리고 사람과 물건의 관계를 맺어 준다. 도구라는 수단에 있어서 그와 관련된 모든 사람과 사물은 모두 목적이 된다. 그러나 만약 그것이 원하는 대상이 된다면 그 자체가 또한 수단으로 된다. 그리하여 도구에 의해 맺어진 관계에서 사람과 물건은 목적이 될 수도 있고 수단이 될 수도 있는데 꽤 복잡하게 얽혀 있다. 이러한 관계 중에서 도구는 별로 중요하지 않은 것 같다. 목적이 이루어지는 순간 수단으로서 도구의 역할도 끝나기 때문이다. 도구는 이용되기 시작하면서부터 스스로를 잃어 간다. 따라서 도구는 언제나 개변이 필요하고, 더욱이 혁신이 필요하다. 하지만 일정한 시기의 도구는 짧은 순간의 동기와 목적에 비해 수단으로서 오랫동안 그 의의를 유지해 왔다.

도구도 역시 역사적 시기를 거치면서 끊임없이 자신의 모습을 드러내었다. 최초의 도구는 사람의 몸 즉 사지와 신체의 기관들이었다. 그중에서도 손은 특별한 의미를 갖는다. 도구의 성질을 가장 잘 보여 주는 것으로 이러한 의미에서 손은 수단 즉 바로 도구가 되는 것이다. 손으로부터 시작하여 사람들은 많은 부동한 사물들을 구분한다. 손 앞의 물건과 손안의 물건 등이다. 손의 기능 또한 다양한데, 자연을 장악할 수 있으면서 사람을 이해하는 데 쓰기도 한다. 악수, 포옹, 사랑 표현 등등이다. 손과 함께 발 역시 중요한 도구의 역할을 한다. 사람이 직립보행을 하게 됨으로써 비로소 사람의 손이 형성되고 뇌가 발달하게 된다. 발은 걷는 데 요긴하게 쓰이면서 또한 전투, 무술, 동작 등 활동에서도 중요한 역할을 한다. 이 외에 자신의 두 발로 서거나 걷는다는 것은 또한 비유적 의미를 갖는데, 사람의 삶과 존재의 독립성을 비유하기도 한다. 사지 외에 사람의 감각기관도 어느 정도는 도구로 활용된다. 시각과 청각은 인간과 세상만물을 맺어 주고 사물 자체를 보아 낼 수 있게 한다. 여기서 사람의 입술이 내는 또렷한 소리인 언어적 도구의 의미를 짚어 볼 필요가 있다. 언어에는 물론 여러 가지가 포함되지만 그 도구성이 가장 선명하면서도 사람들의 주목을 받는다. 언어의 도구성은 주로 반영, 표현, 교류 등에서 나타난다.

사람은 자신의 몸을 도구로 쓰면서 동시에 또한 돌이나 나무와 같은 기존의 자연적인 것도 도구로 사용한다. 그것을 통해 사람들은 자신의 힘을 더욱 잘 발휘하게 된다. 하지만 자연적인 도구를 사용하는 것만으로 사람과 동물을 구분하기에는 역부족이다. 불의 사용은 사람 자신을 개변시켰고 사람들로 하여금 동물이 도구를 사용하는 한계를 넘어서게 하였다. 인류학적 의미에서도 불을 사용하지 않고 생식하던 것과 불을 사용하면서 익힌 음식을 먹는 것을 사람과 동물의 대립되는 부분으로 보아 왔다. 이는 또한 야만과 문명의 대립이기도 하다. 따라서 자연적인 것과 문화의 대립이라고도 할 수 있다. 불을 사용하기 시작한 것은 인간의 기본적인 욕망에 대한 충족 방식을 바꾸면서 새로운 삶의 세계를 개척해 주었다. 어둠을 밝히면서 야수를 몰아내거나 천지신명을 부르는 등등에서 찾아볼 수 있겠다.

자연적인 도구를 이용하다가 사람들은 더 나아가 도구를 만들기 시작했다. 이런 도구는 더 이상 자연의 것이 아니고 인위적인 것이다. 인공 도구는 석기, 도기, 청동기, 철기 등을 비롯한 기나긴 발전 과정을 거쳤다. 도구의 제작 과정은 자연 물질에 대한 발견과 파악이고 또한 자신의 재능에 대한 배양과 역량의 발전이다. 하지만 이러한 형형색색의 도구들도 여전히 두 손에 의해 장악되어 있어야 한 것이라 신체 역량이 강대해지고 확대된 것으로 볼 수도 있다.

도구 제작 역사에서 획기적인 것은 두 차례의 중대한 혁명이다. 그중 하나는 기계 혁명이다. 에너지 소비를 이용하여 자동으로 움직이는 특징이 있는데 기계가 돌아가면서 가공하고 생산을 한다. 이에 기계는 사람 몸의 연장이라고 할 수 있고 몸의 대용이라고 하기도 한다. 다른 하나는 정보 혁명이다. 이는 더 이상 사람 몸의 대용이 아니라 사람의 두뇌 즉 지능에 대한 대체이다. 정보 처리자로 된 컴퓨터는 사람 뇌처럼 계산이 될 뿐만 아니라 뇌보다 더 빠르고 정확하게 계산한다. 때문에 컴퓨터를 일종의 전기 뇌라고 할 수 있다. 컴퓨터가 생산 활동에 활용되고부터 언어와 현실 사이의 대립을 극복할 수 있었고 이어 언어가 현실로 되었다.

도구에 대한 개혁이 진행되는 동안 도구 자체는 점점 더 기술적으로 변해 자신의 본성을 극단화시킨다. 따라서 현대의 도구를 이해하려면 기술의 본성을 고민해 봐야 할 것이다. 기술은 사람의 활동이지 사물의 운동이 아니다. 따라서 그 근본을 따져 본다면 이는 자연과 대립되는 것이다. 기술은 자연스러운 것이 아니고 자연적인 것은 기술이 아니다. 그리고 기량과 기술은 모두 인간이 자연을 극복하고 인간이 사물을 개조하는 활동이다. 사람은 물건이 없는 곳에서 물건을 만들고 원래 있던 물건을 가공하면서 기술의 근본적 의미를 제조와 생산으로 보여 주었다. 기술은 자연에 아직 존재하지 않으면서 자연과 다른 것 즉 인위적인 것을 만들어 낸다. 그러나 이는 또한 자체를 목적으로 한 것이 아니라 사람을 위한다. 보는 바와 같이 기술은 사람의 도구나 수단이고 사람은 이를 통해 자신의 목적을 이룬다. 때문에 그것들은 사물의 유용성에 대한 사람들의 요구를 보여 준 것이다. 유용성이라 함은 사실상 사물이 기술화된 특징 다시 말하면 어떠한 수단과 도구로 될 수 있는지의 특징을 말한다.

중국에서의 기술이란 나름대로의 특수한 의미가 있다. 주로 사람의 손을 중심으로 직접적이거나 간접적으로 사물을 상대하는 과정을 말한다. 수공 작업으로 중국어에서는 기技라는 것이 "수공 기술" 또는 "수단"으로 이해된다. 특별한 솜씨를 익힌 수공예자들은 그 영역의 장인이 되었다. 손은 몸의 일부이다. 그래서 기술은 사람의 몸에 의존하는 신체적인 활동이라 할 수 있다. 그리고 사람의 몸 자체 또한 유기적인 자연 그대로인지라 자연의 한 부분에 속하기 때문에 기술 역시 자연적인 것에 의존하는 활동이라 할 수도 있다. 이 때문에 기술 자체는 사람, 사물과의 관계에서 자연성이라는 제한에서 벗어나지 못한다. 자연의 규정을 따라야 한다는 말이기도 하다. 여기서 인간은 주체가 아니고 사물도 객체가 아니다. 인간과 사물이 주, 객체의 관계가 아닌 주동과 피동의 관계로 나타난다. 사람은 기술을 사용하는 과정에 자연적인 것을 생장하게 하거나 변형시켜 인간 자신의 목적에 도달할 수 있게끔 한다. 그럼에도 기술은 인공적인 것으로서 자연에 부합되어야 한다. 사람의 움직임은 자연스러운 운동과 같다는 것인데 이는 장자의 말인 "기술이 최고의 경지에 이르러 더 진보하여 도에 가까워지는 천지규칙"(道進乎技) 같은 것이다. 이는 기술로 만들어진 물건이 인공적인 물건이지만 자연적인 물건 같아야 할 것을 요구한다. 보기에 인위적인 것으로 보이지 말아야 하며 그 정교함이 자연의 조화처럼 보여야 한다는 것이다. 여기서부터 알 수 있듯이 일반적으로 중국에서 말하는 기술이라는 것은 자연에 의해 규정된 사람의 활동이다. 하지만 이러한 기술은 자연이 아니고 따라서 도는 더욱 아니다. 그는 오히려 자연을 가리고 도를 가리며 나아가 사물 자체를 가리고 만다.

중국에서 말하는 기술을 서양에서는 수공 제작이 아니고 현대화 기술인 기계기술과 정보기술로 말한다. 수공업에서 공업기술로 전환하면서 사람 신체의 역할은 이미 그 결정적 작용을 일으키지 못하게 된다. 정보기술 영역에서 사람은 몸과 지혜를 모두 기술에게 양도한다. 그러므로 현대 기술은 사람의 몸과 자연적인 데서부터 벗어나 스스로 일종의 독립적인 초자연의 힘으로 되었다. 기술 역시 사람이 사용하는 도구에 속하지만 반대로 사람이 기술의 수단으로 되기도 한다. 이는 기술화를 거친 기술이 사람한테서 점차 멀어진다는 뜻이다. 뜻인즉 현대 기술의 기술화는 존재에 대한 도전으로 되었고 이것으로 일정한 설정이 된 것이다. 물론 사람은 설정자이고 세상만물은 설정을 받는 쪽에 속한다. 사람 자체 역시 설정을 받는 입장이기도 하며 다른 기타 존재자들보다 더욱 철저하게 설정 받는 자들의 그룹에 속해 있다. 이 완전체가 바로 현대 기술 세계이다. 세상은 더 이상 자연적인 것이 아니며 자연은 이러한 세상에서 점점 사라져 간다. 기술 세계에서 마지막까지 남는 것은 사람 혹은 사물인, 설정 받는 자뿐이다. 설정 받는 자로서 사람과 사물은 모두 조각이 나고 그 조각들은 또한 전위가 가능하다.

현대 기술이 세계에 대한 설정을 두고 많은 사람들은 낙관적인 태도를 취하고 있다. 기술이 새로운 희망을 가져다주었다고 여기는 것이다. 현시대의 수많은 문제를 극복할 수 있을 것이라고 하는데, 심지어 어떤 사람들은 기술을 만능이라고 하면서 기술적인 사유를 인류 전 영역에 관철시켜야 한다고 한다. 하지만 그렇게 된다면 기술을 시대의 신처럼 여기는 기술 숭배 같은 위험한 상황이 생길 우려가 있다. 하지만 기술 낙관주의는 기술의 양면성인 유익성과 유해성에 대하여 주목하지 못했고 동시에 기술의 제한성에 대하여서도 깊이 고려하지 못하였다. 인간 영역에는 기술 외에도 아주 많은 것들이 있다.

그렇다고 하여 이것이 기술 비관주의로 이어져서는 안 된다. 비관주의자들은 기술이 인간의 생존 환경인 자연을 파괴하였고 또한 인류 사회에 많은 질병을 가져다주었다고 생각한다.

어떠한 현대인이라도 기술을 벗어나 원초적인 자연 속에서 살 수 없고 기술의 단점만 보고 사람들에게 좋은 점이나 장점을 간과할 수는 없을 것이다. 때문에 현시대에 있어서 기술에 대한 정확한 태도는 낙관주의와 비관주의를 버리고 기술의 경계를 확정하는 것이다.

3. 지혜

사람들은 욕망 때문에 도구를 사용하게 되고 터득한 기술을 활용하면서 그에 의하여 욕망을 충족시킨다. 하지만 욕망이나 도구를 막론하고 그들은 모두 지혜를 필요한 조건으로 보고 있다. 물론 인간의 욕망은 동물의 욕망과 다르고 인간이 도구를 사용하는 것 역시 동물과 다르다. 하지만 이 두 가지를 잘 살펴보면 비슷한 경우 또한 없지 않다. 이에 오직 인간의 독특한 본성인 지혜를 통해서야만이 인간과 동물을 완전히 갈라놓을 수 있다. 이런 의미에서 지혜야말로 인간에게 있어서 진정한 시작이 되겠다.

지혜를 또한 대도, 진리, 지식이라고도 한다. 지식은 바로 아는 것 즉 사물 자체를 아는 것과 같다. 그러하기에 지혜는 어리석다와 대립된다. 어리석다는 모르는 것이다. 지혜는 총명이나 책략과 다르다. 총명이라는 입장에서 볼 때 지혜는 어리석은 것이고 지혜의 입장에서는 총명이 어리석은 것이다. 물론 여기의 어리석음은 베일을 쓴 특별한 어리석음이다. 다시 말하면 총명이 아는 것처럼 보이나 실제로는 모른다는 이야기다. 이에 사람들은 지혜와 총명을 구체화하여 반야와 소총명의 대립이라고 한다.

그러나 지혜는 다른 어떤 지식에 관한 것이 아니라 인간의 기본에 대한 지식이다. 이러한 지식은 사람들에게 사람이란 어떠한 것이고 어떠한 것이 아닌지에 대해 알려 준다. 존재와 허무에 대하여 말해 주는 것이다. 사람의 규칙은 또한 사람이 자신과의 구별을 통해 이루어진다. 여기서는 사람과 동물의 구분이 아니라 사람과 자신의 구분이다. 이는 사람들이 자신과의 구분을 우선시하고 동물과의 구분은 부차적으로 여기기 때문이다. 루소는 인간이 자신과 구별되어야 비로소 공민 즉 자유시민이 될 수 있다고 지적하였다. 칸트 역시 사람이 어떤 대상 때문에 흥분 상태일 때 자신과 구분을 할 수 있어야 이성적인 사람이 될 수 있다고 강조하였다. 여기에서 사람 자신이란 것은 바로 인간이 갖고 있는 인애, 정의 등과 현실적인 모습이다. 소위 말하는 인간과 인간 자신의 구별이란 바로 사람과 인간이 갖고 있는 인애, 정의 등과 현실적인 모습에 대한 구분이다. 그래야만 사람이 비로소 자신을 규정할 수 있게 된다.

하지만 이러한 구분은 세계적이거나 역사적인 것이 아니라 언어적이다. 이에 지혜는 진리의 언어나 혹은 언론이 되는 것이다. 언어란 인간의 본성이면서 사람의 언설로 나타난다. 하지만 언어는 결코 사람에 의해 규정되는 것이 아니라 반대로 인간이 언어에 의해 규정된다. 이는 언어가 사람의 말일 뿐만 아니라 언어 자체의 말이기 때문이다. 언어에는 다중 의미가 있다. 우선은 욕망의 언어이다. 그것은 욕망의 직접 혹은 간접적인 표출이다. 다음은 도구적인 언어이다. 이는 표현하고 교류하며 계산하는 데 쓰인다. 마지막으로 지혜로운 언어이다. 이는 가르치고 안내하는 데 쓰인다. 지혜의 언어는 욕망의 언어 그리고 도구의 언어와 달리 역사적으로 신의 언어, 하늘의 언어, 성인의 언어로 불리어 왔다. 지혜의 언어는 또한 사람의 언어와도 다르다. 이 때문에 지혜로운 언어는 오직 언어 그 자체이지 그 외의 어떤 것도 아니다. 그런 의미에서 지혜로운 언어는 순수 언어라고 말할 수 있다.

순수 언어로서의 지혜의 언어는 주로 도리를 말하고자 하는 데 쓰인다. 물론 이러한 도리를 보여 줄 때 묘사나 서사, 서정으로 표현되기도 한다. 예를 들어

우화는 묘사와 서사를 통해 도리를 알려주는 전형적 장르이다. 그리고 성가는 노래를 통해 신성한 이치를 알려준다. 그렇다면 우리는 지혜의 언어가 반드시 역사의 진실에 부합되어야 한다고 요구하지 말아야 하며 또한 그 진실에 근거하여 지혜로운 언어의 진위를 가리고자 해서도 안 될 것이다. 지혜로운 언어의 진실은 역사의 진실이 아니라 도리의 진실 즉 사물의 도리에 관한 진리이다. 그로 인해 지혜의 언어는 역사의 진실보다 더욱 진실하다.

진리의 말 같은 지혜의 언어는 부정적인 표현 방식을 갖고 있다. 이는 이미 주어진 언어 형태에서는 욕망의 언어와 도구의 언어가 원초적이고 주요한 것이기 때문이다. 그들은 몽롱하고 혼돈스러우며 어둡기까지 하다. 이런 언어 형태에 있어 지혜의 언어는 우선 그것을 부정한다. 빛이 어둠에 대한 부정을 통해 인정을 받는 것과 같다. 그래서 지혜는 태양이나 별, 불길 등 광명을 가진 것을 비유대상으로 하고 있다. 그리고 자신의 광명과 지혜의 언어로 경계를 만들어 낸다. 그는 필연적으로 존재해야 하는 것과 존재하지 않는 것을 규정하였는데, 존재와 허무, 옳고 그름을 분명히 해 둔 것이다. 이와 관련하여 또한 나타난 것과 가려진 것이 무엇인지, 진실과 허위가 무엇인지를 구분해 주었다. 구분해 주면서 한편으로 지혜로운 언어는 비교를 하기도 하면서 좋은 것과 나쁜 것, 좋은 것과 가장 좋은 것이 무엇인지를 가려낸다. 이것을 기반으로 지혜의 언어는 선택을 하게 하는데 사람들이 어둠을 버리고 또한 옳은 듯하나 실은 그른 그러한 길을 뒤로 하며 오직 진리를 찾아 나서야 한다는 것이다. 이것으로 시작을 결정한 것이다. 일반적으로 말하는 존재의 용기나 존재 혹은 존재하지 않는 것에 대한 선택 등은 모두 결국에는 지혜의 언어로부터 안내를 받느냐의 문제이다.

진리를 말하는 것을 통하여 지혜로운 언어는 사람들에게 밝은 앞길을 비추어 주었다. 때문에 지혜로운 언어는 문구에서부터 독특한 형태를 취한다. 일반적인 규범에 따라 분류한다면 지혜의 언어는 진술문이나 의문문이 아니고 요청, 명령, 경고, 안내와 권유 등과 같은 기원문으로 나타난다. 서술과 의문의 형태도 있지만 그 속에 역시 기원의 의미가 들어 있다. 때문에 지혜의 언어는 언제나 부정이나 긍정 또는 훼멸이나 창조 등의 힘을 가지고 있다. 지혜로운 언어의 힘은 일종의 특수한 방식으로 표현된다. 행동이 아닌 말을 통해서이다. 그것은 보기에는 무능해 보이지만 행동을 인도할 수 있어 무능이 아니라 도리어 큰 능력인 것이다.

지혜로운 언어는 부정적인 언어로 일정한 역사적 발전 과정을 거쳤다.

인류학에 의하면 인류 최초의 부정적인 언어는 금기에 관한 것이었다. 음식과 성에 대한 금기였다. 토템을 먹어서는 안 되고 불륜을 저질러서도 안 되는 것 등이다. 비록 금기로 인해 인간과 자연 그리고 인간과 인간 사이에 원초적인 경계가 생기고 그들이 서로의 관계를 유지할 수 있었지만 이러한 부정성을 띤 언어는 신비로운 것이다. 왜 그런 금기를 지켜야 하는지에 대한 근거를 제시하지는 않았다.

그 후의 여러 종교와 문화에서 부정적인 언어는 계율의 기본 함의를 구성하였다. 사람이 해서는 안 될 것이 무엇인지를 먼저 고려하고 다음에 사람이 무엇을 할 수 있는지가 된다는 것이다. 『구약전서』에 있는 "모세십계"에서 사람을 죽여서는 안 된다는 것과 중국 전통문화 중의 예의범절에 관한 것 같은 것이다. 비록 부정적인 언어가 더 이상 금기가 아니고 금지령이 되었지만 이것은 철학의 본모습이 아니다.

부정적인 언어가 금기와 금지의 형태를 벗어나 철학 그 자체로 돌아가는 것이 바로 지혜의 기본이다. 단지 서방 중세기의 지혜만 따져 본다면 이런 특징은 더욱 명확해진다. 예를 들어 『신약전서新約全書』의 부정적인 언어는 생각해야 하는 것이고 사색을 불러오는 것이다. 그것은 그리스도의 말씀(마지막 만찬의 담화)에 잘 나타나 있으니 바울과 요한의 편지는 더는 언급하지 않아도 된다. 그들의 핵심 문제는 신의 진리와 인간의 거짓말을 구분하고 또한 사람들에게 거짓을 버리고 진리를 따르라고 한 것이다. 이것은 단순한 복종이 아니라 이해하고 사고해야 하는 것이다.

현시대에서 부정적인 언어는 주로 법률에서 체현된다. 지금은 법치사회다. 신권도 왕권도 아닌 인권에 기반을 둔 현대 법률제도는 사회 전체의 게임 규칙을 만들어 인간의 현실 생활을 규정한다. 그중에서도 특히 여러 민족 국가의 기본법에 속하는 헌법 및 유엔의 인권선언이 결정적 의의를 갖는다. 법률은 게임의 규칙으로서 인간이 현실세계를 기반으로 일정한 연구를 거쳐 정한 것이다. 그것은 인간

이상의 권위와 역량을 갖고 있다. 따라서 만약 법률을 지혜로운 언어로 본다면 이는 대표적인 권력 언어이다. 법률은 사람의 권리와 의무를 규정한다. 일반적으로 말하는 권리란 인간으로서 무엇을 해야 하고 무엇을 하지 말아야 하는 것을 말한다. 의무란 인간으로서 반드시 무엇을 해야 하고 무엇을 하지 말아야 하는지 등등을 말한다. 법률은 주로 부정적인 언어로 나타나기 때문에 법률에서 반대하지 않는 것은 가능하다는 뜻이다.

지혜로운 말의 이러한 역사 변화 속에서 우리는 그것에 대하여 신이 계시를 내렸거나 혹은 자연스럽거나 혹은 일상적인 것 등으로 지혜를 분류해 볼 수 있다.

신적인 지혜는 주로 서양의 지혜를 말한다. 그 구성은 뮤즈와 성령, 인간의 인성에 대한 언설로 이루어져 있다. 첫 번째 시대(고대 그리스)의 지혜는 『호메로스 서사시』에 나오는 것처럼 사람은 영웅이 되어야 하는 것을 취지로 한다. 두 번째 시대(중세기)의 지혜는 『신약전서』에 나오는 것처럼 사람은 성인이 되어야 하는 것을 핵심으로 한다. 세 번째 시대(근대)의 지혜는 루소를 비롯한 사람들의 저서에 기재되어 있는데 사람은 공민이 되어야 한다는 것을 주장한다. 바로 인성을 가진 사람과 자유로운 사람이 되어야 한다는 것이다. 세 시대의 지혜는 서방 역사 매 시기의 시작을 알리는 말로 쓰였다. 만약 이러한 말들을 현대식으로 "말하는 자는 누구인가"라고 묻는다면 "지혜가 말하고 있다"라는 명확한 답이 기다리고 있을 것이다. 그래서 부동한 시대에 소리를 내는 것은 호메로스가 아니라 뮤즈이고, 복음전파자가 아니라 성령이며, 루소가 아니라 인성 즉 인간의 신성이다. 이런 소리를 내는 자들은 더욱 높은 본원으로 돌아가지는 못한다. 그들이 소리를 낼 수 있었던 것은 바로 그들이 말하는 과정에 규칙을 정해 놓았고 그 실현 상태가 바로 소리이기 때문이다. 따라서 "말하고 있는 자가 누구인가"가 아니고 "무슨 말을 했느냐"가 바로 기본이다. 말을 통해 사상을 불러온 것이다. 서방세계 지혜의 언설가라고 할 수 있는 것은 뮤즈와 성령 그리고 인간의 신성이기 때문에, 서양의 지혜는 근본적으로는 보면 신적인 지혜이다.

서방의 신적인 지혜와 달리 중국의 지혜는 자연적인 지혜이다. 사람들은 일반적으로 중국의 철학사상을 유가(儒), 도가(道), 선종(禪)으로 나눈다. 유가의 성인은 인의도덕을 추구하고, 도가의 이상은 천지의 도를 깨닫는 데 있는 반면, 선종은 자성 즉 스스로 깨달음에 이르는 것을 최고의 지혜로 여긴다. 이 세 가지는 비교적 큰 차이가 있긴 하지만 신의 계시가 아닌 자연이라는 공동의 특징이 있다. 유가의 지혜는 주로 인생에 관한 지혜지만 세계 구조의 위계서열 안배에서는 언제나 천지를 기초적인 위치에 둔다는 점에서 인도의 근거는 역시 천도이다. 도가 지혜는 그 핵심이 인간과 자연의 관계에 관한 것인데 인간은 자연계처럼 자연스럽고 무위여야 한다고 한다. 선종의 지혜는 그 근본을 마음의 지혜에 두었는데 마음 본연으로 돌아가 밝은 자성으로 회귀한다는 것이다. 세 가지 모두 인간의 자체적 급여를 긍정한 것인데 모든 것이 신의 계시나 은혜가 아닌 자연성이라는 것이다. 그뿐만 아니라 그들을 정신적으로 자연에 심취되게 하였는데 뜻인즉 정신으로 하여금 언제나 자연의 통제를 받으면서 멋대로 자라나지 못하게 한다는 것이다.

상술한 신성과 자연 두 가지 주요한 지혜 형태 외에 또 다른 일상적인 지혜 형태가 있다. 주로 속담, 격언, 잠언, 설화, 이야기, 민요 등 일상 언어에 침투되어 있다. 그들은 서로 다른 방식으로 일상생활의 이치 특히 처세 법칙에 대하여 설명한다. 이런 지혜는 체계적으로 구축된 것도 아니고 복잡한 논증도 없다. 대부분이 간단명료하면서도 이해하기 쉬운 것이다. 그러나 이런 일상적인 지혜 역시 피면할 수 없는 제한성이 있다. 바로 경험으로 인한 것이라 그 깊이가 기대에 미치지 못할 수 있는 것이다.

그러나 현대와 포스트모더니즘 사회에서 전통적인 지혜는 이미 끝났다. 서방세계로 말하자면 하느님은 이미 존재하지 않는다. 이는 신의 계시에 의한 지혜가 더 이상은 우리 시대를 규정하지 못한다는 뜻으로 중국에서는 천지개벽의 일이다. 이는 자연의 지혜가 더 이상 우리 세계에서 결정적 역할을 하지 않는다는 것을 보여 준다. 물론 끝이라 해서 사라지는 것이 아니고 전통으로 보존이 된다.

우리 시대 혹은 세계에서 지배적 역할을 하는 것은 다원적인 지혜 즉 다원적인 진리이다. 더는 유일이 없고 다원만 있다. 지금 시대는 옛 지혜가 현존하면서 새로운 지혜가 성장해 가는 단계이기 때문이고 또한 민족적 특징이 다분한 지혜가 강한 생명력을 갖고 있으며 민족 이외의 다른 사람의 지혜 역시 지대한 매력을 갖고 있기 때문이다. 이렇게 다원적인 진리에 의해 다원적인 세계가 형성된다.

4. 게임

삶의 세계는 지혜와 욕망, 도구들의 집합적인 활동인데 우리는 이것을 게임이라고 부른다.

인간세상의 게임은 시종 욕망에 따라 움직인다. 욕망은 사람 존재의 징표로 사람이 존재하는 한 욕망은 존재한다. 동시에 욕망은 원하는 것을 지향하며 인간의 생산과 소비를 촉진한다. 그리고 욕심은 또한 끝이 없다. 원하던 욕망이 충족되면 새로운 욕망이 생겨나고 그것이 만족되면 또다시 새로운 것이 생겨나고 하면서 끊임없이 반복되는데, 이는 마치 멈추지 않는 강물과 같은 것이다. 이러한 욕망이 욕망이면서 동시에 자체를 만족시켜야 하는 것이라면 도구가 필요하게 된다. 욕망은 자체를 목적으로 삼고 도구를 수단으로 이용한다. 욕망은 도구를 통하여 원하는 것을 얻으면서 그것이 자신을 위해 복무하게끔 한다. 욕망은 도구만이 아니라 지혜도 필요하다. 이는 인간의 욕망이라는 것이 동물의 본능과 달라 지혜의 안내를 받아야 하기 때문이다. 지혜의 규정을 받는 전제하에 욕망은 그 실현 과정에서 비로소 만족을 보장할 수 있기 때문이다.

인간세상을 살아가는 이런 게임에서 도구의 역할은 욕망과 다르다. 도구는 지금까지 종래로 자기를 위한 것이 아닌 오직 다른 사람을 위해 사용되었다. 도구는 욕망을 위해 복무한다. 욕망 자체뿐 아니라 욕망 대상에까지 그 역할을 다하면서 욕망의 대상으로 하여금 욕망 자체가 만족을 얻도록 한다. 그리고 도구는 지혜를 위해서도 복무한다. 지혜 자체로 말하면 단지 지식에 불과하기 때문에 지혜는 반드시 도구의 힘을 빌려야 현실로 될 수 있다. 이 때문에 도구는 욕망의 수단이기도 하고 지혜의 운반체이기도 하다. 욕망과 지혜를 위해 복무하는 것을 제외하고 도구 자체 역시 나름대로의 임무가 있다. 좋은 도구, 이기利器가 되는 것이다. 물론 이는 욕망과 지혜를 위한 더 나은 복무를 위한 것으로 보인다.

욕망과 도구가 각자 인간세상의 게임에 참여할 때 지혜도 함께한다. 지혜 자체는 본래부터 욕망, 도구와 달리 분리되어 나온 지식이다. 그는 욕망과 도구를 통솔한다. 우선 지혜는 욕망에 대하여 경계를 정해 주는데, 어떤 것이 실현 가능한 욕망이고 어떤 것이 실현 불가능한 욕망인지를 알려 준다. 또한 음식에 대한 규범을 만들어 놓았다. 예를 들어 문명 초기의 토템을 먹지 말아야 하고 이어 사람 고기도 먹지 말아야 할 것을 정하였으며 종교적으로 정해진 음식도 금해야 한다는 등이다. 그리고 성에 대하여서도 규범을 정하였는데, 불륜을 해서 안 되고 간통을 해서도 안 되며 동성 간의 성 역시 금지해야 한다는 등이다. 다음으로 지혜는 도구에 대하여 경계를 정하였다. 어떤 도구를 사용할 수 있고 어떤 도구는 사용할 수 없는지 등을 정하였다. 일단 먹는 욕망을 만족시켜 줄 수 있는 도구에 대하여 경계를 정하였는데 음식을 생으로 먹을 것인지 익혀서 먹을 것인지에 대한 것이다. 이어 성적 욕망을 만족시켜 줄 수 있는 도구에 대한 규범인데, 피임이나 낙태 그리고 복제 등을 해야 하는지에 대한 것이다. 이러한 문제에 대한 논쟁은 어떻게 보면 종교적이고 도덕적이며 사회적인 문제로 보이지만 사실은 지혜에 관한 것이다. 이런 경계를 확정하는 과정에서 욕망과 도구는 지혜에 부합되는 것과 그렇지 않은 것 두 가지로 나누어진다.

인간세상의 게임은 욕망과 도구, 지혜 삼자의 게임이다. 셋은 모두 각자의 입장에서 다른 두 곳을 향하면서 이중적인 관계를 형성하고 있다. 한편, 그들은 동료들이다. 게임 전체는 삼자의 공동참여에 의해 이루어지고 어느 한쪽이라도 빠지면 게임 실패이기 때문이다. 다른 한편, 그들은 또한 서로 적수다. 셋 중 어느 쪽에 대한 긍정이든 모두 다른 두 쪽에 대한 부정이 되기 때문이다. 이런 의미에서 욕망, 도구와 지혜는 적수 같은 친구 혹은 친구 같은 적이다. 때문에 모든 인간세상의 게임은 그들 간의 투쟁과 평화에 불과하다.

　모든 게임에서 욕망, 도구와 지혜는 서로 다른 역할이지만 평등한 권리를 갖는다. 즉 어느 쪽이든 모두 존재하고 발전해야 하는 것이다. 그러면 게임에서 절대적인 패권이나 독점, 권위, 중심, 근거, 기반 등이 없어지게 된다. 따라서 인간세상의 게임은 그냥 일상적인 활동이 아니라 규칙이 없는 활동이 될 것이다. 게임이라는 본성이 그대로 실현된 것이라 할 수 있겠다. 물론 무릇 게임 참여자라면 모두 자신의 입장에서 출발하여 규칙이 형성되기를 원한다. 특히 지혜는 자신의 지도적 신분을 내세우고자 하지만, 이러한 주장은 다른 쪽의 승인을 받지 못한다. 도리어 부정을 당할 것이다. 이로부터 그만큼 인간세상의 게임은 규칙이 없고 설사 규칙이 있더라도 부정해 버리는 활동임을 보여 준다.

　하지만 인간세상 게임 역사의 발전 과정에서 욕망, 도구와 지혜가 어떤 단계에서는 주도적 역할을 할 때도 있다. 그에 맞게 세 게임 형태가 나타나는데, 욕망에서 출발하는 게임, 도구에서 출발하는 게임, 지혜에서 출발하는 게임이다. 이로써 역사는 세 가지 가능성을 가진 극단적인 세계를 형성하였다.

　욕망에서 출발하여 게임을 한다면 욕망이 규정성을 갖는 것이 된다. 욕망의 세계에서 지혜가 그 역할을 잃으니 도덕성이 마비되고 사회 기풍이 날로 못해 가는 현상이 나타난다. 동시에 도구는 욕망의 수단으로 단편적인 것처럼 여겨진다. 도구 자체는 스스로 지닌 것도 없고 지혜의 제한도 없다. 주체로 되는 것은 욕망의 수요와 만족 및 만족을 느낀 후에 다시 생기는 새로운 수요와 새로운 만족이다. 사람 욕망과 물욕의 세상이 될 것이다. 사람이 욕망을 갖는 것이 아니라 사람이 곧 욕망이 된다. 사람은 욕망을 갖는 자가 되고 사람 외의 세상은 원하는 자가 된다. 그리하여 세상의 사람과 물건들은 자신의 독립성을 잃어버리고 단지 욕망을 품기 가능한 것과 가능하지 않은 것으로만 구분된다. 이런 욕망으로 가득 찬 세상은 더는 인간세상이 아니고 동물세계와 같게 된다. 동물의 본능으로 이루어진 세계에서 모든 것은 오직 정해진 지역에서 먹을 수 있는 것과 먹지 못하는 것, 교구할 수 있는 것과 없는 것으로 나누어진다. 이것에 근거하여 벗인지 적인지를 구분한다.

인간의 욕망으로 가득한 세상 역시 이러한 동물들의 욕망으로 넘치는 세상의 확대판에 지나지 않는다.

만약 도구에서 출발하여 게임을 한다면 도구가 규정성을 띠게 된다. 도구 자체는 수단일 뿐 목적이 아니다. 욕망을 위해 복무하고 지혜를 위해서도 복무한다. 수단으로서 도구는 언제나 규정을 받는 자에 속하지 규정하는 자가 아니다. 그러나 수단으로서의 도구는 단순히 수단이 아니라 더욱 좋은 수단으로, 더 나아가 최고의 수단이 되어야 할 것이다. 그래서 도구는 자체를 제외한 욕망과 지혜를 목적으로 할 뿐만 아니라 자신을 목적으로 하기도 한다. 따라서 도구는 수단이면서 또한 목적이기도 하다. 이러한 역할 확정에 의하여 도구는 욕망과 지혜 등의 연관성을 전혀 고려하지 않아도 되고 오직 자신의 발전만을 생각하면 되는 것이었다. 이는 특히 현대 기술의 기술화 과정에서 잘 나타난다. 기술의 기술화는 더 이상 수단이 아니고 목적이다. 기술이 부단히 진보됨에 따라 더욱 빠르고 더욱 높으며 더욱 강하게 될 것을 요구한다. 때문에 기술의 진리라는 것이 더는 다른 어떠한 물건이 아닌 효율이다. 기술화된 사회에서 도구는 욕망과 지혜에 대한 만족에 그치지 않고 새로운 욕망을 자극하면서 새로운 지혜를 요구한다.

만약 게임이 지혜에서 출발하는 것이라면 그럼 지혜가 규정성을 띠게 된다. 지혜의 본성은 욕망과 도구를 인도할 뿐이지 욕망과 도구의 존재성을 부정하거나 소멸하지 않는다. 다시 말하면 그는 욕망과 도구의 존재를 인정하면서 공존한다. 지혜의 인도를 받는다는 것은 욕망과 도구 자체에 대한 경계를 정해 주는 데서 체현된다. 욕망은 욕망으로, 도구는 도구로서의 역할을 하게 한다. 욕망, 도구와 더불어 지혜도 함께 쌓인다. 그러다 지혜의 인도가 일단 극대화되거나 편면적인 경향을 가질 때 그들 사이의 관계는 변화를 가져온다. 이 때문에 그는 욕망을 없애고 도구를 부정하려고 한다. 서방 중세시기나 중국의 도덕 전통에서나 모두 이러한 극단적인 지혜가 출현했었다. 그러한 지혜는 인애와 관련되는 진리가 아니라 사람을 죽이는 교리가 되어 버렸다. 이런 것은 더는 지혜라 칭할 수 없는 우매 그 자체이다.

하지만 진정한 인간세계의 게임을 근본적으로 따져보면 상술한 세 가지 극단적인 게임 형태의 극복이라 할 수 있는데 욕망과 도구, 지혜 삼자의 조화로운 발전이다. 그들 사이는 일정한 차이나 대립, 갈등 지어 충돌까지 생길 수 있으나 여전히 하나이고 서로 공존하는 사이다. 그들의 게임은 이들 셋의 원무와 같다.

게임은 게임 활동 그 자체다. 게임의 근본적 의미는 그 밖의 어느 것도 아닌 게임 속에 있는데 바로 게임 자체다. 다시 말하면 게임은 어디에서 비롯되는 것도 아니고 무엇을 위하는 것도 아니며 오직 게임 자체를 즐기는 것이다. 이렇게 즐기는 게임은 시종 자신에게서 비롯되고 자신을 위한다. 인간생활의 게임 역시 마찬가지다. 인간생활 밖이 아니라 그 속에서 일어난다. 욕망과 도구, 지혜 등이 자신에게서 비롯된 자신을 위한 활동이다. 이러한 활동으로 삶의 세계는 비로소 자기 자신을 갖추어 가기 시작한다.

이것이 인간세상 게임의 생성이다. 생성이라는 것은 단순히 일반 의미에서의 변화도 아니고 어떤 상태에서 다른 상태로 넘어가는 것도 아니며 옛것에서 새로운 것으로 바뀌는 것은 더욱 아니다. 생성은 무에서 유로 이르는 활동이고 유를 창조하는 과정이다. 따라서 이것은 연속적인 중단이 되면서 또한 혁명적인 도약으로 된다. 인간생활의 게임 생성은 낡은 세계의 파멸이고 새로운 세계의 산생이다. 이로써 인간세계의 역사라고 할 수 있는 욕망, 도구, 지혜의 생성 역사가 형성된다.

첫째는 욕망의 생성이다.

기본적인 욕망에 속하는 먹는 것은 사람의 신체적 특징에 의한 것이다. 사람의 몸은 일정하게 음식을 섭취하는 것으로 자신의 생존과 성장을 유지하는 동시에 쇠약해지거나 질병이 생기거나 사망하는 것을 방지한다. 이런 욕망은 굶주림을 느끼는 것으로 체현되고 음식을 먹어 자신에게 필요한 영양을 보충할 수 있게끔 요구한다. 따라서 먹는 것의 최초 목적은 허기를 채우는 것이다. 허기를 채우는 것은 인간 생존의 필수이며 특히 굶주림과 추위에 시달리는 사람들에게는 더욱 그렇다. 그리하여 끼니를 에우는 일이 사람들의 생활 나아가 사회 전체를 추진하는 동력이라 해도 과언이 아니다. 하지만 굶주림이 해결되어 만족을 느끼면 사람들의

식사는 더는 위장의 수요만을 위한 것이 아닌 맛의 수요를 만족시키려고 할 것이다. 이때의 먹는 것은 굶주림을 해결하는 행위인 동시에 맛을 음미하는 행위가 된다. 사람들은 음식이 있을 것을 요구하고 이어 음식의 정갈함도 요구하게 된다. 음식의 영양가를 따질 뿐만 아니라 색, 맛, 향도 모두 갖출 것을 요구한다. 음식의 종류가 다양할 것과 함께 음식의 변화도 요구한다. 여기에서 사람들은 먹기 위해 먹고 이러한 음식의 유행은 곧 취미를 감상하는 면에서의 발전과 향상도 가져왔다. 그래서 사람들은 음식에 이어 자연, 인물, 예술에 대하여서도 품평을 진행한다. 그리고 먹는 것이 일종의 예의범절로 되기도 하였다. 먹는 행위가 먹는 것 외에도 수많은 의미를 갖고 있다. 중국 사람들이 설날에 음식을 차려 조상들에게 제사를 지내는 것은 이생과 저 세상에 있는 자들을 한자리에 모이게끔 하려는 것이다. 서방 기독교 성찬에서 포도주와 밀가루 빵은 그리스도의 피와 고기를 뜻하는데 신도들이 받았다는 것은 그리스도를 기념하는 것이고 하느님과 같이한다는 것을 뜻한다. 물론 현대 생활에서 열리는 여러 사적이거나 공적인 연회 역시 모임이나 축하, 경축, 작별 등 여러 의미를 지닌다.

만약 식욕이라는 것이 개체가 죽지 않으려고 생기는 것이라면 성욕은 종족이 사라지지 않도록 하기 위한 것이다. 이에 성이라는 것이 우선은 생육으로 표현된다. 사람은 죽기 마련이다. 하지만 이 살지 못하는 사람은 후대들에게서 자신의 환생을 보게 되고 그것이 끊임없이 번식되면서 끊어지지 않는다. 생육 행위에는 당연히 성욕의 요소가 존재하지만 진정한 성욕이나 만족스러운 느낌의 즐거움은 생육과 상대적으로 분리된 것이다. 따라서 성행위가 더는 생육의 매개가 아닌 성적 욕구 그 자체인 이러한 성욕과 그에 따른 만족은 자신을 목적으로 하고 있다. 이때의 성은 순수한 육체적 감각의 즐거움으로 표현되는데, 바로 사람들이 말하는 성적 즐거움이다. 생육을 위한 것도 아니고 색을 즐겨 하는 것도 아닌 오직 사랑을 통한 것만이 성에서의 최고라고 할 수 있다. 사랑은 주는 것이다. 그러므로 서로 사랑하는 쌍방은 주는 것과 받는 것이다. 왜 그런가? 개체는 자신의 성장 과정 중에 자신의 한계와 결점을 의식하게 되는데 이성을 통해야만 원만에 이를 수 있기 때문이다. 때문에 이성의 존재는 바로 자신이 갈망하고 추구하는 근거라고도 볼 수 있다. 그것은 사람들로 하여금 자신을 초월하고 성의 합일을 통하여 완정하지 않음을 끝내고 원만에 이르게 한다. 이 과정에 어느 누구나 상대방에게 있어서는 주는 자와 받는 자에 속한다. 이러한 주는 것과 받는 것은 온전한 마음을 담은 것이다. 이성은 정신적인 소통을 갈망할 뿐만 아니라 육체적인 교구도 추구하는데 이로써 하나가 된다. 이러한 사랑으로 하나가 되는 것은 주는 것과 받는 것의 통일이 되겠다. 따라서 위대한 생성이 시작되는 것과 함께 개체의 남녀는 새 사람이 된다. 그들은 각자 자신만의 개성을 갖고 있으면서도 육체적으로나 정신적으로 공생하는 관계를 맺게 된다.

둘째는 도구의 생성이다.

최초의 도구는 단지 수단에 불과하였다. 자신의 욕망을 만족시키기 위해 사람들은 반드시 도구를 만들고 사용하여야 하였다. 도구가 도구로 사용되는 그 순간부터 이미 직접적 혹은 간접적인 수단으로 되어 사람들의 목적을 실현하기 위해 복무한다. 따라서 그는 순자연적인 사물과 달리 자유적이고 또한 인간이 만들어 낸 예술작품과 달리 자위적이다. 도구가 비록 독자적으로 존재하는 물건이긴 하지만 늘 자신 밖의 것을 향하고 있다. 도구는 인간에 의하여 생겨났고 또한 인간을 위한다. 인간을 위하여 복무하면서 도구는 점차 자신의 독립성을 상실하고 사람의 지시에만 따를 뿐이다. 심지어 사용 과정에 점차 사라지기도 한다. 때문에 사용되기 위해 생겨난 도구는 결국 버려지기도 할 것이다.

비록 도구가 사람들이 사용하는 수단이긴 하지만 더욱 나은 수단으로 되기 위하여 스스로가 자체의 목적이 되기도 한다. 궁극적으로 도구 나름의 규칙과 발전 논리가 생기게 되는데 이는 인간의 생각에 따라 전이되지 않는다. 특히 현대 과학기술은 단순히 사람들의 수단이 아닌 자신을 목적으로 한 것이라 할 수 있다. 이런 현대 과학기술은 역사적으로 존재하였던 하느님과 천도를 대신한 새로운 의미의 하느님과 같은 천도로 거듭났다. 이렇게 자신을 목적으로 한 현대 과학기술은 인간의 통제를 벗어났고 심지어 그 경계까지도 잃어버렸다. 다시 말하면 현대 과학기술은 끝이 없고 다함이 없다는 것이다. 예를 들어 현대의 원자력기술, 생체공학기술, 정보기술 등에 의한 가능성은 인간이 지금까지 겪지 못하였던 상상도 하지 못한 것들이었다.

따라서 도구를 단순하게 그냥 사람의 수단이나 또는 자신을 목적으로 하는 것이라고 말할 수 없다. 특히 현대 과학기술은 사람들이 도구에 대하여 새로운 고민을 해 볼 것을 요구한다. 이런 고민은 모름지기 편면적인 수단 혹은 목적의 모식에서 벗어나야 할 것이다. 도구 자체가 수단이자 목적일 수도 있고 그 아무것도 아닐 수도 있다. 도구는 사람들의 동반자이며 사람과 인간세계를 연결시켜 주는 메신저다. 따라서 현대의 도구라고 할 수 있는 과학기술은 한편으로는 사람과 자연을 맺어 주고 다른 한편으로는 사람과 자신을 맺어 준다. 이러한 연관성 속에서 도구는 스스로를 지켜 내고 존재하게 하였으며 사람과 만물도 존재하게 하였다.

마지막으로 지혜의 생성이다.

일반적으로 사람들은 욕망이나 도구보다 지혜나 진리가 하느님처럼, 하늘의 도처럼 영원하다고 생각한다. 그러나 사실 지혜라는 것도 역시 언제나 생성 중이며 고정불변한 것이 아니며 끊임없이 성장한다. 사람이 사는 세상의 게임으로 말한다면 지혜라는 것이 먼저 주어지는 것이 아니라 게임하는 중에 욕망, 도구와 함께 지혜도 생겨나는 것이다. 동시에 지혜라는 것도 그 역사적 사명을 완성하면서 사라지기도 한다. 때문에 사람들은 지혜의 영원함을 믿지 말아야 하고 지혜의 부활도 바라지 말아야 할 것이다. 반면 지혜의 생멸에 대하여 연구해야 하는데 그것이 곧 지혜의 역사적인 생성이기 때문이다.

지혜의 역사를 말해 보자면, 그는 외적인 데서 내적으로의 과정이다. 인류 역사상 고대의 지혜가 외적으로는 늘 인간의 형태로 체현되었다. 신령이나 천도로 나타나는데 물론 이런 신령이나 천도는 결국 인간을 통하여 나타난다. 이 인간이 바로 성인이다. 성인은 인간들에게 지혜를 말해 주고 진리를 알려 준다. 하지만 성인은 한갓 인간으로서도 아니고, 본인 스스로도 아닌 신령과 천도의 대변인 신분으로 언설을 한다. 때문에 이른바 지혜란 것은 바로 신령의 계시와 천도의 출현에 의하여 인간이 세상을 살아가는 생활과 길을 규정한 것으로 된다. 인류 역사상 고대 지혜의 외재적인 것과 달리 현대의 지혜는 내재적이다. 다시 말하면 사람들은 더는 인간 이외의 다른 무언가에 의지할 필요 없이 자신만을 믿으면 된다. 인간은 스스로 인간세상을 살아가는 지혜를 터득하고 자신의 존재와 사상 그리고 언설을 규정하였으며 이에 근거하여 인간세상의 게임 규칙을 만들어 냈다. 여러 법률 조항이 인간의 의지고 인간들 사이의 약속 같은 것이다. 그리고 사물의 변화에 따라 법이라는 것이 제정되기도 하고 개정될 수도 있으며 심지어 폐지되었다가 다시 제정될 수도 있다.

지혜의 역사 역시 일원화에서 다원화에로의 과정을 거친다. 인류 역사상 고대의 지혜는 거의 일차원적인 지혜다. 특히 종교가 지혜의 주요 형태를 이루는 시기는 더욱 그러하다. 어느 종교마다 모두 자신이 유일한 진리임을 내세우며 이를 믿고 있는 민중을 지배한다. 일신교—神教에는 유대교猶太教, 기독교基督教, 이슬람교(伊斯蘭教)가 있고 일신교가 아닌 것에는 힌두교印度教, 불교佛教, 도교道教 등이 있다. 그중 특히 일신교는 본인이 주장하는 지혜가 유일하다고 고집할 뿐만 아니라 동시에 보편성을 요구한다. 그 결과 역사적으로 수많은 종교전쟁을 초래하게 된다. 인류 역사가 현대로 접어들면서 지혜는 다차원적인 구도를 형성하였다. 유일하게 참신이라고 여겼던 것이 사라지면서 역사는 무신 시대에 들어서게 된다. 여직 버텨 오던 여러 종교들도 더는 본인의 유일성과 보편성을 주장하지 않고 다원을 인정하면서 다른 사람과의 대화를 모색하게 된다. 그리고 현대 세계의 지혜는 차이도 있고 이질적이며 다양하고 또한 동일하지도 않다. 그들은 서로 다른 게임 규칙을 갖고 있고 서로 다른 게임 활동을 인도하여 왔다. 이것으로 인간세상은 허다한 작은 세계로 분리된다.

이처럼 끊임없이 생성되기 때문에 욕망과 도구, 지혜 역시 나날이 달라진다. 이렇게 그들은 세계를 창조하고 역사를 형성한다. 역사는 인간세상의 게임으로서 필연적인 것이 아니라 우연적이다. 역사는 각종 결정론과 숙명론을 반대하였는데 임의적이고 선택적이며 돌변적이라는 것을 강조한다. 그래서 인간세계의 게임은 유한성을 극복하고 무한성을 얻는다. 따라서 세상의 게임은 끝이 없는 게임 그 자체이다.

5. 당대 세계

당대 세계는 허다한 특징을 갖고 있다. 그 근본을 따져 보면 주로 세 가지가 되는데 허무주의와 기술주의 그리고 향락주의가 되겠다.

(1) 허무주의

허무주의란 무엇인가? 그는 존재를 허무라고 여기는데 얼핏 듣기에는 황당하다. 원래부터 세상 자체가 무가 아니고 유인 것이기 때문이다. 아무리 허무주의자라도 현실세계 속에서 존재해야 하고 자신과 세계의 존재적 특징을 부인할 수는 없다. 하지만 허무주의는 분명 존재에 대한 배신이다. 이른바 허무란 인간과 세계의 존재를 부정하는 것이 아니라 그 존재의 의미를 부정하는 것이다. 존재가 무의미하기 때문에 존재 자체가 그냥 허무라는 것이다.

그럼 존재의 의미는 또 무엇을 말하는 것인가? 존재의 의미는 존재의 근거이자 목적이며 존재로서의 존재로 가능하게 한다. 존재하는 한 모두 근거가 있고 목적이 있다. 존재의 근원이 그 근거이고 가고자 하는 곳이 그 목적이다. 근거는 사물 존재의 기반이고 이유이며 원인이다. 이런 기초에 힘입어 만물은 비로소 자신을 펼쳐 보일 수 있게 된 것이다. 목적은 사물 존재의 방향이고 귀결이며 사명이다. 이는 사물 자체의 "왜"라는 의문에 대한 답이 된다. 기초와 목적은 많은 경우에 서로 겹치게 되는데 이에 근원이 되는 곳이자 가고자 하는 곳이 된다.

일반적으로 우리는 자신의 존재에 대하여 필요한 기초와 목적을 설정해 놓는다. 다시 말하면 우리의 삶은 늘 "무엇 때문에"와 "무엇을 위하여"를 통하여 그 존재의 버팀목을 획득해 왔다. 이러한 "무엇"에 해당되는 것은 역사 발전에서 아주 다양하게 나타난다. 자연이 될 수도 있고 천도일 수도 있으며 또한 자연적인 의미 외에 또한 윤리와 종교의 의미를 포함하기도 한다. 그것은 국가, 민족, 가족을 비롯한 사회일 수도 있고 일신교의 하느님이나 다신론의 여러 신들을 포함한 신령일 수도 있다. 만약 사람의 존재가 제한되어 있는 한 갈래의 길이라고 한다면 이러한 "무엇 때문에"와 "무엇을 위하여"는 그 도로의 시작과 끝이 될 것이다. 도로 자체는 의미가 없고 오직 시작점과 끝이 의미가 있는 것이다.

하지만 허무주의는 존재의 근거와 목적을 부정하기도 한다. 존재 자체에 만약 근거라는 것이 없어지면 기초가 없는 것이나 마찬가지다. 아무런 토대가 없는 삶은 모래톱 위에 세워진 것과 같이 언제 무너질지 모르는 위험성이 있고 깊은 수렁에 빠진 채 묻히는 비운도 감내해야 한다. 아무런 목적이 없는 삶은 앞날을 기약할 수도 없고 아무런 희망도 없다. 막막함이 아니면 공백이다. 물론 이런 기초도 목적도 없는 존재는 스스로를 그의 기초나 목적으로 삼지도 않는다. 허무주의는 존재 자체 이외의 기초와 목적을 허무한 것으로 볼 뿐만 아니라 존재 자체도 허무하다고 생각한다.

그러나 허무주의는 인류의 보편적인 역사적 운명이 아니라 서방나라의 고유한 현상이다. 고대 그리스의 플라톤은 현실세계와 이념세계가 서로 분리되어 있는 것이라 하였는데, 현실은 허황된 것이고 이념이야말로 참된 것이라 하였다. 중세기의 기독교는 이 세상 외에 저 세상이 있다고 믿으면서 사람의 말은 모두 거짓이고 신의 도야말로 진정 진리라고 주장한다. 근대에 이르러 칸트의 현상세계와 사물 자체의 구분이 인간 이성의 경계를 이루었다. 이러한 이원 대립의 철학사상은 시종 허황된 세계가 있으면 다른 참된 세계가 있다고 설정한다. 다만 현대에 이르러 니체(F. W. Nietzsche)는 현재 소위 말하는 진실의 세계가 도리어 진실이 아니고 허황된 것이며, 반대로 그 진실이 아니라던 세계가 진실인 것이며 허황되지 않은 것이라고 지적하였다. 니체의 허무주의는 사실 서방 역사의 허무주의에 대한 부정이다. 집약적으로 "하느님은 죽었다"로 표현된다. 서방에서 이때의 허무주의야말로 극치에 이르렀다고 할 수 있다.

중국 역사에는 서방과 같은 허무주의가 없었다. 도가에서는 "무"를 중히 여기고 선종은 "공"을 논하여 사람들로부터 허무주의가 아닌가는 의심을 받기도 하지만 그들은 서방의 허무주의와는 다르다. 그들은 근본적으로 현실세계를 부정하지 않기 때문이다. 도가가 무를 중히 여기는 것은 자연으로 인도하는 것이고 선종이 공을 논하는 것은 자성으로 돌아가게 하기 위한 것이다. 중국의 주요 철학이라 할 수 있는 유가는 더욱이 현실적으로 생명에 대한 긍정을 기본으로 하고 있다. 유가는 허무주의를 부정하였을 뿐만 아니라 도가의 무로 돌아가는 것과 선가의 논공도 부정하였다. 유가의 핵심적 사상은 다중 의미를 지닌 천도다. 그것은 자연적이면서 윤리적이고 또한 종교적이다. 하늘의 도를 기반으로 이루어진 인간의 도(人道)는 혈육 간의 정을 기반으로 하여 그 인애를 혈연관계가 아닌 관계 단체로 확대시키고 보편화하는 것이다. "천지군친사天地君親師" 즉 "하늘, 땅, 임금, 부모, 스승"은 바로 이러한 천인일체를 이룬 세계의 구조 서열이다. 천도는 임의의 개체가 존재하는 의의이며 그 존재의 기초이고 목적이다.

그러나 19세기 말에 중국의 전통 철학은 위기를 맞이한다. 한편으로 그것은 천년이라는 역사 발전 속에서 자신의 역사적 사명을 완수하였으나 자아갱신능력이 결핍되었다. 다른 한편으로는 서방 "타자"의 침입을 막지 못하고 연신 패배하였다. 유교사상의 주체였던 천도관념이 쇠락하기 시작하였는데 "천지군친사"의 세계 구조가 무너지기 시작한 것으로 나타난다. 하늘이 무너졌으니 천지는 더 이상 사람들이 몸을 의탁할 수 있는 버팀목이 아니다. 군주 역시 하늘이 내린 왕이라고 인정받지 못하고 사람들은 군주제를 무너뜨리고 공화제를 실행하고자 한다. 이와 관련하여 사회의 기본 단위로 다루어 왔던 가정 역시 그 존엄을 잃게 되어 사람들은 가정을 떠나려고 한다. 청년들은 자신들의 운명을 결정짓던 부모님의 속박에서 벗어나 밖으로 나간다. 후에 대성지성선사大成至聖先師라 불리던 공자가 죽자 사람들은 공자의 유교철학을 선전하는 거점을 타도할 것을 높이 외치며 인의도덕으로 사람을 죽이는 본성을 까밝혔다.

하늘땅이 뒤흔들리는 역사 현상과 함께 허무주의가 중국 역사에서 모습을 드러내며 전파되고 유행을 타기 시작했다.

허무주의는 우선 존재의 근거가 없다. 천도는 여직 중국인과 세계 존재의 근거가 되어 왔지만 그 자체는 근거가 없다. 천도가 곧 자연이고 자연적인 것이기 때문이다. 그래서 천도는 스스로 근거를 세우는데 그것은 자명한 것이고 의심할 수 없는 것이며 추궁할 수도 없는 것이다. 하지만 천도가 또 어떻게 인도의 기초로 된 것인가? 이는 어둡고 의심스러우며 추궁해 봐야 할 것이다. 천도와 인도의 관계는 이러한 이유에서 건립된다. 천인의 관계도 비슷한데 예를 들어 천지와 남녀가 그렇다. 하지만 천도와 인도의 유사성은 옳은 것 같지만 그른 것에 불과하기 때문에 인도의 결정에 대한 천도의 역할은 필연적인 것이 아니고 확정적인 것도 아니다. 이에 천도는 인도의 근거로 될 수가 없다. 인도의 근거로 있던 천도의 허황함이 밝혀진 후로 인도 자체는 버팀목을 잃어버리고 심연 속에 빠져 버렸다.

다음으로 허무주의는 사상적으로도 근거가 없다. 중국철학의 출발점은 사상 자체에 있는 것이 아니라 사상 이외의 천도에 있다. 다시 말하면 천도는 사상을 위해 기초를 다지고 사상은 천도가 열어 놓은 길을 따라 가는 것이다. 이러하기 때문에 철학사상의 임무는 자연에 의해 만들어진 역사와 자연을 묘사하는 것이지 자연 자체를 생각하는 것이 아니다. 그러나 천도는 사상을 위해 규칙을 제정할 수 없다. 사상이 자연을 초월하기 때문이다. 이런 의미에서 사상은 초자연적이며 자연과 단절된다. 이런 철학은 더 이상 천도나 다른 어떤 존재자를 기반으로 하지 않는다. 천도에 근거하지 않은 철학은 유령처럼 자연 밖에서 떠돌 뿐이다.

마지막으로 허무주의는 또한 언어상에서도 근거가 없다. 민족 언어로서의 중국어가 형성된 역사적 언어는 천도와의 밀접한 관계를 보여 주었다. 하늘과 땅은 말이 없지만 천도는 나타나는데 이른바 "도지문道之文"이라는 것을 형성한다. 성인은 천지의 오묘함에 관심을 두고 이를 표현하면서 성인의 말씀을 경서로 펴낸다. 이는 역사적으로 민중의 언어를 구성한 것인데, 민중들이 성인 즉 천도의 말씀을 경청하고 언설한 것이기 때문으로, 이른바 "원도原道, 정성征聖과 종경宗經"에 문장으로 쓰인 것이나 언어로 말한 것과 같다. 하지만 천도가 더 이상 인간의 존재와 철학적 사상의 근거가 되지 않으면 그와 언어의 관계 역시 아주 취약해진다. 천지가 더 이상 드러나지 않고 성인도 더 이상 말하지 않으니 역사적으로 민중은 언어를 잃어버리는 곤경에 처하게 될 것이다.

허무주의가 존재와 사상, 언어 등 차원에서 토대에 대한 무세근성을 열어 놓은 탓으로 자연을 기반으로 이루어진 세계는 현대 생활에서 생명력을 상실한다. 예를 들어 산수와 관련된 시나 산수화 그리고 정원 건축 등이 모두 막다른 골목에 이른 것과 같은 것이다. 그들의 지속은 단지 역사 유산으로서의 보존일 뿐이다. 그들의 어떠한 개혁이나 개변 모두 근본적으로 쇠퇴되어 가는 운명을 개변할 수는 없을 것이다. 그들은 이미 우리의 이 시대와 동떨어져 버렸기 때문이다.

허무주의는 기나긴 역사의 흐름을 거친 민중의 꿈을 깨워 주었다. 사람들이 계속 꿈을 꾼다면 그는 천지 사이에 나름대로의 견고한 기초에 의해 유지되겠지만 일단 꿈속에서 깨어나면 그는 천지 이외의 거대한 허공과 마주하게 된다. 실은 허무 속에서 산다는 것 자체가 역설적이고 터무니없는 일인 것이다. 그러므로 현대의 지식인들을 불러 그 허무를 채워야 하였다. 그중 정통파들은 유가야말로 중국의 미래를 살릴 수 있고 세계도 인도할 수 있을 것이라고 믿는다. 그들은 새로이 구축된 신유학 내성외왕의 길로 현대인들에게 정신적 지주를 세워 주고자 하였다. 이와 달리 서구파들은 중국에 윤리적 자원이 부족하니 서방의 도움을 받아야만 한다고 주장하였다. 그리하여 과학과 민주, 인도와 자유에 이어 기독교의 하느님까지 현대 중국인의 정신적 공간으로 끌어들였다. 하지만 중국 공자가 부활하든 서방 기독교 하느님이 도래하든, 모두 허무주의 고유의 표현방식이다. 그는 단지 이 허무로 다른 허무를 덮어 준 데 불과하다. 하늘이 무너지거나 하느님이 죽는다는 것은 중국과 서방 역사상 극복할 수 없는 운명적인 것이기 때문이다.

따라서 중국 현대의 허무주의는 본래 있던 토대가 무너지고 다른 토대가 아직 세워지지 않은 상황에 처해 있다. 임의의 다른 토대 모두 근거가 없는 것이라 여기는데 이에 허무주의의 참된 본성이라는 것은 존재 자체가 자신을 위해 기초를 만들지 않는 데 있다.

(2) 기술주의

허무주의가 중국에서 출현하였다는 것은 자연의 세계가 은퇴하고 대신 기술의 시대가 자신의 도래를 선언한 것이다. 현대 기술의 본성은 더는 전통적인 기예가 아니고 인간의 도구나 수단도 아니다. 기술화되어 기술주의가 되었으며 나아가 이 시대의 규정으로 되었다. 이러한 규정은 바로 설정을 통해 실현된 것이다.

우선 현대 기술은 자연을 설정하였다. 기술 세계에서 자연은 더 이상 하느님의 창조물이 아니고 신적인 의미도 없어졌으며 천지의 자급이나 자족도 아니다. 반대로 기술은 자연의 섭리를 발견함으로써 완전히 자연을 인간이 설정할 수 있는 것으로 만들었다. 이로 보아 기술이라는 것이 또 다른 하느님처럼 세계를 창조하거나 파괴할 수 있을 것 같았다. 지금의 원자기술, 생체공학기술, 정보기술 등은 이미 충분히 기술이 자연을 설정한 특성을 잘 보여 줄 수 있겠다.

다음으로 현대 기술은 사람 자신을 설정하였다. 예전부터 인간은 자신의 몸을 하느님이 만들어 주었고 부모님이 낳아 준 것이라고 여겨왔다. 이러한 신성함 때문에 인간 몸에 대한 어떠한 개변도 허락하지 않았었다. 하지만 지금 우리는 사람 몸을 더욱 아름답게 만들 수 있고 우리의 신체 기관을 개변할 수 있으며 성별까지도 바꿀 수 있게 되었다. 유전자 기술이 출산에 사용되면서 아기 유전자에 대한 인위적인 간섭도 가능해졌다. 복제기술로 인간은 스스로를 닮은 사람을 만들 수도 있게 된다. 인간들이 스스로 사람을 만들어 냈으니 사람이 진정한 하느님 역할을 한 것이나 마찬가지 아니겠는가.

마지막으로 현대 기술은 사상을 설정하여 가상세계를 만들었다. 현실의 가능성을 넘어 일상 사유의 관행까지 파괴하였는데 이에 사람들에게 충격을 주고 있다. 사이버 세상이 가상인 것은 그것이 단지 정보의 집합이고 언어의 집합이기 때문이다. 언어는 현실을 반영할 수 있고 그렇지 않을 수도 있다. 언어가 현실과 관련성이 있다면 그것은 참과 거짓, 시와 비에 관한 문제일 것이다. 현실에 맞는 말이면 참말이고 맞지 않으면 거짓말이 된다. 만약 언어가 현실의 한계에서 벗어난다면 그는 순수한 상상의 세계를 만들어 내어 무궁무진한 시공간을 개척해 낼 것이다. 이런 곳에는 참이나 거짓, 옳고 그름의 문제가 없이 오직 게임뿐일 것이다.

(3) 향락주의

지금의 시대에 허무주의, 기술주의를 제외하면 향락주의가 유행이다. 향락주의는 욕망의 극단이다. 허무주의와 기술주의가 서로 결합되면서 향락주의가 널리 퍼지게 되었다.

허무주의는 모든 기초와 목적을 부정하였는데 이는 욕망과 인간 존재의 기타 방면의 연관성을 차단한 것으로 된다. 인간이 '천지군친사'의 세계에 살고 있을 때, 그의 욕망은 천지와 국가의 제한을 받는다. 이에 "마음속에 하늘의 이치를 갖추고 사람의 욕망을 없앤다"(存天理, 滅人欲)는 설이 생긴 것이다. 사람이 "이성적인 동물"이라고 불릴 때, 인간의 육체와 영혼은 모두 정신에 의해 규정된다. 그러나 허무주의에 있어서 욕심은 규정이 없다. 이러한 규정이 없는 욕망은 경계도 없다. 모든 욕망은 모두 만족할 수 있는 것이고 모든 사람과 사물은 모두 원할 수 있는 것이다.

기술주의는 만물에 대한 기술화이기에 욕망을 위하여 수많은 수단과 도구를 제공하였다. 욕망에 있어서 기술의 의의는 욕망의 몸 즉 자연의 한계를 극복하여 인위적으로 자극하고 만족을 느끼게 하며 이것이 끊임없이 반복되게 하는 데 있다. 기술의 힘을 입어 욕망에겐 새로운 세상이 열렸다고 할 수 있다. 예를 들어 먹는 것이 단순히 먹는 것으로, 다양하게 먹을 수 있는 것으로 변한다. 만한전석滿漢全席을 비롯한 중국 음식과 서방의 성찬 등 음식문화가 곳곳으로 전파된다. 성에 있어서는 피임기술과 고금의 각종 미약의 작용하에 성에 관련된 것들이 부단히 그 한계를 초월하고 있다. 기술은 욕망이라는 깊숙한 영역을 끊임없이 내보이고 있다.

시장경제, 소비사회와 물질사회로 이루어진 오늘날의 세계는 그 본성이 바로 향락주의다. 만약 온 세상이 욕망을 생산하고 욕망을 소비하는 시장과 같은 것이라면 모든 것이 욕망과 이어진다. 사람은 욕망을 갖는 자가 되고 세상은 욕망 대상이 된다. 사람들은 욕망에 대하여 끊임없이 자극과 만족을 느끼는 과정을 반복하면서 그 속에서 즐거움을 만끽한다.

6. 비판

허무주의, 기술주의, 향락주의를 마주하여 우리의 철학은 어떤 역할을 할 수 있는가?

욕, 기, 도에 대하여 어떤 말을 했는지 우리 함께 노자『도덕경道德經』속의 잠언을 잠깐 살펴보자. 노자는 도가 자연 순리를 따르는 것이라고 하면서 이것이 허무주의를 극복할 수 있을 것이라고 하였다. 그리고 도에 의해 기술을 제한한다고 하였는데, 이는 기술주의를 극복할 수 있을 것이라 하였다. 또한 도에 의하여 욕망을 억제한다고 하면서 향락주의를 극복할 수 있을 것이라 하였다. 물론 노자는 도 자체의 생기고 또 생기며 끊임없이 생기는 것을 강조하면서 이 때문에 도 자체가 부단히 갱신된다고 하였다.

그럼 노자의 잠언은 우리에게 어떤 계시를 주는가? 혹여 다른 무엇도 아닌 욕, 기, 도에 대한 비판일지도 모를 일이다.

비판이란 무엇인가? 일상 언어에서 비판이나 비판의 의미는 부정적이다. 이는 칭찬이나 찬미와 같은 긍정적인 언어와 상대적이다. 비판은 일반적으로 비판자가 비판 받는 자의 결점을 지적해 주고 그 원인을 알려 준다. 비판자와 비판 받는 자가 서로 다를 때 비판은 일반적 의미의 비판이 되지만, 그들이 동일할 때는 자아비판이 되는 것이다. 이런 비판이 가능한 것은 바로 비판자가 어떠한 기정

수준에 의거하여 비판 받는 자를 바라보고 그로부터 기존의 기준에 미치지 못하는 부분을 찾기 때문이다.

이런 부정적인 비판은 일상 언어의 한 부분이다. 비판의 또 다른 의미에는 구분, 분별, 심사, 비평 등이 있다. 하지만 이는 단지 사실 자체에 대한 묘사일 뿐, 사실에 대한 긍정이거나 부정적인 평가는 아니다. 만약 그것으로 사물을 평가하려고 한다면 그것은 부정적인 것일 수도 있고 긍정적인 것일 수도 있다. 이런 의미의 비판은 이미 부정적 의미에서의 비판의 편협성을 극복한 것으로 비판의 본성에 가까이 다가갈 수 있는 통로를 열어 준 것으로 된다.

아래 철학이 어떻게 비판 현상으로 되어 발생하는지 알아보자.

이른바 철학이란 항상 생각하는 사물에 대한 사고 즉 사물에 대한 것이고 그 사물이 현실적이든 비현실적이든 관계치 않는다. 철학의 임무는 바로 그것이 생각하는 사물을 드러냄으로써 사물이 사물 자체로 되게 하는 것이다.

한 사물이 그 사물 자체가 되는 것은 자체의 동일성을 얻었다는 말이다. 하지만 사물 자체의 동일성은 동시에 다른 사물과의 차이성도 보여 준다. 다시 말하면 하나의 사물은 다른 사물이 아닌 그 사물 자체라는 것이다. "예"와 "아니" 사이의 경계가 바로 사물 자체의 변계선이다.

변계는 또 무엇을 의미하는가? 변계는 특별한 경계로 사물의 시작과 끝이다. 시작점에서 사물은 처음에는 사물 자체로 있다가 종당에는 사물 자체로 완성된다. 시작점과 종점 사이에서 사물은 자체를 드러내면서 발전한다. 그리하여 사물은 변계 속에서 자신을 하나의 전체로 만든다. 시작과 과정, 끝을 모두 구비한 구조를 형성한 것이다.

변계라는 곳에서 사물은 스스로가 되고 동시에 기타 사물과도 구별이 된다. 일반적으로 말하는 질서와 무질서, 혼돈과 세계의 차이는 변계의 유무에 있다. 만약 어느 한곳에 변계가 정해져 있지 않았다면 그곳은 무질서한 것이고 혼돈 상태가 된다. 만약 어느 한곳에 변계가 정해져 있다면 그곳은 질서 있는 것이고 세계가 된다. 변계에 의하여 세계의 시작이 이루어진다.

변계가 사물 자체를 규정한다고는 하지만 사물 최대의 가능성이 그 최대의 한계일 수도 있다. 때문에 변계가 바로 경계선이다. 이러한 특별한 곳에서 사물은 자체를 보존할 수도 있고 그렇지 못할 수도 있다. 스스로 훼멸될 수도 있고 다른 사물이 될 수도 있다. 그런 의미에서 이른바 경계점이란 위험한 지역이다. 중국어에서 위기는 위험하지만 또한 기회가 된다는 이중적 의미를 내포하고 있다. 이에 부정적이기도 하면서 긍정적이다. 위험이란 사물의 죽음을 말하고 기회란 사물의 신생을 말한다.

사물의 변계는 결코 한결같은 것이 아니고 끊임없이 변화한다. 경계의 위치 이동은 사물과 다른 사물의 경계를 다시 확정하는 동시에 사물 자체의 본성과 형태도 개변시킨다. 자신의 경계를 끊임없이 넘나드는 과정에서만이 사물은 끊임없이 생성되고 역사를 갖게 되면서 "획기적"인 역할을 할 수 있다. "획기적"이란 역사의 중단이다. 한 시대의 종결과 함께 다른 시대의 시작을 알리는 것이다.

사물은 변계를 확정할 때 철학사상이 참여할 것을 청한다. 동시에 사물에 대한 사고로서 사상은 사물의 변계를 정해 주어야 할 것이다. 이러한 관련 속에서 사상과 사물은 함께 생성된다. 변계의 확정으로서 비판은 사상의 근본적인 규정이 된다.

그럼 허무주의, 기술주의, 향락주의에 대하여 비판은 어떤 역할을 하는가?

비판은 단순히 허무주의, 기술주의, 향락주의를 부정하는 것이 아니라 그들 간의 변계를 확정해 준다. 따라서 한편으로는 존재 이외의 모든 근거를 포기해야 하고 다른 한편으로는 존재 자체의 근거를 세워 주어야 한다. 동시에 기술에 의해 우리는 생활을 개선해야 하고 사람과 만물이 자유를 누리게 해야 하며 마지막으로 욕망에서 자신을 해방하여 그것이 탐욕으로 되지 않도록 해야 한다.

이러한 변계의 구분은 사실 우리 시대의 생존을 위한 일종의 게임 규칙을 제공하였다. 게임이란 규칙이 있어야만 사람들이 게임에 진입하고 게임을 시작할 수 있다. 욕망, 기술, 지혜의 변계가 확립되면 우리는 욕, 기, 도의 게임 속으로 들어갈 수 있을 것이고 하늘과 땅 사이에서 우리의 아름다운 생활 세계를 건설할 수 있을 것이다.

하편

『단경』을 논하다

제1장 본성과 마음(性與心)

도가道家, 유가儒家에 이어 혜능慧能의 『단경壇經』을 대표로 하는 선종禪宗의 지혜가 중국의 철학사에 등장한다.

유가와 도가가 있는데 중국은 왜 불교佛敎를 받아들인 것일까? 이는 중국 사람들이 유가철학과 다른 새로운 지혜에 대해서도 짙은 호기심을 가지고 있었기 때문이다. 지혜란 인간 및 그들의 일상적 삶에 대한 인식이고 존재의 진리에 대한 가르침이다. 사람들은 삶에 대하여 다양하게 해석하고 또 분류를 하였는데 그중 자연, 사회, 심령 세 가지로 나눈 것이 가장 일반적이다. 유가와 도가에서도 이 세 방면에 대해 모두 언급을 하였으나 각자 치중하는 점이 달랐다. 주지하다시피 유가는 시초부터 사회 중심적인 데 비해 도가는 자연 중심적이다. 다시 말해 유가와 도가에서 심령이 하나의 주제로 다루어지지는 않았다는 것이다. 그러나 인간은 분명 마음을 가지고 있는 존재이고 사람들은 자연과 사회뿐만 아니라 자신의 마음 그 자체에 대해서도 깊이 있게 탐구해 보기를 갈망하고 있다. 그렇다면 마음의 본성은 무엇인가? 그것은 인간의 존재와 인간세상에 대하여 어떤 영향을 미치는가? 사람들은 이러한 문제들의 답을 알고자 했다. 그때 마침 마음을 다스리는 종교로서 이미 심령에 관한 체계적인 사고방식을 갖추고 있던 인도의 불교가 중국에 전래되었던바, 많은 중국 사람들은 자연스럽게 그것을 받아들이게 된다.

불교는 한漢나라 때에 이미 중국에 유입되었는데, 처음에는 소승불교小乘佛敎가 전해지다가, 이어 대승불교大乘佛敎가 전파되었다. 그리고 대승불교는 천년 동안 중국불교철학의 주체를 이루었다. 그럼 중국은 왜 소승불교가 아닌 대승불교를 받아들인 것인가? 이는 예전부터 많은 사람들의 관심과 흥미를 끌었던 문제로, 중국은 대승불교의 기운을 타고난 곳이라는 것이 일반적인 견해다. 소승불교를 믿는 자는 다만 본인이 해탈을 얻어 아라한(羅漢)의 경지에 이르기를 목표로 하는 데 반해 대승불교를 믿는 자는 사람들에게 깨우침을 주고 중생을 구제하여 보살의 경지에 이르고자 한다. 대승철학의 이와 같은 사상은 중국의 유가와 도가에서도 쉽게 찾아볼 수 있는 내용들이다. 예를 들어 유가의 인애仁愛나 도가의 범애泛愛사상이 바로 그것이다. 그런 유가나 도가 사상에 익숙했던 중국 사람들은 대승불교를 더욱 쉽게 받아들일 수 있었고 보살의 정신을 널리 전파할 수 있었다.

대승불교가 중국에서 전파되는 데는 일정한 과정을 거쳐야 하였다. 우선 공종空宗에 대한 소개가 있어야 하고 다음 유종有宗을 널리 전파하는 것이다. 공종이든 유종이든 중국 사람들의 불교 실천은 주로 경전 읽기와 선정禪定 두 가지를 통하여 이루어진다. 우선 경전 읽기는 인도의 불교 경전을 번역하고 이해하며 해석하는 것이다. 인도의 불교 철학을 이해하기 위해서는 어떤 해석학적 사고가 필요하였던 바, 중국어에서 이미 사용되고 있는 어휘나 철학사상으로 인도의 불교를 이해하여야 한다. 따라서 사람들은 불경을 읽는 과정에서 불교의 기본 교리에 대하여 나름대로 해석을 하게 되는데, 이는 훗날 중국 불교에 여러 파별이 생기게 된 이유로 작용하게 된다. 다음은 선정이다. 사람들은 선정이 없이는 깨달음을 운운할 여지가 없다고 여겼다. 때문에 선정은 지혜를 얻는 데 필요한 수단일 뿐만 아니라 지혜의 문을 열 수 있는 유일한 경로라고도 할 수 있다.

선종은 불교의 수많은 유파 중 하나로 인도 불교의 기본 교리를 인정하고 받아들였다. 그 핵심이 바로 반야般若에서 말하는 심색여일心色如一과 공유불이空有不二이다. 선종은 스스로 대승불교의 유파 중 하나라고 생각하면서 그 발원지를 직접 부처님인 석가모니釋迦牟尼에게로까지 거슬러 올라가 찾았다. "세존께서 영산靈山에서 설법할 때, 연꽃을 따서 대중들에게 보이니 모든 사람들이 망연하였는데 석가존자만이 미소를 지었다. 세존께서 말씀하시기를, 나에게 바른 교법인 정법안장正法眼藏과 오묘한 깨달음의 불심인 열반묘심涅槃妙心이 있으니 그것으로 실상이 곧 무상임을 깨달을 수 있으며 그 미묘함은 말로 할 수 없느니라. 문자로 남기지 않을 것이고 교 밖으로는 전하지 말 것을 마하가섭摩訶迦葉에게 부촉했다."1) 이 이야기는 단지 아름다운 전설에 불과할 지도 모른다. 하지만 이것을 통하여 선종이 불교에 속해 있고 불교의 정통을 이어 받은 유파이며 부처님의 사상과 일맥상통한 것임을 증명할 수 있을 것이다. 부처님이 불교를 개설할 때부터 벌써 이심전심을 주장하고 오직 마음을 맑고 깨끗하게 하여 자기의 본성을 발견하라는 명심견성明心見性을 강조하였다. 선종은 불교 역사상 후에 생긴 유파로서 부처님의 기존 사상을 확대 발전시켰을 따름이다. 마음 본성의 힘을 강조하였다고 선종을 불심종佛心宗 혹은 심종心宗이라고도 불렀다.

그러나 선종은 일반적인 인도불교와 달랐다. 인도불교의 교리와 비교해 볼 때, 선종은 신빙성과 사변성思辨性을 뒤로 한 채 일상적 삶의 지혜를 중시하였다. 그리고 또한 일반적인 중국불교와도 같지 않았다. 유식종唯識宗은 주로 사람의 의식이나 잘못 등이 어떻게 생겨나는가를 상세하게 논술하면서 동시에 사람들이 어떻게 이러한 것을 지혜로 바꿀 것인가에 대해 말해 준다. 천태종天台宗은 있는 그대로의 참모습을 주시하며 수행하는 원돈지관圓頓止觀으로 사물을 이해하게 하는데 공空, 가假, 중中이 각각 별개가 아니라 하나라는 원융삼제圓融三諦를 주장한다. 화엄종華嚴宗에서는 깨달음을 얻은 자가 이미 여래장청정체如來藏淸淨體를 깨달았음을 보여 준다. 그들과 달리 선종에서는 매개인의 마음이 순간적으로 자신의 본성을 깨달을 것이라는 것을 두드러지게 부각시킨다. 유식종 등 유파는 중국의 불교이기는 하지만 아직 인도의 불교 분위기가 다분하다. 반면 선종은 인도불교를 받아들인 후 가장 독창적인 해석을 통하여 중국에서 생겨난 산물이라고 할 수 있다. 유가와 도가의 철학을 융합하였을 뿐만 아니라 중국 사람의 독특한 생존 방식과 사유, 설법 등에 모두 부합된다. 이 때문에 선종을 정통적인 불교 유파이면서 또한 전형적

---

1) 普濟, 『五燈會元』, 1권(중화서국, 1984), "世尊在靈山會上拈花示衆. 是時, 衆皆默然. 唯迦葉尊者破顔爲笑. 世尊曰, 吾有正法眼藏, 涅槃妙心, 實相無相, 微妙法門, 不立文字, 敎外別傳, 乃囑摩訶迦葉."

인 중국 지혜를 갖추었다고 하는 것이다.

이 때문에 선종은 정신 구성에 있어서 중국의 빈자리를 채워 주었으며 심령에 대한 인식의 차원을 높여 준 것이라고 평가되고 있다. 선종이 생기고부터 중국은 더는 유가, 도가의 상부상조가 아니라 유가, 도가, 선종 세 가지가 주된 철학으로 되었다. 사람들이 말하는 유가에 근거를 두고 도가에 의지하며 선종으로 피신하는 존재 방식이 생겨난 것이다. 사람들은 유가, 도가, 선종을 동시에 같이 수련할 수도 있고 그중의 하나를 택하여 수련할 수도 있다. 여기에서 선종이 새로운 정신적 공간을 펼쳐준 것만은 확실하다. 사람들은 이 세상에 생존하면서 세상 속에 있을 수도, 세상 밖으로 나갈 수도 있는데, 기이한 것은 사람들이 세상 속에 살면서도 세상을 초월하고 출세出世(해탈)를 통해 입세入世를 한다는 것이다.

중국에서 선종이 발전을 가져오는 것도 역시 일정한 과정을 거쳐야 한다.

한나라 때 불교가 중국으로 전해지면서 불교 계戒, 정定, 혜慧 삼학 중의 하나인 선정禪定이 이미 널리 전해져 있었다. 소승불교와 대승불교의 여러 가지 선정 방법 또한 이미 기존 연구와 실천이 되어 있던 때이다. 그러나 선종의 진정한 준비 단계는 남조南朝의 달마達摩가 오신 것부터라고 하고 있다. 선종의 시조라 불리는 그는 불교 수행 중에서 선정이 가져다 주는 특수한 역할을 강조한 바 있었다. 그리고 진정한 의미에서의 선종이라는 유파는 당조唐朝의 혜능이 창립하였다. 혜능은 선정의 선을 지혜의 선으로 만들었다. 그로부터 선은 단순히 해탈의 방식이 아닌 존재의 지혜로 된 것이다.

그 후, 당송唐宋시기의 선종은 오가칠종五家七宗으로 발전하였는데 주로 임제臨濟, 조동曹洞 등이 있다. 사상 면에서 그들은 비록 일정한 개혁을 거쳤다고 하지만 그래도 주요하게는 다른 사람을 깨달을 수 있게 돕는다는 것을 유파의 문정시설로 삼았다. 동시에 또한 문자선文字禪, 묵조선默照禪, 간화선看話禪 등이 끊이지 않고 생기면서 수행 방식도 점점 풍부하고 다양하게 변해 간다. 여기에서 주목해야 할 것은, 선종은 유가와 도가의 철학을 받아들였을 뿐만 아니라 다른 불교 유파도 모두 포용하였으며 이로부터 참선과 염불을 같이 수련하는 선정쌍수禪淨雙修를 가능하게 하였다는 것이다. 이어 선종(禪), 정토종(淨), 밀종(密) 세 유파가 하나로 통합되는 상황이 일어난 것이다. 그리고 선이라는 것이 사람들의 일상적 삶의 세계와 정신 영역에까지 침투되어 사람들의 생활 곳곳에 영향을 주지 않는 곳이 거의 없었다.

선종 역사에 대하여 전면적으로 살펴볼 때, 그 근본적인 지혜라고 할 만한 것은 주로 혜능의『단경』에 응축되어 있었다.『단경』에 관하여 여러 판본이 있는데 그중 돈황본敦煌本은 초기본이고 종보본宗寶本은 보급본이다. 종보본은 혜능 혼자만의 저술이 아닌 선종 역사상 많은 지혜로운 자들의 말을 모아 놓은 것이다. 때문에 종보본『단경』은 선종의 집체적인 지혜의 결정체라고 할 수 있다. 이 외에도 종보본『단경』은 해석학 영역에서의 역할 또한 큰 것으로 보인다.

혜능이 주도하는 선종은 단순히 경전을 읽거나 또는 선정만 하는 것을 주장하지 않는다. 때문에 선종의 선은 선정의 선이 아닌 지혜로운 선인 것이다. 이런 의미에서 선종은 중국 불교사와 사상사에서의 한 차례 위대한 변혁이다. 이러한 변혁은 절대로 과거를 버리는 것이 아니다. 도리어 과거로의 회귀라고 하는 것이 알맞은 말이다. 또한 회귀도 단순하게 과거의 것에 대한 중복이 아니라 새로운 변화이다. 혜능에게 있어서 과거의 전통은 인도 불교의 공종空宗과 유종有宗을 포함하기도 하지만 중국의 유가와 도가 철학도 포함한다.

선종은 여래장의 불성을 직접 계승하였다. 유종은 모든 중생이 모두 불성이 있다고 주장한다. 선량한 사람이나 악한 사람 모두 언제나 불성은 존재한다는 것이다. 불성은 사람의 불생불멸의 내재적 본성으로 모든 사람은 이치를 깨달으면서 부처가 될 수 있을 것이라 여긴다. 이런 불성론佛性論은 선종이 평민 대중들의 불교로 자리 잡는 데 있어서의 이론적 기초가 된다. 선종은 또한 반야계의 연기성공緣起性空이자 성공연기性空緣起인 성공性空철학을 주장하였다. 다양한 인因과 연緣의 조합에 의해 생기는 만물이 고정불변의 실체로 존재하는 것과 같이 실체로 존재하지 않아야만 다시 만물이 생겨나는 것이다. 공유불이空有不二, 진공묘유眞空妙有의 의미 역시 공과 유는 다름이 없고 참된 공은 별도로 분리된 불변의 실체가 아니라 다양한 인연의 조합인 사물 그 자체라는 것이다. 여기서 말하는 진공은 공空이 아닌 공이요, 묘유는 유有가 아닌 유다.

선종은 또한 중국 특색이 있는 불교로서 유가의 기본 철학을 인용하였다. 유가의 심성이론心性理論은 선종의 불성론과 직접적으로 연관되어 있다. 유가에서는 사람마다 요堯와 순舜이 될 수 있다고 주장하는데 선종에서도 역시 사람들마다 모두 부처가 될 수 있다고 한다. 놀라울 만큼 비슷한 관점이다. 그리고 유가는 사람들 현실세계에 대한 학설이라 각종 도덕이나 윤리규범에 대하여 규정하였는데 이런 것 역시 선종의 계율과 비슷한 점이다. 직접적이든 간접적이든 선종의 계율에 도 이러한 것이 반영되어 있다. 그 규범 중에서 사람들은 한편으로는 자신의 속마음 을 속박하고 다른 한편으로는 인간관계에서 필요한 기정 질서로 여겨 준수한다. 이러한 것들이 유가의 도덕적 규범인 동시에 참선을 수련하는 선자禪者들이 심신을 다스리는 규범이 되기도 한다.

그러나 따지고 보면 선종은 유가보다 도가철학의 경향을 더 띠고 있다. 심지어 사람들이 선종을 도가 경향의 불교 또는 대중적인 노장사상이라고 할 정도이다. 이렇게 부르는 데는 여러 가지 원인이 있다. 세속의 속박에 반항하면서 자유로운 인생을 추구하거나 현학玄學적인 사상이나 언어를 사용하는 등등으로부터 도가에서 받은 그 영향을 찾아볼 수 있었다.

하지만 어찌하였든 혜능이 창립한 선종은 중국 특유의 지혜인 것만은 사실이다.

선종은 결코 일반적인 종교가 아니다. 일반적인 종교는 모두 일신론一神論이나 다신론多神論을 믿는 유신론有神論이다. 만약 선종을 굳이 종교라고 한다면 신을 신봉하는 종교가 아니라 신이 없는 종교이다.

선종은 철학哲學도 아니다. 철학은 이성적인 과학으로서 개념이나 판단 혹은 추리 등을 통하여 진리를 추구한다. 하지만 선종은 이성적인 것도 아니고 비이성적 인 것도 아닌 다만 사람의 마음을 바르게 하고 본성을 깨우쳐 부처로 되게 하는 것을 강조할 뿐이다.

선종은 생활의 예술도 아니다. 예술은 기예에 속한다. 생활의 예술 역시 생활을 촉진하는 도구나 수단에 속할 뿐이다. 하지만 선종은 대도大道로서 생활과 관련된 지혜다.

선종은 깨달음의 지혜다. 그것은 직접 제법의 실상인 사람과 세계가 존재하는 진리를 증명해 준다. 이 진리는 바로 심색여일과 공유불이다. 사람은 마음에 집착하여서도 형상에 집착하여서도 안 되며 공이나 유에 집착하여서도 안 된다는 것이다. 집착을 버리는 것으로 해탈의 경지에 이르며 더없는 자유를 얻는 데 있다는 것이다.

1. 불성

불교의 핵심은 사람이 어떻게 부처에게 배우고 이어 부처가 될 수 있는가 하는 것이다. 물론 이러기 위해서는 우선 누가 부처이며, 부처는 필경 어떤 의미의 존재인가를 알아보아야 할 것이다. 이런 의미에서 부처를 불성佛性 그리고 사람 자신의 본성인 자성自性이라고 이해한 선종의 지혜는 위대하다.

다른 일신교나 다신교와 달리 불교의 부처는 결코 상제나 신령이 아니다. 그들이 자연적인 신이든 인격화된 신이든 상관없이 부처의 본의는 오직 각오에 있다. 다시 말하면 인생과 세상의 궁극적인 진리에 대하여 깨달음을 얻는 것이다. 그들을 부처라고 칭할 수 있는 것도 그들이 깨달음을 얻었기 때문이다. 역사적으로 보면 석가모니가 첫 깨달음을 얻은 부처이다. 그는 성자이기는 하지만 신이 아니고 사람이다. 석가모니는 여러 부처나 세존들도 역시 하늘에서 온 것이 아니라 인간세상에서 온 것이라 믿었다. 부처가 깨달음이라면 그럼 부처에게 배우고 부처로 되고자 하는 데서의 관건 역시 깨달음이겠다.

어느 유파의 불교든 모두 부처에 대한 신앙을 주장하였다. 인도와 중국 역사상의 일부 불교 유파들은 심지어 부처를 외재적인 것으로 만들거나 우상으로 만드는 경향이 있다. 부처를 석가모니불이나 혹은 다른 삼세불三世佛, 사방불四方佛이라

하면서 이런 부처들을 또한 각종 형태의 우상으로 섬기는 것이다. 이에 따라 부처에 대한 신앙도 석가모니불이나 다른 부처에 대한 숭배로 변하게 되는데 부처에 대한 우상 숭배가 생긴 것이다.

하지만 선종은 이와 반대다. 부처는 절대 사람 이외의 다른 존재가 아니라 인간 자신이 갖고 있는 불성이라고 한다. 때문에 선종은 외재적인 부처에 대한 미련을 버리고 내재적인 부처나 불성을 추구하면서 본 자신이 부처로 되고자 한다.

그럼 불성이란 도대체 어떤 것인가? 불성은 부처가 갖고 있는 본성이다. 다시 말하면 부처가 부처로서 존재하는 이유와 근거인 것이다. 앞서 말한 바와 같이 부처이자 곧 깨달음이다. 불성은 깨달음의 본성이다. 이른바 깨달음이라 함은 사람들이 미로에서 각성하는 것을 말한다. 깨달음을 얻은 자는 제법의 실상을 깨닫고 자신과 세상의 진실한 존재를 알게 된다. 진리란 무엇이고 가상이 무엇인지를 사람들이 알게 되면서 거짓을 버리고 참된 것을 남기는 과정이다. 불성에게는 일련의 다른 이름도 있는데, 예를 들어 실성(진실성), 자성(불변성), 진여眞如(항상 그대로), 여래장如來藏(여래의 씨앗), 도道(유가의 사회적인 도와 다르고 도가의 자연적인 도와도 다른 마음의 도) 등이다.

불교에서 언급하는 진리를 다른 철학 학설과 비교하면 유일무이하다. 여기서의 진리는 모든 사물의 진리인 제법에 관한 것이다. 제법은 일체만법一切萬法을 포함하면서 또한 색법色法과 심법心法으로 나뉜다. 색법은 물질적인 존재이고 심법은 정신적인 존재이다. 불교에서는 삼계유심三界唯心, 만법유식萬法唯識이라 하였다. 이렇게 보면 일체만법은 모두 마음으로부터 생겨나는 것이다. 심이자 색이요, 색이자 심이다, 그런 고로 제법의 실상은 심색여일이다.

하지만 심법이든지 색법이든지 그들 모두 연기성공이다. 연기라는 것은 원인과 조건이 다 있는 것으로 이러한 인因과 연緣의 조합에 의해 생긴다는 의미다. 세상만물(일체유위법—세상의 모든 현상과 법칙은 다 인연으로 생기고 없어진다.)은 아무런 연유도 없이 생기는 것이 아니고 또한 고립적인 존재도 아니다. 모두 인과 연이 조합되면서 생겨나는 것이다. 때문에 인연이 사라지면 사물 또한 존재하지 않는다. 이것이 있으면 저것이 있고, 이것이 없으면 저것도 없으며, 이것이 살면 저것이 살고, 이것이 소멸되면 저것도 따라서 소멸이라는 것이다. 이것으로 보아 일반적인 관점에서 말하는 제행유상諸行有常, 제법유아諸法有我에 반해 불교에서는 제행무상諸行無常, 제법무아諸法無我를 주장한다. 성공은 인연의 조합으로부터 생겨난 사물이어서 상은 진짜 있는 것이 아니며 그 본성도 실재하지 않고 공허하다는 것이다. 하지만 여기서의 진공은 또한 일상적으로 말하는 허무나 허공이 아니고 무상無常이나 무아無我를 말하는 것으로 영원한 본성이 없다는 것이다. 그러나 공성 자체는 영원한 것이다. 그것은 나지도 멸하지도 않고 더럽지도 깨끗하지도 않으며 늘지도 줄지도 않는 정적열반寂靜涅槃인 것이다. 공은 유(만법)라는 존재에 속하지 않는 것도 아니고 유가 없어진 뒤의 산물도 아니며 바로 유 자체이다. 유는 공과 다르지 않고 공 또한 유와 다르지 않다.

다양한 인과 연의 조합에 의해 생기는 만물이 고정불변의 실체로 존재하는 것이 아닌 것처럼 실체로 존재하지 않아야만 또한 세계의 만물이 생겨난다. 연기이자 성공이고 성공이자 연기이다. 바로 묘유이자 진공이요 진공이자 묘유와 마찬가지이다. 이것을 일상적인 언어로 표현하자면 대체로 정적인 것이 동적이고 변하지 않는 것이 변하는 것인 것과 같은 것이다.

이러한 원인으로 불교의 독특한 지혜는 심색여일, 공유불이라고 할 수 있다. 심색여일이자 공유불이이고, 공유불이이자 심색여일이다. 이는 오온五蘊(色, 受, 想, 行, 識)이 모두 공이기 때문이다. 심이 공이면 색도 공이고, 심, 색이 모두 공이면 만법이 모두 공이다. 공이 바로 심, 색이요, 공이 바로 만법이라는 것이다.

불성이라는 것은 사람이 갖고 있는 깨달음의 본심이다. 그는 심색여일, 공유불이인 제법들의 실상을 알고 있다. 사실 불성은 바로 제법들 실상 자체의 직접적인 체현이다.

그렇다면 공성 지혜로서의 불성은 어떤 본성을 갖고 있는가?

혜능은 불성이나 불법이 서로 다르지 않다고 생각한다. 그는 이렇게 말하고 있다.

고귀덕왕보살高貴德王菩薩이 부처님께 이르기를 "사중금계(四重禁)를 범한 이나 오역죄五逆罪를 지은 이나 또는 일선제一闡提 등은 마땅히 선근善根이나 불성이 끊어집니까?" 하니 부처님께서 말씀하시기를 "선근에 둘이 있으니 하나는 상이요, 둘은 무상이라. 불성은 상도 아니고 무상도 아니오. 이런 고로 끊어지지 않는 것이니 둘이 아니니라. 하나는 선이요 둘은 불선이니, 불성은 선도 아니며 또한 불선도 아니니, 이런 고로 둘이 아니라 하는 것이며, 또한 온蘊과 계界를 범부는 둘로 보나, 지혜 있는 사람은 둘로 보지 않으니, 둘이 아닌 본성이 곧 불성이니라" 하셨다.[2]

불법이라는 것은 불이법문이라 서로 다르지 않는 법문이고 불성은 무이지성이라 서로 다름이 없는 본성이라는 것이다. 불법과 불성이 명시하는 것은 사물 존재의 진리이다. 즉 심색여일, 공유무이다. 때문에 이는 모든 형태의 이원적인 대립을 초월한 하나, 나아가 유일한 것이다. 이런 법문은 사람들의 이것 아니면 저것이라는 사유방식을 부정한 것으로 된다. 이는 일상적인 언어로 단정 지을 수 있는 어느 한쪽도 아니고 그 대립 면도 아니다. 물론 양자의 종합체로 이루어진 제3자도 아니다. 차라리 이런 언어적 표현을 벗어났다고 하는 편이 낫겠다. 그는 이것도 저것도 아니면서 또한 이것이기도 하고 저것이기도 하다. 그는 사물의 실상이 유인 것도 아니고 공인 것도 아님을 강조하였다. 동시에 사물의 실상은 유이면서 또한 공이라고 인정한다. 불이법문은 인식 면에서 존재하는 사람들의 편면적인 생각을 극복하였을 뿐만 아니라 사람들로 하여금 수행하는 길에서 어느 것에도 치우치지 않는 바른길인 중도中道를 선택하게 하였다. 그러면서 세간世間과 출세간出世間의 절대적인 차이와 거리를 없애 주었다.

자성自性으로서의 불성은 영원히 존재한다. 그것은 무에서 유로 된 것도 아니고

---

2) 如高貴德王菩薩白佛言, 犯四重禁, 作五逆罪, 及一闡提等, 當斷善根佛性否? 佛言. 善根有二, 一者常, 二者無常, 佛性非常非無常, 是故不斷, 名爲不二. 一者善, 二者不善, 佛性非善非不善, 是名不二. 蘊之與界, 凡夫見二, 智者了達, 其性無二. 無二之性, 卽是佛性. (「行由品」)
본 책자의 이하 부분에서 『단경』 원문을 인용하는 경우, 品명만을 기재하도록 한다.

유에서 무로 된 것도 아니다. 이에 그것은 나지도 없어지지도 않고 더럽지도 깨끗하지도 않으며 더하지도 덜하지도 않는 것이다. 같은 맥락으로 불성은 상도 아니고 무상도 아니면서 선도 아니고 불선도 아니다.

불성이 서로 다르지 않을 뿐이 아니라 만법 역시 다르지 않다. 온은 오온(색, 수, 상, 행, 식)이고, 계界는 십팔계十八界(六根, 六塵, 六識)이다. 이는 사실 인간과 그 인간세상을 말하는 것으로 만법이나 만물을 가리킨다. 모든 사물은 차별과 대립으로 이루어져 있으나 그들은 모두 자신의 본성과 마음 즉 자성과 자심自心을 떠나지 않는다. 그들은 모두 마음의 규정을 받는 마음의 부동한 표현 형태이기 때문에 그들은 같은 것이다. 동시에 모든 만법은 모두 인과 연의 조합이고 그 본성은 모두 공이다. 즉 무상과 무아이기 때문에 그들 역시 동일한 것이다.

혜능은 불성이 서로 다르지 않다고 보았을 때, 심지어 암흑과 대립되는 것을 광명이라고 이해해서도 안 된다고 생각하였다. 그는 이렇게 말하였다.

> 도에는 밝음도 어둠도 없고 밝음과 어둠은 이것이 대사代謝라는 뜻이니라. 설사 밝음이 끝없다고 하더라도 역시 끝이 있는 것이니라. 이것을 서로 상대하여 이름을 세운 까닭이라. 그런 고로 『정명경淨名經』에 이르시길 "법은 견줄 바가 없으니 상대가 없기 때문이다" 하시지 않았더냐.[3]

일반적으로 미혹은 암흑에 비유하고 깨달음은 광명에 비유한다. 하지만 이는 단지 상대적이라는 데 그 의미가 있다. 불성에서는 이러한 모든 대립을 초월하기 때문이다. 사람들이 불성을 광명이라고 이해를 한다면 그는 이미 그 대립 면인 암흑을 설정해 놓은 것으로 된다. 광명이 무한하다지만 동시에 암흑 역시 무한하다. 무한한 광명과 무한한 암흑이 대립되었다고 할 수만 있다면 광명 자체는 변계선이 있으며 유한한 것이다. 그러나 불성은 광명과 암흑의 대립을 초월한다. 광명과

---

3) 道無明暗, 明暗是代謝之義. 明明無盡, 亦是有盡. 相待立名, 故『淨名經』云, 法無有比, 無相待故.(「護法品」)

암흑은 인연의 조합으로 이루어진 상이고 그 성은 공이다. "범부들은 명과 무명을 둘로 본다. 그러나 지혜 있는 이는 그 본성이 둘이 아닌 구분이 없음을 알고 있느니라."4) 광명과 암흑이 모두 마음먹은 대로 되는 것이고 또한 그 성이 공임을 사람들이 깨달았을 때, 비로소 그 본성은 다름이 없다는 것을 알 수 있을 것이다.

불이법문은 구체적으로 "팔불중도八不中道" 이론으로 표현이 된다. "나지도 없어지지도 않으며, 상주하지도 않고 단멸하지도 않으며, 하나도 아니고 다르지도 않으며, 오지도 않고 가지도 않는다." 일반 사람들은 만법의 생멸生滅, 상단常斷, 일이一異, 내거來去에 집착하기 때문에 끝없는 근심이 생긴다. 이런 상황에 대하여 "팔불중도" 이론은 "불不"을 통해 생멸, 상단, 일이, 내거 등 여덟 개의 바르지 않은 견해를 부정하였다. 생멸, 상단, 일이, 내거는 오직 어떠한 생각과 언어에 있어서 구별이 있는 것이지 제법이 존재하는 실상은 아니다. 제법의 실상에 도달하기 위해서는 반드시 생멸, 상단, 일이, 내거의 바르지 않은 견해를 포기하고 어디에도 치우치지 않게 바른길인 중도를 선택해야 한다. 즉 "나지 않는 것이 없어지지 않는 것이고, 상주하지 않는 것이 단멸하지 않는 것이며, 하나가 아닌 것이 다르지 않는 것이고, 오지 않는 것이 가지 않는 것이다." 다시 말해 만약 사람들이 긍정적인 쪽에도 빠지지 않고 부정적인 쪽에도 빠지지 않는다면 제법의 실상을 이룰 수 있다는 것이다. "팔불중도"에서는 "불생불멸" 혹은 "무생"이 근본이다. 그것이 바로 열반의 의의이다.

혜능은 직접 실성實性 혹은 도道를 불생불멸이라 말한다.

무이지성 즉 구분이 없는 본성이 바로 진실한 본성이다. 진실한 본성이라는 것은 어리석은 범부에 있어서도 덜하지 아니하고 현명한 성자에게 있어서도 더하지 아니하며 번뇌 속에서도 어지럽지 않고 선정 가운데서도 고요하지 않느니라. 단도 아니고 상도 아니며, 오지도 가지도 않고, 중간이나 안이나 밖에 있는 것도 아니며, 나지도 않고 멸하지도 아니하여 본성과 형상이 있는 그대로 항상 머물러서 변천이

---

4) 明與無明, 凡夫見二. 智者了達, 其性無二.(「護法品」)

없는 것이니 이것을 일러 도라 하느니라.[5]

여기서 보면 실성은 유위법有爲法이지 무위법無爲法이 아니다. 인과 연에 따라 생겨난 것이 아니고 이미 존재하고 있으면서 영원히 늘 있는 것이다.

혜능이 강조한 마음을 맑고 깨끗하게 하여 자기의 불성을 발견하는 것이라는 명심견성明心見性은 나지도 않고 멸하지도 않는 경지에 도달하는 것이다. "다만 스스로 본심을 알아서 자기 본성을 보면, 동도 없고 정도 없으며, 생도 없고 멸도 없으며, 감도 없고 옴도 없으며, 옳음도 없고 그름도 없으며, 머무름도 없고 떠남도 없느니라."[6] 좌선을 하는 것 역시 생도 멸도 없는 실성이자 공성의 경지에 이르러 깨달음을 얻기 위함이다. 바로 "따라올 곳도 없고 또한 갈 곳도 없고, 생도 없고 멸도 없는 것이 여래如來의 청정선이요, 모든 법이 공적한 것이 여래의 청정좌니라"[7] 라는 것이다. 범어梵語에서 바라밀다(波羅蜜)는 피안彼岸에 이르렀다는 의미이다. 즉 생이 있고 멸도 있는 것으로부터 생도 없고 멸도 없는 경지에 이르렀다는 것이다.

> 바라밀이란 무엇일까? 이는 서쪽나라 말이니 여기 말로는 피안에 이르렀다는 말이라 생멸을 여의었다는 뜻이니라. 경계를 집착하면 생멸이 있나니, 이는 물에 물결이 이는 것과 같아서 이것이 곧 이 언덕이요, 경계를 여의면 생멸이 없나니 이는 물이 항상 자유로이 통해 흐르는 것과 같아서 이것이 곧 피안이 됨이라. 그러므로 바라밀이라 하느니라.[8]

사람들이 잘못을 할 때는 생도 있고 멸도 있는 것이며, 깨달음을 얻었을 때는

---

5) 無二之性, 卽是實性. 實性者, 處凡愚而不減, 在賢聖而不增, 住煩惱而不亂, 居禪定而不寂. 不斷不常, 不來不去, 不在中間, 及其內外. 不生不滅, 性相如如. 常住不遷, 名之曰道. (「護法品」)
6) 但識自本心, 見自本性, 無動無靜, 無生無滅, 無去無來, 無是無非, 無住無往. (「付囑品」)
7) 無所從來, 亦無所去, 無生無滅, 是如來淸淨禪. 諸法空寂, 是如來淸淨坐. (「護法品」)
8) 何名波羅蜜? 此是西國語, 唐言到彼岸. 解義離生滅, 著境生滅起, 如水有波浪, 卽名於此岸. 離境無生滅, 如水常通流, 卽名爲彼岸, 故號波羅蜜. (「般若品」)

생도 없고 멸도 없는 것으로, 이것으로 제법의 실상을 깨닫는 것이다.

그러나 불생불멸이라고 나지도 없어지지도 않는다고 하면 오해가 생기기 쉽다. 혜능은 본인이 말하는 불생불멸이 다른 데서 말하는 것과는 다른 것이라고 한다.

> 외도外道 즉 다른 종교에서 말하는 불생불멸이라는 것은 멸하는 것으로 생을 멈추고 생으로 멸함을 나타낸 것이라 멸이 멸한 것이 아니며 생하였다고 해도 생한 것이 아니다. 내가 말하는 불생불멸은 본래부터 아무런 소리가 없는 것으로 지금 또한 멸한 것이 아니니 이 까닭에 외도와 같지 않느니라.[9]

혜능이 말하는 불성의 불생불멸은 생과 멸함의 대립을 초월한 것이다. 동시에 불생불멸이라는 것이 생과 멸한 것 밖에 있는 것이 아니라 생과 멸한 것 속에 존재하는 것이라는 것이다. 불성은 생과 멸함을 멀리하지 않아야 불생불멸할 수 있다는 것이다.

맞지 않는 일반적 견해를 보면 생도 있고 멸도 있는 것을 떠나 생도 없고 멸도 없는 것을 이해하고자 한다. 도에 뜻을 둔 사람들은 모든 중생이 모두 색신色身과 법신法身을 갖고 있다고 생각한다. 색신은 법상法相으로서 지地, 수水, 화火, 풍風으로 구성된다. 법신은 법성法性으로서 오직 제법의 실상공성實相空性을 가리킨다. 색신은 무상하여 나기도 하고 멸하기도 하지만 법신은 유상하여 앎과 깨달음이 없다고 한다. 만약 색신이 입적한다면 색신을 구성하는 지, 화, 풍, 수는 분산되어 고통밖에 없고 낙이라는 것을 운운할 수 없다. 만약 법신이 입적한다면 법신은 초목들과 같아서 감각이 없으니 낙이라는 것을 느낄 수 없다. 법성(몸)은 생과 멸함의 본체이고 오운(색, 수, 상, 행, 식)은 생과 멸함의 구체적인 표현이다. 한 몸을 다섯 가지 용도로 쓰면서 생과 멸이 늘 변하는 것이다. 생이라면 몸으로부터 시작이 되는 것이고 멸이라면 결국 다시 몸으로 되돌아오는 것이다. 재생한다면 그는

---

9) 外道所說不生不滅者, 將滅止生, 以生顯滅, 滅猶不滅, 生說不生. 我說不生不滅者, 本自無生, 今亦不滅, 所以不同外道.(「護法品」)

감정을 느끼는 것으로 끊지도 멸하지도 않았다는 것이고 만약 재생하지 못한다면 그는 감정이 없는 것으로 영원히 입적하는 것으로 된다. 만약 그렇게 된다면 모든 제법이 열반에 갇힌 채 감정을 느끼는 부류 역시 재생을 못하니 무슨 낙이 있겠는가?

혜능은 도에 뜻을 둔 사람들이 세간과 자아는 사후에 없어진다는 외도의 단견斷 見과 세간과 자아는 사후에도 없어지지 않는다는 상견常見 이 두 가지 헛된 견해로 불교의 최상승법最上乘法을 이해하고 있다고 생각한다. 혜능은 또한 그들이 색신 외에 법신을 정해 두고 생멸을 떠나 입적을 추구한다고 여겼다. 하지만 실제로 색신이나 법신은 둘이 아닌 하나인 것이다. 생멸과 입적 역시 둘이 아니다. 생멸을 떠나 열반이 없으며 열반이 없이 생멸이 존재하지 않는다는 것이다. 동시에 도에 뜻을 두고 있는 사람들은 또한 열반에는 늘 낙이 있어 몸으로 그것을 누릴 수 있다고 추정하는데, 이는 생사에 집착하고 세간의 낙을 홀시하게 만든다. 부처의 열반은 미혹한 자에게 깨달음을 주기 위함이다. 모든 미혹한 사람들은 자신의 몸이 오온의 조합으로 이루어졌다고 잘못 이해하면서 참된 마음을 더럽히는 모든 것과는 구별된다고 여긴다. 그러하기 때문에 생을 좋아하고 사를 싫어하며 꿈과 환상을 모르고 윤회를 헛되이 받거나 한다. 그들은 자성 중에 항상 즐겁고 맑은 대열반이 있음을 모르고 도리어 열반을 고난의 형상으로 보고 있다. 부처님께서 가르쳐 인도하기를, 열반의 참된 낙은 찰나에 생사를 넘어서며 생멸을 멸할 수도 없는 것인데, 이것이 바로 입적 현전現前이라는 것이다. 나지도 없어지지도 않는 것과 같은 것이다. 부처가 가르쳐서 인도하기를 열반 현전에는 현전에 대하여 생각하거나 하는 것이 없는데 바로 항상 즐긴다는 것이다. 이런 즐거움에는 감내해야 하거나 하지 않아도 되는 자는 없다. 한 몸이 다섯 가지 용도로 쓰이는 것 역시 없고 제법이 열반에 갇혀 재생할 수 없다는 등등은 더욱 말도 안 되는 것이다.

혜능은 게송으로 열반의 진위를 구분하였다.

더할 나위 없는 대열반이 고요히 항상 밝게 비추노라. 범부는 이를 죽음이라 하고
외도는 집착하여 단멸을 삼는구나. 이승을 구하는 모든 이들은 이를 가리켜 무작이

라 하노라.10)

여기서 알 수 있듯이 불생불멸의 열반은 영원히 존재하는 것이다. 이는 평범하고 어리석은 사람들이 소위 말하고 있는 생명과 대응되는 죽음도 아니고 불교 이외의 외도가 말하는 죽음과 대응되는 단멸斷滅도 아니다. 그렇다고 하여 성문聲聞과 연각緣覺 등 이승 사람이 말하는 사람이 아무런 성과도 내지 못한다는 무작은 더욱 아니다.

나지도 않고 없어지지도 않는 것에 대한 인식처럼 사람들은 불성의 상常과 무상無常에 대하여서도 오해가 있다. 사람들은 그대로 죽은 상태의 상(死常)을 불법에서 말하는 참된 상이라고 잘못 이해해서는 안 되고 또한 끊음으로써 소멸시키는 단멸斷滅을 부처님이 말하는 참된 무상이라고 오해하여서도 안 된다. 혜능은 이렇게 말하였다.

불성이 만약 상이라면 어떻게 선악 제법을 설명할 것이며, 또한 겁을 다 하더라도 보리심을 쓸 사람이 하나도 없으리라. 이 까닭에 내가 무상이라고 말하는 것이니, 이것이 바로 부처님이 말씀하신 참된 상의 도리니라. 또한 모든 제법이 무상일진대 사물 하나가 제각기 자성이 있어서 생사를 받아들일 것이니라. 하지만 참된 상의 본성이 두루 미치지 않은 곳도 있으리라. 그러므로 내가 말하는 상이라는 것이 바로 부처님이 말씀하신 참된 무상의 뜻이니라. 범부와 외도는 그릇된 상에 집착하고 모든 이승들은 상에서 도리어 무상을 꾀하여 함께 팔도八倒를 이루었느니라. 때문에 부처님께서는 열반요의교 가운데서 그들의 그릇된 편견을 타파하고 참된 상, 참된 낙, 참된 나, 참된 정을 밝혀 말씀하신 것이다.11)

---

10) 無上大涅槃, 圓明常寂照. 凡愚謂之死, 外道執爲斷. 諸求二乘人, 目以爲無作.(「機緣品」)
11) 佛性若常, 更說什麼善惡諸法, 乃至窮劫, 無有一人發菩提心者. 故吾說無常, 正是佛說眞常之道. 又一切諸法若無常者, 卽物物皆有自性, 容受生死, 而眞常性有不遍之處. 故吾說常者, 正是佛說眞無常義. 佛比爲凡夫外道執於邪常, 諸二乘人於常計無常, 共成八倒. 故於涅槃了義教中, 破彼偏見, 而顯說眞常, 眞樂, 眞我, 眞淨.(「頓漸品」)

혜능은 바로 이런 죽은 상태의 상을 이해시키고 확정하기 위하여 불성이 무상이라고 하셨고, 단멸의 무상을 이해시키기 위해 선악 제법이 유상이라고 했던 것이다. 사실, 불성은 상도 무상도 아니고 상과 상이 아닌 것의 대립을 초월한 것이다.

불성의 존재에 있어서 진정한 존재라고 할 수 있는 것은 바로 그 자체이다. 때문에 유일하게 비대립적인 존재이다.

이런 둘도 없는 존재로서의 불성은 철학사상과 일종의 특별한 관계를 건립하였다. 불성은 심령으로 헤아릴 수 없는 오묘한 이치이다. 이에 대하여 혜능은 이렇게 말하였다. "도를 배우는 사람은 일체의 착한 생각이나 악한 생각을 다 마땅히 없이 하여야 하느니라."[12] 그리고 또 이런 말을 하였다. "네가 만약 심요라 하는 마음의 가장 중요한 정수를 알고자 한다면 일체 선악을 전혀 생각하지 마라. 그러면 자연히 청정 심체에 들어가 맑고 항상 고요하며 묘용이 항하사와 같으리라."[13] 불성에 대한 고민을 할 때 사람들은 흔히 철학과 불성을 대립시킨다. 철학은 능히 생각할 수 있는 것이 되고 불성은 생각하는 바가 되는데 이때의 불성은 더는 불성 자체가 아니다. 사고하지 않는 가운데, 다시 말하면 잊을 수 있는 가운데 사고할 마음이나 생각하는 바의 정경이 없을 때라야만 둘도 없는 불성이 스스로 나타난다는 것이다. 이에 생각하여 헤아림이라는 것은 마음으로 헤아릴 수 없는 오묘한 이치를 헤아리는 것이고 모든 생각하여 헤아리는 것은 결국 모두 생각하지 않는 것이 되는 것이다.

불성은 헤아릴 수 없는 것일 뿐만 아니라 말할 수도 없는 것이다. 불성은 언어와도 일종의 특별한 관계를 형성하였다. 일반적으로 문자는 언어의 기록이고 글자로 베끼는 것이며 언어는 사상의 표현이다. 그리고 사상이 생각하는 것은 존재 자체이다. 그러나 불성 자체는 말할 수 없는 것이다. 이에 대하여 혜능은 이렇게 말하였다. "이름을 무엇이라고도 붙일 수 없는 것을 자성이라고 하느니라.

---

12) 學道之人, 一切善念惡念, 應當盡除.(「頓漸品」)
13) 汝若欲知心要, 但一切善惡, 都莫思量, 自然得入淸淨心體. 湛然常寂, 妙用恒沙.(「護法品」)

둘이 아닌 성이니 실성이라 하느니라."14) 혜능은 또한 불성은 문자 표현을 초월한 것이라고 하였다. "모든 부처님의 묘한 진리는 문자와 상관없느니라."15) 불성에 있어서 모든 언어는 말할 수 없는 가르침이고 모든 문자는 글로 쓸 수 없는 서사이다. 사람들이 불성을 말하려고 할 때, 언어 문자는 비로소 능히 말할 수 있는 것으로 되고 불성은 말하는 바가 되는 것이다. 언어 문자 중에서 불성은 더는 불성 자체가 아니다. 오직 말이 없는 중에서만 둘이 아닌 불성이 스스로 나타날 것이다. 때문에 언어의 가르침은 불성의 가르치지 않음에 귀결되어야 한다. "부처님은 말이 없음을 믿어라, 입에서 연꽃이 피어나리라."16) 문자의 기록 역시 불성은 기록할 수 없음에 귀결되어야 한다. "거짓을 버리고 실제에 돌아오려 함이니 실제에 돌아와서는 실제라는 이름조차 또한 없는 것이니라."17) 그러나 언어를 통하여 사람들의 깨달음은 불러올 수 있다. 일언즉오一言卽悟는 한마디의 말에서 계시를 받아 깨달음을 얻은 경우를 말한다. 이런 언어는 이미 깨우쳐진 언어이고 자성에서 오며 또한 자성을 깨우칠 수 있다.

불성 자체의 특성 및 그 사상이나 언어의 특이한 관계에 대하여 살펴보고 나서 우리는 불성과 인간 본성의 연관성에 대하여 살펴볼 것이다.

불성은 부처가 부처로서 존재할 수 있는 근본적인 본성이다. 중생들이 이런 근본적 본성을 갖추었을 때, 가히 부처로 될 수 있고 부처의 경지에 도달할 수 있을 것이다. 이런 의미에서 볼 때 불성은 부처가 부처로서 존재하는 근본적인 본성이며 중생이 부처로 될 수 있는 근거이면서 또한 원인으로 된다. 또한 중생이 부처로 될 수 있는 가능성을 열어 준 것이다.

사람이 불성을 갖고 있는지에 대하여 이제까지 계속 논쟁이 있었다.

첫째, 사람은 불성이 없다. 부처는 부처이고 사람은 사람이며 사람은 결코

---

14) 無名可名, 名於自性, 無二之性, 是名實性.(「頓漸品」)
15) 諸佛妙理, 非關文字.(「機緣品」)
16) 但信佛無言, 蓮華從口發.(「機緣品」)
17) 去假歸實, 歸實之後, 實亦無名.(「機緣品」)

부처로 될 수가 없다. 여기에 두 가지 관점이 있는데, 하나는 부처는 오직 석가모니 한 분뿐이라는 것이고, 다른 하나는 비록 일부분의 사람이 부처가 될 수 있다지만 적어도 또한 다른 일부분은 부처가 될 수 없다는 것이다. 일천제와 같은 사람들은 불성의 씨앗을 끊어버린 부류에 속한다.

둘째, 사람은 본래부터 불성을 갖고 있다. 모든 사람들은 불성이 있고 또한 부처가 될 수도 있다.

셋째, 사람은 불성을 얻을 수 있다. 사람은 선천적으로 불성을 가진 것이 아니라 후천적으로 불성을 얻는 것이다.

혜능은 사람이 본래부터 불성이 있다고 여겼다.

> 보리반야의 지혜는 세간 사람이 다 본래부터 스스로 가지고 있는 것인데 다만 마음이 미혹하여 스스로 깨닫지 못할 따름이니 모름지기 큰 선지식의 가르침과 인도함을 빌려서 견성 즉 본성을 깨우쳐야 하느니라. 마땅히 알아야 할 것은 어리석은 자와 지혜 있는 사람이 불성에는 본래 차별이 없는 것이요, 다만 미혹함과 깨친 것이 다를 뿐이다. 이 까닭에 어리석음도 있고 슬기로움도 있는 것이다. 내 이제 마하반야바라밀법을 설하여 너희들로 하여금 각기 지혜를 얻게 하리라.[18]

보리반야의 지혜는 바로 부처의 지혜인 불성인 것이다. 세간 사람들에게는 이런 불성이 없는 것이 아니라 본래부터 이런 불성을 가지고 있다. 지혜 있는 자도 어리석은 자도 역시 이런 불성을 갖고 있다. 지혜롭거나 어리석은 자의 차별은 바로 이런 불성을 깨우쳤느냐에 있다는 것이다. 이른바 상승인上乘人이나 하승인下乘人, 상근인上根人이나 소근인小根人 등의 차별 역시 과오의 부동함에 달려 있다.

혜능은 대승인은 스스로 자신이 불성이 있음을 알고 있는 것이라고 여겼다.

---

18) 菩提般若之智, 世人本自有之, 只緣心迷, 不能自悟, 須假大善知識, 示導見性. 當知愚人智人, 佛性本無差別. 只緣迷悟不同, 所以有愚有智. 吾今爲說摩訶般若波羅蜜法, 使汝等各得智慧(「般若品」)

[唐] 柳公權, 『金剛經』(일부)

만약 대승인, 최상승인이 『금강경』을 들으면 곧 마음이 열려 깨치리라. 이 까닭에 마땅히 원래 본성에는 스스로 반야의 지혜가 있어 스스로의 지혜로써 항상 관조하므로 문자를 빌지 않음을 알지어라. 비유하면 비와 같은 것이니라. 비는 본래 하늘에서 내리는 것이 아니라 원래 이것은 용이 일으켜서 모든 중생과 모든 초목, 유정과 무정으로 하여금 모두 다 윤택하게 하고 모든 냇물은 바다로 흘러들어 마침내 하나로 합치게 되나니 중생 본성의 반야의 지혜도 또한 이와 같으니라.[19)]

대근인은 불성이 외부에서 부여한 것이 아닌 자신의 본성에 있다는 것을 알고 있다.

소근인은 비록 자신에게도 불성이 있음을 모르지만 자신의 불성을 깨달을 수는 있다.

근기가 낮은 사람이 이 일정한 수행을 거치지 않고 단번에 깨달음에 이를 수 있는 법문인 돈교頓敎법문을 들으면 초목과 같은 것이라 할 수 있느니라. 뿌리가 약한 초목이 큰 비를 맞으면 모두 다 쓰러져 자라지 못하는 것처럼 근기가 낮은 사람도 또한 이와 같으니라. 원래 반야 지혜를 갖추고 있느냐는 지혜로운 사람과 조금도 차별이 없거니 어찌하여 법문을 듣고 스스로 깨닫지 못할까? 이는 무모한 생각과 중한 업장, 번뇌의 뿌리가 깊기 때문이니 마치 큰 구름이 해를 가리었을 때 바람이 불지 않으면 햇빛이 드러나지 않는 것과 같으니라. 반야의 지혜는 크고 작은 것이 없으니 모든 중생의 마음이 미혹되는 것과 깨달음이 같지 않은 데

---

19) 若大乘人, 若最上乘人, 聞說『金剛經』, 心開悟解, 故知本性自有般若之智, 自用智慧常觀照, 故不假文字. 譬如雨水, 不從天有, 元是龍能興致, 令一切衆生, 一切草木, 有情無情, 悉皆蒙潤, 百川衆流, 卻入大海, 合爲一體. 衆生本性般若之智, 亦復如是.(「般若品」)

있느니라. 마음이 미혹하여 밖을 향하면서 수행하여 부처를 찾으므로 자성을 보지 못하니 이것은 근기가 낮은 것이니라. 만약 돈교를 통해 문득 깨달아서 밖을 향하여 닦는 것에 집착하지 않고 다만 자기 마음에서 바른 견해를 갖추고 항상 번뇌의 티끌에 물들지 않는다면 이것이 곧 견성이니라.[20)]

근기가 낮은 사람이 만약 자신의 본성을 가리는 보호막을 치운다면 마음을 맑고 깨끗하게 하여 불성을 발견할 수 있을 것이다.

어떤 사람이든 물론하고 모두 본래부터 불성을 갖고 있다. 미혹한 자는 불성을 가린 것이고 깨우친 자는 불성을 보인 것이다. "깨닫지 못하면 부처가 곧 중생이요, 생각으로 문득 깨달았을 때 중생이 곧 불이니라. 이에 만법은 모두가 자기 마음에 있다는 것을 알아라. 어찌하여 자심 중에서 바로 진여眞如 본성을 보지 못하는가. 『보살계경菩薩戒經』에 이르기를 '나의 자성이 본래 청정하니라. 만약 자심을 알면 견성할 수 있으니 모두가 불도佛道를 이루리라' 하였으며 또『정명경淨名經』에 이르기를 '즉시에 깨달으면 도리어 본심을 얻는다' 하였느니라."[21)] 미혹에서 깨달음에 이르는 과정은 밖에 있는 것이 아니라 내재되어 있다. 자성의 미혹에서 자성의 깨우침에 이르는 과정이라는 것이다.

만약 스스로 자신의 불성을 깨우치지 못한다면 다른 사람의 가르침을 받아 깨달음에 이를 수도 있다. "만약 스스로 깨닫지 못하거든 모름지기 최상승법을 아는 큰 선지식을 찾아서 바른길의 가르침을 받아라. 이러한 선지식은 큰 인연이 있어서 이른바 중생을 교화하고 인도하여 견성하게 하니 모든 선법은 모두 선지식으로 인하여 능히 일어나리라. 삼세제불의 십이부경이 모든 사람의 본성 가운데에

---

20) 小根之人, 聞此頓教, 猶如草木. 根性小者, 若被大雨, 悉皆自倒, 不能增長. 小根之人, 亦復如是. 元有般若之智, 與大智人更無差別, 因何聞法, 不自開悟? 緣邪見障重, 煩惱根深. 猶如大雲覆蓋於日, 不得風吹, 日光不見. 般若之智亦無大小, 爲一切衆生, 自心迷悟不同. 迷心外見, 修行覓佛, 未悟自性, 卽是小根. 若開悟頓教, 不執外修, 但於自心常起正見, 煩惱塵勞, 常不能染, 卽是見性.(「般若品」)

21) 不悟卽佛是衆生, 一念悟時, 衆生是佛. 故知萬法盡在自心. 何不從自心中, 頓見眞如本性?『菩薩戒經』云, 我本元自性淸淨, 若識自心見性, 皆成佛道.『淨名經』云, 卽時豁然, 還得本心.(「般若品」)

본래 스스로 갖추어져 있으나 이를 능히 스스로 깨닫지 못하면 모름지기 선지식의 가르침을 구하여야 바야흐로 보게 되느니라."[22] 이미 깨달음을 받은 자가 깨닫지 못한 자를 가르친다는 것은 전자가 후자에게 외적인 불성을 부여하는 것이 아니라 후자가 자성을 깨닫게 계시를 주는 것이다.

자기 스스로 본인의 불성을 깨우칠 수 있는 자는 다른 사람의 가르침을 받을 필요가 없다. "스스로 깨친 자는 밖으로 구할 필요가 없느니라. 그러나 만약 모름지기 다른 선지식의 가르침을 기다려 해탈을 바라보는 데 집착한다면 이 또한 옳지 않으니라. 왜냐하면 자기 마음속에 선지식이 있어서 스스로 깨달을 수 있는 것이기 때문이니라. 만약 무모하고 미혹한 마음을 일으켜 망념으로 바뀌면 비록 밖에서 선지식의 가르침이 있더라도 아무 소용이 없느니라. 만약 바르고 참된 반야를 일으켜 관조한다면 순간에 망념이 모두 없어지나니 만약 자성을 알아 한번 깨달으면 단번에 불지에 이를 수 있느니라."[23] 관건은 자신의 깨우침에 있지 결코 다른 사람의 가르침에 있는 것이 아니다. 다른 사람의 가르침은 단지 나 자신의 자성을 열어 주는 수단일 뿐이다. 만약 자신이 자기의 자성을 알아보지 못한다면 다른 사람의 가르침을 받을 필요 또한 없는 것이다. 만약 본인 스스로 자성을 알아보지 못한 채 다른 사람의 도움에 의한다면 성공했다 하더라도 아무런 의미가 없을 것이다. 때문에 자신의 자성을 깨우치는 것은 부처로 되는 유일한 경로이다.

사람이 본래 불성을 갖고 있다면 무릇 인간이라면 모두가 불성이 있을 것이다. "사람에게는 비록 남북의 차이가 있다 하지만 불성에는 본래 남북이 없으며, 오랑캐의 몸과 화상의 몸이 같지 않지만 불성에는 아무런 차별이 없느니라."[24] 남인과

---

22) 若自不悟, 須覓大善知識, 解最上乘法者, 直示正路. 是善知識, 有大因緣. 所謂化導, 令得見性. 一切善法, 因善知識, 能發起故. 三世諸佛, 十二部經, 在人性中. 本自具有. 不能自悟, 須求善知識, 指示方見.(「般若品」)

23) 若自悟者, 不假外求. 若一向執謂須他善知識, 望得解脫者, 無有是處. 何以故? 自心內有知識自悟. 若起邪迷, 妄念顚倒, 外善知識雖有教授, 救不可得. 若起正眞般若觀照, 一刹那間, 妄念俱滅. 若識自性, 一悟卽至佛地.(「般若品」)

24) 人雖有南北, 佛性本無南北. 獦獠身與和尙不同, 佛性有何差別.(「行由品」)

북인은 다만 지역의 차이만 있을 뿐이고 오랑캐나 화상 역시 신분이 다를 뿐이지 모두 같은 사람이고 같은 존재이다. 만약 매 사람마다 모두 불성이 있다고 한다면, 남인이나 북인, 오랑캐나 화상도 모두 불성을 갖고 있어야 하며 사람들 모두 불성을 갖는다. 독립적인 존재로서의 개개인은 모두 불성이 있다는 것이다.

2. 자성 또는 자심

만약 모든 사람들이 다 불성이 있다고 한다면 그럼 인간의 존재 전체에서 불성은 도대체 무엇을 의미하는가? 혜능이 보건대 불성은 인간의 이러저러한 다른 것이 아니라 바로 인간의 자성 즉 자신의 본성이라는 것이다.

그럼 자성이란 무엇인가? 일반적으로 말하여 이른바 성性이라는 것은 본성을 말한다. 바로 사물이 존재하는 규정으로 되는 것이다. 이러한 본성에 근거하여 보면 매 하나의 존재자 모두 각각 특별한 존재이다. 그리고 자성은 사물 존재 자체의 규정을 더욱 두드러지게 한다. 자성은 사물 자체의 본성이면서 존재자 자체의 특성이다. 이런 자성은 존재자로 하여금 다른 존재자와 구별되게 하면서 또한 존재자가 존재자 자체로 될 수 있게 한다. 그러나 혜능은 자성에 대하여 또 다른 특별한 의미를 부여하였다. 혜능이 말하는 자성은 제법의 자성보다 주로 인간의 자성을 가리킨다. 세상에서 광물이나 식물, 동물은 자성이 없고 오직 인간만이 자성이 있다는 것이기도 하다. 자성은 인간 스스로의 깨달음의 본성이고 부처로 될 수 있게 되는 근거이며 이유이다. 이러한 자성의 의미에서 출발하여 보면 인간이 부처로 되는 데는 다른 외적인 근거나 이유가 필요 없다는 것이다.

그럼 불성으로서의 자성은 왜 만물의 자성이 아니라 단지 사람의 자성에 불과한 것이라 하는가? 세상만물 중에서 사람은 특별한 존재이다. 오직 사람만이 마음이란 것을 가지고 있고 심지어 인간이 바로 마음 자체라고 말할 수도 있다. 사람은 마음을 통하여 자신과 세계의 여러 실상을 깨닫는다. 몸과 마음이 하나와 같고 공과 유는 둘이 아니라는 심색여일, 공유불이를 이루면서 불성을 갖게 된다. 사람의 모든 활동은 마음을 표현하면서 또한 마음의 제약을 받기도 한다. 마음이란 것이 복잡하고 변덕스럽다고 하지만 마음의 본성은 실은 유일하고 영원한 것이다. 그것은 본심이고 진심이며 진여심眞如心이고 자성청정심自性淸淨心이다. 인간의 마음이 자신의 본심을 깨달을 때면 이 마음이 바로 깨달은 마음이다. 그러나 사람은 자신의 마음을 의식할 뿐만 아니라 자신의 존재도 의식하고 나아가 자신의 본성 또는 자성도 의식한다. 자신의 마음인 자심은 자성을 깨닫게 할 수 있기 때문에 인간은 자신이 자성으로 존재하는 것임을 아는 존재이다. 사람은 마음이라는 것이 있으면서 자신의 자성을 알아 가고 또한 자성을 갖고 있다. 만물은 마음이 없으니 자신의 자성을 알지 못하며 또한 자성도 없다는 것이 이 때문이다.

혜능은 부처이자 마음이고 마음이 곧 부처라는 불심불이佛心不二를 인정하면서 이렇게 말하였다.

> 전념前念이 나지 않는 것이 마음이요, 후념後念이 멸하지 않는 것이 부처이며, 일체상을 이룸은 마음에 있는 것이요, 일체상을 여의면 부처가 되느니라.[25]

전념은 지나갔으니 더는 집착하지 않고 후념은 시작하였으니 멈추지 않는다는 것이다. 마음에 의해 모든 법상이 생기고 부처는 모든 법상을 여의는 것이다. 마음이자 부처라고 하는 것은 바로 심색여일, 공유불이라는 제법의 실상을 깨달은 것이다.

> 마음에 즉함이 혜요, 부처에 즉함이 정이니, 정과 혜가 서로 같아서 그 뜻이 항상 청정하니라. 이 법문을 깨달음은 너의 습성에서 말미암은 것이니 용은 원래부터 생겨남이 없음이라. 쌍으로 수행하는 것이 바른길이니라.[26]

---

25) 前念不生卽心, 後念不滅卽佛. 成一切相卽心, 離一切相卽佛.(「機緣品」)

마음에 즉함은 지혜라고 하고 부처에 즉함은 선정禪定이라는 것이다. 이것을 서로 바꾸어 말할 수도 있는데 선정과 지혜는 서로 다른 것이 아니라 같은 것으로 동일체이기 때문이다. 그들은 모두 청정심에 도달한 것이다.

일반적으로 본성과 마음은 서로 다른 것이라고 많이들 말하고 있다. 본성은 존재에 대한 규정이고 마음은 사람에 대한 규정이라고 여겼다. 그러나 혜능은 그들이 모두 사람과 연관되어 있는 것이라면서 본성은 사람의 본성이고 마음은 사람의 마음이라 하였다. 그러면서 본성과 마음 사이에 분명 차이가 있다는 것은 또 인정한다. "마음은 국토요 본성은 왕이라. 왕이 마음이라는 국토 위에 군림하니 본성이 있으면 왕이 있는 것이고 본성이 가면 왕도 없는 것이니라. 본성이 있으면 몸과 마음이 그대로 존재하고 본성이 없으면 몸과 마음이 허물어지느니라."27) 여기서 알 수 있듯이 본성은 규정자이고 마음은 규정 받는 자이다. 그럼에도 불구하고 본성과 마음은 사람에게 상호 작용을 한다. 본성에서 마음이 생기고 그 마음은 본성으로 통하게 된다. 때문에 마음은 본성에 근거하고 또한 본성에 의지한다. 이에 대하여 혜능은 이렇게 말하였다. "자심이 항상 지혜를 내어서 자성을 여의지 않는 것이 곧 복전이다."28) 그리고 또 "자심이 자성에 귀의하는 것, 이것이 진불에 귀의하는 것이니라"29)라고 하였다.

자심이 참된 마음이냐 미혹한 마음이냐에 따라 자성도 나타나거나 가려지거나 한다. 미혹한 마음이면 자성이 가려지고 참된 마음이면 자성이 나타난다는 것이다. "이 법문의 좌선은 원래 마음에 있지 않고 또한 깨끗함에 있지도 않으며 또한 움직이지 않는 것도 아니니라. 마음을 말할진대 마음은 원래 이것이 미혹한 것이니 마음이 환상과 같은 것임을 아는 고로 집착하지 않느니라. 만약 깨끗한 것을 말한다면 원래 사람의 본성은 청정하나 다만 망념으로 말미암아 진여가 덮인 것이니

---

26) 卽心名慧, 卽佛乃定. 定慧等持, 意中淸淨. 悟此法門, 由汝習性. 用本無生, 雙修是正.(「機緣品」)
27) 心是地, 性是王. 王居心地上. 性在王在, 性去王無. 性在身心存, 性去身心壞.(「疑問品」)
28) 自心常生智慧, 不離自性, 卽是福田.(「行由品」)
29) 自心飯依自性, 是飯依眞佛.(「懺悔品」)

망상만 없애면 본성은 스스로 청정하게 되느니라."30) 여기서 혜능은 마음이라는 것이 원래는 미혹된 것이고 본성은 원래 깨끗한 것이라고 하였다. 보기에는 미혹한 마음과 청정한 본성의 대립을 강화한 것으로 보이지만 사실은 미혹된 마음과 청정한 본성에 대하여 사람들이 집착하는 것임을 밝힌 것이다. 마음은 미혹한 것도 있으나 진심도 있고 본성 역시 깨끗한 것도 있으나 더러워질 수도 있다. 마음이 진심일 때, 본성도 깨끗해지고 마음이 미혹되었을 때, 본성 역시 더러워진다. 이상에서 알 수 있듯이 혜능은 본성과 마음을 근본적으로는 같은 것으로 이해하고 있다. 밝은 마음이라야 본성을 볼 수 있고 그렇지 않으면 본성을 볼 수 없다. 바꾸어 본성이 보이면 마음을 밝게 먹은 것이고 본성이 보이지 않으면 마음을 밝게 먹은 것이 아니라는 것이다. 밝은 마음으로 본성이 보이면 마음이 곧 본성이고 본성이 곧 마음이다. 자성이자 자심이고 자심이자 자성인 것이다. 마음과 본성이 합일될 수도 있는데 이름 하여 심성心性이라는 것이다. 그러나 자심 혹은 자성이라는 것은 그 자체를 놓고 말할 때, 궁극적인 의미에서는 깨끗하지도 더럽지도 않고 참된 것도 미혹한 것도 아닌 이러한 것들의 이원대립을 초월한 존재이다.

혜능은 자성의 발견과 깨달음을 얻기 위하여 일련의 과정을 거쳤다. 그는 「행유품」에서 도를 깨닫는 과정을 3개 단계로 서술하였다.

우선, 사람마다 모두 불성이 있다. 혜능이 처음으로 홍인弘忍대사를 만났을 때 한 말에서 그는 우선 심성의 유(有性)를 깨달았다는 것을 알 수 있다. 혜능은 사람마다 모두 불성이 있다고 여겼을 뿐만 아니라 자심은 자성을 떠나지 않는다고 자술하고 있다.

다음, 자성은 유가 아니고 공인 존재다. 신수神秀의 게송과 대조되는 혜능의 게송이 있는데, 그가 심성의 공을 깨달았음을 알 수 있다.

신수의 게송은 이러하다.

---

30) 此門坐禪, 元不著心, 亦不著淨, 亦不是不動. 若言著心, 心原是妄. 知心如幻, 故無所著也. 若言著淨, 人性本淨. 由妄念故, 蓋覆眞如, 但無妄想, 性自淸淨.(「坐禪品」)

몸은 보리수요 마음은 맑은 거울이로다. 부지런히 털고 닦아서 때 묻지 않도록 해야 할지어다.[31]

신수의 게송에서 말하는 몸은 사람의 육신이 아니라 사람의 불신佛身이다. 사람의 불신이 보리수 라는 이러한 비유에서 보면 사람에게는 원래 보리가 있다는 것이다. 여기서의 마음은 사람의 마음이 아니라 불심佛心이다. 사람의 불심이 맑은 거울이라는 이러한 비유는 사람 자신의 청정함을 말하는 것이다. 비록 사람의 심신이 깨달음을 얻은 청정함이라지만 심신 이외의 번뇌는 깨끗하지 않은 것인데 이런 번뇌가 사람의 심신을 어지럽히기 때문에 사람들은 수시로 부지런히 먼지를 털어야 한다. 이렇게 사람은 수행을 통하여 번뇌를 털어버리고 청정으로 돌아온다고 하였다. 그러나 신수의 게송에서는 본성에 대한 것이 보이지 않는다. 이는 다음과 같은 이유 때문이다. 첫째, 그는 심신의 유상에 집착하였다. 둘째, 그는 자아와 법을 분리하였는데 자아는 깨끗하고 제법은 어지럽다는 것이다. 셋째, 그는 깨달음은 한순간의 마음에 있다는 것을 지적하지 못하였다.

홍인대사는 신수의 게송에서 아직 본성을 찾아볼 수 없는 것을 보고 참된 견성이라는 것이 무엇인지를 지적해 주었다.

무상보리無上菩提는 모름지기 언하에 자기의 본성을 알고 또한 자기의 본성을 깨달아야 하느니라. 나지도 않고 없어지지도 않느니라. 어느 때나 생각이 만법에 막힘이 없음을 스스로 보고 하나가 참되니 모든 것이 참되어 모든 경계가 스스로 늘 그러하니, 이러한 있는 그대로의 마음이 즉 진실이니라. 만약 이것을 깨달았다면 곧 무상보리의 자성이라 할 수 있느니라.[32]

무상보리는 지고무상의 지혜이자 부처님 깨달음의 지혜이다. 그러나 그것의

---

31) 身是菩提樹, 心如明鏡台, 時時勤拂拭, 勿使惹塵埃.(「行由品」)
32) 無上菩提須得言下識自本心, 見自本性, 不生不滅. 於一切時中, 念念自見. 萬法無滯, 一眞一切眞, 萬境自如如. 如如之心, 卽是眞實. 若如是見, 卽是無上菩提之自性也.(「行由品」)

중심은 사람의 자기 본심과 본성에 대한 인식에 있다. 마음과 본성이 미혹되어 있을 때는 둘이고 깨달았을 때는 하나다. 사람의 본심과 본성은 실성이면서 또한 공성이다. 나지도 않고 없어지지도 않아 영원하다. 사람의 본심과 본성은 순간적으로 나타날 수도 있고 어느 때나 수시로 나타날 수도 있다. 사람의 밝은 마음이 본성을 깨닫고 나면 만법에 막힘이 없게 된다. 마음과 본성이 참된 것일 뿐만 아니라 일체만법 역시 진실한 것이다. 마음과 본성이 늘 그러하게 움직이지 않으니 모든 경계도 역시 움직이지 않는다. 진실은 허위적인 마음이 없는 것이고 그것은 본 자신이면서 또한 자신을 유지해 나갈 수 있게 한다.

신수의 게송에 대조되게 혜능은 이런 게송을 하였다.

보리에 원래 나무 없고 거울 또한 거울이 아니니라. 본래 물건이 없거니 어느 곳에 티끌이 일어나랴.[33]

신수와 달리 혜능은 무를 언급하였는데, 바로 무로써 신수의 유를 대응시킨 것이다. 보리의 지혜는 무상無相이다. 형상도 크기도 없어 보리수에 비유할 수가 없다는 것이다. 마음과 본성도 역시 무상이라 둘레도 없고 밝고 어두운 것이 없어 거울에 비유할 수가 없다는 것이다. 심법이든 색법이든 모두 공적인 데서 기인한 것이다. 때문에 마음이 공일 뿐 아니라 경계 역시 공이라 심경여일心境如一인 것이다. 모든 만법이 공이면 따라서 원래부터 아무런 물건도 없는 것이라는 것이다. 다른 판본에서는 "불성이 늘 청정하거니"라는 말로 "본래 한 물건도 없거니"를 대체하였는데 전자는 유를 말하고 후자는 무를 말하여 대립되는 것 같으나 실은 일치하는 내용이다. 늘 청정하다는 것은 바로 공성이자 물건이 없다는 뜻이기 때문이다. 그러나 혜능의 게송 주제가 공인 것으로 보아 "본래 한 물건이 없다"가 더욱 게송의 언어 환경에 부합된다고 할 수 있다. 본래 물건이 없으니 티끌이 있을

---

33) 菩提本無樹, 明鏡亦非台. 本來無一物, 何處惹塵埃.(「行由品」)

리가 없다. 따라서 티끌이 올 곳도 갈 곳도
없는 것이다. 이런 의미에서 사람들은 매
일 부지런히 먼지를 털 필요도 없다. 사람
은 본시 부처인데 또 무슨 수행으로 깨달
을 필요가 있는가? 신수의 게송이 "유"에
집착하는 것에 반해 혜능의 "무"가 더욱
사람의 심성을 잘 보여 준다.

[宋] 張卽之, 『金剛般若波羅蜜經』(일부)

혜능이 깨달은 것은 자신과 법을 비롯
한 모든 것들이 공이라는 것이다. 이때
자성의 공성 역시 철저하게 나타난다. 그
러나 혜능의 "무"에 대하여 사람들은 너무 집착해서도 안 된다. 홍인대사는 혜능의
게송을 듣고 역시 철저히 본성을 깨닫지 못했다고 지적하였다.

마지막으로, 자성은 공에도 유에도 치우치지 않는다. 홍인대사가 해설하는
『금강경』을 듣고 혜능이 찬탄을 금치 못한 것에서 심성의 심색여일, 공유불이를
다시 한 번 증명한 것이 되겠다.

"집착이 없이 마음을 내어야 한다"는 『금강경』의 핵심 철학 중 하나이다.
여기에서는 공을 말하면서 마음에 집착이 없어야 한다고 하는 반면 유를 말하면서
청정심을 가져야 한다고 한다. "집착이 없이 마음을 내어야 한다"는 일종의 긍정적
인 언어 표현 방식이다. 동시에 이는 또한 일종의 부정적인 언어 표현 방식일
수도 있다. 즉 "집착을 하지 않으려고 마음을 내어야 한다." 여기서의 집착은
법상 즉 외적인 물건에 대한 것이고 마음을 내는 것은 번뇌가 생긴다는 것이다.

홍인대사가 『금강경』을 해설하면서 "집착 없이 마음을 내어야 한다"고 하였을
때, 혜능은 크게 깨달음을 받으면서 "모든 만법이 모두 자신의 본성을 떠나지
못한다"고 하였다. 그는 홍인대사에게 이렇게 말씀을 올렸다. "어찌 자성이 본래
스스로 청정하리라는 것을 생각이나 했고, 어찌 자성이 본래 생멸하지 않는 것이라
는 것을 생각이나 했으며, 어찌 자성이 본래 스스로 구족하리라는 것을 생각이나

했고, 어찌 자성이 본래 동요가 없으리라는 것을 생각이나 했으며, 어찌 자성이 능히 만법을 낸다는 것을 생각이나 했겠습니까?"[34]

자성에 대하여 혜능은 왜 이다지도 큰 놀라움을 표하였을까? 이는 사람들이 지금까지 불성과 자성은 별개라고 여겨 왔었기 때문이다. 부처의 불성은 밝은 것이고 사람의 자성은 어지러운 것이라고 여기면서 지금까지 자성의 위대함을 발견하지 못하였던 것이다. 혜능은 깨달음을 얻어 부처의 불성과 사람의 자성은 다른 것이 아님을 알고 이에 근거하여 자성의 아름다움을 찬미하였다.

이른바 자성이 본래 스스로 청정하다는 것은 원초적이고 어리석은 오염이나 차폐 같은 것이 없어 그로 인한 번뇌와 고통도 없기 때문에 순결하고 깨끗하다는 것이다. 혜능은 자성이나 불성 모두가 무상임을 지적하는 것 외에, 그 자체가 깨끗하고 오염이 없는 것임을 더 강조하였다. 때문에 자성에로 통하는 것도 역시 이런저런 외적인 수행이 아니라 내적인 본성에 대한 깨달음이라는 것이다. 즉 자성의 청정으로 돌아간다는 것이다.

이른바 자성이 본래 생멸하지 않는 것이라는 것은 자성이 유위법有爲法이 아닌 무위법無爲法인 것으로 생멸의 상이 없기 때문이다. 자성은 사람의 실상이며 실성實性과 다르지 않다. 불성은 일정한 시간이나 공간에 존재하는 물건 같은 것이 아니다. 때문에 불성은 시간성과 공간성을 갖지 않는다. 반대로 자성은 절묘한 깨달음의 불심을 말하는 것이다. 열반은 사망이나 입적이 아니라 생멸하지 않는 것이다. 여기서 생멸하지 않는다는 것은 멸하여 나는 것을 멈추거나 나는 것으로 멸함을 표현하는 등이 아니라 본래부터 생이 없으니 멸하는 것 또한 없다는 것이다. 이는 생과 멸함의 윤회를 초월한 원만이다.

이른바 자성이 본래 스스로 구족함이라는 것은 자체의 완벽함을 말하는 것으로 부처나 불성의 모든 공덕을 이미 갖추었다는 것이다. 부처이자 바로 깨달음이다.

---

34) 何期自性本自淸淨. 何期自性本不生滅. 何期自性本自具足. 何期自性本無動搖. 何期自性能生萬法.(「行由品」)

우선은 스스로 깨달음인데 부처가 자신이 생멸하지 않는 진여본성을 깨달았다는 것이다. 다음으로 다른 사람을 깨우치는 것이다. 부처는 자비를 마음에 품어 중생을 제도한다. 자신의 지혜로 미혹을 교화하고 다른 사람들에게 보리심을 갖도록 하며 청정지역에 이르게 해 준다는 것이다. 그리고 마지막으로는 원만함을 깨닫는 것이다. 부처는 보리에게 가르침을 구하면서 중생을 돕는다. 자비와 지혜를 함께 베풀고 복덕과 지혜를 함께 이루게 하여 공로와 덕행을 두루 갖추게 하면서 원만을 이룬다.

이른바 자성이 본래 동요가 없음은 그것이 조용하여 자신의 동일함과 청결을 유지한다는 것을 말한다. 만약 사람이 망념을 품는다면 그것은 상황에 따라 움직일 것이고 이는 마음이라는 것이 자체를 규정하지도 않고 경계를 정하지도 않으며 도리어 경계의 제한을 받는다는 것이다. 따라서 경계의 생멸은 마음의 생멸을 초래한다. 이와 반대로 자성은 본래부터 움직임이 없는 것이라 이는 아무런 망념도 없이 자신을 유지하고 경계에 따라 움직이지 않으면서 자신이 동요가 없게 한다는 것이다.

혜능은 후에 동요하지 않음을 해석할 때, 몸이 움직이지 않는 것이 아니라 마음이 움직이지 않는 것이라고 강조하였다.

> 선지식아, 또한 부동을 닦는 자는 모든 사람을 볼 때에 다른 사람의 시비와 선악과 허물을 보지 않나니 이것이 곧 자성부동이니라. 선지식아, 미혹한 사람은 몸은 비록 부동이나 입만 열면 곧 타인의 시비와 장단점 그리고 좋고 나쁨을 말하여 도와 등지니 만약 마음에 집착하거나 청정에 집착한다면 도리어 도를 막는 것이니라.[35]

진정으로 움직이지 않는다는 것은 정지한다는 것이 아니라 움직임 속에서도 움직이지 않음이 있다는 것이다. 혜능이 이에 대하여 게송을 만들어 마음이 움직이

---

35) 若修不動者, 但見一切人時, 不見人之是非善惡過患, 即是自性不動. 善知識! 迷人身雖不動, 開口便說他人是非長短好惡, 與道違背. 若著心著淨, 即障道也.(「坐禪品」)

지 않음을 해석하였다.

> 유정有情은 제대로 동하고 무정물은 도무지 동하지 못하니, 부동을 수행으로 삼는다
> 면 이것은 무정물의 부동과 같으리. 만약 참된 부동을 찾으려 한다면 움직임 속에
> 부동이 있음을 알라. 움직이지 않음이 부동이라면 무정이고 불성의 씨앗 또한
> 없느니라. 능히 모든 상을 잘 분별하되 궁극의 진리엔 동함이 없으니, 다만 이
> 같은 견해를 가지면 바로 진여를 씀이로다.[36]

혜능은 정이 있는 중생은 움직이고 무정한 만물은 움직이지 않는다고 말한다.
만약 오랫동안 눕지 않고 앉아서 하는 선정禪定인 부동 수행을 한다면 무정지물이
움직이지 않는 것과 별다를 것이 없다고 하였다. 만약 자심의 진정한 부동을 찾고자
한다면 응당 움직임 속에서 움직이지 않는 것이어야 한다. 이것이 바로 동 속에
정이 있으며 동과 정의 합일인 것이다. 오랫동안 앉아 움직이지 않는 것은 오직
몸이 움직이지 않는 것이라 무정의 물건과 같아 불성의 씨앗이 없다. 무정의 물건은
불성이 없고 오직 유정의 존재인 중생 중에서도 사람들만이 불성이 있다. 한편으로
사람은 모든 법상을 분별하여 만사에 대비할 수 있고 다른 한편으로는 최상의
원칙으로서의 자아의 마음과 본성에 충실할 수 있다. 이러한 견해를 이해한다면
진여를 실천했다고 할 수 있다는 것이다.

이른바 자성이 능히 만법을 낸다는 것은 만법이 만법으로서 체현될 수 있도록
하는 것을 말한다. 만법은 세사만물의 모든 존재이다. 그것은 자성 혹은 자심에
의거하여 가려졌던 데로부터 열린 데로 이어진다. 만약 자성이 없다면 만법도
없다. 반면 자성이 있으면 만법도 있게 된다. 이에 모든 만법은 자성을 여의지
않는다고 말하는 것이다. 이는 만법은 오직 자성과 자심에 의한 것임을 보여 준다.

혜능이 자성에 대하여 다섯 가지로 밝힌 것을 실은 두 개 방면으로 나누어

---

36) 有情卽解動, 無情卽不動. 若修不動行, 同無情不動. 若覓眞不動, 動上有不動. 不動是不動, 無情
無佛種. 能善分別相, 第一義不動. 但作如是見, 卽是眞如用.(「付囑品」)

볼 수 있다. 하나는 본래 스스로 청정하고 나지도 없어지지도 않으며 본래 스스로 구족하다는 것은 자신의 본성을 두고 말한 것이다. 다른 하나는 동요가 없이 만법을 낸다는 것은 자성과 만법의 관계를 두고 말한 것이다.

사람 자성의 본성에 대하여 말할 때 그것은 유이면서 공성을 띤다. 혜능은 바로 이런 공과 유를 둘러싸고 실성이자 공성이며 공성이자 곧 실성임을 깨달았다. 이 두 가지가 마침 자성의 "둘이 아닌" 특징을 나타내는데 공도 아니고 유도 아니면서 또한 공이기도 유이기도 하는 진공묘유眞空妙有이다. 이것은 공과 유 어디에도 치우치지 않는 것을 말해 준다.

자성은 유이다. 그것은 존재하면서 또한 존재하는 것이 아니다. 사람의 특수한 규정성으로서 그것은 사람이 사람으로 되게 할 뿐만 아니라 깨달음을 받아 부처로도 되게 한다. 이 외에 자성은 또한 만법이 만법으로 되게 하기도 한다.

또한 자성은 공이다. 존재하기는 하지만 공성을 띤다. 만법을 생각할 때에야 자성은 유이고 만법을 생각하지 않을 때는 공이다.

자성은 본래부터 공이라는 이 견해의 의의는 사실 자성이면서 또한 자성이 없는 것이기도 하다는 데 있다. 자성은 사람이 부처로 될 수 있는 근거와 원인인데 그것은 외재적인 근거나 원인이 아니라 내재적인 것을 가리킨다. 이러한 근거나 원인은 어떠한 물건이나 존재가 아니기 때문에 무라고 할 수 있다. 이런 의미에서 볼 때, 자성은 근거가 없는 근거이며 원인이 없는 원인이다. 자성은 또한 자성이 없는 것과 같은 것으로서 자신을 무라고 진술할 수 있는데, 무 역시 허虛나 공이라고 서술할 수도 있는 것이다. 모양도 없고 장애도 없다. 비슷한 의미로 허공중과 같다고 말할 수도 있겠다.

혜능은 자성을 허공에 비유하였다.

어떤 것을 마하라 하는가? 마하는 크다는 말이니 마음의 그릇이 광대하여 마치 허공과도 같아서 모나거나 둥글거나 크고 작은 것이 없으며 청, 황, 적, 백 등과 같은 색도 아니며 위아래도 없고 길고 짧음도 없으며 성날 것도 없고 기쁠 것도 없으며 옳은 것도 없고 그른 것도 없으며 착한 것도 악한 것도 없으며 그리고 머리도 꼬리도 없으니 제불의 국토도 또한 이처럼 허공과 같으니라. 세상 사람의 본성도 본래 공하여 법 하나도 얻을 수 없으니 자성이 참된 공으로서 이와 같으니라.[37]

이것을 통하여 혜능이 강조하고 싶은 것은 자성의 공은 비단 일반적인 물질적 존재자로서의 물리적 특징이 있으면서 또한 일반적인 심리적 존재자로서의 정신적 특징도 구비하지 않은 것이라는 것이다.

자성은 원래부터 공이고 한 가지 법도 아니지만 만법을 낼 수 있다.

만약 자성을 깨달으면 보리열반도 세우지 않으며 또한 해탈지견도 세우지 않으니라. 한 가지 법도 얻을 수 없으므로 가히 만법을 건립할 수 있는 것이니라. 만약 이 도리를 안다면 이는 곧 불신이며 보리열반이며 해탈지견이라 할 것이다. 견성한 사람은 세워도 되고 세우지 않아도 되니라. 거래에 자유롭고 막힘도 없으며 걸림도 없고 경우에 응하여 만들고 물음에 응하여 답하리라. 널리 화신을 보이고 자성을 여의지 않으면 곧 자재신통력과 유희삼매를 얻나니 이것이 견성이니라.[38]

만법(불법을 포함)은 모두 자성이 본래부터 공이라는 기초에서 건립된다. 때문에 사람들은 만법의 유를 통해 자성의 공을 보아 낼 수 있어야 한다.

자성의 이런 공성은 물론 악은 아니지만, 그렇다고 그와 대립되는 선도 아니다. 자성은 선도 악도 아니다. 그러므로 마음을 맑고 깨끗하게 하여 자기의 본성을 발견하는 명심견성明心見性은 선행을 베풀지도 않고 악행을 저지르지도 않는 것이다.

---

37) 何名摩訶? 摩訶是大. 心量廣大, 猶如虛空, 無有邊畔, 亦無方圓大小, 亦非靑黃赤白, 亦無上下長短, 亦無瞋無喜, 無是無非, 無善無惡, 無有頭尾. 諸佛刹土, 盡同虛空. 世人妙性本空, 無有一法可得. 自性眞空, 亦復如是.(「般若品」)

38) 若悟自性, 亦不立菩提涅槃, 亦不立解脫知見. 無一法可得, 方能建立萬法. 若解此意, 亦名佛身, 亦名菩提涅槃, 亦名解脫知見. 見性之人, 立亦得, 不立亦得. 去來自由, 無滯無礙. 應用隨作, 應語隨答. 普見化身, 不離自性, 卽得自在神通, 遊戱三昧, 是名見性.(「頓漸品」)

"차분히 힘써서 선을 행하지도 않고 기세등등하면서 악을 저지르지도 않으며 조용히 하여 보고 들은 것 모두 끊고 탕탕하여 마음에 집착을 없이 하라."[39] 열심히 애쓴다는 것은 움직이지 않는 것이고 등등한 것은 아무것도 하지 않는 것이다. 사람은 선행을 베풀지도 악행을 저지르지도 않으면서 선악을 초월하고자 한다. 적적은 조용함이고 탕탕은 평탄함이다. 사람이 상이나 공에도 주하지 않음이 무상無相, 무념無念, 무주無住이다.

그러나 혜능은 자성의 공에 집착하는 것을 반대하였다. "내가 지금 공을 설하는데 그렇다고 하여도 공에 집착하지 않도록 하라. 무엇보다 첫째로 공에 집착하지 말아야 하느니라. 만약 마음을 비우고 고요히 앉는다면 곧 무기공에 빠지리라."[40] 이런 공을 일반적으로 완공頑空, 악취공惡趣空이라 하는데, 일종의 죽음의 공으로 결코 진공眞空이 아니다.

사람들이 공에 대한 집착을 염두에 두고 혜능은 자성의 공이 만법을 품고 있음을 보아 내야 한다고 강조하였다.

> 세상의 허공이 능히 만물과 색상을 포함하고 있어 일월성신, 산천대지, 샘이나 물골이나 개울, 초목이나 삼림, 악인과 선인, 악법과 선법, 천당과 지옥, 모든 대해, 수미산들 등이 다 허공 가운데 있느니라. 세상 사람들의 본성이 공한 것도 또한 이와 같으니라. 선지식아, 자성이 능히 만법을 머금고 있는 것이 큰 것이니라. 만법이 모든 사람의 본성 중에 있는데 만약 모든 사람이 선이나 악을 행함을 볼 때, 모두 취하지도 않고 버리지도 않으며 또한 물들거나 집착하지도 아니하여 마음을 마치 저 허공과 같이 먹으면 이를 일러 크다 하는 것이니 이 까닭에 마하라 하느니라.[41]

---

39) 兀兀不修善, 騰騰不造惡. 寂寂斷見聞, 蕩蕩心無著.(「付囑品」)
40) 莫聞吾說空便卽著空. 第一莫著空, 若空心靜坐, 卽著無記空.(「般若品」)
41) 世界虛空, 能含萬物色像. 日月星宿, 山河大地, 泉源溪澗, 草木叢林, 惡人善人, 惡法善法, 天堂地獄, 一切大海, 須彌諸山, 總在空中. 世人性空, 亦復如是. 善知識! 自性能含萬法是大. 萬法在諸人性中, 若見一切人惡之與善, 盡皆不取不捨, 亦不染著, 心如虛空, 名之爲大. 故曰摩訶.(「般若品」)

[明] 陳賢, 「羅漢圖」

자성이 만법을 포함하고 있어야 참된 공이라 할 수 있다. 그렇지 않으면 임시적인 가공假空인 것이다.

사실, 자성이라 함은 편면적인 유나 혹은 편면적인 공이 아니라 유이자 공, 공이자 유인 공유불이이다. 혜능은 해탈향解脫香과 해탈지견향解脫知見香을 해설할 때 이 자성의 공유불이에 대하여 강조한 바 있다. 해탈향의 중심은 공이다. "넷째는 해탈향이니 마음에 반연攀緣하는 바가 없이 선도 생각하지 않으며 악도 생각하지 아니하여 얽매임이 없이 자재무애自在無礙한 것이 해탈향이요."42) 해탈지견향의 중심은 불공不空에 있다. "다섯째는 해탈지견향이니 자심에 이미 선악에 반연하는 바가 없다 하더라도 공에 잠겨 고요를 지켜서는 아니 되니 모름지기 널리 배우고 많이 들어야 하며 자기 본심을 알아서 모든 불법 이치에 통달하며 세속을 따라 만물을 접하되 나도 없고 남도 없어 바로 보리에 이르러 참본성에 변함이 없는 것이 해탈지견향이니라."43) 이러하기 때문에 사람들은 해탈향을 통하여 공성을 깨닫고 또한 해탈지견향을 통하여 자성의 불공도 실현해야 한다.

사람의 자성은 공유불이이다. 동시에 사람의 자심도 이런 공유불이를 깨달을 수가 있다. 혜능은 매 사람들마다 모두 이런 신기한 자성이 있다는 것을 주장하였다. 이는 사람들에게 부처를 배우고 부처로 되기 위한 가능성을 제공하여 준 것으로 된다. "보리자성이 본래 청정하니 다만 이 마음을 써라. 곧 성불하리라."44) 수행의 관건은 마음이 본성을 내보이느냐에 있다. 이는 부처로 되는 유일하면서도 쉬운

---

42) 四解脫香, 卽自心無所攀緣, 不思善, 不思惡, 自在無礙, 名解脫香.(「懺悔品」)
43) 五解脫知見香, 自心旣無所攀緣善惡, 不可沉空守寂, 卽須廣學多聞, 識自本心, 達諸佛理, 和光接物, 無我無人, 直至菩提, 眞性不易, 名解脫知見香.(「懺悔品」)
44) 菩提自性, 本來淸淨, 但用此心, 直了成佛.(「行由品」)

길이다. 홍인대사는 혜능이 이미 본성을 깨달았음을 알고 혜능에게 이렇게 말하였다. "본심을 깨치지 못하면 배워도 무익하고 본심을 깨치면 본성을 본 것이니 곧 장부, 천인사, 부처이니라."[45] 명심견성을 하지 못하면 부처로 될 수 없고 명심견성을 하면 부처로 될 수 있다는 것이다.

3. 개체로서의 마음

혜능의 사상이 혁신적인 것은 부처의 불성을 사람의 자성으로 이해하였을 뿐만 아니라 사람의 자성을 사람의 자심으로 해석한 데 있다. 자심은 보편적인 중생의 마음을 가리키면서 또한 다른 개체로서의 마음인 개인의 마음 즉 내 마음, 네 마음, 그의 마음을 말한다. 이로부터 불성이 매 사람 자신의 마음에 있음을 알 수 있을 것이다.

불교 역사뿐 아니라 중국사상사에서도 혜능이 강조한 자성과 자심은 개체의 지위를 다져 준 첫 시도라고 할 수 있다. 모든 개체는 특별하고 둘도 없는 존재이다. 개체로서의 사람은 대체할 수도 없고 중복되지도 않는 존재이다. 동시에 개체로서의 마음 역시 대체할 수도, 중복될 수도 없다. 모든 사람은 세상으로부터 자기 자신에게로 다시 돌아와야 하고 다른 사람으로부터도 역시 자신에게로 돌아와야 한다. 자심만이 부처가 되는 근거와 원인이고 그 길이 유일한 것이다.

개체로서 사람의 마음은 부처가 되기 위한 출발점이다. 사람은 이 마음을 떠나 다른 곳에서 출발점을 찾을 것이 아니라 바로 지금 이곳의 이 마음에서 시작된다. "내 마음에 스스로 불이 있나니 이것이 참된 부처니라. 만약 자기에게 불심이 없다면 어디에서 참된 부처를 구할 것인가?"[46] 자기 자신의 마음이 바로

---

45) 不識本心, 學法無益, 若識自本心, 見自本性, 卽名丈夫, 天人師, 佛.(「行由品」)
46) 我心自有佛, 自佛是眞佛, 自若無佛心, 何處求眞佛.(「付囑品」)

참된 부처이다. 본심을 찾았다면 부처를 찾은 것이고 찾지 못한다면 참된 부처 또한 없는 것이다.

사람들은 거개가 마음속의 잘못으로 인하여 과오가 생긴다. 이는 탐진치貪嗔癡라 하는 탐욕, 화, 어리석음 등으로 나타나는데 이를 삼독이라 한다. "마음 가운데 중생이니 이른바 저 삿되고 미혹한 마음, 망령된 마음, 착하지 않은 마음, 질투심, 모질고 독한 마음 등 이러한 마음이 모두 다 중생이다."[47] 이것은 사악한 마음의 각종 구체적인 표현 형태이다. 그것들은 다른 사람의 마음속에만 존재하는 것이 아니라 또한 모든 사람의 마음속에 존재하는 것이다.

사람의 수행은 자신의 잘못된 마음을 지혜로 바꾸자는 데 있다. 이러한 변화가 바로 구제와 해탈인데 매 사람은 스스로 자신을 구제할 필요가 있다. "각기 모름지기 자성으로 스스로 제도하는 것이 참된 제도니라."[48] 비록 사람이 자신을 구제해 주는 스승이 있다 하더라도 그 스승은 오직 스스로 자신을 구제하도록 이끌어 줄 뿐이다. "미혹할 때는 스님(五祖)께서 건네주셨거니와 깨친 다음에는 스스로 건너겠습니다. 건넌다는 말은 같긴 하나 쓰임은 같지 않습니다."[49] 오직 사람이 스스로 자신을 구제하여야 참된 구제를 받았다고 할 수 있다. 때문에 자심은 해탈의 유일한 길이다.

개체로서의 사람의 마음은 부처로 되는 길에서의 목적지에 해당된다. 혜능은 사람들이 자기 스스로 수행을 하여 자심불自心佛을 만나야 한다고 강조하였다. 부처는 외재적인 우상이 아니라 본인의 깨달음의 마음이다. "불지견이라는 것은 다만 너 자신의 마음일 뿐 다른 부처가 없느니라."[50] 마찬가지로 서방의 정토라고 하는 것도 마음의 정토를 말하는 것이다. "마음 바탕에 착한 마음이 가득하면 서방정토가 여기서 멀지 않은 것이요, 만약 착하지 않은 마음을 품고 있다면 설사

---

47) 心中眾生, 所謂邪迷心, 誑妄心, 不善心, 嫉妬心, 惡毒心, 如是等心盡是眾生.(「懺悔品」)
48) 各須自性自度, 是名眞度.(「懺悔品」)
49) 迷時師度, 悟了自度. 度名雖一, 用處不同.(「行由品」)
50) 佛之知見者, 只汝自心, 更無別佛.(「機緣品」)

염불하여도 서방극락에 가서 나기는 어렵느니라."[51] 모든 것은 사람의 자심으로 되돌아와야 한다는 것이다.

자신의 본성에 대한 깨달음은 자기 자신만이 느낄 수 있다. "마치 사람이 물을 마셔 보고 차고 더운 것을 스스로 아는 것과 같으니라."[52] 이런 개인의 깨달음은 대체할 수 없는 것이다. 혜능은 이렇게 말하였다.

네가 만약 마음이 미혹하여 자성을 보지 못하였다면 마땅히 선지식에게 물어서 길을 찾아야 할 것이요, 네가 만약 마음을 깨달았다면 곧 스스로 견성한 것이니 마땅히 법에 맞게 수행하여야 할 것이니라. 그런데 너는 스스로 미혹하여 자심을 못 보았으면서도 도리어 나에게 와서 깨달음을 물으니 내가 깨달은 것은 내 스스로 아는 것이거늘 어찌 너를 따라 내가 미혹할까? 네가 만약 스스로 알았다면 따라 미혹하지는 않을 것이니라. 자기 스스로 알고 깨달아야 하지 나에게 와서 묻겠는 가?[53]

모든 사람은 자심으로 돌아가야 한다. 결코 남을 대신할 수도 없고 다른 사람이 나를 대신해 줄 수도 없다.

개인의 그때 그 순간의 마음을 강조하는 것으로 선종禪宗은 개인 친증親證의 지혜로 되었다. 이른바 친증은 개인의 몸과 마음으로 사물의 본성을 직접 경험하는 것을 말한다. 선종에서는 개인의 몸과 마음이 직접 제법의 실상을 경험하게 하면서 심색여일, 공유불이에 이르게 한다. 이것은 선종이 다른 기타 지혜 형태와 구분되는 독특한 점이다.

---

51) 心地無不善, 西方去此不遙. 若懷不善之心, 念佛往生難到.(「疑問品」)
52) 如人飲水, 冷暖自知.(「行由品」)
53) 汝若心迷不見, 問善知識覓路. 汝若心悟, 即自見性, 依法修行. 汝自迷不見自心, 卻來問吾見與不見. 吾見自知, 豈代汝迷? 汝若自見, 亦不代吾迷. 何不自知自見, 乃問吾見與不見.(「頓漸品」)

4. 심념 또는 심행

혜능이 말하는 자심은 개인의 마음이며, 동시에 이때의 마음 역시 개개인이 지금 이 순간 마음의 활동을 말하는 것이다. 현재 느끼고 있는 마음이므로 부처로 되는 것이 단지 일반 세상에 대한 문제가 아니라 사람에 대한 문제이다. 그리고 한 사람 순간의 문제이면서 주요하게는 한 사람의 순간적인 마음의 문제로 체현되어야 하는 것이다.

현실 활동 중의 마음은 구체적으로는 념念으로 체현된다. 념은 마음으로부터 떠오르는 생각이다. 이런 생각은 공간적인 것이 아니라 시간적이다. 이것을 시간의 최소 단위로 볼 수 있는데 이를테면 찰나, 순간 등과 같다. 념은 심령 매 시각의 활동이다. 일념은 번개처럼 짧고 빠르다.

비록 이러한 생각은 제한되어 있지만 그것들이 끊임없이 이어지고 시간 속에서 길게 이어져 끝이 없게 된다. 사실 사람의 마음은 바로 제한된 생각의 무한한 활동이다. 생각은 전념前念, 금념今念, 후념後念으로 나뉠 수 있다. 전념은 과거의 생각이고 금념은 지금의 생각이며 후념은 미래의 생각이다.

일념이 비록 짧다고는 하나 잘못을 결정할 수 있고 생사를 좌우할 수도 있다. 이른바 잘못과 깨달음은 일념의 차이에서 생긴다. 혜능은 이렇게 말하였다. "범부凡夫가 곧 부처요, 번뇌가 곧 보리니라. 전념이 미혹하면 범부요, 후념이 깨달으면 부처니라. 전념이 경계에 집착하면 번뇌가 되고 후념이 경계를 여의면 즉시 보리니라."54) 그리고는 또 이렇게 말하였다. "모든 곳, 모든 시간 사이에 생각마다 어리석지 아니하고 항상 지혜를 행하는 것이 곧 반야행이니라. 일념이 어리석으면 곧 반야가 끊어짐이요, 일념이 슬기로우면 곧 반야가 나는 것이니라."55) 부처와 중생은 보기에

---

54) 凡夫卽佛, 煩惱卽菩提. 前念迷, 卽凡夫. 後念悟, 卽佛. 前念著境, 卽煩惱. 後念離境, 卽菩提.(「般若品」)

55) 一切處所, 一切時中, 念念不愚, 常行智慧, 卽是般若行. 一念愚卽般若絶, 一念智卽般若生.(「般若品」)

멀리 떨어진 것 같지만 실은 일념의 차이라는 것이다. 때문에 사람은 시시각각 생각을 바로 하여야 한다.

마음속의 잘못을 없애는 것은 바로 탐욕과 번뇌, 어리석음과 같은 생각을 없애는 것이다. "전념, 금념, 후념의 생각들 중에 어리석고 미혹한 데 빠지지 않느니라."[56] 이는 어리석은 생각을 없애는 것이다. "전념, 금념, 후념의 생각들 중에 교만하고 진실하지 못한 데 물들지 않아지리라."[57] 이는 교만한 생각을 없애는 것이다. "전념, 금념, 후념의 생각들 중에 질투심에 물들지 않아지리라."[58] 이는 질투의 생각을 없애는 것이다.

혜능은 사람의 생각이 법에서 멈추지 않아야 한다고 요구하였다. "제법에서 생각들에 머물지 않으면 곧 얽매임이 없는 것이니라."[59] 멈추지 않는다면 곧 막힘이 없는 것이다. "생각들이 막힘이 없어 항상 본성의 진실묘용을 보는 것이 공덕이 되는 것이니라."[60] 이런 연고로 생각과 마음 사이는 끊어짐과 막힘이 없이 이어진 것이다. "생각들이 끊임이 없는 것이 곧 공이다."[61]

사람의 생각이 잘못이나 미혹됨이 없을 때면 깨달음을 얻을 수 있다. 일념 사이에 잘못으로부터 깨달음에 이를 수 있다. 심념心念의 깨달음이자 바로 부처가 되었다는 것이다. "모든 시각에 스스로 생각을 하여 그 마음을 맑게 하고 스스로 닦고 스스로 행하여 자기 법신을 보고 자기 마음의 부처를 보아 스스로 제도하고 스스로 경계하여야 비로소 얻어지는 것이니 구태여 이곳에 올 것까지 없느니라."[62] 심념이 본성을 보아 내는 수행이 바로 불성의 실현이다. "일념으로 수행하면 자신이 부처와 같으니라."[63]

---

56) 從前念今念及後念, 念念不被愚迷染. (「懺悔品」)
57) 從前念今念及後念, 念念不被驕誑染. (「懺悔品」)
58) 從前念今念及後念, 念念不被嫉妒染. (「懺悔品」)
59) 於諸法上, 念念不住, 即無縛也. (「定慧品」)
60) 念念無滯, 常見本性, 眞實妙用, 名爲功德. (「疑問品」)
61) 念念無間是功. (「疑問品」)
62) 於一切時, 念念自淨其心, 自修其行, 見自己法身, 見自心佛, 自度自戒, 始得不假到此. (「懺悔品」)
63) 一念修行, 自身等佛. (「般若品」)

심념은 또한 구념口念이랑 구별되어야 한다. 구념은 소리 내어 읽는 것을 말한다. 심념은 마음으로 실천하고 행동하는 것이다. 불교에서의 행은 주로 마음의 조작을 말하는데 마음의 의지에 의한 활동이다. 혜능은 심행心行이야말로 진심에 있어서의 완벽한 실현이라고 하였다. 오직 심행이 있어야만 심념이 거짓이 아니라 참된 것이라는 것이다.

혜능은 수행의 관건이 언어에 있는 것이 아니라 마음으로 실천하고 행동하는 심행에 있다고 하였다.

> 마하반야바라밀은 범어이니 여기 말로는 큰 지혜로 피안彼岸 즉 열반의 경지에 이르렀다는 말이니라. 이는 모름지기 마음에서 행하는 것이요, 입으로 외는 데 있는 것이 아니니, 입으로 외우더라도 마음에서 행하지 않는다면 허깨비와도 같으며 이슬과 같고 번개와도 같으니라. 입으로 외고 마음으로 행한다면 곧 마음과 입이 서로 응할 것이니라. 본성이 부처이니 본성을 여의어는 다른 부처가 없느니라.[64]

사람의 몸(身), 언어(語), 의지(意) 세 가지 중에서 근본적인 것은 심령이다. 심령은 몸과 언어를 규정해 준다. 만약 마음으로 행한다면 그에 따른 몸의 행위와 언어의 표현이 따르게 될 것이다. 그러나 마음으로 행하는 것이 없다면 언어의 표현과 신체의 행위가 있다 하더라도 의미가 없다.

미혹한 자는 입으로만 말할 뿐이지 마음으로는 행하지 않는다. "세상 사람이 입으로는 종일 반야를 외나 자성반야를 알지 못하니 마치 말로만 음식 이야기를 아무리 하여도 배부를 수 없는 것과 같으니라. 다만 입으로만 공을 말한다면 만겁을 지내더라도 견성하지 못하리니 아무 이익이 없느니라."[65] 말만 하고 마음으로 행하지 않는다면 명심견성은커녕 도리어 자신 마음의 미혹을 더욱 감추기만 할

---

64) 摩訶般若波羅蜜是梵語, 此言大智慧到彼岸. 此須心行, 不在口念. 口念心不行, 如幻如化, 如露如電. 口念心行, 則心口相應. 本性是佛, 離性別無佛(「般若品」)
65) 世人終日口念般若, 不識自性般若, 猶如說食不飽. 口但說空, 萬劫不得見性, 終無有益.(「般若品」)

뿐이다.

미혹한 사람이 말로만 하고 마음으로 행하지 않는 것과 달리 지혜로운 자는 말로 할 뿐만 아니라 마음으로도 행한다. 미혹한 자와 지혜로운 자의 근본적인 차별이 바로 마음으로 행하는지 그렇지 않은지에 있다. "미혹한 사람은 입으로만 외우므로 외고 있을 때에는 망령된 것도 있고 그릇된 것도 있느니라. 만약 생각마다 행하면 이것이 곧 진성이니라. 이 법을 깨달으면 이것이 반야법이요, 이것을 수행하면 이것이 반야행이니라. 수행을 하지 않으면 즉 범부요, 일념으로 수행하면 자신이 부처와 같게 되느니라."[66] 마음으로 행하는 것은 반야지혜의 참된 실현이다. 심색여일, 공유불이는 마음의 지혜라는 데 있다. 마음으로 이것을 실현해야만이 반야지혜가 거짓이 아닌 진실이 된다.

5. 마음과 만법

혜능은 사람 자심의 본성을 밝혔을 뿐만 아니라 마음과 만법萬法의 관계에 대하여서도 설명하고 있다. 법은 본체와 법칙을 의미한다. 모든 사물은 본체와 법칙이 있어 만법이라고 부른다. 만법이자 만물 즉 세상에 존재하는 모든 것이라고 이해할 수 있다. 근본적으로 마음이 만법을 규정한다 하더라도 그들의 관계는 단일한 것이 아니라 다방면적인 것으로 풍부하게 만들어 준다.

첫째, 마음은 만법 중의 하나이다.

만법은 일체의 법을 포함한다. 만법의 분류에 있어서 불교 유가행파瑜伽行派의 유식론唯識論이 가장 전면적이면서 구체적이다. 그는 오위법五位法을 제기하였는데 모든 법을 다섯 가지 부류로 나누었다. 색법色法, 심법心法, 심소유법心所有法, 심불상

---

66) 迷人口念, 當念之時, 有妄有非. 念念若行, 是名眞性. 悟此法者, 是般若法. 修此行者, 是般若行. 不修卽凡, 一念修行, 自身等佛.(「般若品」)

응법心不相應法과 무위법無爲法이 그것이다. 색법에는 질애質礙와 변애變礙가 있다. 심법은 육식六識이나 팔식八識의 주체로 심소心所에 대응되는 심왕心王이다. 심소유법은 독립적이지 못하고 마음에 의거해야 하는 마음 활동이다. 심불상응법은 마음에 상응되지도 않고 색의 생멸 현상에 상응하지도 않는다. 이상 네 가지는 유위법에 속하는 것으로, 무엇인가를 한다는 것으로 인과 연의 조합으로 이루어진 것이며 생도 있고 멸도 있다. 반대로 무위법은 적극적으로 아무것도 하지 않는 것으로 인과 연의 조합으로 이루어지지 않았으며 생도 멸도 없다. 이런 의미에서 볼 때 심법은 단지 만법 중의 하나일 뿐이다.

혜능은 주로 대승불교, 소승불교에서 통용되는 삼과학설三科學說을 채납하였다. 그는 사람 마음을 시작으로 세계 전체에 대하여 부동한 유형으로 구분해 보았다. 혜능은 삼과의 의의에 대하여 다음과 같이 해석하였다.

> 삼과법문이라 하는 것은 음과 계와 입을 말함이니라. 음이라 함은 오음이니 색, 수, 상, 행, 식이 이것이요, 입이라 함은 십이입이니 밖으로 육진인 색, 성, 향, 미, 촉, 법과 안으로 육문인 안, 이, 비, 설, 신, 의가 그것이요, 계라 하는 것은 십팔계니 육진, 육문, 육식이 이것이니라.[67]

음은 오음五陰을 말한다. 즉 색, 수, 상, 행, 식이다. 오음은 또한 오온五蘊이라고도 한다. 다섯 가지 종류의 쌓임이다. 그들은 세계를 구성하는 중요 인소이다. 색은 물질을 가리키는데 즉 세상의 네 가지(땅, 물, 불, 바람)를 가리키기도 하고 사람의 몸(상응하는 네 가지 요소)을 가리키기도 한다. 수는 감수를 말하는데 사람들이 유리한 것(순리), 불리한 것(위반) 혹은 이해관계가 없는 것 등에 따라서 낙樂, 고苦, 사舍(낙도 고도 아닌 것) 등으로 나뉜다. 상은 상相에 집착해 이루어진 명언이나 개념의 활동이다. 상은 고상苦想, 낙상樂想, 무상상無常想 등 유형으로 나뉜다. 행은 의지적인 활동이다.

---

67) 三科法門者, 陰界入也. 陰是五陰. 色受想行識是也. 入是十二入, 外六塵. 色聲香味觸法. 內六門. 眼耳鼻舌身意是也. 界是十八界. 六塵六門六識是也.(「付囑品」)

그것은 마음의 조작과 흐름을 말한다. 식은 주로 구분과 판단인 식별을 가리킨다.

입入은 십이입十二入을 말한다. 십이처十 二處라고도 한다. 들어오는 장소와 들어오는 물건을 가리킨다. 여기에는 밖으로의 육진 과 안으로의 육문을 포함한다. 밖으로 육진 을 육경六境이라고도 하는데 색, 성, 향, 미, 촉, 법을 말한다. 안으로 육문을 육근六根이

[明] 陳賢, 「羅漢圖」

라고도 하는데 눈, 귀, 코, 혀, 몸, 의를 가리킨다. 십이입은 주로 사람의 느끼고 생각하는 기관과 사물을 구분해 놓았다.

계界는 십팔계이고 유별이다. 십팔계는 육진, 육문, 육식을 포함한다. 십팔계는 사실상 십이입 외에 그에 상응하는 육식을 추가한 것이다. 육식인즉 안식眼識, 이식耳識, 비식鼻識, 설식舌識, 신식身識, 의식意識 등이다.

삼과三科는 사람들이 심법과 색법에 대하여 갖는 영원하고 고정불변한 본성에 대한 집착을 없애 주기 위한 데 있다. 그러나 그들은 또한 각자의 중점이 있다. 오온은 가장 간단한 것으로 주로 사람들의 심법유아心法有我에 대한 집착을 없애 주었다. 십이입은 중간 상태로 색법유아色法有我에 대한 집착을 없애고, 십팔계는 가장 광범위한데 심법유아와 색법유아가 조합된 집착을 없애 준다.

삼과의 분류 중, 심법에는 색법 이외의 모든 법이 포함된다. 심법이 만법 중의 하나라고는 하지만 그것은 만법 중에서도 가장 중요하다. 이는 모든 것이 마음으로부터 출발해야만 사람들이 세상을 알아갈 수 있기 때문이다.

그러나 색법이든 심법이든 막론하고 만법은 모두 공에서 시작된다. 공에서 시작해야 자신의 본성이 참된 것이다. 혜능은 "오음은 본래 공이요, 육진은 있는 것이 아니다"[68]라고 하였는데 바로 진가를 잘 구분해야 하는 것을 강조한다.

---

68) 五陰本空, 六塵非有.(「機緣品」)

모든 것 중에 진이란 없으니 진이라고 볼 수 없느니라. 만약 진이 있다고 본다면 이러한 견해는 모두 다 진이 아니니라. 만약 능히 스스로 진이 있을 수 있다면 거짓을 떠난 것이 곧 마음의 진이니라. 자심이 거짓을 여의지 않고서는 진이란 없거니 어디에서 진을 찾으랴.[69]

모든 만법은 진실이 아니고 무릇 모든 상이라 하는 것 역시 모두 허망한 것이다. 때문에 허망한 만법을 진실로 받아들여서는 안 된다. 만약 만법을 진실로 받아들인다면 그럼 이런 견해 또한 진실한 것이 아니다. 만약 사람이 자성의 진실을 얻을 수 있다면 가상을 버리고 난 뒤에는 자심의 진실함을 얻을 수 있을 것이다. 그렇지 않고 만약 자심이 가상을 버리지 않는다면 자신마저 진실하지 않은데 어디에 또한 진실이 있겠는가?

오직 만법이 공에서 시작해야 본성이 참된 것이라는 것을 깨달아야 사람의 자심이 비로소 거짓을 버리고 참된 것을 얻을 수 있다. 이러한 자심이야말로 둘이 아닌 만법의 본성에 이를 수 있다. "온과 계를 범부는 둘로 보나 지혜 있는 사람은 그 성을 달하여 둘로 보지 않으니 둘이 아닌 본성이 곧 불성이니라."[70] 만법의 본성이 둘이 아니니 사람들은 마음에 집착하지도 말아야 하고 색에 집착하지도 말아야 한다. 유에 집착하지도 않아야 할 뿐만 아니라 공에 집착하여서도 안 된다. 이것과 달리 사람은 또한 공과 유를 함께 이용해야 하는데 공으로 유를 깨뜨리고 유로써 공을 깨뜨릴 수 있다. 혜능은 이렇게 말하였다. "먼저 삼과 법문을 들고 이어 삼십육 대를 사용하여 말하리니 나타났다 없어짐에 곧 양변을 여의고 모든 법을 말할 때 자성을 여의지 말라. 혹여 어떤 사람이 와서 너희에게 법을 묻거든 말을 하되 모두 쌍으로 하여 다 대법을 취하고 오고 감이 서로 함께하는 관계로 되게 하라. 마침내는 이법을 모두 없애 다시 갈 곳이 없게 하라."[71] 혜능이 여기서

---

69) 一切無有眞, 不以見於眞. 若見於眞者, 是見盡非眞. 若能自有眞, 離假卽心眞. 自心不離假, 無眞何處眞.(「付囑品」)

70) 蘊之與界, 凡夫見二, 智者了達, 其性無二, 無二之性, 卽是佛性.(「行由品」)

71) 先須擧三科法門, 動用三十六對, 出沒卽離兩邊, 說一切法, 莫離自性. 忽有人問汝法, 出語盡雙,

강조한 것은 역시 심색여일, 공유불이이다.

만약 삼과가 세계 존재자에 대하여 구분을 한 것이라고 한다면 그럼 삼십육대 법은 혜능이 세상의 구성에 대한 독특한 구분으로 된다. 혜능은 그들을 세개 부류로 나누었다.

일류一類, "무정물인 바깥 경계에 오대가 있으니 하늘은 땅, 해는 달, 밝음은 어둠, 음은 양, 물은 불과 더불어 대니 이것은 오대라 하느니라."[72]

이류二類, "제법의 모양을 딴 말에 십이대가 있으니 말은 법, 유는 무, 유색은 무색, 유상은 무상, 유루는 무루, 색은 공, 동은 정, 청은 탁, 범은 성, 승은 속, 노는 소, 대는 소와 더불어 대니 이것이 십이대가 되느니라."[73]

삼류三類, "자성이 작용을 일으킴에 십구대가 되니 장은 단, 사는 정, 치는 혜, 우는 지, 난은 정, 자는 독, 계는 비, 직은 곡, 실은 허, 험은 평, 번뇌는 보리, 상은 무상, 비는 해, 희는 진, 사는 간, 진은 퇴, 생은 멸, 법신은 색신, 화신은 보신과 더불어 대니 이것이 십구대가 되느니라."[74]

상술한 분류 중에서 첫째 부류는 외부적인 것으로 무정하다. 그들은 자연 사물에 속한다. 인류와 같은 정이 있는(생명이 있는) 존재와 다르게 그들은 정이 없는 존재들이고 생명이 없는 존재들이다.

둘째 부류는 법상과 언어가 포함된다. 그들은 제법의 현상을 가리키기도 하고 제법을 묘사하는 언어를 말하기도 한다.

셋째 부류는 자성의 작용 하에서의 사물을 말한다. 자성이 있으면 이런 사물도 있고 자성이 없으면 이런 사물이 없는 것이다.

皆取對法, 來去相因, 究竟二法盡除, 更無去處.(「付囑品」)

72) 對法外境, 無情五對. 天與地對, 日與月對, 明與暗對, 陰與陽對, 水與火對, 此是五對也.(「付囑品」)

73) 法相語言十二對. 語與法對, 有與無對, 有色與無色對, 有相與無相對, 有漏與無漏對, 色與空對, 動與靜對, 淸與濁對, 凡與聖對, 僧與俗對, 老與少對, 大與小對, 此是十二對也.(「付囑品」)

74) 自性起用十九對. 長與短對, 邪與正對, 癡與慧對, 愚與智對, 亂與定對, 慈與毒對, 戒與非對, 直與曲對, 實與虛對, 險與平對, 煩惱與菩提對, 常與無常對, 悲與害對, 喜與嗔對, 捨與慳對, 進與退對, 生與滅對, 法身與色身對, 化身與報身對, 此是十九對也.(「付囑品」)

사실 첫째 부류는 색법에 속하는데, 중국의 유가와 도가의 전통적인 사유와 사상의 영향을 받은 자연에 대한 구분과 표현 형식이다. 둘째 부류는 기본상 색법의 구성 요소로서의 심법에 대한 것이다. 그리고 셋째 부류는 완전히 심법의 작용에 관한 것이다.

이 세 부류에 있어서 혜능은 그들의 대립을 없애야 한다고 강조한다. 혜능이 제기한 원칙은 양변을 벗어나는 것이다. "만약 이 서른여섯 대법을 잘 알아서 쓰면 곧 도가 모든 경법經法을 꿰뚫어 출입함에 곧 양변을 떠날 수 있느니라."[75] 이는 만법이 상에 대하여서는 대립적이지만 본성에 대하여서는 대립을 초월했다고 볼 수 있다.

동시에 혜능은 양변을 초월한 원칙을 구체화시켰다. "만약 어떤 사람이 너에게 법의 뜻을 묻되 유를 물으면 무로써 대하고, 무를 물으면 유로써 대하고, 범을 물으면 성으로써 대하며, 성을 물으면 범으로 대하여, 두 도가 서로 함께하는 관계로 되게 하여 중도의 뜻이 살아나게 하라."[76]

혜능은 또한 양변을 초월한 원칙에 대하여 예시도 하였다.

한 번 물음에 한 번 대하되 다른 물음에도 똑같이 이와 같이 하면 곧 법리를 잃지 않으리라. 혹 어떤 사람이 묻기를 "무엇이 어두운 것이냐?" 한다면 답하기를 "밝음은 바로 인이요, 어둠은 바로 연이니, 밝음이 없어진 것이 곧 어둠이다"라고 하라. 이는 밝음으로써 어둠을 나타내며 어둠으로써 밝음을 나타내는 것이니 오고 감이 서로 함께하는 관계로 되게 하여 중도의 뜻을 이루나니 다른 물음에 대하여도 모두 다 이와 같이 하라. 너희들이 이후에 법을 전할 때에도 마땅히 이와 같이 하되 이 취지를 잃지 않도록 하라.[77]

---

75) 此三十六對法, 若解用, 卽道貫一切經法, 出入卽離兩邊.(「付囑品」)
76) 若有人問汝義, 問有, 將無對. 問無, 將有對. 問凡, 以聖對. 問聖, 以凡對. 二道相因, 生中道義. (「付囑品」)
77) 如一問一對, 餘問一依此作, 卽不失理也. 設有人問, 何名爲暗? 答云, 明是因, 暗是緣, 明沒則暗, 以明顯暗, 以暗顯明, 來去相因, 成中道義. 餘問悉皆如此. 汝等於後傳法, 此轉相敎授, 勿失宗旨.(「付囑品」)

삼과와 삼십육대에 대한 서술에서 보다시피 혜능은 심법이 만법 중의 하나라는 것과 만법 중의 왕이라고 인정한다.

둘째, 마음에서 만법이 생기다.

우선, 만법은 마음에서 시작된다. 이와 관련하여 불교에서는 여러 이론이 있는데, 십이인연十二因緣의 업감연기業感緣起, 유식종唯識宗의 아뢰야식연기阿賴耶識緣起인 잠재의식이 그것이다. 이에 대하여 혜능은 명확하게 본성에서 시작됨을 밝혔다. 그는 이렇게 말하였다. "자성이 능히 만법을 머금고 있는 것 이것이 큰 것이니, 만법이 모든 사람의 본성 중에 있느니라."78) 그러면서 또한 이렇게 강조하였다. "만법이 모두 자기 마음에 있는 것이거늘 어찌하여 자심 중에서 바로 진여본성을 보지 못하는가."79) 그는 만법과 불법 역시 사람의 본성에 달렸다고 한다. "일체 수다라修多羅와 여러 문자들, 대소이승, 십이부경 등이 모두 사람으로 인하여 있는 것이라. 지혜의 본성으로 말미암아 건립된 것이니 만약 세상 사람이 없으면 모든 만법이 본래로 있을 수 없느니라. 때문에 만법이 본래 사람으로 인하여 일어나는 것임을 알아. 모든 경서도 사람을 위하여 설하게 되어 있느니라. 그 사람 가운데는 어리석은 자도 있고 슬기로운 자도 있어서 어리석은 자는 소인이라 하고 슬기로운 자는 대인이라 하느니라. 어리석은 자는 지혜 있는 사람에게 묻고, 지혜 있는 사람은 어리석은 사람에게 설법하리라. 어리석은 자가 마음이 열려 깨치게 되면 곧 지혜 있는 사람과 다를 바가 없느니라."80) 마음은 만법이 존재하는 마지막 근거이다.

다음으로, 만법의 출현은 마음에 있다. 마음은 태양과도 같은 존재로서 마음이 없으면 만법은 암흑 그 자체이다. 고로 마음이 있으면 만법은 밝은 것이다. 혜능은 이렇게 말하였다. "자성 가운데에 만법이 모두 나타나리라."81) 이는 또한 "진여자성

---

78) 自性能含萬法是大. 萬法在諸人性中.(「般若品」)
79) 萬法盡在自心, 何不從自心中頓見眞如本性.(「般若品」)
80) 一切修多羅及諸文字, 大小二乘, 十二部經, 皆因人置, 因智慧性, 方能建立. 若無世人, 一切萬法, 本自不有. 故知萬法本自人興. 一切經書, 因人說有. 緣其中, 有愚有智. 愚爲小人, 智爲大人. 愚者問於智人, 智者與愚人說法. 愚人忽然悟解心開, 卽與智人無別.(「般若品」)

이 작용을 일으킨다"[82]는 데 있다. 진여자성이 바로 자심이다. 그는 사람의 안, 이, 비, 설, 신의 등 육근을 규정해 준다. 혜능은 이렇게 말하였다.

'념'이라 함은 진여본성을 생각함이니라. 진여는 곧 생각의 본체요, 생각은 곧 진여의 작용이니라. 진여자성이 생각을 일으킴이지 눈이나 귀, 코, 혀가 능히 생각하는 것이 아니니라. 진여에 본성이 있으므로 생각이 일어날 수 있느니라. 만약 진여가 없다면 눈이나 귀나 빛깔이나 소리가 당장에 없어지리라. 선지식아, 진여자성이 생각을 일으키므로 육근이 비록 보고 듣고 깨닫고 앎이 있더라도 모든 경계를 물들지 않게 하며 진성이 항상 자재하니라. 이 까닭에 경에 이르기를 "능히 모든 법상을 밝게 분별하나 제일의에 있어서는 동함이 없다" 하였느니라.[83]

마음과 만법의 관계를 설명할 때, 혜능은 유식종의 팔식이론八識理論을 차용하였으며 아울러 그에 대한 변화를 주었다. 유식종은 사람의 의식을 안, 이, 비, 색, 신, 의, 말나末那(마나스), 아뢰야식 즉 잠재의식 등 팔식으로 나뉘었다. 그는 밖의 환경은 유가 아니고 안의 인식은 무가 아니라고 하였다. 때문에 오직 경계가 없음을 인식해야만 한다고 하면서 모든 것은 잠재의식에서 오는 것이라 한다. 그러나 혜능의 자성 혹은 자심은 이런 잠재의식과 다르다. 자성이나 자심은 더럽고 깨끗한 이원대립을 벗어나 더럽고 깨끗한 것도 없는데 잠재의식에는 더러움도 있고 깨끗함도 있기 때문이다. 하지만 자성이나 자심은 더러운 것이나 깨끗한 것을 생기게 할 수 있다. "자성이 만법을 머금었으므로 함장식이라 하는 것이니 만약 사고를 일으키면 이것이 전식이라. 육식을 내어 육문을 나와 육진을 보게 되나니 이와 같이 십팔계 모두가 자성으로부터 일어나는 것이다."[84]

---

81) 於自性中萬法皆現. (「懺悔品」)
82) 眞如自性起用. (「定慧品」)
83) 念者念眞如本性. 眞如卽是念之體, 念卽是眞如之用. 眞如自性起念, 非眼耳鼻舌能念. 眞如有性, 所以起念. 眞如若無, 眼耳色聲, 當時卽壞. 善知識, 眞如自性起念, 六根雖有見聞覺知, 不染萬境, 而眞性常自在. 故經云, 能善分別諸法相, 於第一義而不動. (「定慧品」)
84) 自性能含萬法, 名含藏識. 若起思量, 卽是轉識. 生六識, 出六門, 見六塵, 如是一十八界, 皆從自

마지막으로, 만법의 변화는 마음에 달려 있다. 세상에는 원래 선법善法과 악법惡法이 없었다. 선법이나 악법 모두 마음에서 생겨나는 것이다. 동시에 선법에서 악법으로, 혹은 악법에서 선법으로 향하는 것 역시 마음가짐에 있다. "일념을 헤아리면 이것이 변화니라. 악한 일을 생각하면 화하여 지옥이 되고, 착한 일을 생각하면 화하여 천당이 되며, 해치려는 마음은 화하여 용이나 뱀이 되

[唐] 『金剛般若波羅蜜經』

고, 자비는 화하여 보살이 되니라. 지혜는 화하여 높은 경계가 되고, 우치는 화하여 낮은 세계가 되니라. 자성의 변화가 심히 많아 미혹한 사람은 이 도리를 깨치지 못하고 생각마다 악을 일으켜 항상 악도에 떨어지느니라. 그러나 만약 일념을 선으로 돌이키면 곧 지혜가 생기니 이것이 자성의 화신불이니라."[85] 혜능은 자성에서 선악과 바르고 간사한 일이 생긴다고 강조하였다. "자성이 만약 삿되면 십팔사가 일어나고 자성이 만약 바르면 십팔정이 일어나느니라. 악한 것을 머금고 쓰면 이것은 곧 중생의 작용이요 착하게 쓰면 곧 부처님의 작용이니라. 대체 작용은 무엇을 말미암아 이루어지는가, 자성으로 말미암은 것이니라."[86]

마음에서 만법이 생기기 때문에 혜능은 바람과 깃발에 대한 쟁론이 있었을 때 마음이 움직인 것이라는 관점을 제기한 것이다. "그때 바람이 불어 깃발이 펄럭이는 것을 보고 한 중은 말하기를 '바람이 움직인다' 하고, 다른 한 중은 '깃발이 움직인다' 하며 의론이 끊이지 않는다. 혜능이 말하기를 '바람이 움직이는 것도

性起用.(「付囑品」)

85) 一念思量, 名爲變化. 思量惡事, 化爲地獄. 思量善事, 化爲天堂. 毒害化爲龍蛇. 慈悲化爲菩薩. 智慧化爲上界. 愚癡化爲下方. 自性變化甚多, 迷人不能省, 念念起惡, 常行惡道. 回一念善, 智慧卽生. 此名自性化身佛.(「懺悔品」)

86) 自性若邪, 起十八邪. 自性若正, 走十八正. 若惡用卽衆生用, 善用卽佛用. 用由何等, 由自性有. (「付囑品」)

아니며 깃발이 움직이는 것도 아니라, 당신의 마음이 움직인 것이요'라고 하여 모여 있던 대중이 모두 놀랐다.”[87]

두 승려가 바람이 움직인다느니 깃발이 움직인다느니 하고 논쟁을 할 때 혜능은 “바람이 움직이는 것도 아니고 깃발이 움직이는 것도 아닌 당신들의 마음이 움직인 것이다”라고 했는데 여기서의 “움직이다”는 “움직이는 상태”가 아니라 “추진”을 말한다. 즉 어느 것이 깃발의 움직임을 추진시켰는지 혹은 깃발이 움직인 원인이 무엇인가를 말하는 것이다.

두 승려는 물건이 움직이고 마음이 움직이지 않음을 주장한다. 그들은 혹은 그냥 바람의 움직임만을 강조하거나 혹은 깃발이 움직인 것만 강조한다. 그들은 바람과 깃발이 같이 움직인다는 것을 보아 내지 못하고 있다. 이와 달리 혜능은 마음이 움직이고 물건은 움직이지 않는다고 주장하였다. 그러나 이 외에 또 다른 셋째 가능성도 있는데 바로 물건도 움직이고 마음도 움직인다는 것이다. 이 외의 넷째 가능성으로 마음과 물건 모두 움직이지 않는다는 것도 있다. 혜능은 주로 “마음이 움직이고 물건은 움직이지 않다”는 것으로 두 승려의 “물건이 움직이고 마음은 움직이지 않음”을 반박하였다. 오직 사람의 마음이 움직여야 물건의 존재와 활동이 체현될 수가 있다. 다시 말하면 마음이야말로 물건의 근본적 원인이 된다는 것이다. 오직 마음만이 바람과 깃발 움직임의 구체적 표현인 것이다.

셋째, 마음과 만법은 둘이 아니다.

비록 심법이 만법 중의 하나라고 하지만 마음은 만법을 결정한다. 이런 관점에 근거하여 만법은 마음을 떠날 수가 없고 마음 역시 만법을 떠날 수가 없다. 만법이 없으면 마음 자체는 빈 것이고 마음이 없으면 만법 역시 빈 것이다.

혜능은 마음과 만법의 합일을 강조하였다. “심량이 광대하여 법계에 두루 하니 작용을 하면 곧 모든 것을 알게 되느니라. 모든 것이자 곧 하나요, 하나가

---

87) 時有風吹幡動. 一僧曰風動, 一僧曰幡動, 議論不已. 惠能進曰. '不是風動, 不是幡動, 仁者心動一衆駭然.(「行由品」)

곧 모든 것이어서, 오고 감에 자유로워 몸과 마음이 막힘이 없는 것이 이것이 반야니라."[88] 이른바 하나라는 것은 바로 일념이고 모든 것이 바로 만법이다. 마음은 만법을 관통하고 일념이란 즉 모든 만법을 가리키며 모든 만법 역시 일념을 일컫는 것이다. 이러한 상황 하에 마음은 바로 만법이고 만법 또한 마음이다. 때문에 심이자 색이요, 색이자 심이다. 심과 색은 둘이 아닌 하나와 같은 것이다.

---

88) 心量廣大, 遍周法界. 用卽了了分明, 應用便知一切, 一切卽一, 一卽一切, 去來自由, 心體無滯, 卽是般若.(「般若品」)

제2장 마음의 계정혜戒定慧

불교철학의 핵심은 계, 정, 혜 삼학三學에 있다. 구체적으로 이는 불교에서 말하는 사람이 어떻게 배움을 통하여 부처로 되는가에 대한 학설이다. 계학戒學은 주요하게 욕망에 대하여 경계를 구분한 계율이고, 정학定學은 주요하게 선정禪定의 기술과 방법에 대한 것이며, 혜학慧學은 사람과 세계에 대한 대도人道인 반야지혜를 주로 말하는 것이다. 일반적으로 사람들은 계율을 통하여 선정에 이르고 선정을 거쳐 지혜가 생기면서 해탈의 경지에 이르고 자유를 얻는다고 한다. 이는 사실 "욕망, 기술, 대도"에 대한 불교의 독특한 학설이기도 하다. 사람은 사악한 욕망을 막는 것으로 선정의 기술을 익히고 그런 선정의 기술로 지혜라는 것을 얻게 되면서 이들이 조화롭게 어우러진 수행을 통하여 부처의 길에 들어서게 된다.

혜능은 불교의 계, 정, 혜 삼학에 대한 사람들의 외재적 규정을 반대하였다. 그중 가장 전형적인 것이 신수神秀의 해석이다. 그는 이렇게 말했다. "모든 악한 일을 하지 않는 것이 계요, 모든 착한 일을 받들어 행하는 것이 혜며, 스스로 그 뜻을 깨끗이 하는 것이 정이다."[1] 신수는 계, 정, 혜를 나누어서 말하였다. 그중에서 정은 일종 마음의 정화이고, 계와 혜는 사람의 행위 규범에 속하는 것으로 선악의 윤리도덕 표준을 준수하는 구체적 표현으로 된다는 것이다.

이와 달리 혜능은 그들을 마음과 자성에 기반을 두고 말하였다. 마음이나 자성은 지혜의 근원이고 심지어 지혜 그 자체라고 말할 수도 있다. 혜능은 마음과 자성으로 지혜를 규정하였을 뿐만 아니라 계율과 선정도 규정하였다. 혜능은 계,

---

1) 諸惡莫作名爲戒, 諸善奉行名爲慧, 自淨其意名爲定.(「頓漸品」)

정, 혜 삼학을 완전히 내재화시켰으며 마음에게로 귀결시켰다. 이런 획기적인 변화를 거친 선종은 중국 역사상에서 지혜에 관한 일종의 새로운 학설로 자리 잡았다.

"마음에 잘못 없음이 자성의 계요, 마음에 어리석음 없음이 자성의 혜요, 마음에 어지러움 없음이 자성의 정이니라. 늘지도 않고 줄지도 않음이 자신의 금강이며 몸이 오고 감이 본래 삼매니라."[2]

혜능은 마음속에 잘못이 없고 깨끗하며 탐욕을 멀리하면 이것이 바로 자성의 계라고 하였는데, 이는 외재적인 계가 아니다. 마음속에 더러운 것이 없이 맑으며 밝지 않은 것을 제거하면 이것이 자성의 혜라고 하였는데 이것도 외재적인 혜가 아니다. 마음이 언제나 동요함이 없이 평정심을 유지하면 이것이 자성의 정이라고 하였는데 역시 외재적인 정이 아니다. 자성이라 함은 본래부터 생도 멸도 없고 더러움과 깨끗함도 없으며 줄지도 붙지도 않아 금강과도 같이 견고하다. 다니거나 머무르거나 눕거나 앉거나 또는 오가는 것이 자유롭고 마음에 집착하는 것이 없으면 대정大定인 것이다.

이것을 혜능은 이렇게 해석하였다. "자성은 그름도 없고 어리석음도 없으며 어지러움도 없나니, 생각마다 반야로 관조하여 항상 법상을 여의고 자유자재하여 종횡으로 모두가 통하니 어찌 세울 것이 있으랴, 자성을 스스로 깨달아 문득 깨달으며 수련해야 하므로 또한 점차가 없나니 이 까닭에 일체법을 세우지 않는 것이니라. 제법이 적멸하는데 무슨 차례가 있으랴."[3] 계, 정, 혜는 처음부터 사람의 자성에 의한 것이다. 그러나 자성이 실성이면서 또한 공성이기 때문에 계, 정, 혜 역시 상相이 있는 것이 아닌 무상無相이 되어야 할 것이다.

---

2) 心地無非自性戒, 心地無癡自性慧, 心地無亂自性定, 不增不減自金剛, 身去身來本三昧.(「頓漸品」)
3) 自性無非, 無癡, 無亂, 念念般若觀照, 常離法相, 自由自在, 縱橫盡得, 有何可立? 自性自悟, 頓悟頓修, 亦無漸次, 所以不立一切法. 諸法寂滅, 有何次第?(「頓漸品」)

1. 계

계학은 삼학의 하나로 불교도들의 규범, 계율을 가리킨다. 일반적으로는 지지계止持戒와 작지계作持戒 두 부류로 나뉜다. 지지계는 부정적 표현을 쓰는데 사람들에게 하지 말라는 것을 강조하고, 작지계는 긍정적 표현을 쓰면서 사람들에게 응당 무엇인가를 해야 한다고 강조한다. 계율은 사실 불교도들에게 존재의 경계를 규정해 주는데 구체적으로는 선악의 구분에서 나타난다. 그는 모든 악행은 하지 말고 선행을 널리 행할 것을 권하는데 여기에는 신체와 심령에 관한 것과 가르침에 관한 것 등 여러 면이 모두 포함된다. 이 외에도 불교에는 수많은 계율이 있는데 이것을 소승과 대승계율 등으로 나누기도 한다.

혜능은 불교의 계율 특히 대승보살 계율의 기본 사상을 받아들이기는 했으나 다시 자성의 불성에서 출발하면서 이에 대하여 새로운 해석을 하였다. 일반적으로 계율은 일종 외재적인 규범에 집착하면서 규범제도인 계법戒法, 계율을 지키는 행위 방식인 계행戒行, 계율의 본체인 계체戒體로 나뉘는데, 이들은 유상계有相戒에 속한다. 혜능은 불성을 계체로 삼을 것을 주장하였다. 불성 자체는 내재적이고 실상이면서 무상이기 때문에 불성을 계체로 삼은 계율은 무상계無相戒이다. 하지만 혜능의 이러한 무상계는 불교 계율의 조항에 대한 새로운 해석이라기보다는 사람들로 하여금 불교에 귀의하는 수계 활동이 외재적인 것으로부터 내재화로 전변하게끔 한 것이라 할 수 있겠다.

혜능은 산에서 설법을 듣는 신도들에게 부처를 배우는 절차에 대하여 전수하였다. 주로 아래와 같이 나누어 볼 수 있다. 첫째, 자성오분법신향自性五分法身香. 둘째, 무상참회無相懺悔. 셋째, 사홍서원四弘誓願. 넷째, 무상삼귀의계無相三歸依戒 등이다. 이런 내용은 전통적인 계학에만 한정되어 있는 것이 아니라 계, 정, 혜 삼학을 모두 포함한 것이다. 그러나 이 중 언제나 모든 내용의 최대 한계를 구성하는 것은 계학이다.

첫째, 자성오분법신향. "자신의 본성을 다섯 개로 나누어 법신을 알게 하는 것이다. 첫째는 계향戒香이니, 자기 마음 가운데 그름이 없고 악함이 없으며 질투가 없고 탐냄과 성냄이 없으며 또한 빼앗거나 해치고자 하는 마음이 없는 것이 계향이요. 둘째는 정향定香이니, 모든 선악 경계나 형상을 보고도 마음이 어지러워지지 않는 것이 정향이요. 셋째는 혜향慧香이니, 자심이 걸림이 없어 항상 지혜로써 자성을 비추어 보아 모든 악을 짓지 아니하고 비록 많은 선을 행하더라도 마음에 집착하지 않으며 위를 공경하고 아래를 보살피며 외롭고 가난한 사람을 불쌍히 여기는 것이 혜향이요. 넷째는 해탈향解脫香이니, 마음에 반연하는 바가 없이 선도 생각하지 않으며 악도 생각하지 아니하여 자유롭고 걸림이 없는 것이 해탈향이요. 다섯째는 해탈지견향解脫知見香이니, 자심에 이미 선악에 반연하는 바가 없다 하더라도 공에 잠겨 고요를 지켜서는 아니 되니 모름지기 널리 배우고 많이 들어야 하며, 자기 본심을 알아서 모든 불법 이치에 통달하며 빛을 화하여 사물을 접하되 나도 없고 남도 없어 바로 보리에 이르러 참본성에 변함이 없는 것이 해탈지견향이니라. 선지식아, 이 향은 각자 안에서 풍기는 것이니 결코 밖을 향하여 찾지를 말라."4)

상술한 오분법신향이 포함하고 있는 다섯 개 방면은 모두 서로 다르다. 계향은 악을 제거하는 것을 중심으로 삼았고, 정향은 선악의 경계에서 혼란을 겪지 않을 것을 중심으로 하였으며, 혜향은 선악에 집착하지 않으면서 지혜로 자성을 비추어 볼 것을 중심으로 하였다. 해탈향은 선악에 반연하지 않으며 자유를 얻는 것을 중심으로 하였고, 해탈지견향은 주요하게 공성에 집착하지 않으면서 보리를 얻는 것에 있다고 하였다. 계향에서 해탈지견향은 층층이 심입하는 과정이다. 그중, 계향에서의 악함이 없는 것이 기타 네 개의 기초로 된다. 다시 말하면 악이 없는

---

4) 一戒香, 卽自心中, 無非, 無惡, 無嫉妒, 無貪瞋, 無劫害, 名戒香. 二定香, 卽睹諸善惡境相, 自心不亂, 名定香. 三慧香, 自心無礙, 常以智慧觀照自性, 不造諸惡, 雖修衆善, 心不執著, 敬上念下, 矜恤孤貧, 名慧香. 四解脫香, 卽自心無所攀緣, 不思善, 不思惡, 自在無礙, 名解脫香. 五解脫知見香, 自心旣無所攀緣善惡, 不可沈空守寂, 卽須廣學多聞, 識自本心, 達諸佛理, 和光接物, 無我無人, 直至菩提, 眞性不易, 名解脫知見香. 善知識! 此香各自內薰, 莫向外覓.(「懺悔品」)

것이야말로 계향을 가능케 할 뿐만 아니라 기타 네 향도 가능하게 하였다. 만약 계향이 없다면 다른 네 향은 그 기초가 없어지게 된다. 계향 자체를 놓고 볼 때 그는 외적이 아니라 내적인 것이다. 그는 자성계自性戒 혹은 자심계自心戒에 속한다.

둘째, 무상참회. 이것은 사람들이 불교의 계율을 기준으로 삼아 계율을 위반한 후에 하는 반성과 성찰이며 비평과 개변이다. 사람들은 외재적인 의식을 통하여 자신의 몸, 언어, 의식면에서의 죄를 알게 된다. 그리고 일반적으로 사람들에게 십방제불의 명성을 칭송하고 경문과 주문을 외며 불상 앞에서 참회문을 읽는 것으로 그 죄과에 대하여 참회할 것을 요구한다. 그러나 혜능은 참회의 근본이 외적인 형식에 있는 것이 아니라 내적인 생각에 있다고 여겼다.

혜능이 말하는 참회는 주로 사람들의 마음속으로 생각하는 죄악을 없앤다는 것이다. "이제부터 너희들에게 무상참회를 주어서 삼세에 지은 죄를 멸하여 삼업三業이 청정하게 해 주리라. 선지식아, 내 말을 따라서 함께 일러라. '제자들이 전념, 금념, 후념의 생각들 중에 어리석고 미혹한 데 빠지지 않으며, 이제까지 지은 바 악업인 어리석고 미혹하였던 죄를 모두 다 참회하오니 바라옵건대 일시에 다 소멸되고 다시는 영영 일어나지 않게 되리라. 제자들이 전념, 금념, 후념의 생각들 중에 교만하고 진실하지 못한 데 물들지 않으며 이제까지 지은바 악업인 교만하고 속이고 하던 모든 죄를 모두 다 참회하오니 바라옵건대 일시에 소멸하여 영영 다시는 일어나지 않게 되리라. 제자들이 전념, 금념, 후념의 생각들 중에 질투심에 물들지 않으며 이제까지 지은 바 악업인 질투 등 죄를 모두 다 참회하오니 바라옵건대 일시에 소멸하여 다시는 영영 일어나지 않게 되리라.' 선지식아, 이상을 무상참회라 하느니라."[5]

---

5) 今與汝等授無相懺悔, 滅三世罪, 令得三業淸淨. 善知識! 各隨我語, 一時道. 弟子等, 從前念, 今念及後念, 念念不被愚迷染. 從前所有惡業愚迷等罪, 悉皆懺悔, 願一時消滅, 永不復起. 弟子等, 從前念, 今念及後念, 念念不被驕誑染, 從前所有惡業驕誑等罪, 悉皆懺悔, 願一時消滅, 永不復起. 弟子等, 從前念, 今念及後念, 念念不被嫉妬染. 從前所有惡業嫉妬等罪, 悉皆懺悔, 願一時消滅, 永不復起. 善知識! 已上是爲無相懺悔. (「懺悔品」)

상술한 참회에는 우치愚癡, 교광驕誑, 질투 등이 포함된다. 우치는 어리석음과 미혹됨을 말하는데 이에 처한 사람은 무지의 상태이다. 교광은 교오와 탐애 그리고 기만을 뜻하는 말이다. 자신을 탐애하면서 다른 사람을 쉽게 기만하는 사람이다. 질투는 현명한 자를 해치고 서로 시기하는 것으로 자신보다 우수한 사람에 대한 원망으로 차 있는 것이다. 요컨대 우치, 교광, 질투는 탐, 진, 치 삼독에 속하는 것으로 사람들이 불교의 계율을 지키는 데 반드시 없애야 할 죄악들이다.

혜능은 참회의 의의에 대하여서도 해석하였다. "어떤 것이 '참'이며 어떤 것이 '회'일까? '참'이라 함은 이제까지 지은 허물을 뉘우치는 것이니 이제까지 지은 모든 악업인 어리석고 미혹하고 교만하고 속이고 질투하는 등 죄를 모두 다 참회하여 영영 다시는 일으키지 않는 것, 이것이 '참'이니라. '회'라 함은 후의 과실을 뉘우침이니 지금부터 이후에 지을 악업인 어리석고 미혹하고 교만하고 속이고 질투하는 등 죄를 미리 깨닫고 모두 다 영영 끊고 다시는 짓지 않는 것, 이것이 '회'이니 이에 참회라 하느니라. 범부는 어리석고 미혹하여 다만 전 허물만 뉘우칠 줄 알 뿐 미래의 허물을 뉘우칠 줄 모르니 미래의 허물을 뉘우치지 않으므로 앞의 허물도 멸하지 아니하고 또한 뒤의 허물이 생기니 이미 앞 허물이 없어지지 않고 뒤 허물이 또 생기니 어찌 참회라 할 것이냐."[6] 혜능은 전과 후로 나누어 참과 회를 구분하였다. 사람들에게 과거의 죄과는 물론 이후의 죄과까지 소멸해야 한다고 강조하였다. 그래야만 사람들이 전념, 금념, 후념이 영원히 탐욕, 원망, 미혹이라는 삼독을 끊을 수 있다는 것이다.

셋째, 사홍서원. 사홍서원은 대승불교의 보살계菩薩戒(三聚淨戒)로 섭률의계攝律儀戒, 섭선법계攝善法戒, 요익유정계饒益有情戒를 포함한다. 섭률의계는 대승, 소승의 모든 계율을 종합한 것이다. 섭선법계는 십만팔천의 출리 법문(十萬八千出離法門)을

---

6) 云何名懺? 云何名悔? 懺者, 懺其前愆. 從前所有惡業, 愚迷, 驕誑, 嫉妒等罪, 悉皆盡懺, 永不復起, 是名爲懺. 悔者, 悔其後過. 從今以後, 所有惡業, 愚迷, 驕誑, 嫉妒等罪, 今已覺悟, 悉皆永斷, 更不復作, 是名爲悔. 故稱懺悔. 凡夫愚迷, 只知懺其前愆, 不知悔其後過. 以不悔故, 前愆不滅, 後過又生. 前愆旣不滅, 後過復又生, 何名懺悔.(「懺悔品」)

포함하고 있다. 요익유정계는 자慈, 비悲, 희喜, 사舍 등 근본적인 정신활동을 내포하고 있다. 보살계는 위로는 보리를 추구하고 아래로는 중생을 구제하고자 하는 사람들의 결심을 보여 주었다. 이처럼 중생, 자아, 법문, 불도 등 네 방면에 모두 연관되어 있다. 혜능은 사홍서원의 관건은 역시 자심과 자성에 있다고 주장하였다. 그는 사홍서원에 대하여 이렇게 말하였다. "자심중생이 가없으나 맹세코 제도하리라. 자심번뇌가 끝없으나 맹세코 끊으리라. 자성법문이 한없으나 맹세코 배우리라. 자성불도가 위없으나 맹세코 이루리다."[7] 이런 창조성적인 변환을 통하여 혜능은 사람들의 과오, 수행, 성불 등 절차를 개인의 마음으로 돌려놓았다. 이것은 외재적인 의향에서 내재적인 발로로 바꾸어 놓은 것이다.

우선, 자심중생무변서원도自心衆生無邊誓願度. 자심중생이 가없으나 맹세코 제도하리라. 일반적으로 중생들은 생명이 있는 존재라고 믿어 왔다. 그러나 이 중에는 특히 번뇌를 가지고 생사를 전전하며 미망의 세계에 사는 범부들이 있는데 그들은 제도를 받아야 할 사람들이다. 동시에 부처로 되기 위하여 수행하는 자는 제도자이다. 그러나 혜능은 제도를 하는 자와 제도를 받아야 하는 자를 모두 사람들 본인의 마음이라고 해석하였다. "이른바 저 사악하고 미혹한 마음, 망령된 마음, 착하지 않은 마음, 질투심, 모질고 독한 마음 등 이러한 마음들이 모두 다 중생이니라."[8] 중생이라 함은 외재적으로 나타나는 중생이 아닌 내심을 보이는 중생이다. 동시에 사람들은 자성을 스스로 제도한다. "무엇이 '자성을 스스로 제도하는' 것일까? 자기 마음속의 사악한 생각이나 번뇌 그리고 우치 등 중생을 정견으로 제도하는 것이니라. 이미 이 정견이 있으니 반야의 지혜로 하여금 어리석고 미혹한 중생을 쳐서 각기 스스로 제도하는 것이니 막된 것이 오면 바른 것으로 제도하고, 미혹한 것이 오면 깨달음으로 제도하고, 어리석음이 오면 지혜로 제도하며 악이 오면 선으로 제도하나니 이와 같이 제도하는 것을 참된 제도라 하느니라."[9] 제도를

---

7) 自心衆生無邊誓願度, 自心煩惱無邊誓願斷, 自性法門無盡誓願學, 自性無上佛道誓願成(「懺悔品」)
8) 所謂邪迷心, 誑妄心, 不善心, 嫉妒心, 惡毒心, 如是等心, 盡是衆生(「懺悔品」)
9) 何名自性自度? 卽自心中邪見煩惱愚癡衆生, 將正見度. 旣有正見, 使般若智打破愚癡迷妄衆生,

받는 자는 자신 마음속의 각종 무모한 것들이고 제도를 하는 자는 자신 마음속의 정견인 것이다.

다음, 자심번뇌무변서원단自心煩惱無邊誓願斷. 자심번뇌가 끝없으나 맹세코 끊으리다. 일반적으로 보면 번뇌를 미혹되지 않은 것으로 이해하는데, 이에는 탐욕, 원망, 미혹을 비롯한 세 가지 독과 그를 동반한 번뇌를 포함한다. 그것은 사람의 몸과 마음에 불안을 가져다주며 고통을 준다. 생사윤회의 원인으로 되기도 한다. 번뇌는 꺾이는 자이고 부처의 길을 수행하는 자는 꺾는 자이다. 여기서 혜능은 또한 꺾는 자와 꺾이는 자를 모두 사람 자신의 마음이라고 하였다. "번뇌가 끝없으나 맹세코 끊는다 함은 자성의 반야지혜로써 허망한 마음을 쳐 없애는 것을 말함이오."10) 꺾이는 자는 사람들이 하는 허망한 생각들이고 꺾는 자는 자성의 반야지혜라는 것이다.

그다음으로, 자성법문무진서원학自性法門無盡誓願學. 자성법문이 한없으나 맹세코 배우리라. 이것은 사성제四聖諦 중의 도제道諦이다. 법문은 허다한 수행자들이 들어올 문지방과도 같은 것인데, 이는 또한 여래如來 득도자들이 들어 있는 처소이기도 하다. 법문은 한 면으로는 부처가 말하는 법과 절대적인 동일성을 가지고 있어 불이법문이라 하기도 하고, 다른 한 면으로는 또한 큰 차이점을 갖고 있다고 하여 팔만사천법문이라 하기도 한다. 이에 대하여 혜능은 법문을 자성법문이라고 해석하였다. "법문이 한이 없으나 맹세코 다 배운다 함은 모름지기 자기의 본성을 보아 항상 정법正法을 행하는 것을 말함이니 이것을 참으로 배운다 하는 것이니라."11) 다른 법문이 없이 오직 명심견성하는 것만이 참된 법문이라는 것이다.

마지막으로, 자성무상불도서원성自性無上佛道誓願成. 자성불도가 위없으나 맹세코 이루리다. 일반적으로 사람들은 성불할 수 없다고 여기거나 혹은 많은 단계를 거쳐야만 성불할 수 있다고 여긴다. 그러나 혜능은 수행하여 불도에 이르는 것은

各各自度. 邪來正度, 迷來悟度, 愚來智度, 惡來善度. 如是度者, 名爲眞度.(「懺悔品」)

10) 煩惱無邊誓願斷, 將自性般若智, 除卻虛妄思想心是也.(「懺悔品」)

11) 法門無盡誓願學, 須自見性, 常行正法, 是名眞學.(「懺悔品」)

사람들 내심의 한순간의 깨달음에 있다고 말한다. "위없는 불도를 맹세코 이룬다 함은 항상 자기의 마음을 겸손하게 갖고 참된 바름을 행하며 미혹과 깨달음을 함께 여의게 하여 항상 반야가 나게 하고 참과 망령됨을 모두 제거하여 즉시에 불성을 보아 불도를 이룸을 말하는 것이니라. 항상 수행을 생각하는 이것이 원력법 이니라."[12] 부처의 도는 미혹을 없애고 깨달음을 넘어서 심색여일, 공유불이에 이르게 한다.

넷째, 무상삼귀의계無相三歸依戒. 귀의는 입교를 말하는데 불교도가 아닌 것으로 부터 불교도로 되면서 불교의 계율을 준수한다는 것이다. 삼귀의계는 믿는 자들에게 부처, 법, 승을 비롯한 삼보三寶에 귀의한다는 것이다. 부처는 석가모니불이고, 법은 불법이며, 승은 승려를 가리킨다. 그들은 모두 외재적인 형태로 존재하고 있다. 이에 대하여 혜능은 또한 부처는 깨달음이고, 법은 바른 것이며, 승은 청정을 뜻한다 고 하였다. 그들은 모두 사람의 자성, 자심과 관련된 것으로 삼귀의계는 유상귀의에 서 무상귀의로, 외적 귀의에서 내적 귀의에로 바뀌는 것이라 할 수 있다.

혜능은 삼귀의를 이렇게 해석하였다.

깨달으신 이족존께 귀의하고 바른 이욕존께 귀의하며 청정하신 중중존께 귀의하 라. 금일부터는 깨달은 이를 스승으로 삼고 다시는 사악한 이교에 귀의하지 아니하 며 자성삼보로써 항상 스스로 증명해 보리라. 선지식에게 권하노니 자성삼보에 귀의하라. 부처라 함은 깨달음이요 법은 바름이요 승은 청정을 말함이니라. 자기 마음이 깨달음에 귀의하여 망령되고 미혹한 것이 나지 않으며 욕심이 적고 족함을 알아 능히 재물과 색을 멀리함을 이족존이라 하는 것이요. 자기 마음이 바른 것에 귀의하여 생각들 가운데 사악한 생각이 없고 또한 스스로를 높이 떠받들거나 탐애와 집착이 없는 것을 이욕존이라 하는 것이니라. 자기 마음이 청정에 귀의하여 모든 티끌과 노고 그리고 애정에 대한 욕심 등의 경계에도 자성이 전혀 물들거나 집착하지 않는 것을 중중존이라 하느니라.[13]

---

12) 無上佛道誓願成, 旣常能下心, 行於眞正, 離覓離覺, 常生般若, 除眞除妄, 卽見佛性, 卽言下佛道 成. 常念修行, 是願力法.(「懺悔品」)

혜능은 부처는 깨달음으로써 미혹함을 타파하고 제법의 실상에 도달하는 것이라 했다. 그리고 법은 올바른 길로서 나쁜 길로부터 멀리 떨어져 명심견성을 추구하는 것이라 했다. 또한 승은 청정을 말하는 것으로 오염이 없는 자신의 본성을 유지하는 것이라 하였다. 이런 의미에서 볼 때, 이른바 삼보라는 것은 사람의 내적인 삼보에 속하는 자성과 자심을 말하는데 즉 사람의 불성인 것이다.

때문에 삼귀의는 사람이 자신의 불성에 대한 귀의이다. 혜능은 이렇게 말하였다.

> 만약 이와 같은 수행을 한다면 이것이 스스로 귀의하는 것인데도 범부는 이 도리를 알지 못하고 종일토록 삼귀의계를 받나니 만약 부처에게 귀의한다고 말한다면 부처가 어디에 있는가? 만약 부처를 보지 못한다면 무엇에 의거하여 귀의한다는 것인가? 말이 될 수 없는 것이다. 선지식아! 각자 살펴보아 마음을 잘못 쓰지 않도록 하라. 경문에 분명히 말씀하기를 "스스로의 부처님께 귀의한다" 하였고 "다른 부처님께 귀의한다" 하지 않았으니 만약 자불에 귀의하지 않는다면 의지할 곳이 없으리라.14)

사람들이 밖에서 부처를 찾으려 한다면 영원히 찾을 수 없을 것이고 따라서 영원히 부처에게 귀의할 수 없다는 것이다. 사람들이 자신 내면의 심성으로 돌아가야만 비로소 자신의 불성을 발견할 수 있고 자신의 부처에게 귀의할 수 있다.

사람들이 귀의하는 부처는 일체삼신 體三身이라는 설이 있다. 이에 대하여서도 혜능은 일체삼신불이 사실 일체삼신의 자성불이라고 여겼다. 그래서 혜능은 신도들에게 이렇게 요구한다. "자기 색신의 청정법신불清淨法身佛께 귀의하오며, 자기 색신

---

13) 歸依覺, 兩足尊. 歸依正, 離欲尊. 歸依淨, 眾中尊. 從今日起, 稱覺爲師, 更不歸依邪魔外道. 以自性三寶常自證明. 勸善知識, 歸依自性三寶. 佛者, 覺也. 法者, 正也. 僧者, 淨也. 自心歸依覺, 邪迷不生, 少欲知足, 能離財色, 名兩足尊. 自心歸依正, 念念無邪見, 以無邪見故, 即無人我貢高貪愛執著, 名離欲尊. 自心歸依淨, 一切塵勞愛欲境界, 自性皆不染著, 名眾中尊.(「懺悔品」)

14) 若修此行, 是自歸依. 凡夫不會, 從日至夜, 受三歸戒. 若言歸依佛, 佛在何處? 若不見佛, 憑何所歸? 言卻成妄. 善知識! 各自觀察, 莫錯用心. 經文分明言自歸依佛, 不言歸依他佛. 自佛不歸, 無所依處.(「懺悔品」)

의 원만보신불圓滿報身佛께 귀의하오며, 자기 색신의 천백억화신불千百億化身佛께 귀의합니다."[15] 삼신불이라는 것은 세 가지 종류의 신비한 외적인 부처가 아니라 실은 사람들 자성의 세 가지 부동한 형태를 말하는 것이라는 것이다.

2. 정

계학과 마찬가지로 정학定學 역시 불교 삼학 중의 하나이다. 선정禪定을 선관禪觀이라고도 하는데 범어의 음역으로는 "삼매三昧" 혹은 "삼마지三摩地"다. 이른바 선정은 마음을 한곳에 집중시키는 수련 활동 및 그 상태를 말하는 것이다. 그러나 사실 선정은 일종의 수행 방식으로써 불교 이외에도 많은 종교에서 사용한다. 인도印度의 일부 이교에서는 선정을 아주 중시하였는데 예를 들면 유가瑜伽 등이 그러하다. 불교에서는 단지 선정의 역할에 대하여 두드러지게 하면서 그것을 체계화시켰을 따름이다. 중국에서 유가儒家와 도가의 마음을 수련하는 공부에서도 선정과 비슷한 특점을 찾아볼 수 있다. 바로 이런 비슷한 특점 때문에 당송唐宋 이후 유가의 정좌靜坐, 도가의 내단內丹, 선종禪宗의 선정 등은 수행을 하는데 서로 참고로 하면서 발전할 수 있었던 것이다. 하지만 선정이 하나의 주제를 이루면서 중요한 의미를 갖는 것은 단지 불교에서이다.

선과 정이 비록 합쳐져 있긴 하지만 그들 사이에는 엄연한 차이가 있다. 선은 조용한 사색으로 내심을 관조하는 것이고 정은 마음이 흐트러짐이 없이 한곳으로 흐르는 것이다. 마음 자체의 정화 과정으로써 선정은 사실 멈추는 것과 관조 두 방면이 포함된다.

불교는 일련의 선법을 채택하여 마음을 수련하는 것을 도왔다. 소승불교는 선정을 하는 데 있어서 사선팔정四禪八定으로 그 절차를 나누어 놓았다. 사선은

---

15) 於自色身歸依淸淨法身佛, 於自色身歸依圓滿報身佛, 於自色身歸依千百億化身佛.(「懺悔品」)

각각 욕계를 떠난 기쁨과 즐거움이 생기는 이생희락離生喜樂, 마음이 청정하여 기쁨과 즐거움을 느끼는 정생희락定生喜樂, 기쁨을 떠나 몸으로 즐거움을 느끼는 이희묘락離喜妙樂, 념을 버리고 마음이 평온하여 생각이 청정한 사념청정捨念淸淨이다. 팔정은 사선의 사색계정四色界定 외에 사무색계정四無色界定을 포함한다. 각각 허공은 무한하다는 공무변처정空無邊處定, 마음의 작용은 무한하다는 식무변처정識無邊處定, 존재하는 것은 없다는 무소유처정無所有處定, 생각이 있는 것도 아니고 생각이 없는 것도 아닌 비상비비상처정非想非非想處定 등이다. 대승불교는 더욱 많은 선정 방법이 있는데 예를 들어 염불선念佛禪, 실상선實相禪 등이다. 중국의 불교에서도 사람들은 일부 선법을 사용하였는데 가장 두드러진 것이 수식관數息觀, 부정관不淨觀, 자비관慈悲觀, 인연관因緣觀, 계분별관界分別觀과 지관쌍수止觀雙修를 비롯한 오문선법五門禪法이다.

선종은 선으로써 명명하였는데 이는 사람들에게 단지 계, 정, 혜 중의 선정을 부각시킨 것처럼 오해될 수 있다. 하지만 선종의 선은 선정의 선과 관련이 있기는 하나 결코 선정의 선이 아니다.

우선, 혜능은 선종의 기본은 선정이 아니라 반야라고 생각한다. 그는 "다만 견성만을 논할 뿐, 선정이나 해탈은 논하지 않습니다"[16]라고 하면서 선종이 추구하는 것이 마음의 깨달음이라면 그것은 오직 마음을 통하여 얻어져야만 한다고 하였다. 결코 신체의 수행을 통하여 실현되는 것이어서는 안 된다고 하였다. 하지만 일반적으로 보면 선정은 단순히 신체의 정좌 행위로만 편협하게 이해된다. 비록 신체의 수련이 마음의 깨달음에 일정한 조건을 제공할 수는 있을지라도 그렇다고 해서 그것이 직접적으로 마음의 문제를 해결하지는 못한다는 것이다. 이는 혜능이 "도는 마음으로 말미암아 깨치는 것인데 어찌 앉는 데 있겠느냐"[17]라고 반문한 것과 같다. 그는 또한 이런 게송을 남겼다.

---

16) 惟論見性, 不論禪定, 解脫.(「行由品」)
17) 道由心悟, 豈在坐也.(「護法品」)

살아서는 눕지 아니하고 죽어서는 눕기만 하고 앉지 못하네. 한낱 냄새 나는 뼈다귀
로 어찌 공과를 세운다 하랴.[18]

사람은 살아 있을 때는 늘 앉아 있고 눕지 않으며, 죽어서는 앉지 못하고
누워만 있다. 사람의 몸은 살아 있을 때는 살아 있는 형상으로, 죽어서는 죽은
형태로 있다. 몸은 단지 뼈에 불과할 뿐이고 마음의 규제를 받아야 한다. 앉아
있든 누워 있든 이는 사람의 몸 상태인 것이지 결코 마음의 상태가 아니다. 하지만
깨달음은 마음에 있지 몸에 있는 것이 아니다. 그런 고로 사람들이 마음이 아닌
몸에 공부를 강요할 필요가 있는가? 이는 수행이 정좌나 선정에 있는 것이 아니라
명심견성에 있음을 강조한 것이다.

다음으로, 혜능은 선정을 어떤 하나의 상에 규정하지 않고 무상이라고 하였다.
물론 선정이 불교 수행에 있어서의 중요한 역할을 긍정하기는 하지만 선정이
좌선이나 정좌라고는 인정하지 않는다. 선정은 사람들의 일상적인 삶의 세계에서의
모든 행위나 사상, 가르침 속에 두루 퍼져 있어야 한다고 여겼다. 사람의 일상적
삶의 세계를 선정과 함께하게 하는 것은 사람들이 전심전력으로 모든 일을 대하게
하기 위한 것이다. 이런 선정이야말로 참된 선정이라고 말할 수 있다.

그다음으로, 혜능은 선정이 근본적으로는 반야라는 것을 강조하였다. 이런
의미에서 선정은 더는 신체의 정좌가 아니라 마음의 깨달음이라는 것임을 알
수 있겠다. 혜능은 이런 선정을 심령에 관한 법문이라고 해석하였다. 선정은 자성이
외재적인 선과 악 경계의 영향을 받지 않는 것이라고 하였다. 이에 대하여 혜능은
이렇게 말하였다. "어떠한 것을 선정이라 하느냐? 밖으로 상을 여의면 선이 되고
안으로 어지럽지 않음이 정이 되니라. 만약 밖으로 상에 집착하면 곧 안으로 마음이
어지러워지고 만약 밖으로 상을 여의면 곧 마음이 어지럽지 않느니라. 본성은
스스로 깨끗하고 스스로 정에 있는 것이건만 다만 경계를 보고자 경계를 생각하면

---

18) 生來坐不臥, 死去臥不坐. 一具臭骨頭, 何爲立功課.(「頓漸品」)

곧 어지러워지느니라. 모든 경계를 보고도 마음이 어지럽지 않으면 이것이 참된 정이니라."19)

이런 선정이 바로 명심견성이다. "모든 생각들 중에 스스로 본성의 청정을 보아 스스로 닦고 스스로 행하여 스스로 불도를 이루게 하라."20) 선정은 마음 본성의 체현으로 그것은 유상이 아니라 무상이다. 이런 의미에서의 선정은 자신의 심성을 보여 줄 뿐만 아니라 직접 제법의 진실한 본성에 도달할 수 있게 한다. "따라올 곳도 없고 또한 갈 곳도 없고 생도 없고 멸도 없는 것이 여래의 청정선이요, 모든 법이 공적한 것이 여래의 청정좌이니라."21)

참된 선정에 대하여 혜능의 제자가 그의 철학사상을 전하여 말하기를 다음과 같다.

우리 스님이 말씀하시는 바에 따른다면, 묘하게 맑고 두렷하고 고요하여 체와 용이 항상 그대로이고, 오음이 본래 공하여 육진이 있는 것이 아니며, 들어오는 것도 나가는 것도 아니고, 정도 아니며 어지러움도 아니니라. 선성이 머물지 않고 멈춤을 여의어 선적하며 선성이 생겨남이 없으므로 생겨나는 것을 여의어 선상하느니라. 마음이 허공과 같으나 또한 허공처럼 헤아림이 없습니다.22)

혜능도 이에 대해 설명을 가하였다.

다만 네 마음을 허공과 같이 하되 공했다는 견해에도 집착하지 않고 사물에 응하고 씀에 걸림이 없으며 동정에 무심하여 범부니 성인이니 하는 생각도 없어져 본성과

---

19) 何名禪定? 外離相爲禪, 內不亂爲定. 外若著相, 內心卽亂. 外若離相, 心卽不亂. 本性自淨自定. 只爲見境, 思境卽亂. 若見諸境心不亂者, 是眞定也. 何名坐禪? 此法門中, 無障無礙. 外於一切善惡境界, 心念不起, 名爲坐. 內見自性不動, 名爲禪. (「坐禪品」)
20) 於念念中, 自見本性淸淨. 自修, 自行, 自成佛道. (「坐禪品」)
21) 無所從來, 亦無所去, 無生無滅, 是如來淸淨禪. 諸法空寂, 是如來淸淨坐. (「護法品」)
22) 我師所說, 妙湛圓寂, 體用如如, 五陰本空, 六塵非有, 不出不入, 不定不亂. 禪性無住, 離住禪寂. 禪性無生, 離生禪想. 心如虛空, 亦無虛空之量. (「機緣品」)

모양이 늘 그러할진대 정이 아닌 때가 없게 되리라.[23]

이러한 반야로서의 선정은 심색여일, 공유불이의 제법의 실상을 깨달은 것이다.

불교에서 주장하는 선정은 여러 종류가 있다. 혜능 역시 이러한 선정이나 삼매에 대하여 열거한 적이 있다. 예를 들어 가정伽定과 유희삼매遊戲三昧가 그것이다. 가정이 곧 용정龍定이다. 용이 깊은 못에 있으면 조용히 묵상할 수 있고 정력定力이 생긴다. 부처도 마찬가지로 행, 주, 좌, 와 중에 언제나 평정심을 유지하게 된다. 유희삼매는 사자정(獅子之定)이다. 사자는 뭇 짐승들 속에 있으면서도 추호의 두려움이 없이 자유롭다. 보살도 마찬가지로 여러 삼매 중에서 자유롭게 드나들 수 있는 것이다. 혜능은 주로 세 가지 선정에 대하여 설명하였는데 바로 반야삼매般若三昧, 일상삼매一相三昧, 일행삼매一行三昧이다.

반야삼매에 대하여 혜능은 이렇게 말하였다.

지혜로 비추어 보면 안과 밖이 밝게 사무쳐서 자기의 본심을 아나니 만약 본심을 알면 이것이 곧 본 해탈이니라. 만약 해탈을 얻었으면 곧 그것이 반야삼매며 또한 이것이 무념이니라. 어찌하여 무념이라 하는 것인가? 모든 법을 보더라도 마음에 물들고 집착하지 않으면 이것이 무념이라. 작용을 일으킨 모든 곳에 두루 하되 거기에 집착하지 않으면서 다만 본심을 깨끗이 하여 육식을 사용하고 육문을 나오거나 육진 중에서도 물들지 아니하고 섞이지도 않으며 오고 감에 자유롭고 걸림이 없으니 이것이 즉 반야삼매며 자유로운 해탈이니 그 이름이 무념행이니라. 그러나 만약 아무것도 생각하지 않고 생각을 끊는다면 이것은 교법에 얽매임이며 좁은 견해이니라.[24]

---

23) 汝但心如虛空, 不著空見, 應用無礙, 動靜無心, 凡聖情忘, 能所具泯, 性相如如, 無不定時也.(「機緣品」)

24) 智慧觀照, 內外明徹, 識自本心. 若識本心, 卽本解脫. 若得解脫, 卽是般若三昧. 般若三昧, 卽是無念. 何名無念? 若見一切法, 心不染著, 是爲無念. 用卽遍一切處, 亦不著一切處. 但淨本心, 使六識, 出六門, 於六塵中, 無染無雜, 來去自由, 通用無滯, 卽是般若三昧, 自在解脫, 名無念行. 若百物不思, 當令念絶, 卽是法縛, 卽名邊見.(「般若品」)

반야삼매는 지혜를 얻기 위한 것이고 또한 지혜의 선정이라고도 할 수 있다. 이런 정이나 삼매 중에서 사람은 상을 위한 것이 아니라 본성을 위한 것이다.

이른바 일상삼매라 하는 것은 대승의 여러 삼매 중의 하나이다. 그것은 하나의 모습을 주시하는 것으로 실상이자 무상에 이르게 한다. 사람은 부처의 상을 보고 좋아하여 염불을 하면서 무상념無相念에 이르게 되고 결국 법과 경계를 하나의 상으로 보게 되는데 이로써 상이 아닌 것과 무상의 실상을 깨닫게 된다는 것이다. 일행삼매 역시 대승의 여러 삼매 중의 하나로서 하나의 행을 주시하는 것으로 결국 법과 경계를 하나의 상으로 되게 된다. 일상삼매와 같은 것이다. 때문에 사람들은 일상삼매와 일행삼매를 다르게 부르긴 하지만 동일한 것이라고 생각하는 것이다. 일상삼매는 모습을 주시하여 사람의 마음을 사로잡아 그들로 하여금 불상에 집중하게 하고, 일행삼매는 행을 주시하여 사람의 마음을 사로잡아 그들로 하여금 정좌를 견지하면서 수행을 이어가게 한다.

혜능은 전통적인 대승에서 말하는 것과 다르게 일상삼매와 일행삼매를 해석하였다.

> 너희들이 만약 부처의 지혜를 성취하고자 할진대 모름지기 일상삼매와 일행삼매를 통달하여야 하느니라. 만약 모든 곳에서 마음이 상에 머물지 않고 또한 저 상 가운데에 있으면서도 믿거나 사랑하는 생각을 내지 않으며 또한 취하고 버림도 없으며 이익이 되거나 또는 일이 성사되거나 안 되는 등 일을 생각하지 않으면서 편안하고 한가하며 평온하고 고요하며 허공처럼 비고 통하면 이것이 일상삼매라 하느니라. 만약 모든 곳에서 행, 주, 좌, 와에 마음이 늘 곧은 마음이며 도량을 옮기지 않으면 참으로 정토를 이루리니 이것을 일행삼매라 하느니라. 만약 어떤 사람이 위의 두 가지 삼매를 갖춘다면 마치 땅에 종자를 뿌리면 싹이 트고 자라나서 과일이 여무는 것과 같이 일상삼매와 일행삼매도 또한 이와 같으니라.[25]

---

25) 若欲成就種智, 須達一相三昧, 一行三昧. 若於一切處而不住相, 於彼相中不生憎愛, 亦無取舍, 不念利益成壞等事, 安閑恬靜, 虛融澹泊, 此名一相三昧. 若於一切處, 行住坐臥, 純一直心, 不動道場, 眞成淨土, 此名一行三昧. 若人具二三昧, 如地有種, 含藏長養, 成熟其實. 一相一行, 亦復如

혜능은 또한 일행삼매에 대하여 덧붙여 설명하였다.

일행삼매라 하는 것은 어느 곳에서나 행, 주, 좌, 와에 항상 한결같은 곧은 마음을 행하는 것이니라. 『정명경淨名經』에 이르기를 "곧은 마음이 도량이며, 곧은 마음이 정토라 하였으니, 마음으로는 아첨하면서 입으로는 다만 곧은 것을 말하며, 입으로는 일행삼매를 말하나 바른 마음은 행하지 않는 일이 없어야 하느니라. 다만 곧은 마음을 행하면서 모든 법에 집착하지 말라. 미혹한 사람은 법상에 집착하여 일행삼매를 하면서 앉아 움직이지 않고 망령되게 마음을 먹지 않는 것이 일행삼매라고 말하는데, 이와 같은 견해를 갖는 자는 곧 무정물과 같으니 이는 도리어 도를 장애하는 것이니라" 하였다.[26)]

혜능이 말하는 일상삼매는 불상에만 집중한 것이 아니라 모든 상에 머물지 않은 것이고 상에 있으면서 또한 상을 여의는 것으로 실상이자 공상에 이르러 자성을 보는 것이다. 혜능이 말하는 일행삼매는 정좌하면서 수행하는 것이 아니라 행에 머물지 않은 것이고 행에서 수행을 하는 것으로 연에 따라 자심을 보는 것이다. 늘 곧은 마음을 행하는 것이 진심이라 자성과 자심이 나타난다는 것이다.

혜능에게 있어서 이른바 삼매라는 것은 더는 선정만 말하는 것이 아니라 반야 즉 지혜를 뜻한다.

3. 혜

선정에 대한 해석에서 혜능은 이미 선정과 지혜의 연관성을 토론하였다.

是.(「付囑品」)

26) 一行三昧者, 於一切處行住坐臥, 常行一直心是也. 『淨名經』云, 直心是道場, 直心是淨土, 莫心行諂曲, 口但說直, 口說一行三昧, 不行直心. 但行直心, 於一切法, 勿有執著. 迷人著法相, 執一行三昧, 直言常坐不動, 妄不起心, 卽是一行三昧. 作此解者, 卽同無情, 卻是障道因緣.(「定慧品」)

일반적인 견해에 따르면 선정과 지혜는 서로 다른 것으로 선정에서 지혜가 생기거나 지혜에서 선정이 나타난다고 한다. 혜능은 이런 의례적인 견해를 반대하면서 본인의 견해를 내놓았다.

여러 도를 배우는 자들이여, 정을 먼저 하고 다음에 혜를 일으킨다거나, 혜를 먼저 하고 다음에 정을 일으킨다거나 하여 정과 혜가 각각 다르다고 말하지 말라. 이와 같은 견해를 갖는 자는 법에 두 상이 있는 것이니라. 이는 입으로는 선하나 마음속은 선하지 아니함이니 공연히 정혜가 있다 하고 정혜가 같지 않은 것이라 함이요, 만약 말과 마음이 함께 선하여 내외가 한가지면 곧 정과 혜가 한가지리라.[27]

혜능은 정과 혜는 일체라고 말한다. "나의 이 법문은 정혜로써 근본을 삼느니라. 대중은 미혹하여 정과 혜가 다르다고 말하지 말라. 정, 혜는 일체요 둘이 아니니, 정은 이것이 혜의 체요 혜는 이것이 정의 용이니라. 혜에 즉할 때 정이 혜에 있고, 정에 즉할 때 혜가 정에 있나니, 만약 이 도리를 알면 정혜를 함께 배우게 되리라."[28]

혜능은 정, 혜의 관계를 등불과 빛에 비유하였다. "등불이 곧 광명이며 등불이 없으면 암흑이니, 등은 광의 체요, 광은 등불의 용이니라"[29] 등은 광명의 등이요, 광명은 등불의 광명이니라. 한 면으로 등불은 빛을 통해 자신이 등불임을 보여주고, 다른 한 면으로 빛은 등불이 내보내는 눈부신 빛임을 알려 준다. 때문에 정은 지혜의 선정이고, 지혜는 선정의 지혜이다. 이는 선정과 지혜는 서로 규제하는 관계임을 보여 준다. 그러나 실제로 보면 혜능은 지혜가 결국은 선정을 규제하기를 요구하고 있다.

---

27) 諸學道人, 莫言先定發慧, 先慧發定, 各別. 作此見者, 法有二相, 口說善語, 心中不善, 空有定慧, 定慧不等, 若心口俱善, 內外一如, 定慧卽等.(「定慧品」)
28) 我此法門, 以定慧爲本. 大衆勿迷, 言定慧別. 定慧一體, 不二. 定是慧體, 慧是定用. 卽慧之時定在慧, 卽定之時慧在定. 若識此義, 卽是定慧等學.(「定慧品」)
29) 有燈卽光, 無燈卽暗, 燈是光之體, 光是燈之用.(「定慧品」)

그럼 지혜 자체는 무엇인가? 불교에서 말하는 지혜는 진리이다. 그것은 제법에서 모든 잘못과 허망한 것을 타파한 참된 지혜이다. 때문에 그는 제법실상을 깨달은 것이고, 사람의 생사에서 해탈할 수 있는 것이다. 그리고 그것이 세간의 지혜(총명)와 다

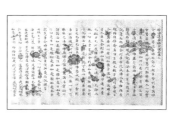

[唐]『法華經』

른 것이기 때문에 사람들은 일반적으로 범어의 '반야'라는 단어를 사용하여 부른다. 반야는 일종 위대하고 원만한 지혜라고 이해할 수 있다.

불교의 지혜는 세상 만법에 관한 지혜지만 그래도 주요하게는 마음에 관한 지혜이다. 이것은 만법은 유식唯識이고 모든 것은 유심唯心인 데 있다. 동시에 불교의 지혜는 공성의 지혜이다. 이는 모든 사물 현상은 실체가 없는 데서 생기고 실체가 없는 데서 사물 현상이 생겨나기 때문이다. 불교 지혜의 근본은 심색여일, 공유불이이다. 이 때문에 불가의 지혜는 특별한 지혜로서 다른 기타 형태의 지혜와 구분된다. 예를 들어 서방 신의 지혜와 중국 부처의 도에 관한 천의 지혜가 다른 것 같은 것이다.

일반적으로 반야는 실상반야實相般若, 관조반야觀照般若와 문자반야文字般若 등으로 나뉠 수 있다. 그중에서 실상반야는 제법의 있는 그대로의 모습을 직관하는 지혜를 말한다. 제법의 실상은 불가사의한 것이면서 말할 수 없는 것이다. 우선, 실상이자 무상이므로 하나의 법만 있는 것이 아니다. 다음, 실상은 상이 아닌 것이 없다. 그는 모든 상에 두루 미치고 있다. 그다음, 실상은 상이 없는 것이기도 하고 상이 아닌 것이 없는 것도 아니다. 하나의 법도 없으면서 모든 법에 두루 미치고 있다. 공이지만 공이 아니고, 있으면서 있지 않은 것이니 진정 공이나 유의 어느 한쪽에도 치우치지 않는 것이다.

소승불교든, 대승불교든 반야는 모두 특별한 의의가 있다. 그것이 계, 정, 혜 삼학에서든 아니면 보시布施, 지계持戒, 인욕忍辱, 정진精進, 선정禪定, 반야를 비롯한 육도六度에서든 지혜는 의심할 나위 없이 중요하다. 반야지혜를 얻어야만 사람들은

생사의 윤회에서 해탈할 수 있고 부처의 경지에 이를 수 있다.

혜능의 지혜에 대한 이해는 일반 불교에서와 또 다르다. "큰 지혜가 피안에 이르다"를 해설할 때, 그는 모든 것을 마음의 본성에 돌렸다. 그는 크다는 것을 허공과도 같이 마음이 공한 것이라고 여겼다. 지혜는 바로 마음이 세상만물에 대한 인식인 것이다. 피안에 이르렀다는 것은 바로 생멸의 변화를 극복하고 생멸이 없는 제법의 실상에 도달한 것이라 여겼다. 무릇 지혜라 함은 특별하고 위대한 것이라지만 그것이 신비로운 것은 아니다. 혜능은 지혜를 사람들의 일상생활로 돌려놓았다. 지혜는 사람 생명의 매 순간의 일념들에 존재한다. 여기서 사람의 일념이란 지혜일 수도 있고 어리석은 것일 수도 있다. 지혜는 슬기로운 생각으로 아둔함과 구별되고 자신의 깨달음을 유지할 수 있다. 혜능은 이렇게 말하였다.

> 반야란 무엇인가? 반야라 함은 여기 말로 지혜이니라. 모든 곳, 모든 시각의 생각들
> 이 어리석지 아니하여 항상 지혜를 행하는 것이 곧 반야행이니라. 일념이 어리석으
> 면 곧 반야가 끊어짐이요, 일념이 슬기로우면 곧 반야가 나는 것이니라. 세상
> 사람들이 어리석고 미혹하여 반야는 보지 못하면서 입으로만 반야를 말하며 마음속
> 은 항상 어리석으면서 항상 말하기를 내가 반야를 수행한다고 한다. 생각마다
> 공을 말하나 진공은 알지 못하는 것이다. 반야는 형상이 없는 것이라 지혜심이
> 바로 이것이니 만약 이와 같이 알면 곧 반야라 할 것이다.[30]

혜능은 반야라는 것이 부처에게만 있는 것이 아니라 사람이라면 다 있을 수 있다고 하였다. 동시에 반야는 외적인 것이 아니라 내적인 것이라는 것이다. 혜능의 관점에서 보면 마음이라는 것은 그 본성을 따져 볼 때 지혜를 갖고 있을 뿐만 아니라 그 자체가 지혜이다. 그는 세상 사람들의 본성은 깨끗한 것이 맑은 하늘 같다고 하였다. "지는 해와 같고 혜는 달과 같아서 지혜가 항상 밝건만, 밖으로

---

30) 何名般若? 般若者, 唐言智慧也. 一切處, 一切時中, 念念不愚, 常行智慧, 即是般若行 一念愚即
般若絶. 一念智即般若生, 世人愚迷, 不見般若, 口說般若, 心中常愚, 常自言我修般若, 念念說空,
不識眞空. 般若無形相, 智慧心即是. 若作如是解, 即名般若智.(「般若品」)

경계에 집착하여 망념의 뜬구름에 자성이 덮이므로 자성이 명랑하지 못하니라. 만약 선지식을 만나 참된 정법을 듣고 스스로 미망을 제하면 내외가 명철하여 자성 가운데에 만법이 모두 나타나리라."[31] 이는 비유적인 표현으로 아래와 같은 과정을 서술하고 있다.

우선, 사람은 밝은 지혜를 갖고 있다. 그 본성은 청정한 것이며 오염이 없다.

다음, 사람의 지혜는 덮여 보이지 않는다. 망념이라는 것은 탐욕, 원망, 미혹 등 삼독이다. 그것들이 청정한 사람의 본성을 더럽게 만들었다.

마지막으로, 사람은 새롭게 다시 자신의 지혜를 얻을 수 있다. 사람들은 다른 사람의 계시를 받거나 혹은 스스로 깨달음을 통해 명심견성에 이를 수 있다.

하지만 이러한 과정은 결코 긴 시간이 필요한 것이 아니라 일념 사이에 있다. 다시 말하면 지혜로운 생각으로 어리석은 생각을 극복하는 데서 온다는 것이다.

사람이 부처의 지혜를 얻었다면 부처의 지견知見을 얻은 것이나 같다. 『법화경法華經』에서 말하기를 여러 부처님들은 오직 한 가지 큰일 때문에 세상에 나타나셨다고 하였다. 그 큰일을 혜능은 다른 일이 아니라 부처의 지견이라고 여겼다. 심색여일, 공유불이라는 부처의 지혜, 부처의 지견에 대하여서는 일반적으로 개, 시, 오, 입 네 개 방면으로 나뉘는데, 바로 개시開示, 현시顯示, 증오證悟, 계입契入인 것이다.

혜능은 불지견의 개, 시, 오, 입에 대하여 이렇게 해석하였다. "부처란 깨달음이라는 뜻이니, 나누면 네 가지가 되느니라. 깨달음의 지견을 열며, 깨달음의 지견을 보이며, 깨달음의 지견을 깨닫게 하며, 깨달음의 지견에 들어가게 함이니, 만약 깨달음의 지견을 열어 보임을 듣고 문득 능히 깨달아 들어가면 곧 깨달음의 지견이 본래의 참본성의 나타남이게 되느니라."[32] 이것은 하나의 점진적이면서 완정한 과정이다. 혜능은 부처의 지견이라 하는 개, 시, 오, 입은 외재적인 사람의 자성이

---

31) 智如日, 慧如月, 智慧常明. 於外著境, 被妄念浮雲蓋覆自性, 不得明朗, 故遇善知識, 聞眞正法, 自除迷妄, 內外明徹, 於自性中萬法皆現.(「懺悔品」)

32) 佛, 猶覺也. 分爲四門. 開覺知見, 示覺知見, 悟覺知見, 入覺知見. 若聞開示, 便能悟入. 卽覺知見, 本來眞性而得出現.(「機緣品」)

아니라 내재적인 사람의 자성이라 여겼다. 바로 사람의 자성의 개, 시, 오, 입이라는 것이다. 여러 부처들이 세상에 나타난 것은 중생들이 자성의 개, 시, 오, 입을 이루기를 바라서이다. 마찬가지로 지혜로운 자의 인도 역시 어리석은 자가 자성의 개, 시, 오, 입을 깨닫게 하기 위한 것이다.

개, 시, 오, 입의 과정 중에 불지견을 여는 것은 부처의 지혜를 얻을 수 있는 가장 중요한 시작점이다. 개는 개시를 말하는데 사람들이 잘못 중에서 깨달음을 얻게 하는 것이다. "세상 사람들이 밖으로 미혹하여 상에 집착하고 안으로 미혹하여 공에 집착하니 만약 능히 상에서 상을 여의고 공에서 공을 여의면 즉 내외로 미혹하지 않을 것이니 만약 이 법을 깨달아 일념에 마음이 열리면 이것을 이르러 불지견을 열었다 하느니라."[33]

혜능이 말하기를 부처는 본인의 불지견을 여는 것이 아니라 중생의 불지견을 열어 주는 것이라 하였다. 동시에 외재적인 부처가 여는 것이 아니라 내재적인 부처가 열어 주는 것이라 하였다.

> 너는 불경의 뜻을 그릇되게 알지 않도록 삼가라. 경에 "열어 보이고 깨달아 들어간다." 이르심을 보고 "이것은 부처님의 지견일 뿐, 우리들 분수에는 맞지 않다"는 이런 견해를 갖는다면 이는 바로 경전을 비방하고 부처님을 훼손하는 것이니라. 네가 이미 부처이며 이미 지견을 갖추었다면 어찌 다시 열 것이 있으랴. 마땅히 너는 불지견이라는 것은 다만 너 자신의 마음일 뿐 다시 다른 부처가 없음을 믿어라. 대개 모든 중생들이 스스로 자기 광명을 가리고 육진경계를 탐애하여 밖으로 반연하고 안으로 흔들리면서 쫓고 쫓기며 시달려도 도리어 달게 여기니, 이에 세존께서 삼매에서 일어나시어 여러 가지 간곡한 말씀으로 저들에게 권하여 편안히 쉬도록 하셨느니라. 부디 밖을 향하여 구하지 말라. 부처님과 더불어 둘이 아니기 때문이니 이 까닭에 "불지견을 열라" 하신 것이니라.[34]

---

33) 世人外迷著相, 內迷著空, 若能於相離相, 於空離空, 是內外不迷. 若悟此法, 一念心開, 是爲開佛
　　知見.(「機緣品」)
34) 汝愼勿錯解經意, 見他道開示悟入, 自是佛之知見, 我輩無分. 若作此解, 乃是謗經毀佛也. 彼旣是

불지견은 중생의 지견과 다르다. 전자는 깨달음이고 후자는 잘못이다. 이에 대하여 혜능은 이렇게 말하였다. "나도 또한 모든 사람에게 권하기를 '자기 마음속에서 항상 불지견을 열라' 하는 것이다. 세간 사람이 마음이 망령되고 어리석으며 미혹하여 죄를 짓되, 입은 선하고 마음은 악하며 탐심, 진심, 질투심과 아첨과 교만으로 남을 침해하고 일을 해쳐서 스스로 중생지견을 여나니, 만약 마음을 바르게 하고 항상 지혜를 내어 자기 마음을 비추어 보아 악한 짓을 그치고 착한 일을 행하면 이것이 스스로 불지견을 여는 것이니라."[35] 불지견과 중생의 지견은 출세出世와 세간世間의 차이이다. "너는 모름지기 생각마다 불지견을 열고 중생지견을 열지 않도록 하라. 불지견을 열면 이것은 즉 세간에서 뛰어남이요, 중생지견을 열면 이것이 곧 세간이니라."[36] 사람들은 중생의 지견에서 불지견에 이르러야 세간을 벗어나 출세에 이를 수 있다.

佛, 已具知見, 何用更開? 汝今當信佛知見者, 只汝自心, 更無別佛. 蓋爲一切衆生, 自蔽光明, 貪愛塵境, 外緣內擾, 甘受驅馳. 便勞他世尊, 從三昧起, 種種苦口, 勸令寢息, 莫向外求, 與佛無二. 故云開佛知見. (「機緣品」)

35) 吾亦勸一切人, 於自心中, 常開佛之知見. 世人心邪, 愚迷造罪, 口善心惡, 貪嗔嫉妒, 諂佞我慢, 侵人害物, 自開衆生知見. 若能正心, 常生智慧, 觀照自心, 止惡行善, 是自開佛之知見. (「機緣品」)

36) 汝須念念開佛知見, 勿開衆生知見. 開佛知見, 卽是出世. 開衆生知見, 卽是世間. (「機緣品」)

제3장 마음의 미혹

자성과 불성은 늘 존재하는 것이라 하지만 그것은 또한 언제나 가려져 있다. 왜 그런가? 그것은 매 사람마다 태어나서부터 이미 불성을 갖고 있기 때문이야말로 미혹되었거나 가려졌거나 하는 말들이 가능한 것이다. 애초부터 불성이 없는 존재자에게는 불성을 가졌거니 잃었거니 운운할 여지도 없는 것이다. 때문에 사람의 불성과 그 가려졌다는 말은 실은 내적으로 연관이 있다.

불성에 있어서의 미혹이라는 것을 혜능은 인간의 청정한 본성이 오염된 것이며, 맑은 하늘이 구름에 덮인 것과 같다고 하였다. 이것은 별개의 특수한 사건이 아니고 보편적인 현상이다. 자성을 지닌 대중들은 거의 동시에 그 자성의 미혹 속에 빠져 있다. 이런 상황에 근거하여 보면 사람의 자성에는 원초적인 역설이 존재한다는 것을 알 수 있다. 즉 두 가지 대립되는 현상이 동시에 존재한다는 것이다. 한 면으로 사람의 자성은 원초적으로 무지인 것이 아니라 청정한 것이며, 다른 한 면으로 사람의 자성은 다른 사물의 영향을 완전히 받지 않는 것이 아니라 미혹 속에 수시로 존재한다는 것이다. 자성의 청정은 내적이고 필연적이며 영원한 것이지만, 자성의 미혹은 외적이고 우연적이며 일시적인 것이다. 이러한 자성을 잃어버리면 무지와 번뇌 그리고 이러저러한 죄를 범하게 된다.

사람이 자성을 잃어버렸다는 것은 근본적으로 자심을 잃은 것으로 체현이 된다. 다시 말하면 마음이 몸을 속였거나 혹은 다른 사물에 의해 사신이 가려졌다는 것이다. 어떻게 된 것인가? 마음이 미혹되는 것은 생각을 일으키기에 달렸고 사람의 생각이 미치기에 달렸다. 물론 여기에서 말하는 의념意念이라는 것이 일반적인 생각이나 그런 것이 아니라 바른 생각과 반대되는 무모한 생각을 말한다. 물론 생각을 일으키는 것도 무모한 생각을 일으킨다는 뜻이다. 불교에서 말하는 무모한 생각이라는 것은 어떤 다른 것이 아니라 바로 삼독인 탐, 진, 치이다. 탐은 탐욕인 것으로 외적 사물에 대한 갈망과 점유이다. 진은 분노와 원망을 말하는데 다른 사람이나 물건 등을 해치거나 소멸하려는 것을 말한다. 치는 무지인데 무지나 잘못이다. 사람의 마음에 이런 세 가지 무모한 생각이 떠올랐을 때 사람의 자성은 드러나지 않는다.

혜능은 마음의 미혹을 상에 집착하는 것과 공에 집착하는 두 가지 형태로 구분하였다.

1. 상에 집착함

상에 집착한다는 것은 마음이 외적인 것에 끌리고 영향을 받는다는 것이다. 마음이 어떤 물건에 얽매일 때면 그 물질의 속박을 받게 되고 심지어 그 물건에 가려질 것이다.

외적인 상에 집착하고 미혹되는 것은 자성을 잃는 데 표현될 뿐만 아니라 또한 사람들이 부처로 되기에 노력하고 부처로 되는 길에까지 그 영향이 미친다. 다시 말하면 사람들이 잃어버린 자성을 깨닫고 다시 되찾으려고 할 때, 그 찾는 과정에 역시 외적인 상에 집착하게 된다는 것이다. 다만 사람들이 자신을 깨닫지 못하고 스스로 미로에 빠져 있음을 모를 따름이다.

일반적으로 깨달음을 얻는 과정은 대승, 소승불교에서 공동으로 주장하는 계, 정, 혜 삼학의 수행 과정이다. 만약 사람들이 모두 혜능처럼 계, 정, 혜 삼학을 자성이나 불성으로 이해한다면 그럼 그들은 스스로 자성을 깨닫는 길에 들어서게 될 것이다. 반대로 사람들이 불교의 기본 학설인 계, 정, 혜에 대한 올바른 인식이 없다면 자성을 잃어버리게 될 것이다. 이는 아래와 같이 체현된다.

첫째, 사람들은 계율을 무상인 것으로 이해하지 않고 유상이라고 한다. 불교에는 여러 가지 교칙이 있는데 이에 근거하여 불교도와 일반적인 대중들을 구분할 수 있다. 하지만 이들은 단지 외재적인 규정만 준수하면서 마음의 깨달음은 얻지 못하고 있다. 그리고 억지로 피동적으로 규칙에 복종하게 하는 것도 역시 일종 무의미한 것에 지나지 않는다.

둘째, 사람들의 선정은 마음의 깨달음이 아니라 신체의 정좌靜坐이다. 이런 정좌로 그들은 마음을 열어야 하는 것을 신체의 수련으로 대체하였고 일상생활의 행동과 자유로이 오가는 것을 마음을 비우고 움직임 없이 오직 앉아 있는 것으로 대체하였다. 그것은 실은 몸과 마음에 대한 일종의 손상이다. 선정과 지혜가 결합되어야만이 그것이 사람들로 하여금 자성에 이르게 할 수 있다.

혜능은 선정에 관한 이러한 여러 가지 틀린 관점을 비판하였다.

> 선지식아, 도는 모름지기 흘러 통하여야 하거늘 어찌하여 도리어 멈추느냐. 마음이 법에 머물지 아니하면 도가 곧 통하여 흐르고 만약 마음이 법에 머무르면 이것을 스스로 얽매인다 하느니라. 만약 앉아 움직이지 않는 것이 옳다고 말한다면 저 사리불과 같이 숲속에서 좌선하고 있다가 도리어 유마힐의 꾸짖음을 당하리라. 선지식아, 또 어떤 사람이 좌선을 가르치되 마음을 보고 고요를 관조하여 움직이지 아니하고 일어나지 아니하여 이것으로 공부를 삼는다 하거늘 미혹한 사람은 알지 못하고 곧 이에 집착하여 거꾸로 닦게 되나니 이와 같은 자들이 적지 아니하니라. 그리하여 이와 같이 서로 가르치는 것이니 이것이 크게 그릇된 것임을 알아야 하느니라.[1]

참된 선정은 마음을 보면서 조용히 있는 것도 아니요, 움직이지 않는 것도

---

1) 善知識! 道須通流, 何以卻滯? 心不住法, 道卽通流. 心若住法, 名爲自縛. 若言常坐不動是, 只如舍利弗宴坐林中, 卻被維摩詰訶. 善知識! 又有人敎坐, 看心觀靜, 不動不起, 從此置功. 迷人不會, 便執成顚. 如此者衆. 如是相敎, 故知大錯.(「定慧品」)

아니다. 혜능은 이렇게 말하였다.

이 법문의 좌선은 원래 마음에 집착하지 않고 또한 깨끗함에도 집착하지 않으며
또한 움직이지 않는 것도 아니니라. 만약 마음에 집착한다면 마음은 원래 이것이
미혹한 것이니 마음이 환상과 같은 것임을 아는 고로 집착하지 않느니라. 만약
깨끗한 것에 집착한다면 원래 사람의 본성은 청정하나 다만 망념으로 말미암아
진여가 덮인 것이니 망상만 없으면 본성은 스스로 청정하거늘 다시 마음을 일으켜
청정에 집착한다면 이것은 도리어 정망을 일으키는 것이니라. 망령됨은 본래 처소
가 없는 것인데 이에 집착한다면 이것은 망이요, 청정은 형상이 없는 것인데 도리어
깨끗하다는 상을 세워서 이것을 공부로 삼는다면 이런 견해를 짓는 자는 스스로
본성을 막고 도리어 정박이 되느니라.[2]

셋째, 사람들은 지혜를 추구할 때 안에서 구하지 않고 밖에서 구한다. 그런
연유로 지혜를 추구하는 것이 일종의 어리석음에 대한 동경으로 변하였다. 혜능은
몇 번이나 부처가 바로 불성이며 자성이라고 지적하였었다. 이에 부처를 밖으로가
아닌 내면인 안에서 추구해야 할 것이다. 그러나 많은 사람들이 불성을 단지 부처의
우상으로 보고 자성의 깨달음을 우상에 대한 숭배로 오해하고 있다. 또한 사람들은
오직 경문을 읽는 것만 중시하면서 이것을 통하여 무상보리를 얻을 수 있다고
믿는다. 혜능은 오직 입으로만 반야를 읽고 자성반야를 인정하는 않는 것은 지혜가
아니라 어리석음이라고 하면서, 반야를 입으로만 읽고 행하지 않으면 다만 환상이나
이슬과 같은 것에 불과한 것이라 지적하였다.

계, 정, 혜 외에 대승불교에는 소승불교가 주장하는 것과 다른 것이 또 있는데
바로 보시布施, 인욕忍辱, 정진精進 등이다. 이것을 합쳐 육도六度라고 하는데 보시가
육도의 제일이다. 그것은 보시가 대승불교의 중생을 제도하는 자비심을 여실히

---

2) 此門坐禪, 元不著心, 亦不著淨, 亦不是不動. 若言著心, 心原是妄, 知心如幻, 故無所著也. 若言
著淨, 却生淨妄, 妄無處所, 著者是妄, 淨無形相, 却立淨相, 言是工夫. 作此見者, 障自本性, 却被
淨縛.(「坐禪品」)

잘 보여 주고 있기 때문이다. 하지만 혜능은 조사造寺, 도승度僧, 보시, 시재設齋 등과 같은 사찰을 짓고 승려를 제도하며 보시를 하고 공양을 하는 것은 모두 복덕을 쌓는 것이지 결코 공덕을 쌓는 것은 아니라고 여겼다. "무제武帝가 망령된 마음으로 정법을 알지 못하고 절을 짓고 공양을 올리고 보시를 하며 재를 베푸니 이것은 복을 구하는 것이라 복이 공덕이 될 수는 없느니라. 공덕은 법신 중에 있는 것이요 복을 닦는 데 있는 것이 아니니라."3)

그럼 도대체 참된 공덕이란 무엇인가? 혜능은 이렇게 강조하였다. "본성을 보는 것이 공이요, 평등은 이것이 덕이니라. 생각들이 막힘이 없어 항상 본성의 진실묘용을 보는 것이 공덕이 되는 것이니라. 안으로 마음을 겸양하여 낮추면 이것이 공이요, 밖으로 예를 갖춰 행동하면 그것이 덕이니라. 자성으로부터 만법을 세우는 것이 공이요, 몸이 생각을 여의는 것 이것이 덕이라. 자성을 여의지 않는 것이 공이요, 응용에 물들지 않는 것이 덕이니, 만약 공덕법신을 찾으려면 다만 이에 의하여 지어야 이것이 참공덕이니라. 공덕을 닦는 사람은 마음이 가볍지 아니하여 항상 널리 공경하나니 만약 마음으로 항상 남을 업신여기고 나를 내세우는 마음을 끊지 않으면 즉 스스로 공이 없는 것이요, 자심이 허망하고 부실하면 즉 스스로 덕이 없는 것이니 이것은 나를 내세우는 생각이 스스로 커져서 항상 모든 것을 가벼이 여기기 때문이니라."4) 그리고 또 이렇게 말하였다. "생각들이 끊임이 없는 것, 이것이 공이요 마음을 평등이 하고 곧게 쓰는 것이 덕이며, 스스로 본성을 닦는 것이 공이요 스스로 몸을 닦는 것이 덕이니라."5)

공덕을 닦는 것은 사람의 자성과 자심을 수련하는 것이다. 하지만 사람들은

---

3) 武帝心邪, 不知正法, 造寺度僧, 布施設齋, 名爲求福, 不可將福便爲功德. 功德在法身中, 不在修福.(「疑問品」)
4) 見性是功, 平等是德, 念念無滯, 常見本性, 眞實妙用, 名爲功德. 內心謙下是功, 外行於禮是德. 自性建立萬法是功, 心體離念是德. 不離自性是功, 應用無染是德. 若覓功德法身, 但依此作, 是眞功德. 若修功德之人, 心卽不輕, 常行普敬. 心常輕人, 吾我不斷, 卽自無功. 自性虛妄不實, 卽自無德. 爲吾我自大, 常輕一切故.(「疑問品」)
5) 念念無間是功, 心行平直是德. 自修性是功, 自修身是德.(「疑問品」)

종종 복덕을 공덕이라 여기고는 한다. 혜능은 게송을 지어 이렇게 비평하였다.

> 미혹한 사람은 복을 닦고 도는 안 닦는데 복만을 닦으면서 도라고 하네. 보시하고
> 공양함은 복은 많으나 마음속 삼악은 계속 짓고 있느니라. 복을 닦아 지은 죄를
> 없애려 해도 후세에 복은 받고 죄는 또 남네. 다만 마음 가운데 죄를 없애면
> 각자 본성에서 진 참회하면 되느니라.[6]

복덕을 쌓는 것은 주로 선업을 닦는 것이라 복을 누릴 수 있다. 도를 닦는
것은 심성을 수련하는 것으로 명심견성에 이르는 것이다. 복덕을 쌓는 것과 도를
닦는 것은 별개이다. 하지만 미혹한 사람은 복을 쌓는 것을 도를 닦는 것으로
여기고 진정 도를 닦는 것이 무엇인지 잊어버린다. 보시나 공양 역시 대승불교의
육도에 속하기는 하나 단지 선업을 쌓는 것에 불과하다. 사람들이 보답을 바랄
때, 그들의 마음속에는 아직 탐, 진, 치 삼악이 자리 잡고 있는 것이다. 복을 쌓는
것만으로는 마음속의 탐, 진, 치를 없애 버릴 수 없다. 사람들이 비록 복을 쌓아
후에 복을 받더라도 죄악은 존재한다는 것이다. 사람들이 탐, 진, 치 삼독을 마음속으
로부터 없애려면 자성에서 진정으로 참회를 하여야 할 것이다.

사람들이 복을 쌓는다고 하여 심성도 수련되는 것은 아니다. 다시 말하면
공덕을 쌓지 않았다는 의미이다. 그런 고로 여전히 심각한 미혹에 처해 있다.
"공덕이란 모름지기 자성 안에서 볼 것이요, 보시나 공양 올리는 데서 구할 바가
아니니라. 이와 같이 복과 공덕이 다른 것인데 무제가 진리를 알지 못하였을 뿐
우리 조사의 허물은 아니니라."[7]

이 외에 혜능은 또한 일부 상에 집착하면서 도를 닦는 행위를 비판하였다.
"만약 상에 집착하면서 밖을 향하여 참을 구하거나 혹은 넓은 도량을 세우고

---

6) 迷人修福不修道, 只言修福便是道. 布施供養福無邊, 心中三惡元來造. 擬將修福欲滅罪, 後世得
   福罪還在. 但向心中除罪緣, 各自性中眞懺悔.(「懺悔品」)
7) 功德須自性內見, 不是布施供養之所求也. 是以福德與功德別, 武帝不識眞理, 非我祖師有過.(「疑
   問品」)

유, 무의 허물을 말한다면 이와 같은 사람은 몇 겁을 다하여도 견성하지 못할 것이니라."8) 이러한 행위는 사람의 심성과 관련이 없다. 그것은 심성의 체현이 아니라 도리어 심성을 가리는 것이다.

2. 공에 집착함

자성의 미혹은 외적인 상에 집착하는 것도 있겠지만 내적인 공에 집착하는 것도 있다고 혜능은 말하였다. 도를 닦는 과정에서 사람들은 모든 것이 허황함을 깨닫고 그에 대한 집착을 극복하지만, 동시에 또한 다른 상황에 빠지게 되면서 다른 일종의 공허한 마음에 집착하게 된다. 이에 혜능은 이렇게 말하였다. "미혹한 사람은 입으로만 말하고 지혜 있는 사람은 마음으로 행하느니라. 또한 미혹한 사람이 있어 마음을 비우고 고요히 앉아 아무런 생각도 하지 않는 것을 가리켜 스스로 큰 것이라고 일컫는다면 이러한 자들과는 더불어 말조차 하지 말라. 망령된 것이기 때문이니라."9)

공에 집착하는 사람은 바른 견해와 참된 앎을 잘못 이해한다. 어떤 법사가 사람들에게 말하기를 이러하다. "너의 본성은 마치 저 허공과 같아서 마침내 물건 하나도 가히 볼 수 없는 것이니 이것이 정견이며, 물건 하나도 알 수 없으면 이것이 참으로 아는 것이며 청, 황, 장, 단도 없고 다만 본원이 청정하고 각체가 두렷이 밝은 것을 보면 이것을 견성성불이라 하며 또한 여래지견이라 하느니라."10)

혜능은 이러한 이른바 본성은 공허하다는 사상에도 여전히 견지라는 것이 있다고 여긴다. 보기에는 공허한 것 같지만 여전히 일종의 유라고 할 수 있기 때문이다.

---

8) 若著相於外, 而作法求眞, 或廣立道場, 說有, 無之過患, 如是之人, 累劫不可見性.(「付囑品」)

9) 又有迷人, 空心靜坐, 百無所思, 自稱爲大. 此一輩人, 不可與語, 爲邪見故.(「般若品」)

10) 汝之本性, 猶如虛空, 了無一物可見, 是名正見. 無一物可知, 是名眞知, 無有靑黃長短, 但見本源淸淨, 覺體圓明, 卽名見性成佛, 亦名如來知見.(「機緣品」)

이에 근거하여 사람들은 아직 자성의 깨달음에 도달하지 못했다고 하는 것이다. 혜능은 게송을 불러 말로는 공이라고 하지만 실은 집착인 그 실질을 까밝혔다.

> 법 하나도 보지 않으면서 보이지 않음을 둠이여, 흡사 뜬구름이 해를 가림과 같음이라. 법 하나도 알지 못하면서 앎이 공함을 지킴이여, 허공에서 도리어 번개를 침이라. 이와 같은 지견이 잠시라도 일어나면 그릇된 앎이거니 어찌 보살이 묘한 수단을 알았다고 할쏜가. 너 마땅히 일념에서 자기 잘못 알면 자기의 신령한 빛이 언제나 드러나리라.[11]

혜능은 비록 자성이 법 하나를 보지 못하지만 여전히 보이지 않음의 망념이 존재하는 것이며 이런 보이지 않음이 자성을 가리는데 뜬구름이 태양의 빛을 가린 것과 같다고 하였다. 비록 자성은 법 하나를 모르지만 역시 앎이 공한 것이라는 것을 지키려는 망념이 있다고 하였다. 이런 것이 본성에 장애물을 가해 주는데 마치 번개가 태공에서 번쩍이는 것과 같은 것이다. 이러한 망념들이 갑자기 생기고 사람들이 또한 그들을 진실한 지견으로 삼는다면 어떻게 견성에 이르는 묘한 방법을 이해하겠는가? 일념에 스스로 잘못인 것을 알면 자기 심성의 영험한 빛이 영원히 빛날 것이다.

공에 집착하는 사람이 도를 닦는 행위 역시 맞지 않는 것이다. 어떤 승려의 게송은 이러하다.

> 와륜은 기량이 있어 능히 백 가지 생각을 끊네. 경계를 대하여도 마음 일지 않으니 보리가 나날이 자라도다.[12]

혜능은 이 게송이 마음을 잘 보여 주지 못했다고 생각한다. 사람의 자성이

---

11) 不見一法存無見, 大似浮雲遮日面. 不知一法守空知, 還如太虛生閃電. 此之知見瞥然興, 錯認何曾解方便. 汝當一念自知非, 自己靈光常顯現.(「機緣品」)
12) 臥輪有伎倆, 能斷百思想. 對境心不起, 菩提日日長.(「機緣品」)

진공인데 만약 진공임을 모른 다면 이미 미혹에 속박되어 있 는 것이다. 동시에 생각을 끊 는 것으로 공을 추구한다면 이 것 역시 잘못에 속박된 것이나 다름이 없고 두 배로 속박을

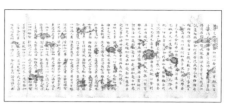

[周]『法華經』

받는 것이다. 이에 혜능은 게송을 남겨 이렇게 말하였다.

> 혜능은 기량이 없어 온갖 생각을 끊지 않네. 경계 대함에 마음 자주 일어나니
> 보리가 어찌 자라랴.[13]

혜능은 스스로 아무런 기량이 없다고 한다. 이는 부처는 자성에 있는 것이지 기량이 필요한 것이 아니기 때문이다. 그는 스스로 여러 가지 사상이나 생각 등을 끊지 못하는데, 이는 자성이 본래부터 사상이 없는 것이라 끊을 필요가 없기 때문이 다. 바깥 경계에 면하여 여러 생각이 수없이 드는 것은 자성이 청정하고 광명한 것이어서 스스로 만법을 나타낼 수 있기 때문이다. 보리 지혜가 어떻게 자랄 수 있겠는가? 그것은 보리의 지혜는 생기지도 멸하지도, 어지럽지도 깨끗하지도, 더해 지기도 덜하지도 않기 때문이다.

이 외에 이런 공에 집착하는 사람들은 문자나 경문도 반대하였다. 이런 극단적인 방법은 부처가 말하는 지혜를 부정하였을 뿐만 아니라 자아모순에 빠져 본인 스스로의 설도 부정하였다. 혜능은 이러한 것들을 모두 망령된 견해라고 여긴다. 그것들은 심성을 보여 주지도 못했고 오히려 심성을 가렸기 때문이다. 혜능은 이렇게 말하였다.

---

13) 惠能沒伎倆, 不斷百思想, 對境心數起, 菩提作麼長.(「機緣品」)

공에 집착하는 사람은 경을 비방하면서 곧 문자를 쓰지 않는다 하나, 만약 이미 문자를 쓰지 않을진대 사람과 말하는 것도 마땅하지 않다 하겠으니 말이 또한 바로 문자의 상임을 어찌할 것이냐! 또 문자를 세우지 않는다고 하나 이 세우지 않는다는 글자도 또한 문자인 것이니 대개 이런 사람은 남이 말하는 것을 보고 곧 그를 비방하면서 말하기를 "문자에 집착한다" 하느니라. 너희들은 마땅히 알아라. 스스로 미혹한 것은 가능하거니와 어찌 부처님 경전을 비방하랴! 부질없이 경을 비방하지 말아야 하니 이러한 자는 그 죄가 헤아릴 수 없느니라.[14)

제법의 실상은 공유불이이다. 그것은 말로는 할 수 없는 것인데 사람들이 이런 말로 할 수 없는 것을 또한 말하여야 한다. 말하는 과정에서야 그 말할 수 없는 것이 나타나기 때문이다. 또한 불경의 제법실상에 관련된 가르침이 한 면으로는 말할 수 없는 불성 지혜에서 온 것이고, 다른 한 면으로는 이런 말할 수 없는 것을 열어 줄 불성 지혜에서 오기 때문이다.

---

14) 執空之人有謗經. 言不用文字. 旣云不用文字, 人亦不合語言, 只此語言, 便是文字之相. 又云直道不立兩字, 卽此不立兩字, 亦是文字. 見人所說, 便卽謗他言著文字. 汝等須知, 自迷猶可, 又謗佛經. 不要謗經, 罪障無數.(「付囑品」)

제4장 마음속의 삼무三無

사람이 미혹된다는 데는 여러 가지 측면을 포함하는데 그중에서 관건적인 것은 미혹된 생각 즉 사람이 스스로의 마음을 잃어 간다는 데 있다. 이러한 상황을 마주하여 미혹을 극복하려면 다른 방법을 찾을 것이 아니라, 오직 마음 자체를 중시하여 스스로 마음 잃어버리는 것을 방지하면 된다.

혜능은 이렇게 말하였다. "보리반야의 지혜는 세상 사람이 다 본래부터 스스로 가지고 있는 것인데, 다만 마음이 미혹하여 스스로 깨닫지 못할 따름이니 모름지기 큰 선지식의 가르침과 인도를 빌어 견성하여야 하느니라. 마땅히 알라. 어리석은 자와 지혜 있는 사람의 불성에는 본래 차별이 없는 것이요, 다만 미혹함과 깨친 것이 다를 뿐이다. 이 까닭에 어리석음도 있고 슬기로움도 있는 것이다."[1] 비록 사람들이 모두 자성을 갖고 있다지만 미혹한 사람들은 이것을 발견하지 못하기 때문에 어리석은 사람이다. 반대로 깨달음을 얻은 사람은 이것을 얻었기에 지혜로운 사람이다. 어리석은 자가 어리석은 것은 스스로 깨닫지 못하기 때문이고 그들이 자성을 깨달으려면 반드시 지혜로운 자의 가르침을 받고서 스스로 깨달음에 이르러야 할 것이다.

미혹한 사람들이 참된 깨달음을 얻으려면 어떻게 해야 할까? 오직 불교의 지혜를 얻어야 하는 것이다. 혜능은 이렇게 말하였다. "마하반야바라밀이 가장 높고 가장 위며 가장 으뜸이니라. 그것은 현재도 없고 과거도 없으며 또한 미래도

---

1) 菩提般若之智, 世人本自有之, 只緣心迷, 不能自悟. 須假大善知識, 示導見性. 當知愚人智人, 佛性本無差別, 只緣迷誤不同, 所以有愚有智.(「般若品」)

없으니 삼세제불이 이 가운데서 나오리라. 마땅히 큰 지혜를 써서 오온과 번뇌와 망상을 타파해야 하느니라. 이와 같이 수행하면 결단코 불도를 이루리니 삼독이 변하여 계, 정, 혜가 되느니라."[2] 여기서 말하는 지혜는 심색여일, 공유불이의 지혜이다. 그것은 마치 예리한 검과 같아서 공으로 유를 파하고 또한 유로 공을 파할 수도 있다.

혜능은 이런 지혜법문을 "무념無念"이라고 하면서 이것을 선종에서의 가장 근본적인 수행 법문으로 여겼다. 이는 지혜의 근본을 마음으로 귀착시키는 데 두고 마음의 현실 활동이 시시각각의 마음속 생각이라고 여기는 혜능의 주장이다. "나의 이 법문은 한 반야로부터 팔만사천의 지혜를 내느니라. 무슨 까닭인가? 세간 사람에게 팔만사천의 진로塵勞가 있기 때문이니, 만약 번뇌가 없으면 지혜가 항상 드러나 자성을 잃지 않느니라. 이 법을 깨달은 자는 곧 생각도 없고 기억도 없고 집착도 없어서 거짓과 망념을 일으키지 아니하고 스스로의 진여성을 써서 지혜로 일체법을 관조하여 취하지도 아니하고 버리지도 않나니 이것이 곧 견성이요, 불도를 이룸이니라."[3] 불교에는 많은 법문이 있어 팔만사천 개가 되지만 그것이 역시 하나로 귀결되고, 불이법문만이 있을 뿐이다. 이런 불이법문이 바로 불교에서 말하는 심색여일, 공유불이의 지혜인 것이다. 이 지혜에서 팔만사천 개의 법문이 생겨난 것이라 한다.

혜능은 세 방면으로 나누어 무념에 대하여 규정하였는데 "무념無念", "무상無相", "무주無住"가 그것이다. 혜능은 이렇게 말하였다. "나의 이 법문은 위로부터 내려오면서 먼저 무념을 세워서 종을 삼고 무상으로 체를 삼으며 무주로써 본을 삼느니라."[4] 이른바 말하는 "종宗", "체體", "본本"이 단어의 의미상에서 비록 약간의 차이가

---

2) 摩訶般若波羅蜜最尊最上最第一, 無住無往亦無來, 三世諸佛從中出. 當用大智慧, 打破五蘊煩惱塵勞. 如此修行, 定成佛道. 變三毒爲戒定慧.(「般若品」)

3) 我此法門, 從一般若生八萬四千智慧. 何以故? 爲世人有八萬四千塵勞. 若無塵勞, 智慧常現, 不離自性. 悟此法者, 卽是無念. 無憶無著, 不起誑妄, 用自眞如性, 以智慧觀照, 於一切法, 不取不舍, 卽是見性成佛道.(「般若品」)

4) 我此法門, 從上以來, 先立無念爲宗, 無相爲體, 無住爲本.(「般若品」)

있다지만 실은 모두 같은 것을 칭하는 것인데 바로 사물의 근본이라는 것이다. 무념, 무상, 무주가 선종 수행의 법문으로서 삼자는 모두 공통의 특징을 갖고 있다. 바로 부정否定적이라는 것이다. 부정은 이미 존재하는 것을 그 대립 면으로 전변시켜 비존재자로 되게 하는 것이다. 마음의 부정적인 활동으로 무념, 무상, 무주는 마음의 가려진 부분을 없애면서 참된 자아를 보여 주자는 것 즉 마음의 지혜를 얻게 한다는 것이다. 무념, 무상, 무주가 모두 부정적이라는 특성이 있다고 하지만 그들 사이에도 약간의 차이가 있다. 무념이 마음속의 생각을 주로 말한다면, 무상은 법상을 중심으로 하고, 무주는 행위를 중심으로 한다.

1. 무념

무념은 념의 부정이다. 하지만 이는 사람이라면 생각이 있다는 유념을 일단 먼저 인정해야 가능한 것이다. 마음속의 활동이 바로 념이라는 것인데 마음이자 곧 념과 같다. 때문에 무념은 돌이나 식물과 같거나 사람들이 늘 말하는 타 버린 재와도 같은 것처럼 마음속의 활동이 없는 것이라고 이해하면 안 된다. 이는 무념의 개념에 대한 큰 오해다. 인간은 생명이 있는 존재로서 근본적으로 마음 활동이 있는 존재이다. 이 때문에 사람은 마음의 무념에 도달하기 위해 그 마음 활동 자체까지 없어지게 할 수는 없다. 이에 대하여 혜능은 이렇게 말하였다. "만약 다만 아무것도 생각하지 않고 모든 생각을 없애버리면 그 일념마저 끊어지면서 곧 죽게 되고 다른 곳에 몸을 받게 하는 것이라면 이는 큰 잘못이니라."[5] 이런 무념은 마음의 깨달음이나 신생이 아니라 철저한 죽음이라고 말할 수 있다.

사람의 생각에는 참된 생각과 미혹한 생각이 있다. 다시 말하면 순수한 생각과 잡념이다. 이에 따라 보면 무념은 두 가지 부동한 의의를 갖는다. 생각이 잡념일

---

5) 若只百物不思, 念盡除却, 一念絶卽死, 別處受生, 是爲大錯.(「定慧品」)

때 무념은 이런 생각을 부정하는 것으로 되고, 생각이 반대로 순수할 때는 무념은 이를 그대로 드러나게 하는 것이다. 물론 혜능은 무념을 주로 잡념을 없애는 데 있다고 여기고 있다.

때문에 참된 무념이라는 것은 생각을 이탈하거나 끊는 것이 아니라 생각 속에 무념이 있고 미혹한 생각에서 참된 생각을 얻어 내는 것이다. 혜능은 이렇게 말하였다. "모든 경계를 여의어 경계에 마음이 물들지 않는 것이 무념이니 스스로의 생각이 항상 모든 경계를 여의어 경계에 마음을 내지 않느니라."[6] 여기에서 무념은 마음의 활동이긴 하지만 만물에 집착하지 않는 것으로 외적인 사물에 가려지지 않는다는 것과 같은 의미이다. 이러한 말에서 볼 때, 생각이라는 것은 외재적 물건의 나쁜 영향을 받은 생각을 말하는 것이지 순수한 생각을 말하는 것은 아니다. 무념이란 외부 물질에 의해 오염된 생각을 없애 버리고 순수한 생각에 이르는 것이다. 무념은 또한 선악의 욕망도 초월한다. "선도 생각하지 않고 악도 생각하지 않는 바로 이러한 때, 그것이 명상좌의 본래 면목인가?"[7] 이것은 선악의 실질적인 구별을 부정한 것이 아니라 마음이란 모름지기 선악의 대립에서 떠나야 한다는 것을 강조한 것이다. 순수한 마음이라면 악심도 선심도 없애야 한다는 것인데, 이는 어떠한 선한 생각이 일어날 때 동시에 그 대립 면인 악한 생각 역시 함께 일어나기 때문이다. 동시에 사람들이 선한 생각이라는 것에 집착하는 것도 곧 일종의 사념이다. 그러므로 순수한 생각은 선도 악도 아닌 존재이다.

무념은 사람 마음속의 기존 잡념을 부정하였을 뿐만 아니라 아직 생기지 않은 잡념 역시 일어나지 못하게 한다. 생각이 일어난다는 것은 참된 생각 외에 따로 다른 잡념이 생기는 것이다. 그것은 마음 외에 생기는 마음이고 생각 외에 생기는 생각이다. 혜능은 여기에서 망妄과 정淨 두 개 방면으로 나누어 어떠한 마음이 생기거나 그런 마음을 들여다보는 것을 부정하였다. 사람의 생각은 허망한 것이다.

---

6) 於諸境上心不染, 曰無念. 於自念上, 常離諸境, 不於境上生心.(「定慧品」)
7) 不思善, 不思惡, 正與麼時, 那個是明上座本來面目?(「行由品」)

일단 마음이 생기고 그 마음을 들여다보려면 망념이 생기게 된다. 동시에 사람의 본성은 맑고 깨끗한 것이라 일단 마음이 생기고 마음을 들여다보려면 또한 맑음 속에 허망한 것이 추가되게 된다. 때문에 관건은 본성의 맑음을 견지하는 것이고 동시에 마음을 본성으로 돌아가게 하는 것이다.

념과 무념이 비록 상에 있어서는 차이가 있지만 본성은 같다. 그것들은 모두 참된 자성의 공용이다. 참된 생각이나 허망한 생각이나 모두 같은 심념心念이다. 참된 생각은 참된 자성의 표현이고 허망한 생각은 참된 자성이 가려진 것이다. 무념은 참된 생각이 허망한 생각에 대한 부정일 따름이다. 이렇게 보면 무념이자 망념이 없는 것으로 바로 참된 생각이라는 것이다. "무라 함은 어떤 일이 없는 것이며 념이라 함은 어떤 일을 생각하는 것인가? '무'라 함은 두 상이 없는 것이니 모든 번거로운 망상이 없는 것이요, '념'이라 함은 진여본성을 생각함이니 진여는 곧 생각의 본체요, 생각은 곧 진여의 작용이니라."[8] 무념은 사람의 생각이 허망한 생각에서 참된 생각으로 바뀌는 것이라고 한다. 이렇게 보면 념과 진여가 일종의 내재적 연관성이 있는 것은 확실하다. 한 면으로 진여는 마음이 없는 것이 아니라 마음이 있는 것이고, 다른 한 방면으로 생각은 잡념이 아니라 순수한 생각 즉 참된 생각, 진여의 념이라는 것이다.

2. 무상

무상은 상에 대한 부정이다. 이른바 상이란 마음과 상대적인 사물들을 가리키는데 여기에는 마음 이외의 여러 경계도 포함한다. 동시에 상은 또한 본성과 대립되는 각종 현상이기도 하다. 그것은 시공성이 있고 생도 있으며 멸도 있다. 사람들은

---

8) 無者無何事, 念者念何物? 無者無二相, 無諸塵勞之心; 念者念眞如本性, 眞如卽是念之體, 念卽是眞如之用.(「定慧品」)

이러한 상에 미혹되기 쉽고 집착하기 쉽다. 일단 상에 붙으면 바로 상이 일어나고 상의 속박을 받게 된다. 그러나 모든 상은 모두 허망한 것이라 마음에 따라 생기고 사람을 위해 만들어지는 것이다.

실상은 곧 무상이라고 한다. 이는 모든 것이 공에서 일어나고 있지 않는 데서 일어나는 것이며 자성이 참된 공이기 때문이다. 이런 고로 사람들은 상에 집착해서는 안 된다.

그럼 무상이란 무엇인가? 무상은 가려진 실상에 대한 상대적인 표현으로 부정의 표현이다. 이는 상을 철저하게 없애 버린 것이 아니라 상을 염두에 두면서 상을 여의는 것이다. 이에 대하여 혜능은 이렇게 말하였다. "밖으로 일체상을 여읨을 무상이라 하나니 능히 상을 여의면 곧 법체가 청정하게 되느니라."[9] 이와 상응하여 말하는 무상에는 두 방면의 의미가 포함된다. 한 면으로는 상이 일어나는 것이 아니라는 것이고, 다른 한 면으로는 상의 속박을 받는 것이 아니라는 것이다. 혜능은 사람들이 경계의 상에 대한 집착을 극복하게 하였을 뿐만 아니라 본인의 모든 선종 수행은 "무상행법無相行法"이라고 하였다. 이런 무상은 한 면으로는 색에서 심으로, 다른 한 면으로는 유에서 공으로 돌아오는 것이 된다.

3. 무주

무주는 주住의 부정이다. 주는 사람들이 제법에 집착하고 또한 제법의 속박을 받는 것을 말한다. 동시에 사람들은 마음속 생각에서도 전념, 금념, 후념의 속박을 받는다.

만법이나 사람의 마음이나 모두 원래는 주 즉 상에 의한 속박이 없었다. 만법은 모두 끊임없이 흘러가는 것이기 때문이다. 모든 것은 변하고 모든 현상에는 변하지

---

9) 外但離一切相, 名爲無相. 但能離於相, 卽法體淸淨.(「定慧品」)

않는 실체 같은 것이 없다. 모든 법은 모두 변화하는 것이다. 세상의 모든 사물은 생기고 머물며 변화하고 소멸되는 것이다. 그러므로 사람들은 법의 속박을 받아서는 안 된다. 『금강경金剛經』에서도 "집착이 없이 마음을 내어야 한다"를 강조하였다.

그럼 무주란 무엇인가? 혜능은 이렇게 말하였다. "무주는 사람의 본성이 세상의 선이나 악, 밉거나 고운 것, 원수거나 친한 것, 모질고 거친 말을 하거나 속이고 다툼을 당하는 것 등 모든 것을 공으로 돌려버리고 상대하여 해칠 생각을 하지 않으며 여러 생각 중에 앞 경계를 생각하지 않음이니라. 만약 전념, 금념, 후념을 생각마다 계속하여 끊임이 없으면 이것을 얽매임이라 하는 것이요, 만약 모든 경계를 대함에 있어 생각마다에 머물지 않으면 곧 얽매임이 없는 것이니라."10) 무주라는 것은 바로 사람들이 심념의 속박에서 벗어나 자유를 얻는 것이다. 사람들이 일단 심념의 무주에 이른다면 순간적으로 사람의 청정한 본성을 깨닫게 된다. 마음에 법이 무주하면 수행의 길이 널리 통하게 된다.

무념, 무상, 무주 등은 선종의 수행 법문으로서 근본적으로는 반야법般若法에 속한다. 그것의 유일한 목적은 바로 명심견성을 위함이고 심색여일, 공유불이의 위대한 지혜를 얻기 위함이다. 이것을 혜능은 이렇게 말하였다.

지혜로 비추어 보면 안과 밖이 밝게 사무쳐서 자기의 본심을 아나니 만약 본심을 알면 이것이 곧 본 해탈이며, 만약 해탈을 얻었으면 그것이 곧 반야삼매며 또한 이것이 무념이니라. 어찌하여 무념이라 하는가? 만약 모든 법을 보면서도 마음에 물들고 집착하지 않으면 이것이 무념이니라. 작용을 일으킨 즉 모든 곳에 두루 하되 거기에 집착하지 않으며 다만 본심을 깨끗이 하여 육식, 육문, 육진 중에 물들지 아니하고 섞이지도 아니하며, 오고 감에 자유롭고 통용에 걸림이 없으니 이것이 즉 반야삼매며 자유로운 해탈이니 그 이름이 무념행이니라.11)

<hr/>

10) 無住者, 人之本性, 於世間善惡好醜, 乃至冤之與親, 言語觸刺欺爭之時, 並將爲空, 不思酬害, 念念之中, 不思前境. 若前念, 今念, 後念, 念念相續不斷, 名爲系縛. 於諸法上, 念念不住, 卽無縛也.(「定慧品」)

11) 智慧觀照, 內外明徹, 識自本心. 若識本心, 卽本解脫. 若得解脫, 卽是般若三昧. 般若三昧, 是無

심색여일, 공유불이를 얻을 수 있는 지혜법문으로서 무념, 무상, 무주는 시종 공과 유를 함께 운용한다. 한 면으로는 념 속에 무념이 있고 상 안에 무상이 있으며 주 중에 무주가 있는 것을 말하고, 다른 한 면으로는 무념이 더는 무념이 아닌 것이요, 무상이 더는 무상이 아닌 것이며 무주가 더는 무주가 아닌 것을 말한다. 여기에서의 세 가지 무와 세 가지 유는 서로 다르지 않다. 때문에 무념, 무상, 무주의 기본은 색에 집착하지 않을 뿐만 아니라 심에도 집착하지 않는 것이며, 유에 집착하지도 공에 집착하지도 않는 것이라는 데 있다.

지혜로운 법문으로서 무념, 무상, 무주는 선정(삼매)으로 표현된다. 무념은 반야삼매般若三昧와 대응된다. 반야지혜가 본성의 공에서 생겨난 것으로 보아 무념은 망령된 생각이 없는 것이다. 구별도 없고 대립도 없는 것이다. 그러나 무념은 동시에 또한 자성, 진여, 청정에 대한 생각이다. 무상은 일상삼매와 대응되면서 하나의 상에 집착하지 않는다. 무주는 일행삼매와 대응되면서 행에 멈추지 않는다. 무념, 무상, 무주에 대한 규정으로 볼 때 혜능의 법문은 근본적으로 정혜불이定慧不二, 정혜합일定慧合一이라 할 수 있다.

만약 "무념"이 주로 부정적인 면에서 출발한 말이라면, "개오開悟"는 긍정적인 면에서 출발한 말이다. 의미는 같은 것이라 무념이 곧 개오이며 개오 자체가 곧 무념이다. 무념은 가려진 것을 없애는 것이고 개오는 나타내어 주는 것이다. 가려진 것을 없애는 것이 나타내는 것이 되는 것이라 할 수 있겠다. 혜능은 이렇게 말하였다. "무념법을 깨달은 자는 만법에 걸림 없이 통하며, 무념법을 깨달은 자는 제불의 경계를 보며, 무념법을 깨달은 자는 부처의 경지에 이르느니라."[12] 제법의 실상은 바로 무상이고 제불의 경계는 바로 공성이다. 이것으로 사람들은 무상보리의 성과를 깨달을 수 있다. 연기성공緣起性空이면 명심견성이다. 이에 혜능은 이렇게 말하였

念. 何名無念? 若見一切法, 心不染著, 是爲無念. 用卽遍一切處, 亦不著一切處, 但淨本心, 使六 識, 出六門, 於六塵中, 無染無雜, 來去自由, 通用無滯, 卽是般若三昧, 自在解脫, 名無念行.(「般 若品」)

12) 悟無念法者, 萬法盡通, 悟無念法者, 見諸佛境界, 悟無念法者, 至佛地位.(「般若品」)

다. "견성한 사람은 세워도 되고 세우지 않아도 되니 거래에 자유롭고 막힘도 없으며 걸림도 없어서 경우에 응하여 짓고 물음에 응하여 답하며 널리 화신을 보게 하여 자성을 여의지 아니하며 곧 자재신통력과 유희삼매를 얻나니 이것이 견성이니라."[13] 명심견성으로 위대한 지혜를 얻고 너도 나도 없는 해탈의 경지에 이르면서 자유를 얻는다.

혜능의 무념법은 미혹으로부터 깨달음에 이르는 변화를 가져오게 하였다. 그는 이렇게 말하였다. "경계에 집착하면 생멸이 이니, 이는 물에 물결이 이는 것과 같아서 이것이 곧 이 언덕이요. 경계를 여의면 생멸이 없나니 이는 물이 항상 자유로이 통해 흐르는 것과 같아서 이것이 곧 피안이 됨이라."[14] 때문에 무념은 선종의 법문으로서 피안으로 가는 큰 지혜이다.

이런 변화는 일념 사이에 일어난다. 마음속 한순간의 생각이라는 것이다. 때문에 선종의 본질은 수련을 거쳐 점점 깨닫는 것이 아니라 문득 깨닫게 되는 것이라 할 수 있다. "전념이 미혹하면 즉 범부요, 후념이 깨달으면 즉 불이라, 전념이 경계에 집착하면 번뇌가 되고 후념이 경계를 여의면 즉시 보리가 되나라."[15] 문득 깨닫는다는 것은 이성도 아니고 지혜도 아니며 논리적인 추리도 아닌 직관적인 것이다. 바로 사람과 세상의 본성을 직접 내보이는 것이다.

선종의 문득 깨달아 지혜를 얻는다는 돈오頓悟로부터 우리는 사람들도 부처로 될 수 있을 뿐만 아니라 범부에서 부처로 되기까지의 과정은 오랜 시간의 수행을 거치는 것이 아니고 순간적인 것임을 알 수 있겠다. 이러한 순간의 깨달음을 통하여 부처로 되는 돈오성불설頓悟成佛說은 불교 역사상에서 한 차례의 획기적인 변혁이다. 소승불교에서는 사람들이 수행으로 아라한과阿羅漢果를 얻어 단지 개인 해탈의 경지에 이를 뿐이라고 한다. 사람은 보살이 될 수 없으며 더욱 부처가 될 수

---

13) 見性之人, 立亦得, 不立亦得, 去來自由, 無滯無礙, 應用隨作, 應語隨答, 普見化身, 不離自性, 卽得自在神通, 遊戲三昧, 是名見性.(「頓漸品」)

14) 著境生滅起, 如水有波浪, 卽名爲此岸. 離境無生滅, 如水常通流, 卽名爲彼岸.(「般若品」)

15) 前念迷卽凡夫, 後念悟卽佛. 前念著境卽煩惱, 後念離境卽菩提.(「般若品」)

없다는 것이다. 이와 달리 대승불교는 성불을 목적으로 하면서 자각적으로 다른 사람을 깨우치기도 한다. 그러나 보살의 수행은 점진적인 수련 과정이면서 극히 복잡한 절차와 단계가 있다고 한다. 대승불교에서도 역시 돈오를 인정하기는 하지만 그래도 점진적인 수련이 있어야 돈오도 가능하고 이러한 돈오가 점진적인 수련의 마지막 단계에 속하는 것이라고 주장한다. 이러한 여러 불교의 유파와 달리 혜능의 무념법은 자성의 깨달음에 있다고 한다. 혜능은 "자성을 스스로 깨달아 돈오돈수하므로 또한 점차가 없느니라"16)라고 하였다. 이것은 생각의 전변이다. 이는 중생들에게 매 시각마다 깨달을 수 있고 부처가 되는 광범위하고도 이로운 수단과 방법을 알려 준 것이다.

---

16) 自性自悟, 頓悟頓修, 亦無漸次.(「頓漸品」)

제5장 자심불_{自心佛}과 정토

1. 부처

이른바 돈오성불은 사실 사람이라면 곧 부처로 될 수 있다는 것을 의미하며 육신이 도에 이르러 육신보살_{肉身菩薩} 혹은 육신부처가 될 수 있음을 알려 준다. 부처로 되는 것은 미래의 일도 아니고 죽은 후의 일도 아니며 바로 현실적으로 지금 이 순간의 일이라는 것이다. 사람 자신이 부처로 되었을 때, 그때면 이른바 부처 자신의 의미에 대하여서 새롭게 이해하고 또한 새로운 해석이 필요할 것이다.

일반적으로 수행자는 성문_{聲聞}, 연각_{緣覺}, 보살_{菩薩} 등 삼승_{三乘}으로 나뉜다. 이 외에 최상승의 단계인 부처가 있다. 여기에서 혜능은 삼승이 단지 설법하는 데 편리를 위하여 만든 것이라고 하면서 사실은 부처밖에 없다고 한다. 그는 이렇게 말하였다.

모든 삼승인이 부처님의 지혜를 측량하지 못하는 것은 그 허물이 헤아리고 짐작하는 데 있느니라. 비록 저들이 있는 힘을 다하여 생각하고 함께 추구하더라도 더욱더 멀어질 뿐이니라. 부처님은 본래 범부를 위하여 말씀하신 것이요, 결코 부처님을 위하여 말씀하신 것이 아니니라. 이 도리를 믿지 않는 자는 자리에서 물러가는 대로 맡겨 두느니라. 이들은 또한 스스로 백우거에 앉아 있으면서도 다시 문밖으로 나가 삼거를 찾아 헤매는 것을 알지 못하는구나. 하물며 경문에 분명히 너희에게 이르기를 "오직 일불승이 있을 뿐이고 다른 이승, 삼승과 같은 것은 없느니라. 무수한 묘한 방법과 여러 가지 인연과 비유의 말씀이 모두가 일불승인 이 법을

五代시기 『寫賢劫千佛名經』 및 채색화

위함이라” 하지 않았더냐? 너는 어찌하여 삼거는 거짓이며 지나간 예전을 위한 것이라는 것과 일승은 실지며 이것이 지금을 위한 것임을 살피지 못하느냐? 이는 다만 너로 하여금 거짓을 버리고 실지에 돌아오게 하려 함이니 실지에 돌아와서는 실지라는 이름조차 또한 없는 것이니라. 마땅히 알아라. 모든 보물과 재물이 모두 네게 속하고 네 마음대로 쓰일 것이요, 다시는 아버지니 아들이니 하는 생각도 할 것이 없으며 또한 쓴다는 생각도 하지 말거라.[1]

불법 자신은 한 가지밖에 없는데 바로 심색여일, 공유불이의 지혜인 것이고 결코 소승, 중승, 대승, 최상승 등 사승의 구분이 없다는 것이다. 사람들이 수행자들을 사승으로 나눈 것은 그들이 불법에 대한 수행 단계가 다르기 때문이다. 혜능은 제자들에게 이렇게 말하였다.

너 스스로 본심을 볼 것이요, 바깥 경계에 집착하지 말라. 법에는 사승이 없는 것인데 사람 마음에 스스로 등급을 두는 것이다. 보고 듣고 마냥 외는 것은 소승이고, 법을 깨달아 뜻을 아는 것은 중승이며, 법에 의지하여 수행하는 것은 대승이요, 만법을 다 통달하여 만법을 다 갖추어 모든 것에 물들지 않고 모든 법상을 여의어 하나의 얻음도 없는 것이 최상승이니라. 승이라 함은 행한다는 뜻이요, 말로 다투는 데 있는 것이 아니니라. 너는 모름지기 스스로 닦을 것이요 나에게 묻지 말라. 언제나 자성은 늘 그 자리에 있느니라.[2]

---

1) 諸三乘人, 不能測佛智者, 患在度量也. 饒伊盡思共推, 轉加懸遠. 佛本爲凡夫說, 不爲佛說. 此理若不肯信者, 從他退席. 殊不知却白牛車, 更於門外覓三車. 況經文明向汝道, '唯一佛乘, 無有餘乘. 若二, 若三.' 乃至無數方便, 種種因緣, 譬喻言詞, 是法皆爲一佛乘故. 汝何不省? 三車是假, 爲昔時故. 一乘是實, 爲今時故. 只敎汝去假歸實, 歸實之後, 實亦無名. 應知所有珍財, 盡屬於汝, 由汝受用. 更不作父想, 亦不作子想, 亦無用想.(「機緣品」)

때문에 사람이 다만 어느 한 단계까지만 갈 수 있다는 것은 맞지 않다. 사람들이 열심히 수행한다면 반드시 부처가 될 수 있다. 제법의 실상을 깨닫고 심색여일, 공유불이를 깨달을 수 있다는 것이다.

　혜능은 중생이 곧 부처이며, 부처이자 중생이니, 중생과 부처는 둘이 아님을 명확하게 지적한 바 있다. 그는 이렇게 말하였다.

　후대의 미혹한 사람이 만약 중생을 알면 이것이 곧 불성을 본 것이거니와 중생을 알지 못하면 만겁을 두고 부처를 찾아도 만나기 어려우니라. 나는 이제 너희들로 하여금 자심중생을 알아 자심불성을 보게 하는 것이니 부처를 보고자 할진대 다만 중생을 먼저 알라. 다만 중생이 부처를 미혹하게 한 것이요, 부처가 중생을 미혹하게 한 것이 아니니, 자성을 깨달으면 중생이 바로 부처요, 자성이 미혹하면 부처가 중생이니라. 자성이 평등하면 중생이 바로 부처요, 자성이 망령되고 험하면 부처가 바로 중생이니 너희들의 마음이 만약 험하고 굽으면 곧 부처가 중생 속에 있는 것이요, 생각이 평등하고 곧으면 곧 중생이 부처가 되느니라. 내 마음에 스스로 부처가 있나니 이 자불이 참부처이리라. 만약 자기에게 불심이 없다면 어디에서 진불을 구할 것인가! 너희들의 자심이 바로 부처니, 다시는 의심하지 말라. 밖으로는 결코 한 물건도 세울 것이 없으니, 만 가지 법은 모두 다 본심이 내는 것이니라.[3]

　중생과 부처가 둘이 아닌데 이는 모두 마음에 달린 것이다.

　대승불교에서는 부처에게는 삼신三身이 있다고 한다. 법신法身, 보신報身, 화신化

---

2) 汝觀自本心, 莫著外法相. 法無四乘, 人心自有等差. 見聞轉誦是小乘. 悟法解義是中乘. 依法修行是大乘. 萬法盡通, 萬法俱備, 一切不染, 離諸法相, 一無所得, 名最上乘. 乘是行義, 不在口爭. 汝須自修, 莫問吾也. 一切時中, 自性自如.(「機緣品」)

3) 後代迷人, 若識眾生, 即是佛性; 若不識眾生, 萬劫覓佛難逢. 吾今教汝識自心眾生, 見自心佛性. 欲求見佛, 但識眾生, 只爲眾生迷佛, 非是佛迷眾生. 自性若悟, 眾生是佛; 自性若迷, 佛是眾生. 自性平等, 眾生是佛; 自性邪險, 佛是眾生. 汝等心若險曲, 即佛在眾生中; 一念平直, 即是眾生成佛. 我心自有佛, 自佛是眞佛, 自若無佛心, 何處求眞佛? 汝等自心是佛, 更莫狐疑. 外無一物而能建立, 皆是本心生萬種法.(「付囑品」)

身이 그것이다. 법신은 법성을 말하는 것으로 불교의 진리 즉 불법이 응집되어 이루어진 불신이다. 완전히 법성을 깨달은 것과 다름없는 법신이다. 보신은 부처가 자기와 타인에게 모두 이로운 무궁무진한 선행으로 갖추어진 장엄한 불신이다. 화신 혹은 응신應身은 중생을 깨우치기 위해 여러 가지 인연에 따라 여러 가지 다양한 모습으로 변화하여 나타나는 불신이다. 법신불은 비로자나불毗盧遮那佛, 보신불은 노사나불盧舍那佛, 화신불 또는 응신불은 석가모니불釋迦牟尼佛이다. 불교 신앙 중에 삼신불은 흔히 외적인 것으로 인정된다. 신령이거나 혹은 깨달음을 얻은 자가 되거나 또는 조각으로 만들어진 우상이거나 등등이다.

하지만 혜능은 불경에서 말하는 법신, 보신, 화신 삼신불은 사람의 마음속에 있다고 말한다. 삼신불은 바로 사람들 마음속 마음의 세 가지 변화 형태라는 것이다. 혜능은 자성에서 출발하여 삼신불에 대하여 해석을 가하였다.

첫째, 청정법신불清淨法身佛은 사람들이 이미 갖고 있는 자성이다. 이에 대하여 혜능은 이렇게 말하였다.

어떠한 것이 청정법신인가? 세상 사람의 본성이 본래 청정하여 만법이 자성으로부터 생겨나리라. 만약 모든 악한 일을 생각하고 헤아리면 곧 악한 행이 나오고 모든 착한 일을 생각하고 헤아리면 곧 착한 행이 나오리라. 이와 같이 모든 법이 자성 가운데에 있는 것이 마치 저 하늘이 항상 맑고 해와 달이 항상 밝다가 구름에 가려지면 위가 밝고 아래는 어두워지리라. 그러다 바람을 만나 구름이 흩어지면 위아래가 함께 밝아 만상이 모두 나타나리라. 세상 사람의 본성도 이와 같아서 항상 떠 있는 것이 마치 저 하늘의 구름과 같으니라. 선지식아! 지는 해와 같고 혜는 달과 같으니라. 지혜가 항상 밝건만 밖으로 경계에 집착하여 망념의 뜬구름에 자성이 덮이므로 자성이 명랑하지 못하게 되느니라. 만약 선지식을 만나 참된 정법을 듣고 스스로 미혹을 제거하면 내외가 명철하여 자성 가운데에 만법이 모두 나타나니 견성한 사람도 또한 이와 같으니라. 이것이 청정법신불이니라.[4]

---

4) 何名淸淨法身佛? 世人性本淸淨, 萬法從自性生. 思量一切惡事, 卽生惡行. 思量一切善事, 卽生善行. 如是諸法, 在自性中, 如天常淸, 日月常明, 爲浮雲蓋覆, 上明下暗. 忽遇風吹雲散, 上下俱

일반 불교와 마찬가지로 혜능은 부처의 법신이나 법성은 모두 청정하다고 믿었다. 그러나 혜능의 견해 중 독특한 것은 그는 부처의 청정법신을 세상 사람들의 청정자성으로 바꾼 것이다. 법신이자 곧 자성이라는 것이다. 그것은 한 면으로는 청정으로 자기만족을 할 수 있고, 다른 한 면으로는 만법이 생겨나게 할 수 있다. 때문에 법신이 세상 사람들의 몸에서 나타나기도 하고 가려지기도 한다는 것이다. 그 가려진 것을 벗겨 내면 자성이 보인다는 것이다.

둘째, 원만보신불圓滿報身佛은 자성의 실현이다. 이에 대하여 혜능은 이렇게 말하였다.

> 원만보신이란 무엇인가? 비유하여 말한다면 하나의 등불이 능히 천년 동안의 어둠을 밝히듯이 하나의 지혜가 능히 만년의 어리석음을 없애느니라. 지나간 일은 생각하지 말라. 이미 지났으므로 더는 얻을 수 없느니라. 항상 뒤를 생각하라. 생각들이 밝게 하여 스스로 본성을 보라. 선과 악이 비록 다르나 본성은 둘이 없으니 둘이 없는 본성, 이것이 참된 본성이니라. 이 참된 본성 가운데서 선악에 물들지 않는 이것이 원만보신불이니라. 자성이 하나라도 악을 생각하면 만겁 동안 쌓은 착한 선종자가 없어지게 되고 자성이 일념의 선을 생각하면 항하의 모래 같은 수없는 악이 모두 없어져 곧 무상보리에 이르나니, 생각마다 자성을 보아 본래 념을 잃지 않는 것이 보신이니라.5)

원만보신불은 부처의 수행으로 얻어진 장엄한 보답이 아니다. 자성이 선악을 넘어서 자신의 둘이 아닌 본성을 나타낸 것이다. 즉 자성의 원만한 실현인 것이다. 실성에 이르렀다는 것이 바로 불성을 실현한 것인데 즉 원만보신불인 것이다.

明, 萬象皆現. 世人性常浮遊, 如彼天雲. 善知識! 智如日, 慧如月. 智慧常明, 於外著境, 被妄念浮雲蓋覆自性, 不得明朗. 若遇善知識, 聞眞止法, 自除迷妄, 內外明徹, 於自性中, 萬法皆現. 見性之人, 亦復如是. 此名淸淨法身佛.(「懺悔品」)

5) 何名圓滿報身? 譬如一燈能除千年暗, 一智能滅萬年愚. 莫思向前, 已過不可得. 常思於後, 念念圓明. 自見本性, 善惡雖殊, 本性無二. 無二之性, 名爲實性, 於實性中, 不染善惡, 此名圓滿報身佛. 自性起一念惡, 滅萬劫善因; 自性起一念善, 得恒沙惡盡. 直至無上菩提, 念念自見, 不失本念, 名爲報身.(「懺悔品」)

셋째, 천백억화신불은 자성의 변화이다. 혜능은 이렇게 말하였다.

어떤 것을 천백억화신이라 하는가? 만약 만법을 생각하지 않으면 본성이 본래
허공과 같으나 한 생각 헤아리면 이것이 변화니라. 악한 일을 생각하면 그것이
화하여 지옥이 되고, 착한 일을 생각하면 그것이 화하여 천당이 되며, 독한 마음은
화하여 용이나 뱀이 되고, 자비는 화하여 보살이 되며, 지혜는 화하여 높은 경계가
되고, 우치는 화하여 낮은 세계가 되나니, 자성의 변화가 심히 많으니라. 미혹한
사람은 이 도리를 깨치지 못하고 생각마다 악을 일으켜 항상 악도에 떨어지느니라.
그러나 만약 한 생각을 선으로 돌이키면 곧 지혜가 생기리니 이것이 자성의 화신불
이니라.6)

일반적으로 말하는 화신불은 부처가 무작위로 사람을 제도하기 위해 나타나는
각종 형상이다. 혜능은 그것을 악을 물리치고 선을 찬양하고자 하는 마음속에서
우러나는 법상이라고 해석한다. 마음은 선하게 먹기에 따라 선이 생기고 악하게
먹기에 따라 악이 생긴다. 이른바 천백억화신불이라는 것은 현실세계 중의 천만
가지의 변화에 불과하다. 법에는 선악이 있으므로 마음으로는 악을 제거하여 선을
얻고 그렇게 하여 결국 선악을 초월하는 것이다. 사람들이 악을 통해 선을 얻으면
바로 자성화신불이 되는 것이다.
　더욱 많은 사람들을 도와 자성삼신불自性三身佛을 이해하게 하고자 혜능은 더욱
간단하게 이에 대한 해석을 하였다. 이른바 청정법신은 사람의 본성이고, 원만보신
은 사람의 지혜이며, 천백억화신은 사람의 행동이라는 것이다. 동시에 혜능은
또한 삼신불 사이의 관계에 대하여서도 서술하였는데, 다음과 같다. "법신 자신이
생각마다 스스로 자성을 보이는 것이 보신불이며, 보신으로부터 생각하여 헤아리면
이것이 화신불이다."7) 사람이 원래 갖고 있는 자성이 바로 법신불이고 명심견성하

---

6) 何名千百億化身, 若不思萬法, 性本如空. 一念思量, 名爲變化. 思量惡事, 化爲地獄. 思念善事,
　化爲天堂. 毒害化爲龍蛇. 慈悲化爲菩薩. 智慧化爲上界. 愚癡化爲下方. 自性變化甚多, 迷人不
　能省覺, 念念起惡, 常行惡道. 回一念善, 智慧卽生. 此名自性化身佛.(「懺悔品」)

면 보신불이며 자성이 생각하고 만법을 헤아리면 바로 화신불이 된다는 것이다.

사람이 부처가 되려면 우선 부처에게 귀의하여야 한다. 외재의 부처가 아니라 내재되어 있는 부처에 귀의하여야 한다. 사람은 또한 자신에게 귀의하여야 하는데 역시 자신의 색신이 아닌 자성에 귀의하여야 한다. "색신은 이것이 사택이니 여기에 귀의한다고 말할 수 없느니라. 앞서 말한 삼신은 자성 가운데에 있는 것인데 세간 사람이 다 가졌느니라. 그러하건만 자기 마음이 미혹한 까닭에 안으로 본성을 보지 못하고 밖으로 삼신불을 찾아 헤매면서 자신 가운데 있는 삼신불을 보지 못하느니라. 너희들은 자세히 들어라. 너희들로 하여금 자신 중에서 자신에 삼신불이 있음을 보게 하리라. 이 삼신불은 자성으로부터 생겨남이요, 밖에서 얻는 것이 아니니라."[8] 삼불은 모두 사람의 자성에 있고 그들은 자성의 부동한 단계와 형태의 표현일 뿐이다. 삼신불에 귀의한다는 것은 자신의 자성에 귀의한다는 것이다. 이 귀의하는 과정 역시 사람이 부처로 되는 과정이기도 하다.

앞서 말한 자성의 귀의는 또한 자심에 귀의하는 것이기도 하다. 사람은 마음의 무지를 떠나 밝음에 이르러야 한다.

자심이 자성에 귀의하는 것 이것이 참부처에 귀의하는 것이니라. 이 스스로 귀의한다 함은 자성 가운데의 착하지 않은 마음과 질투, 교만, 아첨, 이기적인 마음과 허황한 마음, 남을 업신여기는 마음, 거만한 마음과 무모한 마음 그리고 모든 경우에 착하지 않은 행동들을 없애 버리는 것이다. 그리하여 항상 자기 스스로의 허물을 보며 남의 좋고 나쁨을 말하지 않는 것이 스스로 귀의하는 것이니라. 또한 항상 겸손하고 널리 공경하면 곧 본성을 보고 통달하여 다시는 막히거나 걸림이 없나니 이것이 스스로 귀의하는 것이니라.[9]

---

7) 法身本具, 念念自性自見, 卽是報身佛. 從報身思量, 卽是化身佛.(「懺悔品」)
8) 色身是舍宅, 不可言歸. 向者三身法, 在自性中, 世人總有. 爲自心迷, 不見內性, 外覓三身如來, 不見自身中有三身佛. 汝等聽說, 令汝等於自身中見自性有三身佛. 此三身佛, 從自性生, 不從外得.(「懺悔品」)
9) 自心歸依自性, 是歸依眞佛. 自歸依者, 除卻自性中不善心, 嫉妒心, 諂曲心, 吾我心, 誑妄心, 輕人心, 慢他心, 邪見心, 貢高心及一切時中不善之行. 常自見己過, 不說他人好惡, 是自歸依. 常須

혜능은 부처의 삼신에 대하여 설명하면서 부처의 네 가지 지혜에 대하여서도 밝혀 주었다.

인도의 유가행파와 중국의 유식종에 의하면 만법은 오직 유식이다. 사람의 번뇌 팔식八識은 수행을 거쳐 부처의 네 가지 지혜로 바뀔 수 있다고 한다. 전오식前五識(안, 이, 비, 설, 신)은 "성소작지成所作智"로, 제6식은 "묘관찰지妙觀察智"로, 제7식은 "평등성지平等性智"로, 제8식은 "대원경지大圓鏡智"로 된다는 것이다. 이런 지혜로 바뀌는 과정을 통하여 사람들은 불과를 얻게 된다. 그러나 유식종이 지혜로 바뀌는 과정은 점진적인 단계가 있다. 외적인 법을 먼저 인식으로 귀결시켜야 하고 그다음에 그 인식이 지혜로 바뀌는 것이다.

혜능은 부처의 네 가지 지혜를 이해하는 데 있어서도 부처의 삼신처럼 모두 자성의 여러 가지 표현 형태라고 보았다. 이에 대하여 그는 이렇게 말하였다. "자성이 삼신을 갖추었으니 이를 밝혀 알면 네 가지 지혜를 이루리라."[10] 자성을 떠나 부처의 삼신을 논할진대 이는 몸만 있고 지혜가 없는 것과 같다. "만약 본성을 여의고 따로 삼신을 말한다면 이것은 몸은 있어도 지혜가 없다 할 것이요, 만약 삼신이 제각기의 본성이 없음을 깨달으면 곧 사지보리에 밝을 것이다."[11] 만약 자성을 떠나 부처의 네 가지 지혜를 말한다면 역시 지혜만 있고 몸이 없는 것과 같다는 것이다. "만약 삼신을 여의고 따로 네 가지 지혜를 논한다면 이것은 지혜는 있어도 몸이 없다 할 것이니, 이 지혜가 있다는 것이 도리어 지혜가 없는 것이 되느니라."[12] 부처의 삼신이나 사지 등 네 가지 지혜는 모두 사람의 자성 중에 있다는 것이다.

네 가지 지혜에 대하여 혜능은 이렇게 말하였다.

下心, 普行恭敬, 卽是見性通達, 更無滯礙, 是自歸依.(「懺悔品」)
10) 自性具三身, 發明成四智.(「機緣品」)
11) 若離本性, 別說三身, 卽名有身無智. 若悟三身無有自性, 卽名四智菩提.(「機緣品」)
12) 若離三身, 別談四智. 此名有智無身. 卽此有智, 還成無智.(「機緣品」)

대원경지는 본성의 청정이고 평등성지는 마음에 병 없음이며 묘관찰지는 공덕이 아님을 보는 것이고 성소작지는 거울과 같도다. 오식, 팔식, 육식, 칠식이 과와 인으로 전하나 다만 말과 이름이 있을 뿐 실성이 없으니 만약 전하는 곳 따라 뜻을 두지 않으면 번거로이 오고 감이 나가정에 있음이다.[13)

혜능은 제8식인 아뢰야식阿賴耶識이 대원경지로 바뀔 때 오염에서 벗어나 자성 청정하고 만법을 통찰하였다고 여겼다. 부처의 지혜로서 그것은 마치 대원경이 제법의 실상을 비친 것과 같은데 즉 심색여일, 공유불이인 것이다. 제7식인 말나식末 那識이 평등성지로 바뀔 때, 그것은 자아에 대한 집착과 법에 대한 집착을 없애 버리는 것으로 사랑과 증오가 없고 마음의 병을 없애 주며 만법이 멈추지 않아 중생의 평등에 도달하게 한다. 제6식의 의식이 묘관찰지로 바뀔 때, 제법의 자상自相 과 공상共相을 잘 구별하면서 망상은 생기지 않는다. 관찰은 분명하게 잘 하지만 계도에 미치지 못하여 공을 이루지 못한다. 오식인 안, 이, 비, 색, 신이 성소작지를 깨달을 때, 그들은 사물에 대한 작용에 따라 그 하는 바를 이룰 수 있다. 성소작지는 대원경지처럼 모두 부처로 되고 난 후에 얻는 지혜이다. 앞의 오식과 제8식은 모두 과위에서 깨닫고 사람은 부처로 되고 난 후에야 성소작지와 대원경지가 이루어진다. 제6식과 제7식은 인위에서 깨달음을 얻으며 부처로 되기 전에도 묘관찰 지와 평등성지에 이를 수 있다. 제6식과 제7식은 인위에서, 오식과 제8식은 과위에서 깨달음을 얻지만, 이것들은 모두 그 이름만 깨달았을 뿐 실성에는 이르지는 못한다. 그 실성이라는 것이 자심과 자성이다. 그것이 미혹되면 식識이 되고 깨달으면 지혜(智)가 되는 것이다. 깨달음을 얻는 곳이 바로 의식에서 지혜를 깨닫는 곳으로 되는데 미혹에서 깨어나는 것이 된다. 여기에서는 깨달은 것을 달리하거나 하는 것을 엄금하는 데 추호의 여지도 없다. 외적 환경이 복잡하고 변화가 많긴 하지만 자심과 자성은 그대로 변함이 없이 곧다.

---

13) 大圓鏡智性清淨, 平等性智心無病, 妙觀察智見非功, 成所作智同圓鏡, 五八六七果因轉, 但用名 言無實性, 若於轉處不留情, 繁興永處那伽定(「機緣品」)

네 가지 지혜가 비록 서로 차이가 있다고는 하지만 그것들은 모두 근본으로 봐서는 청정하고 건전한 자성의 본모습이다. 동시에 사람이 부처의 지혜를 얻는 것은 밖에서부터 안으로 그리고 옅은 데서부터 깊은 데로의 과정을 거치는 것이 아니라 초연하게 문득 깨닫거나 순간적으로 확 밝아지면서 얻어지는 것이다.

2. 정토

선종에서는 자신이 부처로 되면서 세계도 함께 정토淨土로 변한다고 한다.

정토는 청정한 나라이고 극락의 세계이다. 그것은 한 면으로는 보살이 스스로 수행하여 얻은 보토報土이면서 다른 한 면으로는 부처가 중생을 제도하기 위해 내려준 화토化土이다. 중국에도 정토에 대한 여러 가지 숭배가 있다. 그중에서 주요한 것이 서방의 정토인 미타정토彌陀淨土를 믿는 것이다. 이러한 정토는 현실세계와 아주 멀리 떨어진 머나먼 서방세계에 있는데 사람들은 이를 믿고 따르느라 모름지기 한 치의 흐트러짐이 없이 "나무아미타불南無阿彌陀佛"을 외면서 무량광불無量光佛, 무량수불無量壽佛에 귀의한다. 임종 시에 아미타불의 인도를 받아 서방의 정토에 이르게 된다고 한다. 이러한 정토는 그 자신의 존재와 방위에 있어서는 유상有相인 것이고 현실세계와의 거리 역시 유상이다. 그리고 사람들이 정토에 이르는 것은 살아생전의 일이 아니라 죽은 사후의 일이다.

혜능은 서방정토에 대하여서도 새로운 해석을 하였다. 그는 멀거나 가까운 등 서방정토와의 거리는 사람의 마음에 있다고 하였다. 미혹한 자는 멀리 떨어져 있다고 믿고 깨달음을 얻은 자는 가까이 있는 것을 안다는 것이다.

세존께서 사위성 중에 계실 때에 서방 국토로 인도하여 교화하심을 말씀하셨는데 경문에 분명히 "여기서 멀지 않다"고 하셨고 또한 상으로 논하여 말한다면 "거리가 십만팔천 리라" 하였으니 즉 이 몸 가운데의 열 가지 악과 여덟 가지 삿된 것을 말함이라. 이것을 멀다고 말씀하신 것이다. 멀다고 말씀하신 것은 하근을 위함이요, 가깝다고 말씀하신 것은 상지를 위함이니라. 사람에게는 두 부류가 있어도 법에는 두 가지가 없느니라. 미혹하고 깨달음에 다름이 있으므로 견해에 늦고 빠름이 있는 것이니라. 미혹한 사람은 염불하여 피안에 나기를 구하나 깨달은 사람은 스스로 그 마음을 깨끗이 하는 데 있느니라. 이 까닭에 부처님께서 말씀하시기를 "그 마음의 청정함을 따라서 곧 불토가 청정하다" 하셨느니라.[14]

혜능이 지적하기를 이것의 관건은 동방이나 서방에 있는 것이 아니라 사람의 마음이 맑은지 그렇지 않은지에 달렸다고 지적하였다.

사군아, 동방 사람이라도 다만 마음만 청정하면 죄가 없는 것이고 서방 사람이라도 마음이 부정하면 또한 허물이 되는 것이니라. 만약 동방 사람이 죄를 지은 후에 염불하여 서방 국토에 나고자 한다면 서방 사람은 죄를 짓고 어느 나라에 나고자 염불하는 것인가?
어리석은 범부들은 자성을 밝히지 못하여 자기 몸 가운데에 정토가 있는 것을 알지 못하고 혹은 동쪽 나라를 원하고 혹은 서쪽 나라를 원하는데 깨달은 사람은 있는 곳마다 다 한가지니라. 이 까닭에 부처님께서 말씀하시기를 "머무는 곳마다 항상 안락하다"고 하셨느니라. 사군아, 다만 마음 바탕에 착한 마음이 가득하면 서방정토가 여기서 멀지 않은 것이요, 만약 착하지 않은 마음을 품고 있다면 설사 염불하여도 서방극락에 가서 나기는 어렵느니라. 내 이제 선지식에게 권하노니 먼저 십악을 없애 버리라. 그러면 곧 십만 리를 감이요, 다음 팔사를 없애 버리면 곧 팔천 리를 지난 것이니라. 생각마다 본성을 보아 항상 평등하고 곧게 행동하면 손가락 튕기는 시간에 이미 서방정토에 이르고 즉시에 아미타불을 뵙게 될 것이다. 사군아, 다만 십선만 행한다면 어찌 꼭 서방에 왕생하기를 원할 것이며 만약 십악을 끊지 않는다면 비록 염불한들 어느 부처님이 와서 맞아 주실 것인가. 만약 무생의 돈법을 깨치면 서방에 이르는 것이 찰나 사이이니라. 만약 깨치지 못하고 염불만

---

14) 世尊在舍衛城中, 說西方引化經文, 分明去此不遠. 若論相說, 裏數有十萬八千, 即身中十惡八邪, 便是說遠. 說遠, 爲其下根; 說近, 爲其上智. 人有兩種, 法無兩般. 迷悟有殊, 見有遲疾. 迷人念佛, 求生於彼; 悟人自淨其心. 所以佛言, 隨其心淨, 即佛土淨.(「疑問品」)

하며 나기를 원한다면 길이 멀거니 어떻게 도달할 수 있으랴.[15]

혜능은 정토가 사람의 자성과 자심 속에 존재한다고 강조하였다. 그는 사람의 심신에 대하여 이렇게 게시하였다.

세상 사람의 색신이 성이요, 눈, 귀, 코, 혀가 문이니, 밖으로 다섯 문이 있고 안으로 의문이 있으니 마음은 국토요, 본성은 왕이라. 왕이 마음 국토 위에 군림하니 본성이 있으면 왕이 있는 것이고 본성이 가면 왕도 없는 것이니라. 본성이 있으면 몸과 마음이 존재하고 본성이 가면 몸과 마음이 허물어지느니라. 그러므로 부처를 이루고자 할진대 자기 본성을 향하여 지을 것이요 몸 밖을 향하여 구하지 말자.[16]

혜능은 불교 세계 속의 여러 부처들과 중생들을 각기 다른 심법心法으로 깨달음을 주었다. 그중에는 선도 있고 악도 있다. "자성이 미혹하면 이것이 곧 중생이요, 자성을 깨치면 이것이 곧 불이니라. 자비는 즉 관음이요, 희사는 세지가 되고 능히 청정하면 즉 석가요, 평직하면 미타며, 인아 즉 나와 남의 차별 이것이 수미산이요, 사심은 바닷물이요, 번뇌는 이것이 물결이요, 독해는 사악한 용이며, 허망은 귀신이고, 진로는 고기나 자라며, 탐하고 성냄은 이것이 지옥이요, 우치는 이것이 축생이니라."[17]

혜능은 만약 사람들이 악을 제거하고 선을 널리 찬양한다면 자성의 정토를

---

15) 使君! 東方人, 但心淨卽無罪. 雖西方人, 心不淨亦有愆. 東方人造罪, 念佛求生西方; 西方人造罪, 念佛求生何國? 凡愚不了自性, 不識身中淨土, 願東願西, 悟人在處一般. 所以佛言, 隨所住處恒安樂. 使君! 心地但無不善, 西方去此不遙. 若懷不善之心, 念佛往生難到. 今勸善知識, 先除十惡, 卽行十萬; 後除八邪, 乃過八千. 念念見性, 常行平直, 到如彈指, 便睹彌陀. 使君! 但行十善, 何須更願往生. 不斷十惡之心, 何佛卽來迎請? 若悟無生頓法, 見西方只在刹那. 不悟, 念佛求生, 路遙如何得達. (「疑問品」)

16) 世人自色身是城, 眼耳鼻舌是門. 外有五門, 內有意門. 心是地, 性是王. 王居心地上. 性在王在, 性去王無. 性在身心存, 性去身心壞. 佛向性中作, 莫向身外求. (「疑問品」)

17) 自性迷卽是衆生, 自性覺卽是佛. 慈悲卽是觀音. 喜舍名爲勢至. 能淨卽釋迦. 平直卽彌陀. 人我是須彌. 邪心是海水. 煩惱是波浪. 毒害是惡龍. 虛妄是鬼神. 塵勞是魚鼈. 貪嗔是地獄. 愚癡是畜生. (「疑問品」)

얻을 수 있다고 굳게 믿었다. "항상 열 가지 선을 행하면 곧 천당에 이르느라. 나와 남의 차별을 없애면 수미산에 이르느라. 사심이 없으면 바닷물이 마르고 번뇌가 없으면 물결이 없어지리라. 독한 마음을 없애 버리면 어룡이 없으니 이에 자심 왕국에 각성여래가 큰 광명을 발하리라. 밖으로 육문을 비추면 육문이 청정하여 능히 육욕천을 파하고 자성이 안으로 비추면 삼독이 곧 없어지느라. 지옥 등 죄가 일시에 없어지며 내외가 투철하여 서방 국토와 다르지 않느라. 만약 이 수행을 하지 않는다면 어떻게 저 피안에 이를 수 있으랴."18)

혜능이 말하는 정토는 유상이 아니라 무상이다. 즉 유심정토唯心淨土이다. 그는 정토라는 것이 동방과 서로 다른 서방에 존재하는 것도 아니고 현실세계와 멀리 떨어진 다른 국토에 있는 것도 아니라고 하였다. 이른바 정토나 예토穢土라는 것은 모두 사람의 마음 자체에 달렸다는 것이다. 그러니 사람들이 정토에서 살기를 간절히 원한다면 반드시 자신으로 돌아와 자신의 마음을 맑게 해야 한다는 것이다. 마음이 맑음에 따라 불토佛土도 깨끗하게 된다. 청정한 본심이 바로 도량이며 정토이다. 사람의 마음이 정화되면 그때 사람들이 살고 있는 현실의 세계도 역시 정토가 된다. 사람들은 이곳에 살면서 편안함을 느낄 것이다. 혜능의 이러한 마음을 중심으로 한 해석을 통하여 정토란 바로 살고 있는 이곳이고 정토에서 산다는 자체가 바로 이 순간이라는 것이다. 그러면 사람도 즉시 부처로 될 수 있다는 것이다.

3. 세간과 출세간

혜능의 선학에서는 생과 부처가 다르지 않고 세간世間과 출세간出世間 역시

---

18) 常行十善, 天堂便至. 除人我, 須彌到. 去邪心, 海水竭. 煩惱無, 波浪滅. 毒害除, 魚龍絶. 自心地上覺性如來, 放大光明. 外照六門淸淨, 能破六欲諸天. 自性內照, 三毒卽除. 地獄等罪, 一時消滅. 內外明徹, 不異西方. 不作此修, 如何到彼.(「疑問品」)

다르지 않다는 것을 주장한다. 세간이 바로 출세간이고 출세간이 바로 세간이라는 것이다. 그는 게송을 통하여 이렇게 말하였다.

세상 사람이 수도를 함에 일체 세간사가 방해 안 되리. 항상 스스로 제 허물 보면 도와 더불어 서로 맞으리. 일체중생은 제각기 도가 있으니 서로 방해 없고 괴로움도 없으리. 만약에라도 도를 떠나 도를 찾지 마라. 목숨을 다하여도 도는 못 보리. 부질없이 바쁘게 일생 보내다 백발이 되어서도 슬퍼하누나. 만약에 참된 도를 보고자 하면 행의 바름이 바로 도가 되리라. 만약에 스스로 도심 없으면 어둠 속을 걷는 것처럼 도를 못 보리. 참되게 도를 닦는 사람이라면 세간 사람 허물을 보지 않으리라. 만약 다른 사람 허물 보이면 그 허물이 자신에게도 있으리라. 다른 사람이 그르고 나는 옳다면 내가 그르게 여김이 나의 허물이 되리. 다만 스스로 허물을 버리면 번뇌는 부서져 자취는 없게 되리라. 애증에 마음 안 두니 두 다리 쭉 펴고 편히 쉬도. 다른 사람을 교화하려면 모름지기 자신이 먼저 방편이 있어야 하니라. 그들이 의심을 하지 않게 하면 즉시 청정자성이 드러나리라. 불법은 세간 중에 있는 것이니 세간을 여의지 않고 깨닫게 하라. 세간을 여의고서 보리 찾으면 흡사 토끼 뿔을 구하는 것과 같으니라. 정견은 세간에서 나오고 사견도 세간에서 나오느니라. 사와 정을 모두 다 쳐 물리치니 보리자성이 완연히 드러나누나.[19]

혜능은 사람이 부처로 되는 길은 자연의 도(도가)도, 사회의 도(유가)도 아닌 마음으로 깨닫는 것이라고 한다. 그 관건은 명심견성하고 사람과 세계의 진리를 깨닫는 것이라 하였다. 따라서 이것은 세상의 모든 활동에 영향을 주지 않는다. 수행하는 과정이 명심견성이라면 자기의 잘못 즉 망념 같은 것을 감지할 수 있어야 한다. 이러한 망념을 없애 버려야만 비로소 사람들은 바른 생각을 갖게 되고 도에

---

19) 世人若修道, 一切盡不妨. 常自見己過, 與道卽相當. 色類自有道, 各不相妨惱. 離道別覓道, 終身不見道. 波波度一生, 到頭還自懊. 欲得見眞道, 行正卽是道. 自若無道心, 暗行不見道. 若眞修道人, 不見世間過. 若見他人非, 自非卻是左. 他非我不非, 我非自有過. 但自卻非心, 打除煩惱破. 憎愛不關心, 長伸兩脚臥. 欲擬化他人, 自須有方便. 勿令彼有疑, 卽是自性現. 佛法在世間, 不離世間覺. 離世覓菩提, 恰如求兔角. 正見名出世, 邪見名世間. 邪正盡打卻, 菩提性宛然(「般若品」)

이를 수 있다. 세상의 모든 중생은 각기 자신의 도인 자신의 본성을 갖고 있는데 그들은 서로 방해하거나 화나게 하지 않는다. 도는 세상의 중생 속에 있다. 만약 사람들이 중생의 도를 벗어나 다른 도를 찾는다면 그가 추구하는 도는 영원히 올바르지 않은 길일 것이고 도를 깨달을 수가 없을 것이다. 사람의 마음이 분주히 뛰어다니고 사방으로 연을 맺으며 다니는데 이는 다만 바르지 않은 길에 있기 때문이다. 이에 도와 연이 없는 일생은 버려진 인생이고 사람들에게도 고뇌밖에 남지 않는다고 하는 것이다. 사람들이 바르지 않은 길에서 참된 길로 갔다는 표현이 바로 망상을 없애고 진심으로 돌아간 데 있다. 이것이 바른길에 들어서는 것이요, 참된 도를 닦는 길인 것이다. 만약 사람들이 깨달음을 얻을 마음인 도심이 없다면 그는 광명이 없는 암흑한 길만 걷는 것이니 도를 보아 내지 못할 것이다. 참된 수행자는 자신의 허망한 마음을 없애 버렸기 때문에 세간의 과오 같은 것이 보이지 않는다. 만약 사람들이 남의 허물을 보아 냈다면 본인 역시 허물이 있는 것이다. 다른 사람의 허물을 자신의 허물로 전환시키는 것은 잘못이다. 다른 사람의 허물은 다른 사람의 허물이지 결코 나의 허물이 아니고 이는 다른 사람에게 있는 것이지 나한테 있는 것이 아니다. 허물 자체를 말할 때는 상관없지만 내가 타인의 허물을 허물이라고 인정할 때는 다른 사람의 허물이 아니라 나의 허물로 되는 것이다. 다른 사람의 허물을 허물이라 여기는 마음을 없애면 자신의 망념을 없애 버릴 수 있고 이어 번뇌를 타파할 수 있다. 사람이 만약 증오도 사랑도 없다면 선한 것도 악한 것도 없어 자연히 번뇌가 없어지고 청정하게 되며 자유롭게 될 것이다. 만약 사람들이 타인을 제도하고자 한다면 그럼 자신부터 명심견성이 되어야 할 것이다. 도가 있어야 하고 지혜가 있어야 할 뿐만 아니라 방법도 있어야 하며 중생을 구제할 수 있는 묘한 수단도 있어야 한다. 다른 사람을 제도한다는 것은 바로 의혹을 없애 주는 동시에 자성이 나타나게 하는 것이다. 불법은 사람과 세상의 지혜에 관한 것이기 때문에 세상 즉 세간에서 불법을 찾아야 한다. 이러한 세간을 떠나 보리지혜를 찾고자 한다면 이는 일종의 전혀 존재하지 않는 물건을 찾는 것으로 마치 토끼에게서 뿔을 찾듯이 완전히 불가능한 일이다. 정견은 바로 부처의

[唐] 「千佛像」(채색화)

지견인 반야지혜이다. 그것은 깨달음의 출세간이다. 사견邪見은 부처의 지견이 아닌 어리석은 견해이다. 그것은 미혹된 세간이다. 정과 사는 이처럼 상대적이고 대립되는 것이다. 정견을 통하여 사견을 바로잡은 뒤에는 정견 역시 없어져야 한다. 그때라야 보리의 자성이 나타나는 시기인 것이다.

세간과 출세간은 다름이 없다는 데 근거하여 혜능은 불교의 수행이라는 것은 집에서나 출가해서나 모두 가능하다고 하였다. "만약 수도하고자 할진대 집에서라도 또한 무방하니 굳이 절이 아니어도 되느니라. 집에서라도 잘 행하면 저 동방인의 마음이 착한 것과 같고 절에 있으면서도 잘 닦지 않으면 저 서방인의 마음이 악한 것과 같으니라. 다만 마음이 청정하면 자성이 곧 서방극락이니라."[20] 그의 게송은 다음과 같다.

마음이 평정하나니 어찌 힘써 계를 가지며 행실이 정직하나니 선을 수행하여 무엇 하랴. 은혜 알아 부모님께 효성과 공양 잊지 않고 덕의심이 있어 위아래가 서로 돕고 사랑하느니라. 사양함을 알아 존귀한 자와 비천한 자가 서로 화목하고 참을성이 있어 나쁜 일들이 걸릴 것이 하나 없네. 만약 능히 나무 비벼 불을 내듯 한다면 진흙 속에서 붉은 연꽃이 어김없이 피어나리. 입에 쓰면 몸에는 반드시 좋은 것이요, 거슬리는 말은 틀림없이 충언이라. 허물을 고치면 지혜가 살아나고 허물을 감싸면 어질지 않은 것이네. 일상생활 어느 때나 착한 행을 앞세우라. 도가 이루어짐은 재물보시 하는 데에 있지 않다. 보리는 똑같이 마음을 향해 찾을 것이요, 밖을 향해 찾지 말라. 이 말은 듣고 이를 따라 수행을 한다면 천당극락 눈앞에 드러나리라.[21]

---

20) 若欲修行, 在家亦得, 不由在寺. 在家能行, 如東方人心善. 在寺不修, 如西方人心惡. 但心清淨, 卽是自性西方.(「疑問品」)

혜능이 말하는 마음의 평정이라는 것은 일반적으로 말하는 마음의 평화가 아니라 자성의 청정심이다. 마음이 편하면 도에 따라서 행하고 선을 행하면서 악을 제거하므로 계율을 지킬 필요가 없다는 것이다. 혜능이 말하는 행직은 일반적인 행위의 정직함이 아니라 자성반야행이다. 행실이 정직하면 망념을 떨쳐 버릴 수 있고 마음이 어지럽지 않으니 굳이 선을 수행할 필요가 없다는 것이다. 감사하는 마음을 알면 부모에게 효도하게 될 것이고 덕의심이 있으면 사람을 어여삐 여길 것이다. 타인에게 양보하는 것을 알면 존비의 질서가 있어 화목하게 공존할 수가 있다. 치욕을 참으면서 복수를 생각하지 않으면 원한도 끝이 있게 된다. 수행에 열심이면서 끈질기게 분투하면 가히 명심견성에 이를 수 있다. 번뇌는 반드시 보리가 생겨나게 하고 중생은 틀림없이 부처로 될 것이다. 좋은 약은 입에는 쓰지만 병을 치료할 수가 있고 충언은 귀에 거슬리지만 사람의 행동에는 이롭다. 과오를 고치는 것은 어리석음을 바로잡는 것이며 따라서 지혜가 생기게 한다. 허물을 감싸는 것은 악행을 보호하는 것이므로 현명한 사람이 될 수 없다. 일상생활에서 중생에게 도움이 되는 일을 하는 것이 중생을 사랑하는 것이다. 재물을 베풀기만 해서는 도를 이룰 수 없고 심지어는 도를 향한 길을 막을 수도 있다. 보리지혜를 얻으려면 안으로 명심견성이 되어야 하지 밖에서 찾는다면 헛수고만 할 뿐이다. 이 견성법을 듣고 설하면서 또한 그에 따라 수행을 한다면 서방의 천국을 만날 수 있을 것이다. 이는 서방의 천국이라는 데가 결코 다른 의미에서의 서방 천국이 아니라 자성의 서방 천국이기 때문이다.

---

21) 心平何勞持戒? 行直何用修禪? 恩則孝養父母, 義則上下相憐. 讓則尊卑和睦, 忍則眾惡無暄. 若能鑽木取火, 淤泥定生紅蓮. 苦口的是良藥, 逆耳必是忠言. 改過必生智慧, 護短心內非賢. 日用常行饒益, 成道非由施錢. 菩提只向心覓, 何勞向外求玄? 聽說依此修行, 西方只在目前. (「疑問品」)

제6장 선과 현시대의 지혜

1. 선의 경계(邊界)

스스로 깨달은 지혜로서 선종은 제법의 실상을 깨우쳤을 뿐만 아니라 사람과 세상 존재의 궁극적인 진리를 깨닫게 하였다. 이 진리가 바로 심색여일, 공유불이이다. 이는 동시에 또한 선종의 경계이기도 하다.

선종에서는 비록 심색여일을 강조하지만 사실은 마음인 심을 더욱 중시하였고 물질적인 것보다 정신적인 것을 더욱 중시하였다. 이런 이유에서 선종은 마음의 종교라고 할 수 있다. 그것은 세상의 만법은 마음에 의하여 나타나고 생기며 변화한다고 여겼다. 불교에서 말하듯이 마음이 생기면 여러 법이 생기고 마음이 멸하면 법 또한 없어지는 것과 같다. 이처럼 마음이 세상만물의 규정자라고 한다면 그럼 문제의 관건은 물질에 있는 것이 아니라 정신적인 데 있는 것이다. 오랫동안 선종은 마음 자체에만 구애되어 세상과의 연관성을 잃었었다. 이러한 마음은 자연히 텅 비어지고 움츠러들게 되며 무능해지고 이어 죽음에까지 이를 것이다.

선종에서는 비록 공유불이를 강조하지만 사실 유보다 공을 더욱 중시하고 정지보다 변화를 중시하였다. 이에 선종은 공성의 종교라고 할 수 있다. 그것은 세상의 만법은 무상과 무아 즉 영원하고 고정불변한 본성이 없다고 여겼다. 이에 그것은 세상만물의 상대적으로 일반적인 성질과 나라는 개인성을 경시하였으며 사물 자체의 존재적 의의에 대하여서도 부정하였다. 이는 사람들이 세상의 무상함을 깨닫고 불교에 귀의하게 할 수 있지만, 인생을 직시하지 못하고 세계를 도피하는 길이다. 이렇게 되면 이른바 공성의 사상이 자칫 일종의 허무주의나 퇴폐주의로 될 수 있다.

가장 근본적인 것은 무엇보다 선종이 현실적인 존재와 생활을 경시했다는 데 있다. 사람은 하늘과 땅 사이에서 생활하고 다른 사람과 함께하면서 또한 마음속의 공간을 갖고 있다. 이것이 바로 인간 존재의 진상이며 진리인 것이다. 선종과 불교에서 말하는 심색여일, 공유불이는 반드시 현실세계를 기반으로 해야 할 것이다. 현실적으로 존재하는 데서야 마음은 비로소 만물을 나타내거나 생기게 하거나 변화발전하게 할 수 있다. 그리고 또한 그 속에서 상과 무상, 자아와 무아가 서로 바뀌거나 통일될 수 있다. 이에 사람의 현실적 존재야말로 심색여일, 공유불이의 기본이라 할 수 있다.

2. 현시대의 현실과 철학

역사상에서 선종은 지혜로서의 그 위대한 생명력을 여실히 보여 주었다. 하지만 시대의 발전과 더불어 선종도 그에 따른 변화를 가져와야 할 것이다. 현시대에 직면하여 사상 면에서의 새로운 길을 모색하는 것이 바람직한 것으로 보인다.

현시대의 세계는 많은 문제점을 드러낸다.

첫째, 생태적 위기다. 대자연의 생태계는 자체의 본성을 유지하면서 자신에 맞는 길을 따라 끊임없이 생장하고 번식해 왔다. 하지만 지금은 사람들이 자연을 파괴하면서 그들에게 생태적 위기를 겪게 하고 있다. 하늘은 더 이상 파랗지가 않고 땅도 더는 청정하지가 않았다. 공기가 오염되고 강물이 마르며 식물이 죽고 동물이 멸종되는 등등의 현상들이 허다하게 일어난다. 이러한 것들은 직접 혹은 간접적으로 하늘과 땅 사이에 있는 사람들의 보금자리를 파괴하고 있으며 나아가 사람들의 생존도 위협하고 있다.

둘째, 사회적 모순이다. 사회와 사람은 생명공동체로서 개개인은 오직 사회 환경 속에서라야 전면적이고도 자유로운 발전을 가져올 수 있다. 그러나 현재 세계적으로 보면 많은 완정하지 않은 제도들이 개개인의 생존을 여러모로 제한하거나 저애하고 있다. 동시에 사회 각 계층 간의 불평등 때문에 이러저러한 모순과 충돌도 존재한다. 이것으로 보아 이 세상은 고통과 슬픔 심지어 원한과 전쟁으로 가득 차 있다. 이에 사람들은 아름다운 세계를 더욱 동경하게 된다.

셋째, 마음의 미혹이다. 마음은 인간의 존재를 밝혀 주는 밝은 불이다. 밝은 마음은 사람들로 하여금 정확한 길을 걷도록 인도해 준다. 그러나 지금 사람들은 이러저러한 마음의 병을 앓고 있는데, 주요하게 허무주의, 기술지향주의, 향락주의를 들 수 있다. 허무주의는 기초가 결핍하고 근거와 목적이 없는 것이며, 기술지향주의는 기술이 사람과 만물을 통제한다는 것이며, 향락주의는 사람들이 끊임없이 자신의 욕망을 만족시키고 자극시키는 것을 말하는데 이런 욕망은 끝이 없다.

이런 시대에 살면서 사람들은 모두 그 해결책을 찾기에 노력하였는데 주로 법률, 도덕, 종교 세 방면으로 나누어 볼 수 있다.

첫째는 법률적 방안이다. 법은 규칙으로서 인간의 존재, 사상, 언어를 규정해 준다. 법에는 허락과 금지라는 이 두 가지를 포함하고 있는데 사람들이 무엇을 할 수 있고 무엇을 할 수 없는지, 다시 말하면 어떤 것이 존재할 수 있는 것이고 어떤 것이 존재할 수 없는 것인가를 정하는 것이다. 법률 자체가 정의의 대명사임은 틀림없다. 정의에 맞는 법이면 좋은 법이고 그렇지 않으면 악법이다. 현재 국제상에서나 국내에서나 모두 사람들이 의거할 법이 있어야 하고 또한 사람들은 반드시 법에 의거해야 할 것을 요구하고 있다. 정의의 원칙에 따라 사람들은 법을 만들고 폐지하거나 또는 수정하거나 한다.

둘째, 도덕적 방안이다. 법률적 방안은 단지 가장 근본적인 도덕적 방안이라고 할 수 있는데, 이는 도덕적 방안의 출현에 기초를 마련해 준다. 이런 관계로 사람들은 법률적 방안을 기초로 하여 도덕적 방안을 세운다. 사람은 법을 지키는 사람이 되어야 할 뿐만 아니라 도덕을 갖춘 사람이 되어야 한다. 도덕은 내적인 양심이자 외적인 윤리다. 이것으로 사람 내외의 행위규범이 정해진다. 사람들은 유가의 인仁, 의義, 예禮, 지智, 신信과 같은 전통적인 도덕규범으로 현대 사람들에게 방향을 제시해 주고, 생명윤리학 같은 것을 통하여 새로운 사회 현상에 대한 경계를 명확히 해 주고자 한다.

셋째, 종교적 방안이다. 종교는 지금까지 세상에 관한 가장 기본적인 진리에 대한 신앙, 신에 대한 신앙으로 간주되어 왔다. 천백 년을 거치면서 기독교, 이슬람교, 인도교, 도교道敎는 다양한 문화를 형성하였고 이를 신앙하는 신도들을 이끌어 왔다. 세계상의 부동한 문명 형태는 거의 부동한 종교 형태로 나타난다. 현시대의 종교는 여전히 홀시할 수 없는 강한 생명력을 갖고 있다. 서로 다른 종교들이 일정한 차이나 충돌이 있긴 하지만 그래도 대화와 소통도 많아진 상황이다. 현재 많은 종교들은 모두 시대의 흐름에 맞추느라 힘써 노력하고 있다.

3. 새로운 선종의 지혜

무신론의 종교인 선종 역시 독특한 방안을 제시하면서 새로운 지혜를 내놓아야 할 것이다.

앞서 말한 바와 같이 선종 지혜의 핵심은 심색여일, 공유불이이다. 하지만 사실 중심은 마음에 있고 공에 있다. 동시에 심색여일과 공유불이는 확실한 현실적 기초가 없다. 이에 새로운 선종 지혜는 마땅히 심색여일, 공유불이를 사람들의 현실 생활과 존재 사이에 두어 마음에서 형상이 만들어지고 공에서 유가 생기는 것을 실현해야 할 것이다.

이른바 이심조색以心造色이라는 것은 마음으로 세상을 개조하고 창조한다는 의미이다. 선종이 깨달은 제법의 실상은 마음으로 헤아릴 수 없는 오묘한 이치이지만 그것을 헤아려야 하고, 말로는 표현할 수 없는 것이지만 그것을 표현해야 한다는 것이다. 이것으로 현실에 존재하지 않던 것을 존재하게 만드는데 이를 감안하여 볼 때 선종은 반드시 마음의 경계를 넘어 언어와 존재를 포함시켜야 할 것이다. 지금은 마음의 선이 있어야 하거니와 언어의 선, 존재의 선도 있어야 한다. 이것으로 선의 지혜가 사람의 마음, 언어, 존재까지에 두루 밝게 비추어야 할 것이다.

이른바 공에서 유가 생긴다는 것은 말 그대로 공을 변하지도 소멸되지도 않는 존재로 전환하거나 승화시키는 것을 말한다. 선종은 실유라는 것이 무상하면서 무아인 것을 인식해야 할 뿐만 아니라, 무상과 무아를 통하여 실유를 개변하여야 한다고 한다. 이것은 한편으로는 만물이 공에서 생겨난다는 것이고 다른 한편으로는 만물이 실체가 없으매 사물의 현상이 생긴다는 것이다. 이것으로 사람들은 세상의 악을 제거하면서 선을 흥기시키고 그에 따라 아름답지 않은 세상을 아름답게, 더욱 아름답게 만들어 가야 한다는 것이다.

이런 새로운 선종의 지혜는 선종에게 새로운 이름을 가져다주었는데 바로 존재선存在禪이다. 이것은 사람 마음의 지혜와 마음과 언어 그리고 존재의 지혜까지 포함하고 있다. 사실 사람들의 일상생활이 바로 마음과 언어, 존재의 통일체이다. 이런 통일체 속에서 욕망과 기술, 대도는 끊임없이 게임 활동을 진행하고 있다. 사람은 이 게임에서 그들의 주체인 사람이 된다. 새로운 선종 지혜는 이 게임을 새로운 길로 인도해 주고 있다.

첫째, 존재선은 욕망의 경계를 가려 준다. 사람은 태어나서부터 욕망을 가지고 있는데 욕망을 만족시키기 위하여 살아간다고 할 수도 있다. 향락주의에서 사람들이 추구하는 것은 욕망에 대한 무절제다. 선종은 욕망을 방종하지도 않고 금지하지도 않으며 중용의 도를 선택한다.

둘째, 존재선은 기술의 경계를 가려 준다. 인간은 기술, 즉 도구와 수단에 의하여 자신의 욕망을 만족시킨다. 기술주의 시대에는 기술이 자연계와 사람 자신의 존재, 사상과 언어까지 통제하였다. 선종은 기술을 숭배하지도 부정하지도 않으면서 기술이 사람의 존재의 기초를 보호할 수 있도록 하였다.

셋째, 존재선은 마음에 관한 도에서 존재에 관한 도로 나아가게 하였다. 대도가 곧 지혜요, 인간 존재에 관한 진리이다. 사람들은 대도의 안내 하에 기술을 사용하여 욕망을 만족시키고 자신의 삶을 만들어 간다. 허무주의 때는 대도가 사라지고 진리 또한 가려졌는데 서방에서는 하나님이 망하고 중국에서는 천신이 약해졌다. 이에 무신론을 주장하는 선종은 새로운 대도를 형성할 수 있을 것이다. 존재선은 마음과 언어, 더 나아가 존재적인 것을 포함한다. 이는 유가사회의 도와 도가 자연의 도를 융합시켜 궁극적으로는 심신합일身心合一, 인아합일人我合一, 천인합일天人合一을 실현하고자 하는 것이다.

세계의 욕망과 기술, 대도가 있는 게임에서 불교와 선종의 계, 정, 혜 삼학은 새로운 의미를 획득하였다. 욕망을 놓고 볼 때, 그것은 더는 사람 개인의 계율 문제가 아니라 사람의 욕망에 관련하여 유한한 것인지 무한한 것인지의 문제로 된다. 기술을 놓고 볼 때, 더는 사람 개인의 몸과 마음을 집중시키는 훈련에 제한된 것이 아니라 인류와 자연의 존재를 유지시켜 주는 모든 도구와 수단으로 확대되었다. 대도를 놓고 볼 때, 그것은 더 이상 마음의 지혜가 아니라 사람과 세상이 존재하는 진리로 된 것이다.

존재선은 진정 한 갈래의 밝은 통천대로를 개척해 주었다.

후기

　이 책을 출판할 수 있었던 것은 인민출판사의 홍경洪瓊 선생님의 공이 큽니다. 그의 우호적이고 예지로운 의견들은 나로 하여금 이 책에 대한 출판 계획을 촉발하게 하였습니다. 동시에 저는 무한에 계신 조발소趙發所 선생님께도 감사드리고 싶습니다. 그는 중국에서 제가 만나 본 사람 중에 가장 지혜로운 농부이십니다. 그는 저의 연구를 늘 지지해 주셨습니다. 이 책은 또한 여러 벗들의 도움을 받았습니다. 공자의 고향을 참관하도록 주선해 주신 무한의 장화張華 여사님, 주구녹읍周口鹿邑에서 함곡관函谷關까지의 노자의 노정 고찰을 돕고 함께해 준 북경의 장영항張永恒 선생님, 혜능의 족적을 추적할 수 있도록 도와주신 광주의 강려명江黎明 선생님, 그리고 무한의 팽국진彭國進 선생님, 상건신桑建新 선생님, 양개군楊凱軍 선생님, 뇌리평雷利平 여사님, 장범지張凡枝 여사님, 서충옥徐忠玉 선생님, 요해천姚海泉 선생님, 영선명榮先明 선생님, 팽위국彭衛國 선생님과 초세맹肖世孟 선생님 등 많은 분들께서도 여러 가지 방식으로 제가 이 책을 저술하는 데 도움을 주셨습니다.

彭富春

2018년 10월 15일

참고문헌

·· 『論語』 관련 문헌

1. 何晏 集解, 邢昺 疏, 『論語注疏』.(阮元 校刻, 『十三經注疏』, 北京: 中華書局, 1980.)
2. 朱熹, 『四書章句集注』, 北京: 中華書局, 1983.
3. 劉寶楠, 『論語正義』, 北京: 中華書局, 1990.
4. 楊伯峻, 『論語譯注』, 北京: 中華書局, 1980.
5. 錢穆, 『論語新解』, 北京: 九州出版社, 2011.
6. 李澤厚, 『論語今讀』, 北京: 三聯書店, 2004.
7. Arthur Waley(tr.), *The Analects*, 北京: 外語教學與研究出版社, 1998.

·· 『道德經』 관련 문헌

1. 陳鼓應, 『老子注譯及評價』, 北京: 中華書局, 1984.
2. 丁四新, 『郭店楚竹書『老子』校注』, 武漢: 武漢大學出版社, 2010.
3. 傅奕, 『道德經古本』.(『正統道藏』.)
4. 高明, 『帛書老子校注』, 北京: 中華書局, 1996.
5. 河上公, 『老子道德經河上公章句』, 北京: 中華書局, 1993.
6. 王弼, 『王弼集校釋』, 北京: 中華書局, 1980.
7. Rudolf G. Wagner, 『王弼『老子注』研究』, 南京: 江蘇人民出版社, 2008.
8. Adrian Hsia, 『德國思想家論中國』, 南京: 江蘇人民出版社, 1997.
9. Mitchell, Stephen(tr.), *Tao Te Ching*, New York, Harper & Row, 1988.
10. Schwarz, Ernst(tr.), *Daudedsching*, Muenchen, DeutscherTaschenbuch Verlag, 1998.
11. Star, Jonathan(tr.), *Tao Te Ching*, Jeremy P. Tarcher/Penguin, 2008.
12. Ular, Alexander(tr.), *Die Bahn und der rechte Weg*, Leipzig, Insel-Verlag, 1920.
13. Ulenbrook, Jan(tr.), *Lau Dse, Dao doe Djing Das Buch vom Rechten Wege und von der Rechten Gesinnung*, Bremen, Carl SchuenemanVerlag, 1962.
14. Von Strauss, Victor(tr.), *Lao-tse's Tao Te King*, Leipzig, Verlag der "Asia Major", 1924.
15. Waley, Arthur(tr.), *Tao Te Ching*, 北京: 外語教學與研究出版社, 1998.
16. Wilhelm, Richard(tr.), *Tao Te King*, Hamburg, Nikol Verlag, 2010.

‥『壇經』관련 문헌

1. [美] Bill Porter, 『六祖壇經解讀』, 海口: 南海出版社, 2012.
2. 丁福寶, 『佛學精要辭典』, 北京: 宗敎文化出版社, 1999.
3. 丁福寶, 『六祖壇經箋注』, 北京: 國際文化出版社, 2014.
4. 杜繼文 等, 『中國禪宗通史』, 南京: 江蘇人民出版社, 2007.
5. 郭朋, 『壇經校釋』, 北京: 中華書局, 1983.
6. [日] 忽滑古快天, 『中國禪學思想史』, 上海: 上海古籍出版社, 2002.
7. 呂澄, 『中國佛敎敎源流略講』, 北京: 中華書局, 1979.
8. 麻天祥, 『中國禪宗思想發展史』, 武漢: 武漢大學出版社, 2007.
9. 普濟, 『五燈會元』, 北京: 中華書局, 1984.
10. 釋明生, 『六祖壇經研究集成』, 北京: 金城出版社, 2012.
11. 太虛, 『太虛大師全書』, 北京: 宗敎文化出版社, 2004.
12. 湯用彤, 『隋唐佛敎史稿』, 武漢: 武漢大學出版社, 2008.
13. 王儒童, 『『壇經』諸本集成』, 北京: 宗敎文化出版社, 2014.
14. 印順, 『中國禪宗史』, 南昌: 江西人民出版社, 1999.
15. 楊曾文, 『唐五代禪宗史』, 北京: 中國社會科學出版社, 1999.
16. [日] 織田得能, 『佛學大辭典』, 北京: 中國書店出版社, 2011.
17. Wing-tsit Chan(tr.), *The platform scripture*, New York: St. John's University Press.

지은이 **팽부춘彭富春**

중국 무한대학 졸업 후, 중국사회과학원에서 석사, 1991~1997년 독일 Osnabruck대학
교에서 철학박사 학위를 취득했으며, 현재 무한대학 철학 교수로 재직 중이다. 미학
일반과 독일 현대철학 및 중국 고대사상(국학)에 조예가 깊다. 주요 저서로는『論孔
子』,『論老子』,『論慧能』,『論國學』,『論海德格尔』,『철학과 미학의 문제』,『미학의 원
리』등이 있다.

옮긴이 **조용숙趙勇淑**

중국 중앙민족대학 졸업 후, 한국 한양대학교에서 문학석사, 중앙민족대학에서 문학
박사 학위를 취득하고, 현재 천진외국어대학 빈해외사대학 한국어 교수로 재직 중이
다. 주요 저서로는『東方文學講讀』등이 있으며, 역서로는『책, 예술을 넘기다』,『인
생사계』등이 있다.